精品课程立体化教材系列

政治经济学新编

（第二版）

高文敏　乔　榛　主　编
刘赣州　副主编

科学出版社
北　京

内 容 简 介

本书以马克思主义为指导，全面介绍商品经济的基本原理，自由竞争的资本主义、垄断资本主义及社会主义初级阶段经济运行的规律。本书吸收党的“十七”大以来的最新理论研究成果，如转变经济发展方式、实现互利共赢等内容。在体系安排上增加双语关键词、教学案例、阅读书目，可以进一步提高教学效果。

本书适合高等院校本科、专科、各类成人高校的经济、管理类学生，以及党政机关工作人员学习和研究使用。

图书在版编目(CIP)数据

政治经济学新编/高文敏，乔榛主编．—2版．—北京：科学出版社，2011.2
(精品课程立体化教材系列)
ISBN 978-7-03-030151-2

Ⅰ.①政… Ⅱ.①高… ②乔… Ⅲ.①政治经济学-高等学校-教材
Ⅳ.①F0

中国版本图书馆CIP数据核字(2011)第015300号

责任编辑：王伟娟/责任校对：李 影
责任印制：徐晓晨/封面设计：耕者设计工作室

科学出版社出版
北京东黄城根北街16号
邮政编码：100717
http://www.sciencep.com
北京厚诚则铭印刷科技有限公司 印刷
科学出版社发行 各地新华书店经销
*
2005年9月第 一 版 开本：B5(720×1000)
2011年2月第 二 版 印张：25
2018年1月第七次印刷 字数：500 000

定价：56.00 元
(如有印装质量问题，我社负责调换)

序

政治经济学是我国高等学校马克思主义经济学教育的基本课程，也是经济与工商管理类专业的专业基础课。教材建设是提高教学质量的主要内容之一，关系到人才培养规格和培养水平，也关系到培养什么样的人才、为谁培养人才的问题，是办学思路和办学目的的具体体现。因此，大学本科生所用教材既要体现知识的先进性、与本科教育发展水平的适应性，又要体现中国特色社会主义阶段高等教育的特殊性。政治经济学教材的质量和水平关系到政治经济学课程能否达到预期的教育目标，关系到马克思主义经济学的正确传播及主导地位。显然编写好政治经济学教材意义非常重大。

回顾改革开放 30 多年，我国政治经济学教材的发展可以说是历经坎坷。改革开放之初我国延续了计划经济时期的经济学教育，政治经济学教材基本是马克思《资本论》的简写本，其中的社会主义部分也是按照《资本论》的逻辑编写的，政治经济学课程和《资本论》课程有相当的重复性。随着改革开放的深入推进，所有制关系、分配关系，以及调节经济的体制、机制均发生了重大改变，与此同时，资本主义发达国家的经济也在发展。旧的政治经济学教材不但对我国迅速变化的经济现实缺乏解释力，而且对资本主义发达国家的现实也缺乏解释力。20 世纪 80 年代末 90 年代初，西方经济学开始被引入我国并迅速传播，政治经济学课程受到学生冷落，西方经济学课程受到学生追捧。在经济全球化的今天，世界各国的政治经济关系，特别是大国之间的政治经济关系变得越来越复杂，既有合作互利的需求，又有矛盾对立的一面。在高等学校的课堂上，马克思主义经济学的主导地位受到威胁，政治经济学教材受到挑战，如何编写一部既符合马克思主义经济学基本原理，又对现实中国经济和世界经济发展具有解释力的政治经济学教材摆在全国高等学校所有从事这门课教学研究的人员面前。党中央也高度重视这个问题，集中全国优秀专家学者，投入大量财力物力，实施马克思主义建设工程，结合中国特色社会主义革命和建设的实践，对马克思主义进行重新认识，在坚持马克思主义基本原理、基本方法的基础上，对于应该发展的进行发展、应该完善的进行完善。经过五年来的辛勤努力，马克思主义建设工程取得了一批重大成果。

2008 年发生的百年一遇的国际金融危机使新自由主义的神话不攻自破，从另一个方面证明了马克思主义基本理论的正确性。资本主义的市场经济实践尽管创造出丰富的物质财富，极大地解放和发展了生产力，但是资本主义制度的基本矛盾没有变，金融危机、经济危机仍然是它们在劫难逃的命运。马克思的《资本论》再次经受住了时间和历史的检验，对资本主义社会的规律性最具解释力，其真理性毋庸置疑。同时，中国发展模式也在这次国际金融危机中引起了全世界的兴趣和关注。在西方国家极力推行所谓具有“普世价值”的自由、民主、人权社会制度的情况下，东欧和一些独联体国家发生“颜色”革命，纷纷加入北大西洋公约组织（简称北约）。在来自西方主要国家的巨大压力下，我国仍然坚持走独立自主的中国特色社会主义道路。实践证明，中国模式在抵御金融海啸的冲击时具有独到的功能，能够降低损失，缓和冲击。事情本身也促使我们加深了对马克思主义经济学和西方经济学关系的认识，在人才培养方案和教学计划中能够正确处理马克思主义经济学和西方经济学的关系。我们的教材应对这些丰富的实践、突如其来的金融危机进行总结和理论升华，依据马克思的虚拟资本和真实资本理论，阐释由金融衍生产品所引发的泡沫经济不断膨胀、最终走向破灭的原因。

由高文敏、乔榛教授主编的这本政治经济学教材，在 2005 年第一版基础上借鉴了我国马克思主义建设工程取得的成果，吸收了近年来我国政治经济学教学研究的创新性理论，更新了理论观点，进一步精选教学案例，力求体现简明扼要的写作风格，使我们的教材在达到国内同类教材先进水平要求的同时，更加适合我校或同类学校本科教学的需要，真正做到了“好用、管用、够用”相结合。当前各种版本的政治经济学教材充斥于各大书店，能够编写一本有特色、适合不同层次教学需求的有生命力的政治经济学教材是不容易的，也为经济学的百花园增添一朵奇葩。

焦方义

2011 年 1 月 7 日

第二版前言

《政治经济学新编》出版以来，已被济南大学、上海师范大学、上海大学、黑龙江大学、哈尔滨理工大学等 20 多所高校使用，并于 2009 年获得黑龙江省社会科学优秀科研成果评奖编著类三等奖和黑龙江省高校人文社会科学研究优秀成果二等奖。

近五年来，国内外的经济政治形势发生了很大变化。从国际上看，2008 年以来，由美国次贷危机引发的全球金融危机，对整个世界经济发展产生了重大影响。从国内看，党的十七大认真总结了改革开放 30 年来的伟大历史进程，进一步明确了高举中国特色社会主义伟大旗帜，全面建设小康社会的目标，提出了深入贯彻落实科学发展观，促进国民经济又好又快发展的方针。面对国际金融危机带来的严重影响和国内外环境的深刻变化，党中央作出了一系列重大战略部署，使我国的改革开放取得了举世瞩目的成就。“十一五”规划的顺利实施并完成，使我国的生产力快速发展，综合国力大幅度提高，人民生活水平得到明显改善，国际地位和影响力显著提高，社会主义经济建设、政治建设、文化建设、社会建设，以及生态文明建设和党的建设都取得了重大进展，谱写了中国特色社会主义事业的新篇章。目前，我国正处在一个伟大的历史转折时期，一方面，我国将面对诸多可以预见和不可预见的风险和挑战，新问题、新挑战要求我们用马克思主义政治经济学的基本观点作出理论的阐释；另一方面，在社会主义现代化的进程中，也需要用科学的理论去指导我国今后经济和社会的发展。为此，我们组织从事政治经济学教学的教师，对《政治经济学新编》一书进行了修改。这次修改具有如下特色。

第一，理论观点求新。我们在吸收理论界最新研究成果的基础上，结合大学生学习过程中关注的热点问题，用马克思主义政治经济学的基本观点，分析在经济全球化条件下，金融危机发生的原因；对我国改革开放中存在的一些新问题及今后改革方向（如收入分配的改革问题、转变经济发展方式问题、对外开放中如何实现互利共赢的问题）进行深入探讨，力求给予科学的回答，以解决大学生在学习中的困惑。

第二，教学案例求精。作为教学内容的延伸，我们选编的50多个教学案例，紧密联系世界经济发展和我国改革开放中的现实问题，有的案例就发生在大学生的身边，他们有着切身的体会。通过案例教学，一方面，可以使抽象的理论具体化；另一方面，又可以用政治经济学原理来分析社会的经济现象，做到理论联系实际，有的放矢。

第三，文字表达求简练。在编写过程中，我们非常注重语言的表达方式，以增加教材的可读性和吸引力，使大学生在学习中深入理解教学内容，提高对政治经济学理论把握的准确性。

黑龙江大学的经济学专业是国家级一类特色专业，政治经济学又是黑龙江省的重点学科，政治经济学课程是省级精品课程。黑龙江大学经济与工商管理学院院长焦方义教授亲自为本书作序，副院长乔榛教授审阅了第十一、十二、十三、十四章，刘赣州博士对第三、四章进行了修改，高文敏教授对全书进行了统稿并最终定稿。各章的分工是：第二版前言、第一、二章高文敏；第三章李波；第四章孙莉；第五、六章国福利；第七、八章刘赣州；第九、十章乔榛；第十一章李伟；第十二、十三章吴艳玲；第十四章姜鑫。

由于我们的水平有限，书中难免有不足之处，请读者多提宝贵意见。

高文敏

2010年12月30日于哈尔滨

第一版前言

马克思主义政治经济学从19世纪中叶诞生到现在，整个世界的经济政治形势发生了巨大变化，无论是资本主义还是实践中的社会主义，都在其发展过程中产生了一系列的新现象和新问题。实践的发展推动着政治经济学理论研究的创新。尤其是在我国，坚持马克思主义基本原理同中国实践相结合，产生了毛泽东思想、邓小平理论和“三个代表”重要思想，从而使马克思主义政治经济学理论不断取得重大突破。时代的发展，要求我们坚持马克思主义基本原理，在政治经济学的教学内容上反映和概括新的理论研究成果。基于这个出发点，我们组织黑龙江大学、哈尔滨理工大学、哈尔滨商业大学的部分教师对政治经济学教材进行了重新编写。

这次编写，我们坚持以马克思的《资本论》为指导，完成了自由竞争资本主义部分的内容；结合当代资本主义的新变化，对垄断资本主义阶段经济政治的新特点进行了概括；以邓小平理论和“三个代表”重要思想为指导，从我国社会主义初级阶段的基本国情出发，吸收理论界最新的研究成果，阐述了中国特色的社会主义经济建设的基本理论。其目的是通过政治经济学的学习，使大学生准确地掌握马克思主义政治经济学的基本原理和我国社会主义经济建设的基本规律，坚定社会主义信念，将来更好地为社会主义建设服务。

从高校的基本教学要求出发，结合当代大学生对基本理论学习的要求，本书具有以下特点：

第一，观点鲜明。本书在阐述马克思主义政治经济学基本原理的基础上，结合党的十五大、十六大会议精神，吸收了理论界对政治经济学研究的最新成果，探讨了我国社会主义初级阶段基本经济制度、经济体制和市场经济运行的基本规律，对进行社会主义现代化建设中出现的许多新情况、新问题，从新的角度进行了探讨和阐释。

第二，有所创新。为适应社会主义现代化建设对“复合型”人才的需要，一些高校相继开展了“双语教学”。为配合学生的学习，我们在每一章的最后安排了中、英文的“双语关键词”，使学生在学习政治经济学的过程中，也能掌握最基本的英语词汇，为进一步掌握国外经济理论的发展变化打下良好的基础。为了更好地帮助学生理解教学内容，我们还在每一章里精心选编了“教学案例”。这些案例紧贴我们的现实生活，有的就发生在我们的身边，但却蕴涵着深刻的经济学原理。通过对案例的分析，可以使学生更好地理解政治经济学的理论，从而使抽象的经济学原理同社会现实结合得更加紧密。理论和中国的现实状况紧密结合，用科学的理论回答现实问题、解决现实问题，就能增加这门课程的实用性，进而提高学生学习政治经济学的自觉性和主动性。

第三，适应面广。在编写的过程中，我们参考了教育部编写的硕士研究生马克思主义政治经济学教学大纲和公开出版的政治经济学教材，使用通俗易懂的语言和精练的文字，使新教材既适应经济管理类的学生阅读，也适合其他各专业本科生和研究生的学习，还可以作为各类成人高校学生使用的教材。

2004年黑龙江省教育厅对全省高校进行“精品课程”的评选。由黑龙江大学经济与工商管理学院高文敏教授主讲的政治经济学课程是全省50门“精品课程”之一。科学出版社大力支持、帮助我们出版政治经济学教材。在此，我们向科学出版社表示衷心的感谢。

此书由高文敏教授提出了基本框架，经过同乔榛博士商定，确定了编写大纲。在统稿过程中，乔榛博士提出了修改意见，刘赣州博士参加了第十一、十三章的修改工作，由高文敏教授进行了集中修改并完成最后的定稿工作。各章的执笔分别是：导论、第一章、第八章第一节和第八至十三章的教学案例，高文敏；第二、三、四、五章，张艳（哈尔滨理工大学）；第六、七章和导论至第七章的教学案例，刘赣州；第八、九章，乔榛；第十、十二章，王占霞（哈尔滨商业大学）；第十一章，乔歆羽；第十三章，姜颖。

受我们的水平和能力所限，书中的内容难免有不成熟的地方，欢迎读者批评指正并提出宝贵意见。

编　者

2005年4月30日于哈尔滨

目录

第一章

政治经济学的研究对象

政治经济学是马克思主义理论体系的重要组成部分，是马克思主义理论最深刻、最全面、最详细的证明和运用。马克思主义政治经济学具有特定的研究对象和研究方法。本章主要阐述政治经济学的产生和发展；政治经济学的研究对象、根本任务和方法，以及学习政治经济学的重要意义。

第一节　政治经济学的产生和发展

人类社会自产生起就开始进行物质资料的生产，而人们从科学上概括和阐述经济运行规律的经济学说才有几百年的历史。经济学从萌芽到成为一门独立的科学，经历了一个漫长的发展过程。

一、经济学和政治经济学的产生和发展

“经”、“济”二字最早见诸于我国古代典籍《周易》，把“经济”连起来使用最初见于隋代王通所著的《文中子·礼乐篇》，书中有“经济之道”的提法。明代人冯琦编写了《经济类编》一书。在古汉语中，“经济”一词是指“经邦济世”、“经国济民”，即治理国家、拯救平民的意思，内容不仅包括经济、财政，而且广泛涉及政治、法律、军事和教育等。我国对“经济”一词的用法是19世纪下半叶从日本引入的。现代汉语中的“经济”是个多义词，有不同的含义：一是指社会生产关系的总和，即经济制度。它是由社会生产力的性质和发展水平所

决定的，是政治和思想意识等上层建筑赖以建立的基础；二是指物质资料的生产和再生产活动，包括生产、分配、交换、消费等各种经济活动；三是指一个国家社会再生产各部门的总称，即国民经济；四是指节约、节省、精打细算，是指个人和家庭的收支状况等。

在西方的历史文献中，“经济”一词来源于希腊文 oikonomia，原意是指“家庭管理”。在后来的语法中，经济和经济学的含义又有了扩展，发展为对国家事务的管理，因而出现了政治经济学一词。最先使用“经济”一词的是古希腊的思想家色诺芬（约公元前 430～前 354 年），在他的《经济论》一书中，对奴隶主管理和组织奴隶的活动第一次用“经济”一词加以概括。他给“经济学”下的定义就是：善良的主人如何管理自己的财产。因为当时的古希腊正处于奴隶制社会，人们的生产活动基本上是以奴隶主家庭为单位进行的，奴隶主阶级把管理和组织奴隶的各种经济活动都纳入家庭管理的范围。所以，色诺芬所说的“经济”，其原意是指家庭管理。《经济论》的问世，表明在西方产生了经济思想。此后，古希腊杰出的思想家亚里士多德（公元前 384～前 322 年）写了一本《政治学》。该书的第一篇讨论的是治家问题，他详细探讨了经济学的对象和任务，认为“经济”是研究家务（即奴隶主经济）问题的。他的这种观点在欧洲流行了近 2000 年。可见，最早的经济学产生在奴隶制国家，这种经济学代表的是占统治地位的奴隶主阶级的思想，他们极力维护奴隶制度，是为奴隶主阶级的利益服务的。

虽然早在奴隶社会和封建社会，经济学原理一直为很多思想家所重视，在色诺芬、柏拉图、亚里士多德等古希腊学者的著作中，以及古埃及、罗马、中国、印度等不少思想家的著作中都提到了一些重要的经济思想，但此时的经济学还没有成为一门独立的科学。

把“经济学”和“政治学”联系在一起，并发展成为一门独立的科学，是在资本主义生产方式开始确立时期。随着资本主义生产方式的产生，资产阶级的经济思想也就应运而生。从 15 世纪末到 17 世纪中叶，伴随着世界地理的大发现，海外贸易迅速发展，新兴的资产阶级迫切地要求冲破封建思想的束缚，于是兴起了经济自由主义思想，并提出了重视商业、发展资本主义的主张。

最早把这门科学称为政治经济学的是法国重商主义的代表人物安·德·蒙克莱田（1575～1622 年）。他在 1615 年出版的《献给国王和王太后的政治经济学》一书中，第一次使用了“政治经济学”这个名词。他在书中研究的是国家范围和社会范围的经济问题，这就突破了以往研究经济问题只围绕家庭经济或庄园经济的局限性。他在书中论述了商业、航海业和整个国家的经济和政策等问题，特别阐述了商业和商人在整个国民经济中的主导地位，主张商人应积极参与国家的经济管理。作为新兴的商业资本家思想代表的重商主义学说，对当时的生产方式最早进行了理论探讨，由此形成了资产阶级经济学说的第一个学派。不过重商主义者的探讨还仅限于流通领域，对一些经济现象也只作了肤浅的说明，没有深入到社会经济关系的本质方面。因此，尽管重商主义者使用了“政治经济学”一词，但他们没有从国家全部经济活动来分析问题，没能形成真正的政治经济学。

从此以后，“政治经济学”一词被广泛使用，成为研究经济问题的名称。第一个用“政治经济学”做书名的，是英国的经济学家詹姆斯·斯图亚特（1712～1780年）。他在1767年出版了《政治经济学原理研究》一书，最先以政治经济学教程的形式系统阐述了重商主义者的观点，分别论述了人口与农业、商业与工业、货币与铸币、信用与公债、租税及其适当用途等五个方面的问题。到了1776年，作为资产阶级古典经济学的代表人物亚当·斯密（1723～1790年）出版了《国民财富的性质和原因的研究》（又译《国富论》），虽然没有用政治经济学做书名，但他书中的第四篇是“论政治经济学”体系。进入19世纪，无论是资产阶级古典经济学还是庸俗经济学，都把自己的经济学著作称为政治经济学。只是到了1890年，英国经济学家马歇尔（1842～1924年）出版了他的著作《经济学原理》后，这门学科的名称又逐渐由“政治经济学”改为“经济学”。他认为两者可以通用，不能把政治经济学理解为既研究政治又研究经济的学科。当今世界，随着经济学科的发展，经济学的分支学科不断增加，于是，人们把政治经济学纳入理论经济学的范畴，以便同部门经济学科、应用经济学科及管理经济学科相区别。

二、马克思主义政治经济学的产生

19世纪40年代，马克思和恩格斯创立了无产阶级政治经济学，即马克思主义政治经济学。

首先，马克思主义政治经济学的产生是时代发展的客观要求。从18世纪末到19世纪中叶，英、法、德等国的产业革命，使资本主义生产方式最终确立起来，从而使社会生产力以前所未有的速度和规模迅速发展。随着资本主义制度的发展，资本主义本身所固有的社会化大生产和生产资料资本主义私人占有的矛盾日益尖锐起来，无产阶级反抗资产阶级的斗争日益成为主要矛盾。一方面，无产阶级作为新生的生产力代表登上了历史舞台，强烈地呼唤着为自己利益服务的无产阶级政治经济学的诞生，以便指导蓬勃发展的反对资产阶级的工人运动。另一方面，资产阶级也需要有为资本主义制度辩护的经济理论代替科学的探讨，从而产生了庸俗经济学，并逐渐取代古典政治经济学而居统治地位。马克思主义政治经济学也正是适应这种需要而产生的。

其次，马克思主义政治经济学植根于现实运动的沃土之中。马克思主义政治经济学的产生，以当时资本主义生产方式最典型的英国为例，在充分搜集和占有资本主义发展历史的大量材料的基础上，运用辩证唯物主义和历史唯物主义的方法，科学地剖析了资本主义经济活动的方方面面，深刻地揭示了资本主义生产的实质，从而阐述了资本主义生产方式产生、发展和必然走向灭亡的客观规律。同时，马克思和恩格斯还亲自领导和参加了无产阶级反对资产阶级的斗争，在这种斗争的实践中，他们科学地总结了工人阶级进行斗争的经验和教训，从而为创立无产阶级政治经济学奠定了实践基础。

最后，马克思主义政治经济学是在批判地继承前人各种经济学研究的一切优秀成果的基础上创立的。英国资产阶级古典政治经济学和空想社会主义学说是马克思主义政治经济学和科学社会主义理论的理论来源。

马克思于 1818 年 5 月 5 日出生在普鲁士莱茵省的一个律师家庭，先后就读于波恩大学和柏林大学法律系，但他把主要精力放在研究历史和哲学方面的问题上，1841 年 3 月获哲学博士学位；1842 年 10 月起担任《莱茵报》主编。马克思在报上发表了《关于林木盗窃法的辩论》和《摩塞尔记者的辩护》等文章，为劳苦大众所处的生活困境呼吁，严厉地抨击了资产阶级政府的反动政策，这对他后来政治观点的形成具有特别重要的意义。正如恩格斯所证明的，马克思后来不止一次地说过："正是他对林木盗窃法和摩塞尔河地区农民处境的研究，推动他由纯政治转向研究经济关系，并从而走向社会主义。"①

从 1843 年 10 月到 1845 年 1 月，马克思在旅居法国巴黎期间，开始系统地研究政治经济学。1844 年 8 月，他完成了第一部经济学的重要著作《1844 年经济学哲学手稿》。1847 年出版了《哲学的贫困》一书。这是一本成熟的马克思主义著作，标志着马克思主义政治经济学的诞生。到了 19 世纪 60 年代，马克思经过多年深入研究，完成了他对资产阶级政治经济学的批判后，于 1867 年 9 月在德国出版了划时代的不朽巨著《资本论》第 1 卷。马克思逝世后，经过恩格斯的整理、编辑，于 1885 年和 1894 年先后出版了《资本论》第 2 卷、第 3 卷，从而完整地建立起马克思主义政治经济学的科学体系。

马克思主义政治经济学的产生反映了时代的客观要求，它代表着无产阶级的利益，具有鲜明的阶级性。由于无产阶级是先进的生产力和生产方式的代表，其经济地位和阶级利益的要求同社会发展的方向一致，所以没有任何阶级偏见阻碍自己去客观地揭示真理，认识和揭示社会经济发展的客观规律。所以，马克思主义政治经济学既是一门揭示社会经济发展规律的科学，又是一门代表无产阶级利益的科学，是科学性和阶级性相统一的理论体系。

马克思主义政治经济学第一次从一切社会关系中划分出生产关系，指明它是一切社会关系中最根本、最本质的关系。政治经济学所研究的对象不是物，而是

① 马克思，恩格斯．马克思恩格斯全集．第 39 卷．北京：人民出版社，1972：466.

在物的外壳下掩盖着的人与人之间的关系，这种关系在阶级社会中表现为阶级与阶级的关系。马克思在《资本论》第1卷第一版序言中指出："我要在本书研究的，是资本主义生产方式以及和它相适应的生产关系和交换关系。"[①] 这在政治经济学发展史上，首次把政治经济学的研究对象科学地界定为人与人之间的社会关系。

马克思主义政治经济学第一次创立了劳动二重性学说，从而使劳动价值论建立在科学的基础上，并在此基础上又创立了剩余价值理论、资本积累理论、社会资本再生产理论等一整套学说，深刻地揭示了资本主义剥削的实质，阐明了无产阶级和资产阶级对立的根源。

马克思主义政治经济学第一次科学地揭示了资本主义生产方式的内在矛盾和基本经济规律。马克思明确指出，资本主义的基本经济规律就是剩余价值规律，这个规律决定着资本主义生产的实质，决定着资本主义生产的一切主要方面和主要过程，贯穿于资本主义生产方式的全过程。资本主义生产的实质就是增值资本的价值。为了获取尽可能多的剩余价值，资本家就要不断地扩大生产规模，加强对雇佣工人的剥削，从而使生产不断走向社会化。生产社会化同生产资料资本主义私有制之间的矛盾成为资本主义的基本矛盾。这一矛盾贯穿资本主义的始终，彻底解决这一矛盾的途径就是用生产资料公有制代替生产资料资本主义私有制。

三、马克思主义政治经济学的理论来源

马克思主义政治经济学的主要来源有两个：一个是资产阶级古典政治经济学，一个是空想社会主义学说。

资产阶级古典政治经济学产生于17世纪中叶，完成于19世纪初期的英国和法国，在英国获得了最大发展。英国古典政治经济学的创始人是威廉·配第(1623～1687年)，其代表作是《赋税论》。书中最先提出了劳动时间决定价值的观点，并在地租的形式上看到了剩余价值的存在。配第的主要经济著作《政治算术》，是政治经济学从其他社会科学中分离出来作为一门独立学科的重要标志。他的《货币略论》在劳动价值观的基础上，进一步考察了工资、地租、利息和货币等经济范畴。他还明确地提出了"土地是财富之母，劳动是财富之父"的观点。对此，马克思给予很高的评价。

18世纪后半期是英国古典政治经济学的发展时期，这一时期的主要代表人物是亚当·斯密。他生于苏格兰，14岁入格拉斯哥大学，17岁被推荐去牛津大学学习，毕业后曾受聘于格拉斯哥大学，担任教授，先后讲授逻辑学、神学、伦

---

① 马克思．资本论．第1卷．北京．人民出版社，1975：8.

理学、法学和政治学。他讲授的政治学包括经济政策和政治经济学的许多问题。他的代表作《国民财富的性质和原因的研究》，以发达的工场手工业时期的资本主义经济关系作为研究对象，把从配第以来的资产阶级古典政治经济学综合成为一个完整体系。斯密的经济理论以国民财富的增长为核心，涉及分工、交换、货币、价值、工资、利润、地租、资本等基本经济范畴，他把工业、农业和商业统一起来考察，第一次把流通领域同生产领域结合起来研究社会总生产过程。他特别强调工业在国民财富增长中的主导作用，揭示了自由竞争条件下市场经济的内在运行机制。斯密对资本主义生产方式的系统考察，克服了重商主义和重农主义的片面性。作为资产阶级古典政治经济学理论体系创始人的亚当·斯密，在政治经济学史上占有极重要地位。

大卫·李嘉图（1772～1823 年）是英国资产阶级产业革命高涨时期的金融家和经济学家。他 1817 年发表了《政治经济学及赋税原理》一书，是古典政治经济学最具科学理论的代表作，他以劳动价值论为研究的基础，并以此去分析资本主义生产方式的内在矛盾和其他经济范畴，从而揭示了资本主义社会的阶级对立和阶级矛盾。然而，由于受资产阶级利益的局限，李嘉图把资本主义经济关系看做自然的、永恒的社会经济关系，所以不可能科学地揭示资本主义经济的发展规律，特别是在他的理论中混淆了劳动与劳动力、价值与生产价格的区别，所以造成了他理论体系中的两大难以解决的矛盾，导致最后宣布其理论体系破产。

资产阶级古典政治经济学代表了新兴资产阶级的利益，因而能以科学的态度对社会经济发展规律进行探讨，并取得了有科学价值的成果。它在一定程度上揭示了资本主义生产关系的内在联系，提出了劳动创造价值的观点，继而接触到了剩余价值问题，看到了在资本主义制度下工资、利润和地租的对立关系，进而初步揭示了资本主义社会的构成和阶级对立状况，还研究了社会资本配置问题。但他们没有剩余价值概念，更没有说明这种阶级对立产生的根源。资产阶级古典政治经济学对经济科学的贡献，为马克思主义政治经济学的建立提供了丰富的营养。

马克思主义政治经济学的另一个理论来源是空想社会主义学说。

空想社会主义学说是一种产生于资本主义尚未充分发展时期的不现实的社会主义学说，最早出现在 16 世纪资本原始积累时期。英国的莫尔（1478～1535 年）1515 年出版的《乌托邦》一书是这个学说的标志。到 19 世纪中叶，空想社会主义日益成熟，出现了圣西门（1760～1825 年）、傅立叶（1772～1837 年）、欧文（1771～1858 年）三大空想社会主义者。他们反对资产阶级学者把资本主义制度说成是永恒的自然制度，认为资本主义生产方式是历史发展过程中的一个阶段，它必定被未来的社会主义社会和共产主义社会所代替。他们代表被剥削、被压迫阶级的利益，尖锐地批判资本主义制度，揭示了资本主义的种种罪恶和内在矛盾，并提出他们对未来社会的美好设想。空想社会主义者首次把社会主义作为一种新的生产体系提出，论证了社会主义制度下生产组织和劳动生产率将优于并超过资本主义，并预见未来的共产主义社会将实行财产公有，消除城乡对立和脑力劳动同体力劳动的差别，人人都应有劳动权利和平等获得产品的权利；整个社会生产将被有计划地组织起来，并设想国家将变为生产的管理机构。由于空想社会主义者不理解资本主义的发展规律和无产阶级的伟大使命，只凭借主观愿望，提出了广泛地改造社会的计划，幻想通过宣传、感化资产阶级和示范试验来实现社会主义。可以说，空想社会主义学说为马克思主义政治经济学的产生提供了重要的理论来源。

不论是资产阶级古典政治经济学还是空想社会主义学说，都有着科学的成分，但也存在着不科学的因素。资产阶级古典政治经济学虽然认识到资本主义剥削的事实，但没有考察剩余价值的来源，因而不能揭示资本主义剥削的实质。空想社会主义者没有唯物史观，因而也无法阐明资本主义雇佣劳动的实质。马克思主义政治经济学正是在批判地继承两者中的科学成分，在它们研究的基础上对政治经济学进行了伟大的革命和创新，从而使政治经济学建立在科学的基础上。

四、马克思主义政治经济学是不断发展的理论

马克思主义政治经济学是科学的理论，其科学性不仅表现为它揭示了资本主义生产关系的本质及其发展运动的规律，而且还表现为它不是凝固不变的教条，而是随着资本主义经济的变化，及无产阶级革命和社会主义建设事业的发展而不断发展的理论。马克思主义政治经济学这种与时俱进的理论风格，使它在不断发展中显示出自己强大的生机和活力，进而成为无产阶级进行革命和建设的指导思想。

首先，马克思主义政治经济学没有也不可能阐述政治经济学的一切科学真理，更不可能向人们提供解决一切问题的现成方法。我们所处的时代是一个不断发展变化的时代。不同的时代有着不同的任务，有着不同的问题需要解决，这就需要运用马克思主义政治经济学所提供的基本原理和方法来加以创造性地运用，这本身就意味着马克思主义政治经济学需要不断丰富、发展和完善。

其次，马克思主义政治经济学提供的不是一成不变的教条，不是个别的结论，而是进一步研究问题的出发点和进行这种研究所使用的科学方法。马克思主义的精髓是实事求是，是观察与分析经济问题和经济现象的基本原理和基本方法，是科学的世界观。马克思和恩格斯在他们所处时代的特定条件下得出的某些个别结论，可能会因时间的推移和社会实践的变化而过时，但它们留给世人的观察和分析经济问题的科学的世界观和方法论却是常青的，这也是我们坚持马克思

主义的真谛。

最后，马克思主义政治经济学是随着社会实践的发展而不断创新的理论。它来自丰富的社会实践，而社会经济实践却在不断变化、不断发展，这就为马克思主义政治经济学的发展提供了源泉。一方面，要用社会经济实践来检验已有的经济理论，对于那些被实践证明已经过时的个别结论就必须敢于大胆地放弃。在这方面必须坚持解放思想、实事求是的马克思主义的思想路线。另一方面，又必须根据新的社会实践经验和变化了的具体情况，运用马克思主义政治经济学提供的科学方法，对实际问题进行理论研究，创立新的观点，进一步丰富和发展马克思主义政治经济学。

100 多年以来，马克思主义政治经济学始终没有停止过它的发展。一代又一代马克思主义者运用马克思主义所提供的世界观和方法论，根据自己所处时代的特点，顺应时代潮流，把握时代的脉搏，根据时代发展变化的客观要求，对大量的现实经济活动进行了深入研究和理论思考，提出了一系列创造性的新观点，不断地赋予马克思主义政治经济学新的生机和活力。

列宁（1870～1924 年）是继马克思、恩格斯之后最伟大的无产阶级革命家，是对马克思主义进行创造性发展的第一人。列宁主义是帝国主义和无产阶级革命时代的马克思主义。19 世纪末 20 世纪初，列宁在领导俄国和国际无产阶级进行革命的斗争中，根据资本主义发展的新特点和新变化，提出了帝国主义是资本主义发展的最高阶段的著名论断。他首先把资本主义明确地划分为自由资本主义和垄断资本主义两个阶段，创立了帝国主义（或垄断资本主义）理论，阐述了垄断资本主义的五大经济特征。同时，列宁通过对垄断资本主义经济政治发展不平衡的深刻剖析，得出社会主义革命可能首先在一国或数国取得胜利的科学论断，并亲自领导俄国的无产阶级夺取政权，建立了世界上第一个社会主义国家。这就突破了马克思和恩格斯关于社会主义革命只能在大多数先进的资本主义国家同时爆发才能取得胜利的结论，创造性地发展了马克思主义政治经济学。

以毛泽东（1893～1976 年）同志为代表的中国共产党人，始终坚持把马克思主义基本原理同中国革命和建设的具体实践相结合，创造性地发展马克思主义学说，产生了马克思主义中国化的第一次理论飞跃和重大理论成果——毛泽东思想。毛泽东思想是一个完整的科学体系，内容十分丰富。其中关于中国革命和社会主义建设的经济理论，极大地丰富和发展了马克思主义政治经济学。

毛泽东在领导中国人民进行社会主义革命和建设的过程中，从中国半封建半殖民地社会的实际出发，把马克思主义基本原理同中国革命的实践相结合，提出了新民主主义革命的理论和纲领，指引中国革命取得了胜利，建立了新中国，中国人民从此站了起来。在全面进行社会主义现代化建设的过程中，以毛泽东为核心的党的第一代中央领导集体，不断探索和总结，提出一系列关于社会主义建设的新思想，使我国取得了社会主义建设的巨大成就。毛泽东思想成为我国进行社会主义革命和建设的指导思想。

中国特色社会主义理论体系作为马克思主义中国化的最新成果，是对马克思列宁主义、毛泽东思想的继承和发展。邓小平理论是马克思主义同中国实际相结合的第二次飞跃的理论成果，它第一次系统地回答了中国社会主义现代化建设的一系列基本问题，进一步丰富和发展了马克思主义学说。邓小平（1904～1997年）根据当代资本主义发展的新特点和我国社会主义改革开放的实际情况，创造性地把马克思主义基本原理同中国改革开放的社会主义现代化建设相结合，提出的社会主义初级阶段理论、社会主义市场经济理论、社会主义本质和根本任务理论、社会主义改革开放理论、社会主义发展战略理论等一系列新观点，都是对马克思主义政治经济学说的最新贡献。

以江泽民同志为代表的中国共产党第三代中央领导集体，高举邓小平理论的伟大旗帜，准确把握时代特征，科学判断我们党所处的历史方位，不断地进行理论探索和创新，进一步科学地回答了“建设什么样的党，怎样建设党”的问题，深化了对中国特色社会主义的认识，实现了党的指导思想的又一次与时俱进，进一步推进了马克思主义的中国化。

中华民族在近代历史中面临两大任务：一是求得民族独立和人民解放，二是实现国家繁荣和人民富裕，概括起来就是振兴中华。总结 80 多年中国共产党领导全国人民在革命、建设、改革的各个历史时期的经验，得出一个重要结论，我们党之所以能赢得人民的拥护，是因为我们党作为中国工人阶级的先锋队和中国人民、中华民族的先锋队，它始终代表着中国先进生产力的发展要求，代表着中国先进文化的前进方向，代表中国最广大人民的根本利益，并通过制定正确的路线、方针、政策，为实现国家和人民的根本利益而不懈奋斗。

“三个代表”重要思想是统一的整体，既相互联系，又相互促进。发展先进的生产力，是发展先进文化、实现最广大人民根本利益的基础条件。人民群众是先进生产力和先进文化的创造主体，也是实现自身利益的根本力量。不断发展先进生产力和先进文化，归根结底都是为了满足人民群众日益增长的物质文化生活的需要，不断实现最广大人民的根本利益。可以说，先进生产力是基础和前提，先进文化是灵魂和旗帜，最广大人民的根本利益是主体和目的。“三个代表”重要思想体现了生产力与生产关系、经济基础与上层建筑的统一，体现了物质文明与精神文明，经济、政治、文化的统一，体现了历史发展规律和历史创造主体的统一，是运用马克思主义解决我国改革开放和社会主义现代化建设实际问题过程中的新概括、新创造，是对马克思列宁主义、毛泽东思想、邓小平理论的继承、丰富和发展。

党的十六大以来，以胡锦涛同志为总书记的党中央立足社会主义初级阶段的基本国情，借鉴国外发展经验，不断总结我国经济和社会发展的实践，适应新的发展要求，提出了科学发展观等重大战略思想，进一步回答了“实现什么样的发展、怎样发展”这一关系到中国前途和未来命运的重大问题。科学发展观的第一要义是发展，核心是以人为本，基本要求是全面协调可持续，根本方法是统筹兼顾。科学发展观的提出深化了我们党对新时期共产党执政规律、社会主义建设规律和人类社会发展规律的认识，继续推进了马克思主义中国化的发展进程。

毛泽东思想和中国特色社会主义理论体系虽然形成于不同历史时期，面对不同的历史任务，具有不同的内容，但在基本精神上是完全一致的，都坚持实事求是、群众路线和独立自主，它们既是一脉相承的，又是与时俱进的。在当代中国，坚持马克思主义，就必须坚持中国特色社会主义理论体系；坚持中国特色社会主义理论体系，就是真正坚持马克思主义。

第二节　政治经济学的研究对象

任何一门科学，都有自己特定的研究对象。马克思主义政治经济学的研究对象是社会生产关系及其发展规律。

一、物质资料生产是政治经济学研究的出发点

作为马克思主义政治经济学研究对象的社会生产关系及其发展规律，是在人类进行物质资料生产过程中形成和发展的。因此，要了解政治经济学的研究对象，首先必须了解什么是物质资料生产及其重要作用。

物质资料的生产，就是人们以一定的方式结合起来，按照自己的目的，利用劳动资料去改变劳动对象的形状、性质或地理位置，使其满足人们生产和生活需要的劳动过程。它是人类获取物质资料满足自身生存和发展需要的经济活动，是人类最基本的社会实践。

物质资料生产是人类社会存在和发展的基础。首先，人类要生存就离不开衣、食、住、行等方面的最基本的生活资料。这些生活资料只有通过物质资料的生产活动才能创造出来。因此，任何社会都不能停止生产活动。任何一个民族，如果停止了劳动，不用说一年，就是几个星期，就要灭亡。其次，只有物质资料生产的不断发展，人们的需要才能得到满足，才能在此基础上进行政治、科技、教育、文化等方面的活动。只有社会的劳动生产率提高了，生产的物质资料丰富了，人们才有更多的时间去从事其他各种社会活动。可见，物质资料生产是人类社会存在和发展的基础，是人类最基本的实践活动，对于其他一切活动起决定性作用。

人类的生产活动是在一定的历史条件下进行的。物质资料生产活动包括两个方面的内容：一方面是劳动过程，反映人与自然之间的关系；另一方面是生产过程，反映人与人之间的关系。物质资料生产过程作为劳动过程来说，必须具备三个基本要素：劳动者的劳动、劳动对象和劳动资料。缺少任何一个要素，社会生产就无法进行。

劳动者的劳动，就是指有一定劳动技能和劳动经验的人，运用自己的体力和脑力来改造自然物质，使其满足人类需要的有目的的活动。劳动是人类特有的实践活动，具有两大特点：第一，它是人们有目的、有意识的活动；第二，它能制造和使用工具。

劳动对象是指人们把自己的劳动加于其上的一切东西，也就是劳动中被加工的对象。劳动对象有两类：一类是天然存在的，如矿藏、石油、原始森林等自然物；另一类是经过人类劳动加工的生产物，如纺纱用的棉花、建筑用的砖瓦、制造机器的钢材等。随着科学技术的不断发展，劳动对象的范围不断扩大，不仅越来越多的自然物被作为劳动对象，而且新的原材料也日益增多。

劳动资料（或劳动手段）是指人们用来影响和改变劳动对象的一切物质资料。劳动资料中最主要的是生产工具。生产工具的发展状况，不仅标志着社会生产力发展的水平，同时也反映出社会生产关系的类型。马克思指出："各种经济时代的区别，不在于生产什么，而在于怎样生产，用什么生产。劳动资料不仅是人类劳动力发展的测量器，而且是劳动借以进行的社会关系的指示器。"① 劳动资料中还包括除劳动对象和生产工具以外的一切生产资料，如建筑物、道路、土地、各种容器、管道等。

以上三个要素是劳动过程中最抽象、最一般、最基本的要素。无论是生产力十分低下的原始社会，还是生产力比较发达的现代社会，人们的劳动过程都必须具备这三个基本要素，否则物质资料生产就无法进行。在这三个要素中，人的劳动是生产过程中的主观因素；劳动对象和劳动资料的总和构成生产资料。生产资料是生产中的客观因素，它随着社会生产和劳动过程的发展，会在简单要素的基础上逐渐增加新的要素。在现代社会化大生产过程中，科学技术、经营管理、经济信息等已成为劳动过程中必不可少的要素。社会生产力越是向前发展，就越显得这些要素在生产力中具有重要作用，人们也就更加重视和研究利用这些要素。

物质资料的生产过程，就是以上各种要素在一定形式下有机结合起来，创造出满足人类生存和发展所需要的物质产品的过程。上述关于物质资料生产的劳动过程基本要素的分析，是从一般生产过程来考察的，它适用于一切社会的生产过程。明确这一点，就为我们进一步研究生产关系奠定了基础。

---

① 马克思．资本论．第1卷．北京：人民出版社，1975：204.

二、政治经济学的研究对象

人们总是在一定的社会生产方式下进行物质资料生产活动的。社会生产方式是指人类社会为了生存和发展而获取物质资料的方式，它是生产力和生产关系的对立统一体。在人类社会发展的历史过程中，先后出现过原始社会、奴隶社会、封建社会、资本主义社会和社会主义社会五种社会生产方式。

（一）生产力

生产力（即社会生产力）也称物质生产力，是指人类在生产过程中利用、征服和改造自然，生产物质资料的能力，它反映人类同自然的关系。生产力的构成要素包括人的因素和物的因素。人的因素是指具有一定生产经验、劳动技能和科学知识，并实现着物质生产的劳动者，他们在生产中起着最根本的作用。因为劳动者是生产过程中的主体，是首要的生产力。离开了劳动者的劳动，任何劳动资料和劳动对象都是一堆死的东西。特别是劳动资料中的生产工具，它是由劳动者制造出来的，而且只有通过劳动者操作才能发挥作用。如果没有劳动者的劳动，即使是高度自动化的机器设备和自动化生产线也无法运转。因此，人类之所以能征服和改造自然界，关键在于人的劳动。

物的因素是指生产资料，即人们在生产过程中所使用的劳动资料和劳动对象的总和。在生产资料中，生产工具起着最重要的作用，生产力的发展状况集中表现在生产工具的发展变化上。劳动对象作为生产过程中被加工的东西，它的数量和质量是决定生产力发展的重要因素。特别是在科学技术日益发展的现代化生产过程中，人们加工的劳动对象日益增多，范围不断扩大，这有利于生产力水平的不断提高。

随着社会生产力的发展，构成生产力的内容也不断丰富、变化和发展。自然科学、社会科学和生产技术在社会生产中的作用日益增大。生产力中人的因素和物的因素，都同一定的科学技术紧密联系，科学技术日益广泛地渗透到劳动力、劳动对象和劳动资料之中，从而大大地促进了社会生产力的发展。科学技术是生产力，就是指自然科学、社会科学和技术发明在生产过程中被应用，从而转化为现实的直接的生产力。

20世纪以来，在现代生产力系统中，科学技术成为第一生产力。以微电子、计算机和网络技术为代表的信息技术迅猛发展，新技术革命的浪潮成为经济发展的第一动力。20世纪初，科学技术因素在生产力系统占5%～20%，到20世纪末，已达60%～80%。科学技术作为生产力系统中的智能要素，逐渐渗透到各个要素之中。首先，劳动者通过掌握科学技术知识，可以不断提高自身素质。其次，科学技术的进步可以改变生产工具的性能，使手工工具逐渐向现代化的机器体系转变，进而大大提高劳动生产率。再次，科学技术的进步可以不断延伸人们向生产领域拓展的空间，如核工业、航天工业、生物工程和信息产业的出现，都是科学技术进步的产物。最后，科学技术的发展又可以使生产管理和劳动组织不断走向科学化和现代化。科学技术的发展不断促进生产力要素的变化和发展，因此生产力中也包括科学技术。

（二）生产关系

人们在进行物质资料生产的过程中，除了同自然界发生关系外，人与人之间也会发生密切的关系。人们同自然界的斗争，从来不是由孤立的个人进行的，而是人们通过结成一定的社会关系来进行的，因此，任何生产都是社会的生产。在社会生产中，人们结合起来进行生产，就形成了社会生产关系。社会生产关系就是人们以一定的生产资料所有制为基础，在物质资料生产和再生产过程中结成的相互关系，也叫经济关系。在人们的各种社会关系中，生产关系是最基本的关系。

社会生产关系首先是指直接生产过程中人们结成的相互关系。但是，生产关系不仅仅局限于这个范围，因为社会物质资料生产过程是不断重复、不断更新的社会生产总过程，在这个社会生产总过程中，人们在直接生产过程中生产出来的产品，只有经过分配和交换，才能最终进入消费领域，然后社会生产过程再重新开始进行。社会生产总过程包括生产（直接生产过程）、分配、交换、消费四个相互联系的环节。由这四个环节所组成的运动过程，就使人们在社会生产总过程中形成了生产、分配、交换和消费方面的关系。政治经济学所要研究的社会生产关系，就是人们在社会生产总过程中所建立的生产、分配、交换、消费方面的经济关系的总和。

社会生产总过程的四个环节既相对独立，又相互联系、相互制约。其中，生产起主导和决定的作用，一定的生产决定着一定的分配、交换和消费；而分配、交换和消费又积极影响和反作用于生产，从而促进和制约生产的发展。

首先，生产对分配、交换和消费的决定作用主要表现在三个方面。第一，生产为分配、交换和消费提供对象。只有通过生产过程生产出产品，分配、交换和消费才有了对象，如果没有物质产品，就根本谈不上分配、交换和消费。第二，生产的社会性质决定分配、交换和消费的社会性质。生产的社会性质集中体现在生产资料所有制上。生产资料所有制不仅表明生产资料归谁所有，还决定劳动者同生产资料的结合方式，它是社会生产关系的基础，决定整个社会生产关系的性质，从而决定分配、交换和消费的性质。第三，生产的发展水平决定分配、交换和消费的水平和结构。分配、交换和消费所能达到的水平和规模，以及物质产品的花色、品种、质量、规格都是由生产提供的。

其次，分配、交换和消费也对生产起着积极的反作用，主要表现在两个方面。第一，分配、交换和消费是生产的实现，是社会生产和再生产不可缺少的条件。在连续不断的再生产过程中，如果分配、交换和消费的任何一个环节受阻，再生产过程就会受到破坏而无法顺利进行。第二，分配、交换和消费对生产的发展有重大的影响。分配方式合理，就能够调动生产者的积极性，促进生产的发展，反之，就会影响和阻碍生产的发展。交换的发展，特别是市场交换范围的不断扩大，能极大地推动生产力的发展。消费需求的增长也能为生产的发展创造出动力。人们日益提高的消费水平，要求有更加丰富的产品来满足需求的变化，从而推动社会生产的进步和发展。

在社会生产关系中，人们对生产资料的一定占有方式，以及生产资料和劳动者的特定结合方式，是人们进行物质资料生产的前提，生产、分配、交换和消费关系是由这个前提决定的。因此，生产资料所有制，以及生产资料与劳动者相结合的方式是生产关系的基础。在资本主义社会，生产资料被资本家私人占有，这就决定了资本家对生产过程拥有绝对的支配权利。生产什么，生产多少，怎样生产都由资本家决定，生产目的是满足资本家获取剩余价值的需要。资本主义生产关系本质上就是资本家剥削雇佣工人的关系。

社会生产关系本身不仅包括生产、分配、交换和消费方面的经济关系，而且还是一个多层次的概念。马克思在《〈政治经济学批判〉导言》中，在谈完生产、分配、交换和消费的关系及政治经济学的方法之后，提到不该忘记的各点中，专门强调“第二级和第三级的东西”，即“派生的、转移的、非原生的生产关系”。[①] 也就是说，生产关系的研究可以概括为基本经济制度和经济体系，以及与其相适应的经济机制三个层面。所谓经济制度，是指一个社会中占统治地位的生产关系的总和，反映着不同社会经济形态的本质区别。政治经济学就是在生产资料所有制的基础上，研究人们在物质资料生产各个环节上结成的生产关系，研究它们的社会性质，也就是研究以生产资料所有制关系为基础的基本经济制度。此外，政治经济学还要研究各种经济制度的具体运行方式，即经济体制。所谓经济体制，是指一定的经济制度所采取的具体组织形式和管理制度。它主要包括生产资料所有制的结构、经济决策结构、经济利益和动力结构，以及宏观调控体系等基本要素，它们相互联系、相互作用，形成一个多层次的经济组织和运行体系，来合理地组织社会的经济活动。因此，对社会生产关系的全面研究，必然包括一定的经济制度及与其相适应的经济体制。

在经济制度和经济体制的关系上，经济制度决定经济体制，而经济体制总是同一定的经济制度相联系的。同时，经济体制又具有相对的独立性，人们可以根据一定社会的现实（特别是社会发展所处的历史阶段、生产力发展状况和经济政

① 马克思．马克思恩格斯选集．第2卷．北京：人民出版社，1972：112.

治环境等各种因素）选择不同的经济体制。同一社会经济制度也可以在其不同的历史发展阶段，由于各种因素的变化，而选择不同的经济体制。即使经济体制不同的国家，也可以相互借鉴，取长补短。

经济体制的运行，离不开经济机制的作用。所谓经济机制，是指市场中各种要素（价格、竞争、供求、利润、利息、工资等）之间相互制约和互为因果的联系与作用。市场机制在经济资源配置中起基础性作用的经济体制，叫市场经济体制。由于各种经济资源有限，各种市场主体都会遇到一个经济资源如何根据存量状况和市场需求状况，在社会各部门、各地区之间进行合理分配的问题。要合理配置资源，就必须充分发挥市场机制的作用，从而保证社会生产各部门、各地区及整个国民经济按比例地协调发展。

实际上，马克思在研究资本主义生产关系，揭示资本主义生产的本质及其发展的一般规律的同时，也深入地考察了资本主义社会的经济运行问题。在《资本论》中，关于产业资本循环和周转问题的研究、关于资本主义再生产实现条件的研究、关于社会生产两大部类产品实现条件的研究、关于剩余价值生产和分配具体形式的考察，都没有离开对经济运行过程的分析。因此，马克思主义政治经济学对社会生产关系的研究，始终是在对经济运行过程的分析中进行的。在社会主义市场经济条件下的今天，我国面临着怎样加快社会主义现代化建设的重任，更需要加强对生产关系的内部结构、具体运行方式和运行机制的研究，找出用来指导我国社会主义现代化建设的科学的规律性的东西，这也是政治经济学研究中不可忽视的内容。

（三）生产力和生产关系的相互关系

在社会生产方式中，生产力和生产关系是社会生产不可分割的两个方面，生产力是社会生产的物质内容，生产关系则是社会生产的形式。生产力和生产关系是辩证统一的关系。

首先，生产力决定生产关系。有什么样的生产力水平，就有什么样的生产关系与之适应，主要表现在两个方面。第一，生产力的状况决定生产关系的状况。人类历史上出现过的各种类型的社会生产关系，如原始社会的生产关系、奴隶社会的生产关系、封建社会的生产关系、资本主义社会的生产关系和社会主义社会的生产关系，都是由一定的生产力发展水平决定的。第二，生产力的发展变化必然引起生产关系的发展、变革。生产力是社会生产中最活跃、最革命的因素，而生产关系则相对稳定。首先，生产力决定生产关系的部分质变。在一定的生产关系的根本性质不变的前提下，随着生产力的发展，生产关系的某些环节会在局部发生某些调整，以适应生产力的发展变化。其次，生产力的发展变化决定着旧的生产关系被新的生产关系代替。人类历史中每一次生产关系的变革，都是由生产力的发展变化所引起的。最后，生产力决定生产关系所能变化的程度。生产关系必须而且只能在适应生产力现状下而发展变化。如果人为地超越生产力的发展变革生产关系，就会阻碍生产力的发展。

在阶级社会中，生产力决定生产关系表现为阶级矛盾和阶级斗争。反动的统治阶级竭力维护旧的过时的生产关系，而新兴的阶级则代表着新的生产力，要求改变旧的生产关系，代之以新的生产关系。因此，一种新的生产关系代替旧的生产关系不是轻而易举的。总要经过反复斗争，才能建立起新的生产关系。

其次，生产关系对生产力起着巨大的反作用。生产关系并不是消极被动地由生产力所决定，它会反过来影响着生产力的发展。这主要表现在：当生产关系同生产力发展的要求相适应时，就能促进和推动生产力的发展；当生产关系不适应生产力发展状况时，就会对生产力的发展起着阻碍甚至是破坏作用。一般有两种情况：一种是当生产关系落后于生产力发展状况时，已经过时或陈旧的生产关系会阻碍生产力的发展；另一种是人们脱离生产力实际情况和水平，单凭主观愿望去任意变更生产关系，这种新的生产关系也不能适应生产力的发展要求，因而同样会阻碍生产力的发展。

可见，在生产力和生产关系的矛盾运动中，生产力总是按照自己的发展规律不断发展和变化的，随着时间的推移，原来的生产关系会变成新的生产力的桎梏，这种阻碍生产力发展的生产关系不会长久地存在下去，迟早会被新发展起来的生产力所突破，使适应生产力发展要求的新的生产关系产生。在新的生产关系产生之后，又开始了新一轮的矛盾运动，如此反复进行。因此，生产力决定生产关系，生产关系一定要适应生产力的状况，是不以人的意志为转移的客观规律，是支配和推动社会生产发展和社会经济制度变革的基本规律。人类历史上每一次社会生产方式的变革，都是这一规律作用的结果。

一定社会形态中占统治地位的生产关系的总和构成这个社会制度的经济基础。上层建筑是指建立在一定经济基础之上的政治制度、法律制度及与之相适应的社会意识形态（如政治、法律、道德、艺术、哲学等方面的观点和思想体系）。经济基础与上层建筑之间同样是既统一又矛盾的辩证关系。

首先，经济基础对上层建筑起决定作用。这主要表现在：第一，经济基础的性质决定上层建筑的性质。有什么样的经济基础就有什么样的上层建筑，上层建筑是适应经济基础的需要而建立起来的。第二，经济基础的变革决定上层建筑的变革。因为物质生活的生产方式制约着整个社会生活、政治生活和精神生活，是人们的社会存在决定人们的社会意识，而不是相反。当新的经济制度取代旧的经济制度时，新兴的阶级将用新的国家制度、法律制度来取代旧的国家制度和法律制度，来维护自己的经济基础；而旧的腐朽的意识形态也会或迟或早地退出历史舞台，为新兴阶级的意识形态所代替。这必然使上层建筑发生变革。

其次，上层建筑对经济基础也有反作用。上层建筑一经产生就要为自己的经济基础服务，主要有两种情况：第一，新的上层建筑能摧毁旧的经济基础，并促进新的经济基础形成、巩固和发展；第二，旧的上层建筑也要维护自己的经济基础，阻挠新的经济基础的产生和发展。经济基础和上层建筑的对立统一构成社会形态。

马克思主义政治经济学是研究社会生产关系及其发展规律的科学。但是，政治经济学的研究不能脱离生产力和上层建筑而孤立地进行。因为生产力决定生产关系，而上层建筑又反作用于经济基础。这就决定了必须在生产力和生产关系、经济基础和上层建筑的相互作用和矛盾运动中研究社会生产关系的发展变化及其运动的规律，才能得出科学的结论。

第三节　政治经济学的根本任务

在人们进行物质资料的生产、分配、交换和消费的过程中，存在着复杂的经济现象，而且在这些现象背后，有着共同的、本质的、经常起作用的东西，有着发展的必然趋势，这就是经济规律。所谓经济规律，就是经济现象和经济过程内在的、本质的、必然的联系。

一、经济规律的客观性

经济规律同一切事物的发展规律一样都是客观的，是不以人们的意志为转移而存在和发生作用的。经济规律的客观性主要表现在两个方面。第一，经济规律产生的经济条件是客观的，它的作用也是客观的。任何经济规律都是在一定的经济条件基础上产生和发生作用的，并随着经济条件的变化而变化。有什么样的经济条件，就会产生什么样的经济规律。当某种经济条件消失了，与它相适应的经济规律就随着退出历史舞台，新的经济规律会伴随着新的经济条件的产生而产生，并发挥作用。第二，任何经济规律都是不以人们的主观意志为转移的，人们对它认识与否，它都要按照自己的要求发挥作用。人们既不能消灭它、废除它或改造它，也不能创造出新的经济规律，更不能制定出新的经济规律。经济规律的变化受客观经济条件的影响，而不取决于人们的主观愿望。无论什么人都不能违背经济规律的客观要求。如果违背了它的要求，仅凭人们的主观意志办事，就必然受到经济规律的惩罚，使社会的经济发展受到干扰和破坏。

承认经济规律的客观性，并不意味着人们在经济规律面前就无能为力，也不表明人们只能听任经济规律摆布，成为经济规律的奴隶。人们可以充分发挥自己的主观能动性，去认识和利用客观经济规律。认识经济规律，发挥人的主观能动性，主要表现在两个方面。一是人们在发现和认识经济规律上有早有晚，对它的认识程度也有深浅。但只要善于调查研究，不断总结经验，就能及早发现经济规律，按经济规律的要求办事，就能提高自觉性，避免盲目性。二是人们可以研究各种经济规律的作用，根据客观存在的经济条件，选择对自己有利的实现形式。认识经济规律的目的，就是利用它为人类服务。所谓利用经济规律，是指人们使自己的主观行动和采取的具体措施符合客观经济规律的要求，依据客观经济规律的运行趋势，制定出正确的工作方针和政策，从而在实践中更好地实现经济活动的目的，使经济规律作用的结果给人们带来更多的经济利益。

经济规律同自然规律相比，有自己的特点。其一，经济规律产生和发生作用是同一定经济条件联系在一起的。生产力和生产关系总是在不断地发展变化，这就决定了除少数反映一般生产条件的规律外，绝大多数经济规律都不是长久存在的。经济规律既然是在一定经济条件基础上产生和发生作用的，那么，当这种条件消失时，这些经济规律也就随之消失。其二，在阶级社会里，人们认识和利用经济规律总是有阶级背景的。自然规律是在人们自身之外发生作用的，只要人们掌握了必备的知识和物质手段，经过主观努力，不论哪个阶级都能发现和利用它。但是，经济规律作为生产关系运动的规律，它的作用直接关系到人们的切身利益，给他们带来不同的后果。因此，在认识和利用经济规律的问题上，不能不受不同阶级、不同社会集团利益的影响。剥削阶级由于受其阶级利益的局限，不可能科学地揭示客观经济规律。只有无产阶级，不受阶级利益的制约，才能深刻地认识和揭示客观经济规律。

二、经济规律的种类

经济规律依据其产生和发挥作用的经济条件不同，可以分成三种类型。

第一种是人类社会各个发展阶段所共有的经济规律。它贯穿于一切社会，反映一切社会生产的共同本质，如生产关系一定要适应生产力状况的规律。任何社会生产都存在着生产力和生产关系两个对立统一的方面，因此都存在生产关系一定要适合生产力状况的规律，这个规律在一切社会形态中都存在和发挥作用。

第二种是在几个社会形态中发生作用的经济规律。它只表现某几个社会在生产关系方面共有的本质的联系。例如，价值规律就存在于商品经济的社会。虽然价值规律在奴隶社会、封建社会、资本主义社会和社会主义社会发挥作用的形式不尽相同，但它在这几个社会中都始终存在并发挥着作用，表现着几个社会的某些共同的本质联系。

第三种是某一个社会形态特有的经济规律。某种经济条件只在特定的社会形态中产生并发挥作用，从而也就产生了某种特定的社会形态中所特有的经济规律。例如，资本主义制度中的剩余价值规律、社会主义公有制经济中的按劳分配规律等。这种经济规律反映和体现了某种特定社会形态中的经济现象、经济过程的本质联系。

共有的经济规律同特有的经济规律之间存在着密切的关系。共有的经济规律为特有的经济规律发挥作用创造出有利条件，而特有的经济规律又为共有的经济规律发挥作用开辟场所。人类社会各个社会形态是以每个社会形态共有的经济规律互相联系的，在这个规律作用下，人类社会不断从低级形态向高级形态发展。各个社会形态又以特有的经济规律相互区别，从而体现每个社会的固有特征。

三、经济规律体系与基本经济规律

在一定社会形态中发生作用的各种相互联系、相互制约的经济规律有机结合所形成的系统，叫经济规律体系。经济规律体系可分为多个层次，如基本经济规律、重要经济规律等。在一个社会的经济体系中，每个经济规律形成的条件不同，其作用大小也有所不同。

基本经济规律是在一个社会经济规律体系中起主导作用的规律，它决定这个社会生产的实质和发展方向，决定这个社会经济发展的一切主要方面和一切主要过程。其他经济规律发挥作用的范围和程度受基本经济规律的制约，在基本经济规律的指导下发挥作用；而其他经济规律的作用，又能促进基本经济规律更好地得到实现。剩余价值规律作为资本主义社会特有的基本经济规律，它决定着资本主义经济发展的全过程，不论是生产、分配、交换、消费哪个方面，都要受剩余价值规律的支配和制约。

第四节 政治经济学的研究方法

马克思主义政治经济学不但有科学的内容，更有科学的方法。科学的研究方法是建立马克思主义理论体系的重要手段。马克思主义政治经济学的研究方法，从根本上说就是唯物辩证法。对唯物辩证法的具体运用，又形成了一系列具体的方法。

一、唯物辩证法

用唯物辩证法研究政治经济学，就是要坚持实事求是，从客观的经济现象和经济事实出发，透过各种现象揭示出隐藏在其背后的本质联系及其运动规律。马克思把辩证唯物主义应用到研究人类社会上，创立了历史唯物主义，并运用辩证唯物主义和历史唯物主义来研究社会生产关系，从而建立了科学的政治经济学体系。在政治经济学的研究中运用唯物辩证法，就是运用对立统一规律、量变质变规律和否定之否定规律，来分析经济现象和经济过程的矛盾运动及其发展变化的全过程，从而揭示经济现象和经济过程的本质及其运动的客观规律。

运用对立统一规律来研究政治经济学，就是要分析经济现象和经济过程中所包含的内在矛盾，揭示矛盾双方所处的不同状态，寻求解决矛盾的方法和途径。只有这样，才能解释经济发展过程的状况和动力，以及进一步发展的必然趋势，才能掌握社会经济关系的本质及其变化运动的规律。例如，生产力和生产关系是社会生产方式的两个相互联系又相互对立的方面，它是人类社会最基本的矛盾，正是这对矛盾运动推动着人类社会历史的发展和变化。只有通过对这个矛盾的深入研究，才能说明一个社会形态从不成熟阶段到成熟阶段的发展变化的全过程，以及这个社会形态被另一个社会形态代替的历史必然性，也才能说明同一社会形态在其发展的不同阶段生产关系的自我调整或改革的必然性。

运用量变质变规律来研究政治经济学，就是要在分析社会经济发展的过程中，把握局部的量的变化积累到什么程度时，才能达到质的变化，从而对整个经济发展过程将产生什么样的根本影响。运用量变质变规律来研究社会经济现象和经济运行的过程，就能更深刻地理解社会经济发展的必然趋势。

运用否定之否定规律来研究政治经济学，就是要揭示社会发展绝不会停留在某一个阶段上，而是由低级阶段向高级阶段发展的过程。社会经济发展过程的变化，经过否定之否定，螺旋式向前发展，表面上看来似乎回到原来的出发点，实际上是发展包含着新的内容的更高阶段。

历史唯物主义就是把唯物主义原理用于研究社会经济问题。马克思的历史唯物主义，是把社会经济形态的发展和更替，看做一种自然的（即客观的）历史过程，评价社会经济制度的先进与落后、不同阶级的进步或反动，其根本标准是看它对社会生产力的发展是起促进作用还是阻碍作用。凡是先进的社会制度和先进的阶级都会对社会生产力的发展起到积极的推动作用，而落后的社会制度和反动的阶级必然会对社会生产力的发展起阻碍作用。

运用辩证唯物主义和历史唯物主义的方法研究政治经济学，必须坚持一切从实际出发、理论和实际相结合的原则。马克思主义政治经济学是不断丰富和发展的科学，随着社会经济生活的发展变化，人们必须运用马克思主义政治经济学的基本原理和基本方法，创造性地去研究和解决新问题，推动政治经济学理论的发展。特别是要从中国和世界经济生活的实际出发，创造性地研究和解决各种新问题、新情况，而不是从马克思主义经典著作中寻求解决一切问题的现成方案，只有这样才能实现马克思主义政治经济学的不断发展。把马克思主义当做不变的教条是错误的；否定马克思主义的基本原理和基本方法，认为马克思主义过时了，也是错误的。

二、科学的抽象法

科学的抽象法是唯物辩证法的具体运用。它从大量的经济现象入手，借助于人脑的抽象思维，排除各种非本质、外在的东西，获取某种共同的、本质的东西，由感性认识上升到理性认识，形成一系列经济范畴和经济概念，并在此基础上建立起科学的理论体系。科学的抽象法包括两个相互联系的方面：一是从具体到抽象、从现象到本质的研究方法；二是从抽象到具体、从本质到现象的叙述方法。

任何科学的研究都要运用抽象法。但自然科学研究运用抽象法，可以在实验室中通过物理的、化学的各种实验手段来进行。而政治经济学运用抽象法研究社会问题，不可能在实验室中进行，只能在参加社会活动中依靠抽象力进行。所谓抽象力就是人们头脑的思维能力，通过判断、推理等思维活动，去认识客观事物的本质和发展规律。

运用从具体上升到抽象的方法研究社会经济问题，要求在研究过程中必须充分占有材料，详细分析具体对象，暂时舍去与本质规律无关的东西，撇开表面现象，揭示出其内在的本质的必然联系，把握经济运动规律。运用这种科学的方法，就能使认识由感性阶段上升到理性阶段，并形成基本范畴和概念，使对现象的认识更加科学。

运用从抽象到具体、从本质到现象的叙述方法，也是政治经济学研究中的一个重要方法。这种方法是运用经过科学研究得出的对经济关系本质和规律的认识，通过经济范畴和概念进行理论叙述。这种叙述不是对经济现象和经济过程的简单描述，而是对它进行深刻的科学说明。例如，马克思在剖析资本主义生产关系时，就是从最简单、最常见的基本范畴商品出发，上升到货币、资本，进而引出剩余价值范畴，揭示剩余价值生产、流通、分配及社会资本再生产，最后，分析资本主义生产总过程，考察利润、利息、地租等剩余价值具体形态，揭示资本主义社会阶级结构及对立关系，从而形成完整的科学体系，再现资本主义生产关系的全貌。马克思揭示出，生产剩余价值或赚钱，是这个生产方式的绝对规律，资本主义生产的实质是剩余价值。剩余价值是资本主义经济关系中的抽象的、本质的范畴，运用剩余价值这个范畴去说明具体形式，对这些经济形式的把握才会更加系统和科学。

三、历史和逻辑相统一的方法

马克思主义政治经济学的研究中还运用了历史和逻辑相统一的方法。这种方法以历史发展进程为依据，逻辑服从于历史，反映历史规律。历史从何处开始，思维过程也应从何处开始。但是，历史不可能和逻辑完全一致，历史经常会出现跳跃和曲折，这就必然要运用逻辑的方法，加以归纳，进行逻辑推理。逻辑方法，是指在研究经济现象时，按照经济范畴和逻辑关系，从比较简单的经济关系和范畴，逐步上升到比较复杂的具体经济关系和范畴，阐明社会经济现象和经济过程的逻辑发展进程。从历史发展进程来看，商品产生于原始社会的末期，随着商品生产和商品交换的发展出现货币，而在资本主义社会货币转化为资本。马克思在《资本论》中关于商品、货币、资本、剩余价值等经济范畴的逻辑研究和叙述顺序，完全同它们所反映的经济关系发展的历史过程相符合。

政治经济学中的逻辑推理方法，既不能脱离历史，又要能保持其相对独立性，既重视历史的真实，又不等于照搬历史，严守历史和逻辑相统一的原则。运用历史方法研究社会经济现象和经济过程时，必须排除历史进程中的偶然现象及各种曲折过程，从复杂的、曲折的历史材料中，揭示出社会经济发展的历史进程。

马克思主义政治经济学的研究方法，除了上面的基本方法以外，还运用了归纳和演绎法、分析和综合法、数学方法、系统分析法等。随着现代科学技术的发展，自然科学和社会科学在一些理论和研究方法上相互渗透和融合，因此，政治经济学的研究还可以运用和借鉴现代自然科学的某些理论和方法。另外，现代西方经济学中的均衡分析、边际分析、实证分析、静态和动态分析等方法，也可以借鉴和运用。

总之，政治经济学的研究必须以马克思主义的唯物辩证法为基础，对现代科学和西方经济学的方法的借鉴和运用必须服从于我们研究的目的和任务。

第五节　学习政治经济学的意义

马克思主义政治经济学为我们认识世界和改造世界提供了理论和方法，也是我们党制定路线、方针和政策的理论基础，因此，学习政治经济学具有重要的意义。

第一，学习政治经济学有利于认识经济运动的规律。马克思主义政治经济学不仅揭示了资本主义生产关系的本质和特点，也阐述了社会化大生产和市场经济的一般规律，为我国确立社会主义的基本经济制度和社会主义市场经济体制及其运行机制提供了理论依据。学习政治经济学有利于我们深刻认识现代化建设和改革开放的路线、方针和政策，提高执行的自觉性。

第二，学习政治经济学有利于把握人类社会发展的必然趋势。马克思主义政治经济学科学地揭示了人类社会从低级向高级发展的历史进程，从生产力和生产关系的矛盾运动中阐述了资本主义必然被社会主义所代替的历史必然性。学习政治经济学使我们深刻了解社会发展变化的历史趋势，坚定社会主义的共同理想和信念，树立正确的世界观、人生观和价值观。

第三，政治经济学为其他经济学科的学习奠定理论基础。21 世纪是一个科学技术迅速发展的时代，激烈的竞争要求人们掌握更多的知识和技能，特别是经济学的理论。经济学类和工商管理类专业的大学生必须学会用经济学的观点去分析问题和解决问题。政治经济学是经济学科的基础理论学科，掌握了政治经济学的理论，就为学习其他学科提供了基本的原理，对于培养创新型的人才意义重大。

☞【双语关键词】

汉语关键词	英语关键词
经济	economy
政治	policy
经济学	economics
政治经济学	political economics
物质资料	material means
劳动对象	object of labor
劳动资料	means of labor
生产力	productivity
生产关系	production relationship
生产资料	means of production
经济规律	economic law
生产	product/production
分配	distribution
消费	consumption
交换	exchange

【阅读书目】

列宁．列宁选集．第 2 卷．北京：人民出版社，1972：437-440．

马克思，恩格斯．马克思恩格斯选集．第 2 卷．北京：人民出版社，1972：81-85；86-125；205-218；367-375．

马克思，恩格斯．马克思恩格斯选集．第 3 卷．北京：人民出版社，1972：45-364；574-576．

【思考题】

1. 马克思主义政治经济学是怎样产生和发展起来的？
2. 为什么说物质资料生产是马克思主义政治经济学研究的出发点？
3. 马克思主义政治经济学的研究对象是什么？
4. 怎样理解生产力和生产关系的相互关系？
5. 怎样理解社会生产总过程中生产、分配、交换和消费的相互关系？
6. 什么是经济规律？为什么必须按经济规律办事？
7. 如何理解经济规律的客观性和人的主观能动性？
8. 学习政治经济学有什么重要意义？

【教学案例】

政治经济学的阶级性

马克思指出："政治经济学所研究的材料的特殊性，把人们心中最激烈、最卑鄙、最恶劣的感情，把代表私人利益的复仇的女神召唤到战场上来，反对自由的科学研究。"因此，不可能有统一的、适合一切阶级利益的政治经济学。不同的阶级有不同的政治经济学。马克思把政治经济学区分为资产阶级政治经济学、小资产阶级政治经济学和无产阶级政治经济学。实际上，有些西方学者在某种程度上也承认这一点。西方学者并不都讳言自己的阶级立场。最有影响力的西方经济学家凯恩斯在《劝说集》中就曾直言："如果当真要追求阶级利益，那我就得追求属于我自己那个阶级的利益。……在阶级斗争中会发现，我是站在有教养的资产阶级一边的。"凯恩斯终身拥护资本主义制度，并且相信只要有"正确的"经济理论和经济政策，资本主义的各种弊端都可以得到改善。1987 年诺贝尔经济学奖获得者索洛也曾说过："社会科学家和其他人一样，也具有阶级利益、意识形态的倾向以及一切种类的价值判断。但是，所有的社会科学的研究，和材料力学或化学分子式结构的研究不同，都与上述的（阶级）利益、意识形态和价值判断有关。不论社会科学家的意愿如何，不论他是否察觉到这一切，甚至他力图避免它们，他对研究主体的选择、他提出的问题、他没有提出的问题、他的分析框架、他所使用的语言，很可能在某种程度上反映了他的（阶级）利益、意识形态和价值判断。”

资料来源：马克思．资本论．第1卷．北京：人民出版社，1975：12；吴易风．当前经济理论界的意见分歧．北京：中国经济出版社，2000：6.

学马列有什么用

中国人民大学教授高放在《中国党政干部论坛》上撰文，指出自己精学马列主义的感悟如下。

在一般人的心目中，马列主义是主张阶级斗争、计划经济、消灭资本主义、消除两极分化的，而我们现在所说的做的与此大不一样，理论与实际对不上号，还学马列主义有什么用呢？实际上，这是因为长期受“左”的思想影响，不了解马列主义的精神实质而造成的困惑和迷误。

什么是马克思主义呢？我想可以用22个字作出最简明的回答：马克思主义是马克思、恩格斯创立的无产阶级和全人类解放的科学。或者可以用更简短的文字来概括：马克思主义是人的解放学，即马克思列宁主义的奋斗目标是使每个人减免繁重的劳动，都摆脱任何形式的剥削和压迫，都成为全面发展的自由人，最终形成“自由人联合体”，实现社区高度自治，过着幸福美满的生活。然而，要实现这样的目标，需要经过几十代人长期艰苦奋斗，逐步从各方面创造条件。阶级斗争、无产阶级革命、无产阶级专政只是特定社会环境中的手段，而不是目的，更重要的是要大力推进科技革命，提高社会生产力，培养全面发展的高素质的人。这些都需要共产党的正确领导。

在当今世界，如果我们真正领会了马列主义的精神实质，我们就会深刻体会到改革开放以来我们党如何拨乱反正、正本清源，在当代结合我国实际切实坚持并且发展了马列主义；就会深切体会到邓小平理论和“三个代表”重要思想是如何在新的历史条件下继承并且发展了毛泽东思想。我们深信，只要有越来越多的人精学马列、精通马列、发展马列、实践马列，“英特纳雄耐尔就一定要实现”！

资料来源；高放．精学马列的点滴感悟．中国党政干部论坛，2005，(5).

邓小平学马列、胡锦涛建制度有啥共同要求？

1992年，邓小平同志发表“南方讲话”。他提出：“学马列要精，要管用的。”（《邓小平文选》第三卷）日前，胡锦涛总书记在十七届中央纪委五次全会上发表重要讲话，他强调：要“逐步建成内容科学、程序严密、配套完备、有效管用的反腐倡廉制度体系”。（《人民日报》，2010年1月13日）显而易见，邓小平“学马列”和胡锦涛“建制度”的共同要求就是都要“管用”的。按说这个标准不算高，这个要求也不过分，可事实上往往却做不到或做不好，更有甚者竟然连这种意识也没有，为了学而学，为了建而建，结果白白耗费了很大的人力、物力、财力和时间，学了建了却没什么实际的用处。

对于反腐倡廉制度体系建设而言，“管用”既是起码的标准，也是综合的要求。什么样的反腐倡廉制度体系才是管用的呢？从其体系本身来讲，就要求必须内容科学、程序严密、配套完备，这是管用的前提和基础。试想一下，那种内容不科学、程序不严密、配套不完备的制度体系，本身自相矛盾，难以自圆其说，又谈何管用呢？同时，从其具体执行来讲，有没有现实的针对性，有没有一定的可操作性，以及实际条件下的运转问题，这都影响到制度体系的管用与否和效率几何。现实中反腐倡廉制度体系的一些规定不管用，起不到实际的积极的作用，不外乎两个基本方面的原因。

一个就是制定的规章制度质量不高，与其他相关规章制度衔接和配合不好。因此，这次胡锦涛讲话专门提出了四个“进一步加强”；同时，教育制度建设、监督制度建设、预防制度建设、惩治制度建设也构成了“四位一体”的反腐倡廉制度体系建设的基本内容，需要统筹把握，协调推进。

另一个就是现行制度的执行不得力、落实不到位，给人造成了制度不管用的印象。因此，这次胡锦涛讲话特别强调：“切实抓好反腐倡廉制度建设，必须不断提高制度执行力。”实际上，制度的执行力也是制度管用的现实保证。制度执行有四大环节，但胡锦涛讲话中着重谈了三个，分别是组织领导、宣传教育（也就是教育引导）和监督检查（也就是检查督导）。而第四个环节就是在检查督导之后应该有个明确的奖惩机制，可以叫做机制利导。这四个环节的“导”实际上就是四个“力”。正如物体只有在力的作用下才会运动一样，制度执行也要靠“力”去推动或牵引。换言之，我们的反腐倡廉制度体系只有在适当的“力”的作用下才能执行开来，并且有效管用。

资料来源：梁煜璋．邓小平学马列、胡锦涛建制度有啥共同要求．中国共产党新闻网．http：//fanfu．people．com．cn/GB /10766332．html．2010-01-14．

讨论下列问题：

(1) 请用所学的理论来具体说明政治经济学的阶级性。

(2) 政治经济学作为马克思主义的重要组成部分，你认为学习它是否有用？

(3) 如何运用所学的政治经济学理论解决实践中的现实问题？

第二章

商品经济的基本原理

在人类社会发展的历史进程中，商品经济是生产力发展到一定阶段才产生的，它经历了简单商品经济、资本主义商品经济和社会主义商品经济几个发展阶段。现代市场经济则是商品经济高度发展的产物。这一章主要研究商品经济的一般规定性，通过对商品和货币等从现象到本质的分析，揭示商品经济运动的一般规律，阐述马克思劳动价值论的基本内容，为进一步研究资本主义经济关系及其发展规律奠定理论基础。

第一节　商品经济的产生和发展

马克思主义政治经济学研究资本主义生产关系就是从分析商品和商品经济开始的。原因在于：第一，商品是资本主义社会的经济细胞，通过对商品的剖析，可以为揭示资本主义经济关系奠定基础。第二，商品和商品经济的内在矛盾，包含着资本主义各种矛盾的萌芽。分析商品和商品经济的内在矛盾，便于揭示资本主义内在矛盾运动的规律性。第三，资本主义生产方式建立在封建社会后期，随着小商品生产者的两极分化，逐渐产生了以雇佣劳动为特征的资本主义经济关系。简单商品经济是资本主义商品经济产生和发展的基础和前提。可见，无论从逻辑的分析，还是从历史的进程来看，研究资本主义生产关系，必须从商品和商品经济开始。

一、商品经济的产生

（一）商品和商品经济

商品是人们日常生活中最常见、最一般的东西，然而，并不是所有的物品都是商品。要科学地回答什么是商品，必须进行详细的分析。一种物品要成为商品，首先必须能够满足人们的某种需要（包括生产和生活需要），对人们有用，否则就不能成为商品。其次，必须是劳动的产物，是经过人类的劳动创造出来的。最后，必须是经过交换来满足他人和社会需要的劳动产品。不需要市场交换就能获得的物品，不是商品。例如，农民将自己生产的粮食当做地租交给土地所有者或留做口粮、饲料的部分，就不是商品。概括地说，商品是为市场交换而生产的满足他人和社会需要的有用的劳动产品和服务。

商品是为市场交换而生产的产品，因此，这种以交换为目的的生产，就是商品生产。在商品生产的基础上进行的商品买卖就是商品交换。所谓商品经济，就是以商品生产和商品交换为内容、直接以交换为目的而进行生产的经济形式。商品经济是商品生产和商品交换的总称。

（二）商品经济产生的原因

商品经济并不是从来就有的经济现象，它是在一定的历史条件下产生和发展起来的。

在漫长的原始社会中，社会成员在集体劳动中通过狩猎和采集来获取产品。由于生产工具落后，生产力水平十分低下，获取的产品非常稀少，只能采取平均分配的形式来维持生存。人们的全部劳动产品除了维持自身生存的最低需要之外，没有什么剩余，也就不可能进行商品交换，完全是一种自给自足的自然经济。到了原始社会末期，由于生产力的发展，产品有了少量剩余，出现了部落之间剩余产品的交换。这种交换是偶然进行的，只是商品交换的萌芽形式。在人类社会第一次大分工，即畜牧部落从其他农业部落中分离出来之后，交换成为比较经常的现象，但这还不是真正意义上的商品生产。随着金属工具的使用、生产力水平的提高，第二次社会大分工出现（农业与手工业分离），以集体劳动为主的氏族公社，逐渐地被一家一户的个体劳动所代替，生产资料和劳动产品也逐渐由个体劳动者所占有和支配，原始公社的生产资料公有制也逐渐转变成个体家庭私有制。在这个基础上，商品交换进一步发展，出现了以市场交换为目的的商品生产。第三次社会大分工（商人阶层的出现）之后，进一步促进了商品生产和商品交换的发展。

从上述分析中可以看出，商品经济的产生必须具备两个条件。第一，社会分工的发展。所谓社会分工，是指因生产力发展导致社会劳动的分化，包括部门之间和部门内部的分工。随着社会分工的产生和发展，形成了专门生产不同产品的生产者。各行各业的生产者为了满足自身生产和生活方面的多种需要，就必须互通有无，因而产生了交换产品的要求。社会分工越发展，生产专业化程度越高，交换的范围就不断扩大。正如马克思所指出的，分工是商品生产存在的条件，是构成商品生产的一般基础。第二，生产资料和劳动产品属于不同的所有者。这是商品经济产生和存在的决定性条件。不同的商品生产者，使用自己的生产工具进行生产，产品必然归生产者自己支配。这些生产者都具有自身的经济利益，为了维护自身的经济利益，在彼此发生经济联系和相互交换产品时，要求遵循等价交换的原则，因而劳动产品便采取了商品的形式，产品的生产和交换必然采取商品生产和商品交换的形式，从而导致商品经济的产生。这个决定性的条件，在人类社会发展的历史上，是伴随着生产资料私有制的产生而出现的。

二、商品经济的发展

从自然经济到商品经济，从简单商品经济发展到资本主义商品经济，是由社会生产力的不断发展所决定的。一方面，商品经济取代自然经济使生产由分散的个体小生产转变为社会化生产，使生产社会化程度不断提高；另一方面，商品经济的发展反过来又成为推动社会生产力发展的动力。随着社会生产力水平的不断提高、社会经济形态的演变，商品经济也在相应地改变着它的形式。商品经济的发展经历了简单商品经济和发达商品经济两个阶段。

简单商品经济也称为小商品经济，它从原始社会末期开始，经历了奴隶社会，直到封建社会末期。在这种商品经济条件下，生产力水平比较低下，市场范围狭小，市场组织落后，市场体系不完善，市场机制的作用受到很大限制，占统治地位的仍然是自给自足的自然经济。有了商品经济，就必然有市场。市场是商品交换的场所。但是，有了商品经济和市场，并不等于有了市场经济。只有当商品经济发展到较高程度、市场在资源配置中起基础性作用时，商品经济才发展为市场经济。因此市场经济是发达商品经济的表现形式，发达的商品经济也称市场经济，它是建立在社会化大生产基础上，在资本主义制度下出现的经济形式。所谓市场经济是指市场在资源配置中起基础性作用的经济形式。

商品经济同市场经济既有联系也有区别。商品经济和市场经济相互联系，有着内在的一致性，主要表现在四个方面。第一，商品经济是市场经济存在的前提和基础，市场经济是商品经济发展到一定阶段的必然产物。没有商品经济、没有商品经济的充分发展，也就没有市场经济。市场经济之所以能成为资源配置的方式，关键在于价值规律对社会生产力的调节作用。价值规律是商品经济的基本规律，没有商品经济的存在就谈不到价值规律的作用。因而也就没有市场经济这种资源的配置方式。第二，商品经济和市场经济都是以社会分工和各种生产资料所有制的存在为基础的，市场是经济活动的主要场所。第三，价格、竞争、供求等市场机制是商品经济和市场经济赖以运行的共有机制。商品经济运行的基本规律（如价值规律、竞争规律、供求规律）同样在市场经济中发挥重要作用。第四，市场体系的建立是商品经济和市场经济的共同要求。市场体系既包括商品市场，也包括资本、技术、劳动力、信息、土地等生产要素市场，是一个由多种市场组成的有机整体，而市场体系的健全和完善是市场经济赖以运行的前提和基础。

商品经济同市场经济的区别主要表现在四个方面。第一，两者的内涵不同。商品经济是指在社会分工条件下，具有不同经济利益的商品生产者之间通过商品、货币关系实行等价交换的经济形式；市场经济是社会资源配置的一种方式。第二，两者产生条件的基础不同。商品经济产生在生产力水平还比较低下的原始社会末期，经历了奴隶社会、封建社会漫长的发展阶段；而市场经济是在机器大工业的社会化大生产基础上，建立在市场体系健全、生产力比较发达的资本主义条件下的，它的出现只有几百年的历史。第三，两者属于不同的经济序列。人类社会的劳动交换按其时序排列是自然经济、商品经济、产品经济。商品经济是同自然经济和产品经济相对应的不同经济范畴。人类社会配置资源的方式，是按照家长制经济、市场经济、计划经济的历史序列进行的。家长制经济是自然经济条件下配置资源的方式，市场经济是发达商品经济条件下的资源配置方式，计划经济则是未来产品经济条件下配置资源的方式。市场经济对应的是家长制经济和计划经济。第四，市场机制作用的程度不同。在自然经济占统治地位的条件下，商品经济赖以发挥作用的市场机制对整个社会资源的配置，还不可能起到基础性的作用。只有在市场经济条件下，商品经济占统治地位，市场体系健全，市场机制在社会资源配置中所起的基础性主导作用才得以实现。

第二节　商　　品

商品是为市场交换而生产的有用的劳动产品，它必然体现着生产者之间的经济关系，即一定社会的生产关系。

一、商品的二因素

作为商品必须具有使用价值和价值两个因素。

（一）使用价值

使用价值是指商品的有用性，即商品能够满足人们某种需要的属性。使用价值是商品的自然属性，是由物品的物理、化学、生物等属性决定的，它本身不反映人们的社会关系。各种物品具有不同的自然属性，能满足人们不同的需要，也就具有不同的使用价值。每一种物品都具有各种自然属性，因而它的使用价值也可以是多方面的。物品的使用价值往往随着科学技术和生产力的发展逐步被发现和利用。例如石油，我国是最早发现和利用石油的国家之一，当时只知道石油可以燃烧。在现代社会，石油不但是重要的能源，可以提炼出汽油、煤油、柴油、润滑油等几十种产品，而且已成为重要的化工原料，是社会经济发展不可缺少的重要条件。

在任何社会形态中，使用价值都是构成社会财富的物质内容，是人类社会赖以生存和发展的物质基础。使用价值是商品必备的因素之一，但并不是一切具有使用价值的物品都是商品。有使用价值的物品要成为商品，还必须用来交换，通过交换来满足他人的需要。这表明，商品除了具有使用价值外，还必须具有交换价值。

（二）交换价值和价值

交换价值首先表现为一种使用价值同另一种使用价值相交换的量的关系或比例。例如，用20斤[①]粮食交换1件上衣，这1件上衣就是20斤粮食的交换价值。在市场上，一种商品可以有多种与其他商品相交换的比例，因而也就会有多种交换价值。而且，这种交换的比例，还会因时间、地点的不同而有所变化。具有不同使用价值的商品，之所以能按照一定的比例相交换，是因为它们之间存在某种共同的东西，这种共同的东西在质上肯定是相同的，因而在量上才可以比较。这种同质的东西，不可能是商品的使用价值，因为它们是不同质的。如果把商品的使用价值抛开，那么，商品剩下的唯一共同的东西就是凝结在商品中的无差别的一般人类劳动。

任何一种商品都是人类劳动的产品，在生产它们的时候都耗费了一定数量的脑力和体力，这种脑力和体力的支出就是无差别的一般人类劳动。这种凝结在商品中的一般人类劳动就是商品的价值，或者说是价值实体。一般人类劳动只有在商品经济关系下才能形成价值，劳动形成价值是商品经济关系赋予它的一种社会形式。价值是商品的社会属性，是商品经济特有的范畴，体现的是商品生产者之间相互比较劳动和交换劳动的经济关系，即商品生产者之间的社会生产关系。

商品的使用价值在质上各不相同，因而在量上无法比较，但商品的价值则在质上相同，因而在量上可以比较。正因为各种商品都具有价值，它们之间才可以按照一定量的比例相交换。商品的价值是内在的、抽象的、不能通过自己表现出来，只能通过与另一种商品相交换才能得以表现。因此，价值是交换价值的基础和内容，交换价值是价值的外在表现形式。商品所具有的两个因素是使用价值和价值。

① 1斤＝0.5公斤．

（三）使用价值和价值的关系

商品是使用价值和价值的对立统一体。商品的使用价值和价值的统一性，表现在两者相互依存，互为条件，缺一不可。任何商品都必须具有使用价值和价值两个因素，使用价值是价值的物质承担者，价值寓于使用价值之中。没有使用价值的东西，就不会有人需要，也就不能成为商品，即使在它身上花费再多的劳动，这些劳动也无法形成价值。有些东西具有使用价值，但不是劳动产品，如空气、阳光等，没有价值，也不能成为商品。有些东西即使是经过劳动创造的，具有使用价值，但它是生产者自己用于消费或赠与他人的，没有经过市场交换，也不是商品。商品的使用价值必须经过市场交换提供给他人和社会使用。

商品的使用价值和价值之间又是矛盾的，主要表现在三个方面。第一，两者之间具有相互排斥性。一切商品对于商品生产者来说，是为取得它的价值，而不是使用价值；对于消费者来说，是为了取得它的使用价值。商品的生产者和消费者对同一商品都不能既占有它的价值，又占有它的使用价值。这种矛盾只能通过交换解决，生产者卖出商品实现价值，消费者买到商品获得使用价值。第二，两者反映的关系不同。使用价值是商品的自然属性，反映人与自然的关系，是永恒的范畴；价值是商品的社会属性，反映的是商品生产者之间的社会关系，是商品经济特有的历史范畴。第三，使用价值是一切物品都存在的属性，不仅商品有使用价值，其他物品也同样存在使用价值；而价值只有商品才具有，其他物品不存在。因而，价值体现商品的本质，是商品特有的属性。

综上所述，一切商品都具有使用价值和价值两个因素，使用价值和价值的矛盾是商品的内在矛盾，商品是使用价值和价值的统一体。人们在各种商品经济活动中，都必须高度重视使用价值和价值这对矛盾的解决，才能取得最佳的经济效益。

二、体现在商品中的劳动的二重性

商品是由商品生产者的劳动生产出来的，商品的二因素也就是由生产商品的劳动的二重性决定的。马克思首先发现并证明了生产商品的劳动具有二重性，即具体劳动和抽象劳动，正是这种劳动的二重性决定了商品的二因素。

（一）具体劳动

具体劳动是人们在一定的具体形式下进行的劳动。人们为了生产各种不同的商品来满足需要，就要进行各种特殊性质的劳动。他们劳动的目的、对象、手段、操作方法和劳动结果都不相同。例如，铁匠的劳动生产出各种铁器制品，木匠的劳动生产各种木器家具，裁缝的劳动生产出衣服。在各种具体劳动中，生产者按照一定的目的，在劳动过程中运用一定的操作方法，使用劳动资料对劳动对象进行加工，结果生产出适合人们需要的产品。具体劳动创造商品的使用价值。

生产商品的具体劳动多种多样。各种各样的具体劳动分门别类，形成社会分工。正是生产商品的具体劳动的多样性，决定了商品使用价值的多样性。具体劳动的种类随着社会生产力的发展和社会需要的变化而不断变化，具体劳动的种类越多，意味着使用价值的种类越多、社会分工越发达，能创造出种类繁多的使用价值，满足人们生产和生活多方面的需要。

具体劳动创造商品的使用价值，它反映人与自然的关系，是劳动的自然属性。人类社会要生存，就需要消耗各种各样的物质资料，这些物质资料只有通过具体劳动才能创造出来。人类社会无论在任何制度下，都要用各种具体劳动生产出千差万别的使用价值，来满足人们多方面的需要。因此，具体劳动不以社会形态为转变，是人类社会生存和发展的永久性条件。

具体劳动虽然创造使用价值，但却不是使用价值（即物质财富）的唯一源泉。在生产某一种使用价值时，除了具体劳动外，还必须具有一定的自然物质，只有人类的具体劳动作用到某种自然物质之上，才能生产出一定的使用价值。正如英国的资产阶级古典经济学家威廉·配第所指出的，“劳动是财富之父，土地是财富之母”。

（二）抽象劳动

抽象劳动是指撇开劳动的具体形式的无差别的一般人类劳动。生产商品的劳动尽管具体形态千差万别，但都是人类劳动力在生理学意义上的支出，即人的大脑、肌肉、神经、皮肤、手等的生产性消耗，概括起来就是人的体力和脑力的支出。这种凝结在商品中的一般的人类劳动，形成商品的价值。抽象劳动是价值的实体。

抽象劳动是商品经济特有的范畴。因为只有在商品经济条件下，商品生产者要交换自己的产品，要比较不同的商品价值的大小，即比较商品上所耗费的人类劳动的多少，才有必要将各种具体劳动转化为同质的抽象劳动。如果不进行商品交换，就没有必要把具体劳动转化为抽象劳动。可见，抽象劳动是人类劳动的一种特殊的社会形式，它体现着商品生产者之间相互交换自己劳动的社会关系，是生产商品的劳动的社会属性，是一个历史的范畴。

（三）具体劳动和抽象劳动的关系

具体劳动和抽象劳动是生产商品的劳动的二重性。商品的二因素是由生产商品的劳动的二重性决定的，具体劳动创造商品的使用价值，抽象劳动形成商品的价值。马克思指出：“一切劳动，一方面是人类劳动力在生理学意义上的耗费；就相同的或抽象的人类劳动这个属性来说，它形成商品价值。一切劳动，另一方面是人类劳动力在特殊的有一定目的的形式上的耗费；就具体的有用的劳动这个属性来说，它生产使用价值。”[①]

具体劳动和抽象劳动是矛盾的统一体。一方面，作为生产商品的劳动，必须同时具有具体劳动和抽象劳动两个方面。具体劳动和抽象劳动不是先后进行的两次劳动，更不是两种劳动，而是同一劳动过程的两个方面。另一方面，具体劳动和抽象劳动又存在着差别和矛盾。具体劳动是从生产商品的劳动具有某种特定形式来考察的，抽象劳动是撇开劳动的具体形式，单纯从一般劳动力支出方面来考察的。具体劳动在质上是不同的，它与人类社会共存在，是不以社会形式为转移的永恒的范畴。抽象劳动在质上没有区别，都是人类劳动的支出，其差别只表现在量的多少上。抽象劳动是商品经济特有的范畴。具体劳动是劳动的自然属性，抽象劳动是劳动的社会属性。

（四）劳动二重性理论的意义

劳动二重性理论是理解马克思主义政治经济学的枢纽。它是由马克思第一个提出并加以科学论证的，是马克思的伟大贡献，具有重要的理论意义。

第一，劳动二重性理论为科学的劳动价值论奠定了理论基础。劳动二重性理论阐述了劳动二重性同商品二因素的关系，科学地证明了生产商品的具体劳动虽然在形式上不同，但在量上却可以比较的根源，解决了究竟是什么劳动形成商品价值的问题，从而揭开了资产阶级古典政治经济学在劳动价值论上的重大难题，从根本上论证了价值的本质，把劳动价值论建立在科学的基础上。

第二，劳动二重性理论为剩余价值理论奠定了基础。马克思运用劳动二重性理论揭示了资本主义生产过程的二重性：一方面作为劳动过程，雇佣工人的具体劳动在生产新的使用价值时，只是转移生产资料的价值；另一方面作为价值增值过程，雇佣工人的抽象劳动创造出新价值。当工人创造的新价值超过劳动力自身价值时，就形成被资本家无偿占有的剩余价值。马克思揭示了剩余价值的真正来源是雇佣工人的剩余劳动，从而创立了科学的剩余价值理论。

第三，劳动二重性理论为马克思政治经济学体系的形成提供了科学依据。正是从科学的劳动价值论出发，马克思创立了剩余价值理论，进而创立了资本有机构成理论、资本积累理论、社会资本再生产理论、平均利润率和生产价格理论、资本主义地租理论等，从而建立了自己的经济理论的完整科学体系。

三、商品价值量

商品的价值是质与量的统一。商品的价值是无差别的一般人类劳动的凝结，那么，商品价值量的大小是由什么决定的呢？

---

① 马克思．资本论．第1卷．北京：人民出版社，1975：60.

（一）商品价值量的决定因素

商品价值量是由生产商品所耗费的劳动量决定的。劳动量是由劳动持续的时间来计算的，而劳动时间又是由一定的时间单位（如小时、日、周、月）来计算的。因此，商品价值量取决于生产商品所耗费的劳动时间，它与生产商品所耗费的劳动时间成正比。

社会上有无数的商品生产者生产同一种商品，他们各自生产的主客观条件不同，因而生产同种商品所耗费的时间就有所不同。商品的价值量不是由每个商品生产者实际耗费的个别劳动时间决定的。如果商品的价值量由个别劳动时间决定，那么，生产条件越差，技术越落后，生产者越懒惰，生产商品所耗费的时间越多，其商品价值量就越大，这显然不利于社会生产力的发展。实际上，决定商品价值量的不是个别劳动时间，而是社会必要劳动时间。

什么是社会必要劳动时间呢？马克思指出："社会必要劳动时间是在现有的社会正常的生产条件下，在社会平均的劳动熟练程度和劳动强度下制造某种使用价值所需要的劳动时间。"[①] "现有的社会正常生产条件"是指现实社会中某一生产部门平均的生产条件，或者绝大多数生产者所具备的生产条件，其中最主要的是指生产工具的状况。"社会平均的劳动熟练程度"是指大多数劳动者具有的技术水平和生产经验；平均劳动强度是指处于平均水平的劳动者在单位时间内劳动耗费的含量。前者是生产的客观标准，后者是生产的主观标准，两者结合形成的生产某种单位商品的劳动时间，就是社会必要劳动时间。商品价值量就是由这种社会必要劳动时间决定的。

决定商品价值量的社会必要劳动时间有两重含义。第一种含义的社会必要劳动时间，是指生产单个商品所耗费的必要劳动时间。马克思指出："只有社会必要劳动量，或生产使用价值的社会必要劳动时间，决定该使用价值的价值量。在这里，单个商品是当作该种商品的平均样品。因此，含有等量劳动或能在同样劳动时间内生产出来的商品，具有同样的价值量。"[②] 马克思在这里分析的，仅仅是资本主义的生产过程，只能是就生产某一种单个商品来说的。当他把资本主义生产和流通过程结合起来作为一个总过程来考察，要分析符合社会需要的商品总量时，马克思便对决定商品价值量的社会必要劳动时间作出进一步规定，他强调："价值不是由某个生产者个人生产一定量商品或某个商品所必要的劳动时间决定的，而是由社会必要劳动时间，由当时社会平均生产条件下生产市场上这种商品的社会必需总量所必要的劳动时间决定。"[③] 这是第二种含义的社会必要劳

① 马克思．资本论．第1卷．北京．人民出版社，1975：52.

② 马克思．资本论．第1卷．北京．人民出版社，1975：52，53.

③ 马克思．资本论．第3卷．北京．人民出版社，1975：722.

动时间，是指从总体上看，生产某种符合社会需要的商品总量所耗费的社会必要劳动时间。生产某种使用价值所耗费的社会必要劳动时间是否符合第二种含义的社会必要劳动时间，决定着价值量的实现程度。这两种含义的社会必要劳动时间都决定商品的价值量，但强调的角度不同：第一种含义的社会必要劳动时间是指生产单个商品所耗费的必要劳动时间；第二种含义的社会必要劳动时间决定的是某种使用价值总量在市场上的实现程度。

生产商品的社会必要劳动时间的长短，对商品生产具有重大意义。如果商品生产者的个别劳动时间等于社会必要劳动时间，他的劳动耗费就能得到全部补偿；如果商品生产者的个别劳动时间高于社会必要劳动时间，他的商品按社会必要劳动时间决定的价值量出售，他在生产该商品时所耗费的劳动就有一部分不能得到补偿，就会造成亏损，因而在竞争中处于不利地位。只有当他的个别劳动时间低于社会必要劳动时间时，他在生产该商品时所耗费的劳动不但全部得到补偿，而且还能获得超额收入，因而在市场竞争中就能处于有利地位。

（二）影响商品价值量的两个基本因素

凡是影响生产商品的社会必要劳动时间长短的因素，都会影响到商品价值量的大小，但劳动复杂程度的高低和劳动生产率的变化是影响商品价值量的两个最基本的因素。

1. 劳动复杂程度与商品价值量

生产商品的劳动有简单劳动和复杂劳动之分。所谓简单劳动是指不经过专门的训练和学习，每一个正常人都能从事的劳动。所谓复杂劳动是指必须经过专门的培养和训练，具有一定专业知识和技能的人才能从事的劳动。例如，制造汽车的劳动和搬运物品的劳动，前者是复杂劳动，后者是简单劳动。对简单劳动和复杂劳动的划分，在不同的国家、不同的历史时期，标准是不同的。但在一个国家的一定时期，其衡量的标准是相对稳定的。

简单劳动和复杂劳动在同一时间内所创造的价值量是不一样的。复杂劳动在同一时间内所创造的价值是简单劳动创造的价值的若干倍。马克思指出："比较复杂的劳动只是自乘的或不如说多倍的简单劳动，因此，少量的复杂劳动等于多量的简单劳动。"[①] 计算商品的价值量是以简单劳动为基础的，因此，必须把复杂劳动还原为多倍的简单劳动，再按照其价值量以一定的比例进行交换。复杂劳动还原为简单劳动的比例，是通过人们无数次交换，在市场竞争中自发地形成的。

2. 劳动生产率与商品价值量

商品价值量是由生产商品的社会必要劳动时间决定的，但社会必要劳动时间

① 马克思．资本论．第1卷．北京．人民出版社，1975：58.

不是固定不变的，它是随着劳动生产率的变化而变化的。因而单位商品价值量会随着劳动生产率的变化而变化。

劳动生产率或劳动生产力，是指生产某种使用价值的效率或能力。它有两种表示方法：一是以单位时间内生产的产品数量来表示；二是以生产单位商品所耗费的劳动时间来表示。劳动生产率越高，单位时间内生产的产品数量越多，单位商品价值量就越少。劳动生产率的计算公式可以表示为

劳动生产率＝产品数量/劳动时间

劳动生产率的高低取决于多种因素，其中主要是：生产资料的规模和效能，特别是生产工具的改进、创新和利用程度；科学技术的发展水平及其在生产中的应用程度；生产过程的社会结合状况，即分工协作、生产组织和生产管理等；劳动者平均技术熟练程度及自然条件等。这些因素在不同生产部门、企业和不同的时期，对劳动生产率的影响是不同的。

劳动生产率同商品价值量有着密切的关系。劳动生产率是具体劳动的作用程度，它的变化必然影响到商品使用价值量的变化，但却不会影响到商品价值量的变化。因为商品价值总量是由抽象劳动决定的，而不是由具体劳动决定的。因此，劳动生产率越高，同一劳动在同一时间内生产的使用价值量越多，单个商品所包含的价值量越少；相反，劳动生产率越低，生产的使用价值量越少，每个商品所包含的价值量越多，但商品的总价值量不变。由此可见，商品价值量与体现在商品中的劳动量成正比，与劳动生产率成反比。这里所说的劳动生产率同商品价值量的关系，是就生产同种商品的整个部门而言的，是生产同种商品的部门劳动生产率和商品价值量之间的关系。如果某个部门的平均劳动生产率不变，只是个别企业的劳动生产率发生变化，则生产单位商品的社会必要劳动时间就不会变化，商品价值量也就不会变化。因为决定商品价值量的社会必要劳动时间，体现着商品生产者的平均劳动耗费。只有该部门绝大多数生产者的劳动生产率普遍提高或降低，单位商品价值量才会随之发生变化。

四、简单商品经济的基本矛盾

简单商品经济就是以个体私有制和个体劳动为基础的小商品经济，它存在着一系列矛盾，包括使用价值同价值的矛盾、具体劳动同抽象劳动的矛盾、个别劳动时间同社会必要劳动时间的矛盾、私人劳动同社会劳动的矛盾。其中，私人劳动同社会劳动的矛盾是简单商品经济的基本矛盾。

（一）私人劳动和社会劳动

在以个体私有制为基础的简单商品经济中，由于社会分工的存在，每个商品生产者在社会分工体系中，只从事某种商品的生产。而每个商品生产者的需求都

是多方面的，这就需要同其他商品生产者交换所生产的商品。在社会分工存在的条件下，商品生产者之间是相互联系、相互依存的，每个商品生产者的劳动，都是提供给社会的，是社会总劳动的组成部分，因而他们的劳动是具有社会性质的社会劳动。

另外，由于生产资料私有制的存在，每个商品生产者作为私有者，都是独立地进行商品生产活动的，生产什么、生产多少都由他自己决定，是他的私事；生产出来的成果也属于他自己所有，自负盈亏。因此，在私有制条件下，商品生产者的劳动又具有私人劳动性质。可见，在简单商品经济中，生产资料私有制和社会分工这两个条件的存在，客观上决定商品生产者的劳动必然具有私人劳动和社会劳动的双重属性。

（二）私人劳动和社会劳动的矛盾表现

私人劳动和社会劳动之间存在着矛盾。生产商品的劳动的社会性质，要求生产出来的商品在数量、质量、品种、规格等方面要符合社会需求。但是，生产商品的劳动具有私人性，往往是生产出来的商品不能同社会需求相一致。两者的矛盾主要表现在两个方面。第一，私人劳动的产品不能在事实上转化为社会劳动。因为在私有制条件下，商品生产者的盲目性很大，当生产的商品不适销对路卖不出去时，商品生产者的私人劳动就不能被社会承认，他的私人劳动就不能转化为社会劳动。第二，私人劳动的产品在数量上不能全部转化为社会劳动。如果商品生产者生产的商品在数量上超过了社会需求，超出的部分也不能获得社会承认。如果商品生产者的个别劳动时间大于社会必要劳动时间，其私人劳动只能一部分转化为社会劳动，其余部分也得不到社会承认，就不能转化为社会劳动。

（三）简单商品经济的基本矛盾

私人劳动同社会劳动的矛盾是简单商品经济的基本矛盾。第一，这一矛盾是商品经济内在矛盾的根源。私人劳动的产品只有全部转化为社会劳动，二者的矛盾才能解决。要实现这种转化，必须通过商品交换。在商品交换中，具体劳动要还原为抽象劳动，即价值，才能进行量上的比较。这样，私人劳动和社会劳动的矛盾就决定了具体劳动和抽象劳动的矛盾，而具体劳动和抽象劳动的矛盾又决定了使用价值和价值的矛盾。第二，这一矛盾决定着商品生产者的命运。在简单商品经济中，商品生产者的私人劳动能不能转化为社会劳动、转化为多少社会劳动，决定着商品生产者在竞争中的地位，决定着经营者的盈亏，从而决定着他们的命运。第三，这一矛盾决定着简单商品经济产生和发展的全过程。劳动产品的私人性要转化为社会性，就产生了商品交换的客观必然性，使生产成为交换而进行的生产，从而产生了简单商品经济。随着社会分工和私有制的进一步发展，生产商品的矛盾也不断发展，这就推动简单商品经济向社会化商品生产过渡。私人劳动和社会劳动的矛盾进一步发展为生产社会化和生产资料资本主义私有制的矛盾，简单商品经济发展为资本主义商品经济。

第三节　货　　币

货币是商品经济的重要范畴。货币的产生既是商品交换过程发展到一定阶段的自发产物，又是商品内在矛盾发展的必然结果。货币产生之后，物与物的直接交换演变成以货币为媒介的商品交换。

一、货币的起源

商品具有使用价值和价值两个因素，与此相适应也有两种表现形式：使用价值的表现形式和价值的表现形式。使用价值的表现形式就是商品自身，是商品的自然形式；商品价值的表现形式，即交换价值，体现商品生产者之间的社会关系，只有在商品交换中才能表现出来。商品交换的历史经过了漫长的发展阶段。要了解货币的产生，必须分析价值形式的发展过程。价值形式的发展经历了四个阶段，表现为四种形式。

（一）简单的或偶然的价值形式

简单的或偶然的价值形式出现在原始社会后期，反映了原始公社之间偶然的交换关系。在这种价值形式中，一种商品价值只是简单的、偶然的表现在另一种商品上。用公式表示为

1只羊＝50斤小麦

这种价值形式看来简单，但它却包含着价值形式一切质的规定性和量的比例关系，它是价值形式发展的起点和基础。

首先，从价值形式两端的商品来看，它们处于不同的地位，起着不同的作用。羊把它的价值主动地表现在小麦上，是价值被表现的商品，处于相对价值形式的地位。小麦用自己的商品体充当羊价值的表现材料，处于被动地位，起着表现羊价值的作用，处于等价形式的地位，起着等价物的作用。价值形式的两端，即相对价值形式和等价形式是对立统一的关系。二者的统一表现为它们相互依存、互为条件，缺少一方就不成其为价值形式。二者又是相互对立、相互排斥的，表现在同一商品不能同时处于价值形式的两端，如果是1只羊＝1只羊，就毫无意义。在同一价值形式中，相对价值形式和等价形式必须由两种不同的商品来承担。

其次，从相对价值形式的内在规定性看，在质的方面，羊的价值通过与等价物小麦相交换相对地表现出来，羊和小麦之所以能按照一定的比例相交换，是因为它们都有价值，都凝结了相同的人类劳动。从量的方面来看，凝结在商品中的

社会必要劳动量是商品内在价值量。一种商品同另一种商品相交换的价值量是相对价值量。内在的价值量是相对价值量的基础，相对价值量是内在价值量的表现形式。商品内在价值量的变化取决于社会必要劳动时间的变化，而相对价值量的变化则取决于相交换的两种商品价值量的相对比关系及其变化。这种变化可以概括为以下四种情况：

第一种，如果处于相对价值形式上的羊的价值量与处于等价形式上的小麦的价值量，按相同方向和相同比例发生变化，则羊的相对价值量不变；

第二种，如果处于等价形式上的小麦的价值量不变，则羊的相对价值量与小麦的价值量呈正比例变化；

第三种，如果处于相对价值形式上的羊的价值量不变，而处于等价形式上的小麦的价值量发生变动，则羊的相对价值量与小麦的价值量呈反比例变化；

第四种，如果处于相对价值形式上的羊的价值量和处于等价形式上的小麦的价值量按同一方向、不同比例发生变化，或者按相反方向、不同比例发生变化，对羊的相对价值量的影响可以根据上述三种情况推出。可见，一种商品交换价值的变动，并不完全取决于该商品实际价值量的变化。

最后，从等价形式的内在规定性看，等价形式具有三个特点：第一，处于等价形式上的商品的使用价值成为商品价值的表现形式；第二，生产处于等价形式上的商品的具体劳动成为抽象劳动的表现形式；第三，生产处于等价形式上的商品的私人劳动成为社会劳动的表现形式。

（二）总和的或扩大的价值形式

原始社会末期，随着社会生产力的发展，人类社会出现了第一次大分工。分工使商品交换频繁，用来交换的商品种类日益增多，一种商品可以按照不同的比例同许多商品相交换，从而使一种商品的价值表现在一系列商品上。用公式表示为

	＝2 件上衣
	＝4 把斧子
1 只羊	＝50 斤小麦
	＝3 斤茶叶
	＝其他若干商品

在这一价值形式上，商品的价值表现更加充分。处于相对价值形式上的商品的价值，不只表现在一种商品上，而是表现在一系列与它交换的商品上。起等价物作用的不是一种商品，而是许多商品。这样，就使羊的价值作为无差别的人类劳动的凝结，得到比较充分的真正表现。从量上看，也第一次真正由生产商品的社会必要劳动量决定，从而使各种商品交换的比例和它们包含的劳动量的比例相接近。

但是，这种价值形式也存在缺点：商品的相对价值表现为一个不断延伸的无止境的系列，没有一个统一的公认的等价物，这又为日益增长的商品交换带来了困难，价值形式需要进一步发展。

（三）一般价值形式

随着商品交换进一步发展的需要，扩大的价值形式发展为一般价值形式，即一切商品的价值都统一地表现在从商品世界分离出来的充当一般等价物的某一种商品上。用公式表示为

$$\left.\begin{array}{r}2\text{件上衣}=\\4\text{把斧子}=\\50\text{斤小麦}=\\3\text{斤茶叶}=\\\text{其他若干商品}=\end{array}\right\}1\text{只羊}$$

从扩大的价值形式过渡到一般价值形式，这是一次质的飞跃，它使商品之间直接的物物交换发展成为以一般等价物为媒介的商品交换。

在一般价值形式中，处于等价形式上的唯一商品就成了其他一切商品价值的一般等价物，这种商品的使用价值成为商品价值的一般形式；生产这种商品的具体劳动成为抽象劳动的一般形式，它可以同其他一切劳动相对等；生产这种商品的私人劳动，直接作为一般社会劳动而存在。在这里，商品的价值作为无差别一般人类劳动凝结的这种性质，完全、充分地表现出来。

一般等价物的出现，克服了扩大价值形式中的局限性，极大地促进了商品交换的发展。但是，在这种价值形式中，起一般等价物作用的商品还没有固定在某一种商品上，这就给更大范围的商品交换带来了困难。随着商品交换范围突破地区界限，为适应商品交换的发展要求，一种新的价值形式——货币，便应运而生。

（四）货币形式

货币形式就是指一般等价物的职能固定在黄金、白银上，这些贵金属就成为货币商品。它产生于人类社会第二次大分工之后。用公式表示为

$$\left.\begin{array}{r}2\text{件上衣}=\\4\text{把斧子}=\\50\text{斤小麦}=\\3\text{斤茶叶}=\\\text{其他若干商品}=\end{array}\right\}1\text{克黄金}$$

货币形式同一般价值形式相比，并没有本质区别。唯一的区别是在一般价值形式中，起等价物作用的商品并没有固定在某一种商品上；而在货币形式中，一般等价物的职能最终固定在贵金属上，贵金属排除了一切其他商品而取得了单独

表现价值和抽象劳动，直接代表社会劳动的权利。货币在本质上无非是一般等价物，是固定地充当一般等价物的特殊商品。以货币为媒介的商品交换，实质上是商品生产者之间在相互交换劳动，因此，货币体现着商品生产者之间的经济关系。

贵金属能够固定地充当一般等价物，是因为它们本身是包含一定价值的商品，并具有体积小、价值大、质地均匀、易于分割、不易腐烂、便于保存和携带等优点，从而成为理想的货币材料。正如马克思所说，“金银天然不是货币，但货币却天然是金银”。[①]

货币产生后，整个商品世界分成两极：一极是各种各样的商品，它们表现为各种特殊的使用价值；另一极是货币，它作为价值的代表而存在。这样，商品内在使用价值同价值的矛盾就发展为商品和货币的外部对立。货币的出现，解决了商品交换过程中因一般等价物不固定带来的困难，促进了商品生产和商品交换的发展。但是，货币的出现并没有也不可能解决商品经济中存在的矛盾，甚至使商品经济中的矛盾进一步加剧。

二、货币的职能

货币的职能是指货币在社会商品经济中的作用。它是由货币的本质决定的，是货币本质的具体体现。在发达的商品经济中，货币具有五种职能。

（一）价值尺度

货币的价值尺度职能是指以货币作为尺度来衡量一切商品价值量的大小。货币之所以能作为价值尺度，是因为它同其他商品一样都是劳动产品，本身也有价值。货币在执行价值尺度职能时，可以是观念上的货币。因为货币作为价值尺度的职能，只能把商品的价值大小表现出来，并不是实际商品的价值。但必须以现实商品流通中实际存在的货币为基础。

商品的价值通过一定量的货币表现出来，就是商品的价格。商品的价值是价格的基础，价格是商品价值的货币表现。在价格同价值一致的条件下，商品的价格取决于商品价值和金属货币价值两个因素：商品价格与商品价值呈正比例变化，与货币价值呈反比例变化。

多种商品有着不同的价值量，为了准确地表示商品的价值量，货币本身需要有一个确定的计算单位。由于贵金属在成为货币之前已经有了重量标准，如磅、盎司、斤、两、钱等，所以，这种包含一定贵金属重量的货币单位及其等分，叫做价格标准。

---

① 马克思．资本论．第1卷．北京：人民出版社，1975：108.

货币作为价值尺度与价值本身的价格标准是两个不同的范畴：前者代表一定的社会劳动，用来衡量其他商品的价值；后者则代表一定的金属重量，用来衡量货币本身的量。作为价值尺度的货币本身具有价值，其价值的大小随着劳动生产率的变化而变化；作为价格标准的贵金属的重量与此无关。作为价值尺度的货币在商品经济中自发地产生，作为价格标准则是国家法律规定的。但二者也有密不可分的联系：价格标准是为了便于货币执行价值尺度的职能而规定的；货币的价值尺度职能通过价格标准才能得以更好实现。

（二）流通手段

货币的流通手段职能就是指货币在商品交换中起媒介作用。货币作为流通手段，必须是现实的货币，而不能是观念上的货币。

以货币为媒介的商品交换，叫商品流通。它的产生打破了商品交换在时间和空间上的界限，促进了更大范围的商品交换，推动了社会分工的扩大，从而加速了社会生产力的发展。但是，货币作为流通手段又进一步加深了商品交换的矛盾。在货币产生之前，商品交换采取的是物与物的直接交换，买和卖在时间上和空间上是统一的。货币出现以后，商品交换以货币为媒介，这就造成买与卖在时间和空间上的分离。有些人卖出商品并不马上买，另一些人的商品就无法卖出去，形成买卖脱节，造成商品积压，从而产生生产过剩经济危机的可能性。但在简单商品经济条件下，这种可能性还不会发展成现实，只有在资本主义条件下，经济危机才成为现实。

在商品流通中，货币作为流通手段不断地从一个商品所有者手里转移到另一个商品所有者手里。货币的这种运动叫货币流通。商品同货币交换之后，商品退出流通领域进入消费过程，而货币在继续流通，从表面看，好像是商品流通的进行完全由货币引起的，其实货币的流通是由商品流通引起并为商品流通服务的。

（三）贮藏手段

贮藏手段是把货币作为社会财富的一般代表而贮藏起来。在商品经济中，货币作为一般等价物，能够买到任何商品，这就激起了人们贮藏货币的欲望。随着商品经济的发展，商品生产者有必要积累一定量的货币，以应对各种生产急需；作为消费者为购买价值较高的耐用消费品或防病养老，也需要将一部分货币贮藏起来。

作为贮藏手段的货币，既不能是充当价值尺度时的观念货币，也不能是作为流通手段的价值符号，而必须是足值的金属货币或金属条块。

在金属货币流通的条件下，货币作为贮藏手段可以自发地调节流通中的货币量，起着蓄水池的作用。当流通中所需要的货币量过多时，多余货币就会退出流通领域，转为贮藏货币；当流通中需要增加货币时，一部分贮藏的货币就会加入到流通中以推动商品的运动。

(四) 支付手段

货币的支付手段是指在商品赊购赊销中延期支付，以及货币被用来清偿债务或支付赋税、工资、租金等职能。在商品交换初期，商品买卖采用现金支付方式。随着商品经济的发展和信用制度的出现，在商品交换中出现了赊购赊销的方式，买货时约定交款期限，到期后向卖者支付货币。这样货币就执行支付手段的职能。

货币作为支付手段，一方面，暂时缓解了因缺乏现金而不能购买商品的矛盾，有利于商品流通；另一方面又进一步扩大了商品经济的矛盾。商品生产者相互赊欠，形成复杂的债务链条，其中任何一个环节不能按期偿还，整个链条就会中断，引起连锁反应，使整个信用关系遭到破坏，导致商品生产和经营活动无法正常进行，使经济危机的可能性进一步增加。

(五) 世界货币

世界货币的职能是指货币越出国界，在世界市场上执行一般等价物的职能。货币的这种职能是国际贸易发展的必然结果。作为世界货币，必须是黄金或白银。各国法定的纸币和不同金属货币不能越出国界。但在现代国际关系中，由于某些国家的经济实力，以及历史的原因，美元、英镑、日元、欧元等货币可以在世界范围内流通，但从根本上说是以黄金储备为基础的。20 世纪末，国际金融危机爆发，人们开始重新重视黄金的作用，只有贵金属才能充当世界货币的职能。

货币执行世界货币职能，首先可以作为购买手段，用来购买外国的商品；其次可以作为支付手段，用来支付国际贸易差额；最后作为社会财富的代表，由一个国家转到另一个国家，如支付战争赔款、输出货币资本等。在经济全球化日益发展的现代经济条件下，世界货币的职能对促进各国经济交流和整个世界经济的发展，起着越来越大的作用。

货币的五种职能是随着商品经济发展过程逐渐形成的，它们之间关系密切。价值尺度和流通手段是货币的基本职能，前者代表商品价值，后者实现商品价值。由于货币是财富的代表，便产生了贮藏手段、支付手段和世界货币的职能，它们是货币的派生职能。

三、货币形式的演变

自货币产生之后，随着社会生产力和商品经济的发展，货币的具体形式在不断发生变化。就其演变的总过程看，经历了非金属实物货币、金属货币、纸币、存款货币、信用货币、电子货币等不同形式。

（一）非金属实物货币

非金属实物货币是人类历史上最古老的货币形式，在一般价值形式出现后，担任一般等价物的商品已经起到货币的作用。在历史上，贝壳、牲畜、布帛、兽皮等商品都充当过货币。但这些实物货币不易计量、不易分割，不便保存和携带，随着商品经济的不断发展，逐渐被金属货币所取代。

（二）金属货币

金属货币最初采用金属条、块的形式出现。它们的重量、成色不同，每次交易都必须称重量、验成色，给商品交换带来不便。随着商品生产和商品交换的发展，一些富裕的商人在金属条块上打上印记，以其信用来保证金属货币的重量和成色，便于流通。然而私人信用是有限的，只有国家信誉才具有权威性。于是，由国家铸造的金属货币得以产生。这种由国家铸造的具有一定形状、重量、成色和价值的金属货币就是铸币。作为法定货币在市场上流通，促进了商品交换。最初的铸币是由铜、铁等铸成的，后来发展为用金、银等贵金属作为货币材料。

铸币在商品流通中会发生磨损，分量减轻，出现不足值的现象，但仍然可以在商品交换中发挥作用。因为交易中，人们关注的只是货币按它所代表的价值能买到商品。不足值的铸币仍可以流通，国家便制造重量小、成色低的铸币，或用铜、铁等铸造各种小额辅币。这样铸币逐渐演变成一种价值符号或货币符号，代替足值的金属货币执行流通手段的职能。

（三）纸币和信用货币

纸币是由国家发行并强制使用的价值符号，它代表贵金属执行流通手段的职能。纸币产生之初，具有法定含金量，并且可以随时兑换黄金。我国的宋代和欧美各国的近代出现纸币以后，纸币成为世界各国普遍采用的货币形式。随着商品经济的进一步发展，现代纸币的形式，除钞票外，还有存款货币。存款货币是指可用于转账结算的活期存款。在发达市场经济国家中，银行支票可以流通，具有货币作用，称为存款货币。

随着信用货币制度的发展，信用货币及使用范围不断扩展。所谓信用货币是指以银行券、支票、期票、汇票等形式充当货币流通手段和支付手段的信用证券。信用货币本身没有价值，它的流通以信用为基础，其流通的范围和程度取决于发行人的信用。在现代市场经济比较发达的国家，信用货币适用范围广泛，比较大额的货币支出一般都使用信用货币。

（四）电子货币

第二次世界大战后，科学技术飞速发展，电子计算机广泛应用，货币形式又从有形向无形转化，现代纸币又逐步发展到电子货币。电子货币是储存于计算机中的一种无形货币。它不需要任何物质性的货币材料，在交易中通过银行计算机进行转账，一切交易都不需要现金，是一种纯粹观念性的货币。电子货币的出现，既节省银行处理大量票据的费用，也方便消费者外出或购物。近些年信用卡的普遍使用，显示了信用货币高效、便捷、安全的优越性。

四、货币流通规律

货币流通规律就是一定时期内流通中的货币需要量的决定因素及相互关系的规律。金属货币执行流通手段的职能，就需要有一定的数量。货币流通是以商品流通为基础，并为商品流通服务的，因此，一定时期流通中所需要的货币量，就同商品流通紧密相关。在不同的货币形态下，一定时期流通中需要的货币的决定因素也有所不同。

（一）金属货币的流通规律

贵金属执行流通手段时，流通中所需要的货币量取决于三个因素：其一，市场上待售商品的数量；其二，这些商品的价格水平；其三，货币的流通速度，即单位货币在一定时间内平均交换的次数。前两者相乘就是商品价格总额。商品价格总额越大，流通中所需要的货币量就越多；如果货币流通速度越快，则流通中所需要的货币就越少。也就是说，流通中所需要的货币量同待售商品价格总额成正比，与货币流通速度成反比。这就是金属货币流通的规律。用公式表示为

$$\text{一定时期内流通中的货币需要量}=\frac{\text{待售商品价格总额}}{\text{同一单位货币流通的平均速度（次数）}}$$

当货币有了支付手段之后，影响贵金属流通量的因素更加复杂，在这种情况下，在全部待售商品价格总额中，除了部分用于现金交易的商品外，还有一部分暂时不用现金交易的赊销商品，而交易中前一个时期赊销的商品需要在本期内用现金支付，在相互支付时，有一部分债务可以相互抵消，从而流通中所需要的金属货币数量，用公式表示为

$$\begin{matrix}\text{一定时期内流通}\\\text{中的货币需要量}\end{matrix}=\frac{\begin{matrix}\text{待售商品}\\\text{价格总额}\end{matrix}-\begin{matrix}\text{赊销商品}\\\text{价格总额}\end{matrix}+\begin{matrix}\text{到期支}\\\text{付总额}\end{matrix}-\begin{matrix}\text{相互抵消}\\\text{支付总额}\end{matrix}}{\text{同一单位货币流通的平均速度（次数）}}$$

货币流通规律决定了流通中的货币量必须同流通中所需要的货币量相一致。如果流通中的货币量超过流通中的需要量，就会引起物价上涨；如果流通中的货币量少于流通中的需要量，就会使商品滞销、物价下跌。

（二）纸币流通规律

纸币又称流通券或钞票。纸币本身没有价值，虽然由国家强制流通，但是国家不能随意发行，必须遵循金属货币的流通规律。因为纸币是代替金属货币执行流通手段的职能，所以，纸币的发行量应限于它代表的流通中所需贵金属货币的

量。纸币流通规律也就是指纸币发行量应取决于流通中所需要的金属货币量的规律。

在现实中的货币流通中，如果纸币的发行量与流通中所需要的金属货币量相适应，物价就能保持相对稳定。如果纸币的发行量过多或过少，超过或不能满足流通中所需要的金属货币量，单位货币所代表的金属货币量就会相应地减少或增加，纸币就会贬值或增值，物价就会随之上涨或下降，进而出现通货膨胀或通货紧缩。

（三）通货膨胀与通货紧缩

通货膨胀是指纸币发行量超过了流通中所需要的货币量，所引起的物价总水平的持续上涨和货币贬值的经济现象。

通货膨胀的产生在于违背了纸币流通规律，纸币发行量过多，是纸币面额所代替的金属货币量减少，购买力下降，造成纸币贬值和物价总水平的持续上涨。如果纸币发行量严重地超过流通中所需要的金属货币量，就会造成严重的通货膨胀，导致社会经济生活混乱，扰乱价格体系，造成人民生活水平下降。

通货紧缩是指纸币发行量小于流通中所需要的货币量，所引起的物价总水平的持续下降和货币升值的经济现象。它的产生也在于违背了纸币流通规律。纸币发行量过少，其面额所代表的金属货币量就会因此增加，其购买力就会随之上升，造成纸币持续升值和物价总水平下降。如果纸币发行量严重少于流通中所需要的金属货币量，纸币所代表的价值就会大幅度上升，同样也会影响经济的顺利运行。

无论是发生通货膨胀还是通货紧缩，都必须及时调节流通中的货币量。在通货膨胀发生时，一定要采取措施减少纸币的发行量，使流通中的货币量同它的需要量相适应，从而消除通货膨胀的压力。如果发生了通货紧缩，国家就应采取措施增加流通中的货币量，从而缓解货币供应不足的问题，保证社会经济的正常发展。

第四节　价值规律

商品经济中存在着许多起作用的经济规律，但起决定和支配作用的规律是价值规律。价值规律是商品生产和商品交换的基本规律。

一、价值规律的基本内容和要求

价值规律的基本内容和要求是：商品价值量由生产商品的社会必要劳动时间决定；商品交换以价值量为基础，实行等价交换。这里包括两个相互联系的方面，从商品生产方面来看，是价值量的决定问题；从商品流通方面看，是等价交换问题。生产决定交换，生产是第一位的，因此，价值规律的核心内容是商品的价值量由社会必要劳动时间决定，而等价交换则是价值决定在流通领域的体现。

商品的价值量由生产商品的社会必要劳动时间决定是商品经济的基本要求，体现着商品经济发展运动的必然趋势。在商品经济中，每一个商品生产者生产某一商品的个别劳动时间是千差万别的，个别劳动时间决定的是商品的个别价值，这种个别价值不能得到社会承认。社会承认的是社会价值，商品的社会价值是由生产这种商品所耗费的社会必要劳动时间决定的。因此，对于每一个商品生产者来说，如果个别劳动时间超过了社会必要劳动时间，超过部分就不能形成社会价值，商品生产者就会亏损，以致破产；相反，如果个别劳动时间低于社会必要劳动时间，商品的个别价值低于社会价值，社会承认它具有社会必要劳动时间决定的社会价值，商品生产者就能赢利，从而加快发展。正是社会必要劳动时间决定商品的价值量，才能使商品生产者的劳动消耗得到补偿，社会生产顺利进行，经济利益得以实现，才能激励商品生产者和经营者不断改进技术，加强经营管理，从而推动社会生产力的发展。

二、价值规律的表现形式

商品的价值只有在交换中才能得到表现。按照价值规律的要求，商品生产者之间的交换必须是等价交换，价格应当同价值相一致。但在现实的商品交换中，价格同价值相背离的情况是经常发生的。因为商品的市场价格要受多种因素的影响，特别是供求关系的变化对商品的价格波动影响很大。当某种商品供不应求时，这种商品的价格会上涨到价值以上；当某种商品供过于求时，这种商品的价格就会跌到价值以下。而且，商品供求关系经常发生变化，商品价格就不停地围绕价值上下波动。

商品的价格围绕价值上下波动，并不违背价值规律。第一，从某种商品一次交换看，价格可能高于或低于价值，但从长期看，大多数商品价格上涨部分和下跌部分是可以相互抵消的，商品的平均价格与价值趋向一致。第二，不同商品各自的价格变动总是围绕着价值这个轴心进行的，波动的幅度与价值差距不会太大。当某种商品供不应求时，这种商品的价格高于价值，生产者获利较大，于是会扩大生产，增加供给，商品的价格就会下跌；相反，某种商品供过于求，这种商品的价格低于价值，商品生产者亏本，于是会减少生产和供给，商品价格就会上升。第三，同一种商品的价格，有时高于价值，有时低于价值，高低部分可以相互抵消。因此，商品的价格背离价值并围绕价值自发地波动，正是价值规律的表现形式。

三、价值规律在私有制商品经济中的作用

价值规律在私有制商品经济中的作用，一般可以概括为三个方面。

第一，自发地调节生产资料和劳动力在社会生产各部门之间的分配。在商品经济条件下，每个生产者都是为了满足市场的需要而进行生产的，市场上商品供求的变化和价格的波动对他们的决策影响很大。当某种商品生产过多，出现供过于求，从而导致价格下跌，使生产者的收入受到影响时，商品生产者就会把他拥有的生产资料（资金、技术、设备）转向有利可图的部门，去从事其他商品的生产。相反，如果某种商品的生产减少，市场供不应求，价格上升时，生产者的利益就会提高，便会有更多的生产者把经济资源转移到这个部门。这样，市场价格的波动，使生产资料和劳动力在各部门之间的配置得到不断的调整，使社会生产各部门大体保持平衡。

价值规律对经济活动的调整作用也有一定的局限性。一是盲目性大。信息的不对称，就会导致决策的失误。二是滞后性。商品生产出来之后卖不出去，才进行转产，不可避免地造成社会劳动的浪费。

第二，自发地刺激商品生产者不断改进技术，提高劳动生产率，从而推动社会生产力的发展。由于商品的价值量是由生产商品的社会必要劳动时间决定的，商品生产者生产商品的个别劳动时间只有低于社会必要劳动时间才能赢利。为了获利，使自己在竞争中处于有利地位，商品生产者就要采用先进技术，加强经营管理，千方百计地使生产商品所耗费的个别劳动时间低于社会必要劳动时间，使自己在市场竞争中处于有利地位。正是在价值规律的支配下，每个商品生产者都想缩短个别劳动时间，彼此之间展开竞争，从而推动技术进步和社会生产力的发展。

当然，价值规律的这个作用也有负面效应。个别拥有先进技术的商品生产者，为了保住自己在竞争中的有利地位，总是采取技术上保密，甚至把新技术束之高阁，从而人为地阻碍新技术的推广使用，不利于社会技术进步和社会生产力的发展。

第三，价值规律自发作用的后果是引起分配不公，导致商品生产者两极分化。在商品经济中，商品生产者的生产条件差别较大。生产技术好、经济管理水平高的经营者，其竞争能力比较强，就会使自己获得更多赢利，从而加快自身发展的步伐。而生产条件落后、管理水平不高的经营者，在竞争中就处于不利的地位，甚至造成经营亏损，而走向破产。一般地说，价值规律这种优胜劣汰的作用，是推动社会进步和生产力发展的动力。但这种作用的结果，也有可能导致商品生产者之间的两极分化。一部分商品生产者赚钱致富，一部分商品生产者经营

亏损而破产。在封建社会末期，正是在小商品生产者两极分化的基础上，产生了以雇佣劳动为基础的资本主义生产关系。

第五节　马克思劳动价值论的重要意义

一、马克思劳动价值论的科学性

马克思创立的科学的劳动价值论，是在继承前人研究成果并深入对商品经济发展的历史和现实进行研究，不懈地进行理论创新的成果。他在《资本论》中，科学、完整地阐述了劳动价值理论，其中最重要的核心问题就是价值的源泉问题。

马克思的劳动价值论具有高度科学性，主要体现在以下三个方面。

第一，马克思把劳动者的活劳动作为创造新价值的唯一源泉。离开了人的活劳动，人们就无法得到赖以生存和发展的物质资料。在生产过程中，无论“物”的要素多么先进、多么重要，它都是人们劳动的结果，离开了人的活劳动，任何“物”也不可能产出物品。

第二，在社会生产力中，人的劳动是主导力量，是能动性因素，是改造自然、实现人与自然物质和能量转换的能动力量。劳动者的劳动实践是推动社会生产力发展的根本力量，从而也是推动社会变革的决定性力量。

第三，马克思的劳动价值论，从理论上科学地反映了劳动者在物质资料生产和推动人类社会从低级向高级发展中的重要地位和伟大作用，是广大劳动人民根本利益的充分体现。

二、马克思劳动价值论的重要意义

马克思劳动价值论在政治经济学体系中占有极其重要的地位，我们学习政治经济学必须充分认识这一点，深刻理解这一理论的重要意义。

第一，科学的劳动价值论是剩余价值理论的基石。剩余价值理论是马克思政治经济学的核心，如果没有科学的劳动价值论就无法揭示资本主义制度下无产阶级受剥削的根源，就无法阐明资本主义生产的实质，也就谈不上揭示资本主义经济运行的规律。科学的劳动价值论是剩余价值理论及整个马克思主义政治经济学理论体系的基石。

第二，科学的劳动价值论是科学社会主义理论的重要依据。马克思主义的科学社会主义学说揭示了人类社会发展的必然趋势，为无产阶级进行革命和建设指明了方向。正是在这一理论的指导下，各国的马克思主义者不断进行反抗资本主义的斗争，领导无产阶级和广大劳动群众争取民族解放而进行不懈努力，才打破了资本主义制度一统天下的格局，有了社会主义制度的诞生。

第三，科学的劳动价值论是我们建立社会主义经济理论的基础。我国正在进行着前无古人的社会主义市场经济体制建立和完善工作，要在社会主义市场经济条件下加快社会主义现代化建设的步伐，实现中华民族的伟大复兴。社会实践离不开科学的理论，建立社会主义市场经济理论，必须依据马克思主义基本原理，把马克思主义基本原理同我国改革开放的现实相结合，不断深化对马克思劳动价值论的认识，与时俱进地发展马克思的学说。在当代，更好地发挥马克思主义政治经济学对我国社会主义现代化建设和发展社会主义市场经济的指导作用，也是时代的要求。

☞ 【双语关键词】

汉语关键词	英语关键词
商品	commodity
商品经济	commodity economy
市场经济	market-oriented economy
使用价值	use value
交换价值	exchange value
价值	value
具体劳动	concrete labor
抽象劳动	abstract labor
社会必要劳动时间	socially necessary working time
简单劳动	simple labor
复杂劳动	compound labor
私人劳动	labor of private individual
社会劳动	social labor
货币 纸币 电子货币	money / paper currency / electronic money
价值形式	form of value
价格	price
价格机制	price mechanism
通货膨胀	inflation
价值规律	law of values
市场机制	market mechanism
劳动价值学说	labor value theory

劳动的二重性	dual character of labor
社会劳动生产率	social productivity of labor
社会平均劳动熟练程度	average degree of skill prevalent at the time

【阅读书目】

列宁．列宁选集．第2卷．北京：人民出版社，1972：588-590.

马克思，恩格斯．马克思恩格斯选集．第2卷．北京：人民出版社，1972：170-178.

马克思．资本论．第1卷．北京：人民出版社，1975：47-166.

马克思，恩格斯．马克思恩格斯选集．第3卷．北京：人民出版社．1972：224-240.

【思考题】

1. 商品经济同市场经济有什么联系和区别？
2. 什么是商品？怎样理解商品的二因素？
3. 如何理解劳动的二重性？劳动的二重性同商品的二因素有什么关系？
4. 商品价值量是由什么决定的？劳动生产率的变化对商品价值量有什么影响？
5. 货币是怎样产生的？它的本质和职能是什么？
6. 什么是价值规律？它在私有制为基础的商品经济中有哪些作用？
7. 如何理解劳动价值论在马克思主义政治经济学中的地位？
8. 为什么说劳动二重性学说是理解马克思主义政治经济学的枢纽？

【教学案例】

在社会主义经济改革和发展中劳动价值论的意义

目前在我国，虽说一些人并不公开批判劳动价值论，但却将其束之高阁。在论证改革、设计发展方案时，实际上在以西方经济学的价值论为依据。对此，我们并不完全排除在某些经济发展的技术方面，西方经济学是可以借鉴和吸收的。然而，在经济体制改革和发展战略的总体设计上，尤其是关系经济制度和立法等原则方面，劳动价值论起着指导性作用。

第一，社会主义经济是劳动者的经济，它的主体和主宰者，应是脑力劳动者和体力劳动者。应当从劳动价值论出发，充分地调动他们自觉的积极性，由此而促进科学技术和生产力的发展，创造更多的社会价值。劳动者作为文明的主体，其自身的能力是相当大的，而这才是社会财富和社会发展的真正源泉。

第二，社会主义经济体制的改革，就是要改变已经不适应生产力发展的旧的生产关系，建立起劳动者相互间更为协调、合理地发挥作用的生产关系，从而使劳动者的积极性和主动性在适当的社会机制下，更为有效地发挥出来。不能因为前一阶段的经济体制有缺陷，就全面否定社会主义制度及其原则，甚至去搞什么“私有化”、“资本化”。那样做的结果，只能是使劳动再度异化。

第三，处理好劳动者付出劳动及其所得报酬之间的关系。这方面的问题，马克思早已在《哥达纲领批判》中作了论述。前一阶段我国在分配方面的问题，并不出于这个原则，而是违背了这一原则，是传统的农民的平均主义文化冲击并破坏了这一原则。改革，就要真正贯彻按劳分配这一依据劳动价值论而提出的原则，而不是把注意力放在“引进”利润、利息等资本主义的分配机制上来。

第四，依据劳动价值论，劳动者所创造的价值，是与他们的脑力和体力直接相关的，是他们文化与身体素质的动态表现。社会主义经济要真正发展，基础性的建设，就是努力提高劳动者的素质，把教育和培训人才作为我们的立国之本。为此，必须克服那种只见钱不见人的短期行为。那种忽略、排挤教育的行为，是与社会主义原则、劳动价值论相违背的。

总之，劳动价值论作为马克思所创立的无产阶级人道主义的经济观，恰恰在社会主义社会才得到全面贯彻的条件，它也因此而成为社会主义经济改革和发展的大原则，只有真正贯彻这一原则，才能促进社会主义经济的发展。正如在资本主义社会中的劳动者还以劳动价值论作为武器，批判资本主义制度，争取自身的利益和解放一样，社会主义中国的劳动者，应将劳动价值论作为自己的经济观，作为发展社会经济、同时也提高自身素质的依据。

资料来源：刘永佶．劳动人道主义：马克思主义的原则．郑州：河南人民出版社，1997：389，390．

北大方正界定资产构成中的价值创造争论

在企业进行股份制改造过程中，应如何界定其资产构成？北大方正集团有限公司（简称北大方正）晏总裁接受本报记者采访时说——资本和劳动同时创造价值。

北大方正又叫北京大学新技术公司，成立于1986年。当时，北京大学从教学科研经费中挤出40万元作为发展基金，在两间办公室里开始创业。这点钱在企业行为中是干不成什么大事的。1987年，一个偶然的机会，北京玉潭乡给北大方正注入了420万元的资金，靠这420万元和北京大学作担保，北大方正从银行贷出1000万元。这样，有了这1400多万元，凭借着强大的技术实力和良好的服务，北大方正很快进入良性循环发展阶段，并组建成为企业集团，今年，他们可望创产值8亿元。到目前为止，北大方正已向学校上缴了2500万元，是当时投资的 62.5 倍。

眼下，北大方正正准备进行股份制改造，一是为了使公司在目前的转换机制上有一个突破，和国际大型企业接轨；二是从社会上筹集到一笔资金，作为发展资金；三是使公司职工，既是公司的老板，又是打工的，增强责任感。

随着股份制改造的深入，北大方正也遇到了不少股份制改造企业所遇到的难题，即国家股如何测算，其中国家的优惠政策能不能算国家股？比如，四通公司在进行股份制改造时，有人提出，四通公司的发展得益于国家的优惠政策，本来，国家应收 33% 的所得税，但国家只收了 7.5%，剩下的 26.5% 国家没有收，现在进行股份制改造，这部分钱，应该属于国家股。北大方正总裁认为，优惠政策当时并没有说是一种投入，免了就免了，不能算成国家股。现在，只好把这一问题放在一边，说不清楚，先不说，不要争论。

北大方正进行股份制改造过程中碰到的又一难题是：资本投入创造价值，还是劳动创造价值？有人提出，北大方正是学校投资 40 万元起步的，不管现在资产是 4 亿元，还是 8 亿元，都是原先的 40 万元投资创造的。北大方正总裁在同记者谈到这一问题时说：这个问题，看起来很简单，但从 1982 年开始，一直争吵到今天，仍没说清。如果说资本创造价值，那北大方正近千名职工都干什么啦，我们就不创造价值吗？在这个问题上，不应有实用主义。过去，国家搞建设，就强调宣传马克思所说的“劳动创造世界”，共产党最重视人员劳动所创造的价值。现在搞市场经济，又不讲劳动创造价值，而开始讲资本投入创造价值。我觉得，正确的态度应该是，资本和劳动同时创造价值。这么简单的问题，为什么就一直扯不清？

记者认为，在企业进行股份制改造过程中，对其资产构成的界定，就应该回到马克思的政治经济学上来：资本和劳动同时创造价值。

资料来源：迟国维．资本和劳动同时创造价值．山西发展导报，1993-11-26.

火车票调价

铁道部依据 2000 年 11 月国家计划委员会（简称国家计委）《关于部分列车实行政府指导价有关问题的批复》，2001 年 4 月，铁道部公布了 2001 年春运期间火车票提价 20%～30% 的决定。火车票提价后，在社会上引起了很大的反响。有人认为，火车票提价是应该的，符合市场经济发展规律的要求，有利于铁路部门成为市场竞争主体，通过市场竞争手段实现自主经营和自负盈亏，推动铁路市场化改革的步伐。有人认为，火车票提价是错误的，铁道部作为具有垄断性质的公共部门，是依靠垄断地位而“敛财”，损害消费者的利益。铁路客票定价的主要依据是运输成本。如果连运输成本都搞不清楚，提价就缺少科学依据。在运输成本很低的情况下，如果像铁路这样垄断者把客票价格提得比成本高得很多，在任何一个市场经济中都是违背客观经济规律的，甚至是违法的。我们还是社会主义市场经济，更不允许借垄断权力去损害消费者利益。还有一个律师以申请复议的法律途径对铁道部正式提出了质疑，并要求取消春运涨价令。

2002年春运时，铁道部又一次作出了铁路客票涨价的决定，并举行了价格听证会，一些经济学家、农民工代表及铁路运输部门的代表出席了听证会，对铁路客票涨价问题，从不同的角度进行了充分的论证，但仍存在着明显的意见分歧。

资料来源：见“2001年2月12日《南方周末》中的《请铁道部撤销春运涨价令》、《价格听证的法律依据》、《春运铁路涨价符合市场规律》、《春运涨价依法应举行听证会》. 政治经济学网络课. www. ratvu. com/husz/web.

评西方经济学家否定马克思的劳动价值论的观点

20世纪60年代以来的第三次科技革命的兴起，引起资本主义生产力和生产关系的一系列变化。这时，一些西方经济学家和社会学家在他们的“工业社会”、“后工业社会”、“第三次浪潮”、“大趋势”等理论和著作中，提出了所谓“知识价值论”、“技术价值论”、“信息价值论”、“机器人价值论”等错误观点，以否定马克思的劳动价值论。

美国著名社会学家丹尼尔·贝尔首先系统地提出“后工业社会”的理论。1973年他发表的《后工业社会的来临——对社会预测的一项探索》一书认为，“后工业社会”是一个广泛的概念，并提出了从“工业社会”转向“后工业社会”的五个标准。贝尔认为，随着新科技革命的发展，美国是第一个由产品经济转变为服务性经济的国家，甚至有的美国学者认为，美国已经进入“后工业社会”。贝尔认为“后工业社会”是一个“知识的社会”，在这个社会中，科学家、技术人员、专业人员等在经济生活中起主导作用。还认为“工业社会”是商品生产的社会，机器在该社会中起主要作用；而“后工业社会”是以服务产业为基础的，信息是主要的资源，专业人员是主要的人物。其实不管“工业社会”还是“后工业社会”，都是模糊不清的概念，都是只强调了技术、知识，而抹杀了不同社会制度的根本区别。否定了资本主义的本质和内在矛盾。贝尔在“后工业社会”中，在强调“知识、信息的社会”的同时，提出价值的源泉已不是劳动，而是知识、技术。他说：“在计算机时代，技术起着决定的作用，因此，马克思所阐述的价值概念也要改变，过去是劳动创造价值，现在是知识技术创造价值。”

美国社会预测学家约翰·奈斯比特1982年发表了他的新著《大趋势——改变我们生活的十个新方向》。作者从10个方面讨论了美国社会的发展趋势。这10个方面的发展趋势主要说明美国社会在蜕变之中，而作者认为美国社会最根本的变化是美国已变成“信息社会”。他认为目前大多数美国人的工作都是在创造、处理及分配信息，“我们的工作决定我们这个社会的类型”。奈斯比特的10个方面的发展趋势，对我们了解科学技术的发展对现代资本主义社会的影响是有益的。但是，他的“信息社会”和贝尔的“后工业社会”本质上是相同的。他们都是把知识、信息和资本对立起来，似乎知识、信息可以脱离资本而存在。其实，在资本主义制度下，它们都是剥削劳动的手段，是依附于资本的。奈斯比特完全接受了贝尔的知识价值论代替劳动价值论的观点。他说：“我们必须创造一种知识价值理论来代替劳动价值理论。在信息经济社会里，价值的增长不是通过劳动，而是通过知识实现的。劳动价值论诞生于工业经济的初期，必将被新的‘知识价值论’所取代。在信息社会里。价值的增长是通过知识实现的，知识是一种完全不同类型的劳动。”

随着现代科学技术的发展，计算机、无线电遥控技术在生产上的应用，某些生产部门或企业的生产过程形成了计算机控制的自动化的机器体系，特别是机器人的使用，出现了“无人车间”、“无人工厂”。这样，由于生产的高度自动化，一方面，工厂出现了机器排挤工人，代替了人的体力的现象；而另一方面，资本家阶级获得的利润却大大空前地增加了。在这种情况下，有的西方经济学家则认为，现在价值和剩余价值的源泉不再是人的劳动，而是机器人等先进的机器设备。

总之，从19世纪80年代到20世纪80年代的100年的历史过程中，西方经济学家，总是用形形色色的“独创”的价值理论来否定马克思的劳动价值论。

资料来源：徐强．经济价值导论 劳动价值学说的历史与当代研究．南京：南京师范大学出版社，2001：213，214．

讨论下列问题：

(1) 马克思的劳动价值论在社会主义市场经济条件下有哪些指导意义？

(2) 请结合北大方正案例，说明价值创造与价值形成、价值创造与价值分配、按生产要素产权分配与活劳动创造价值等的区别和联系。

(3) 应如何看待春节铁路客票涨价问题？

(4) 你如何评价西方经济学家否定马克思劳动价值论的观点？

第三章

资本和剩余价值生产

剩余价值理论是马克思主义政治经济学的基石。这一理论贯穿于马克思对资本主义生产方式的全部分析中。本章从考察货币转化为资本开始，通过对资本主义生产过程、剩余价值生产方法和资本主义工资的系统阐述，揭示剩余价值的来源和资本主义生产关系的实质。

第一节　货币转化为资本

一、资本运动总公式

货币是资本的最初表现形式。对于任何一个资本家而言，必须首先拥有一定数量的货币以购买足够的生产资料和劳动力，然后才能进行资本主义生产和经营。但是货币本身并不是资本。

当做资本的货币与当做商品流通媒介的货币二者之间存在本质上的区别。单从静止状态时的表现形式去看，这种区别并不明显，但是放在运动过程中去看，这种区别就会非常明显地表现出来。马克思指出："作为货币的货币和作为资本的货币的区别，首先只是在于它们具有不同的流通形式。"①

在商品流通过程中，商品生产者先是通过卖出自己的商品获得货币，然后再

① 马克思．资本论．第1卷．北京：人民出版社，1975：168.

用这部分货币去购买自己需要的商品，其流通公式是：商品—货币—商品（W—G—W）。而在资本流通过程中，资本家先是用货币去购买特定的商品，然后再将商品卖出以换回货币，其流通公式是：货币—商品—货币（G—W—G）。

这两个流通公式有一些共同点：二者都是买和卖的统一；在买、卖的每个阶段上都存在着商品与货币的对立、买者和卖者的对立；在每一个流通过程中都存在着买者、卖者、既买又卖者三种当事人。这些共同点也是简单商品生产与资本主义商品生产存在着一定联系的直接体现。

除此之外，两个公式存在着明显的不同。

首先是两种流通的形式不同，表现在：二者的买卖顺序不同，商品流通是先卖后买，而资本流通是先买后卖；二者的起点和终点不同，商品流通的起点和终点都是商品（W），而资本流通的起点和终点都是货币（G）；二者的流通媒介不同，商品流通的媒介是货币，而货币流通的媒介是商品。

其次，两种流通的经济内容和目的不同。商品流通的经济内容是具有不同使用价值的两种商品之间的交换，其价值量是相等的；流通的目的是消费，在于得到另一种使用价值，是为买而卖。例如，甲将 100 斤小麦卖出后得到 100 元钱，然后再用这 100 元钱买回一件皮衣。这里 100 斤小麦和一件皮衣的价值量是相等的，只是其使用价值不同。资本流通的经济内容是要用货币购买商品，然后再卖出商品以求换回更多的货币；流通的目的是赚钱，在于收回的货币要多于投入的货币，即实现价值增值，是为卖而买。就是说，资本流通的总公式不是 G—W—G，而是 G—W—G′，其中 $G'=G+\Delta G$，即在原来预付额 G 的基础上再加一个增加额 ΔG。ΔG 是货币在运动过程中的价值增加额，马克思称之为剩余价值。能否带来剩余价值是货币与资本的区别。当货币在运动过程中发生增值时，货币便转化为资本。马克思说："原预付价值不仅在流通中保存下来，而且在流通中改变了自己的价值量，加上了一个剩余价值，或者说增殖了。正是这种运动使价值转化为资本。"[①]获取剩余价值是资本流通的目的。

最后，两种流通的界限不同。对于商品流通来说，其流通过程是有限的。商品流通的目的在于得到另一种使用价值，当两种商品的所有者彼此之间完成商品交换后，流通过程随即宣告结束。但对于资本流通来说，其流通过程是无限的。资本流通的目的在于实现资本的价值增值从而获得更多的价值，一旦资本流通停止，将无法实现价值增值，因而资本流通是永无止境的。

G—W—G′这一公式好像仅仅适用于商业资本的运动，其实，它也适用于产业资本和借贷资本的运动。不管是商业资本，还是产业资本、借贷资本，目的都是为了获取更多的货币。产业资本和借贷资本的运动不过是在这一公式基础上的

① 马克思．资本论．第 1 卷．北京：人民出版社，1975：172．

补充或简化。G—W—G′这一资本流通公式概括了各种资本运动的一般特征，表明了各种资本运动形式的实质都是为了攫取剩余价值，实现资本的自行增值。因此，G—W—G′被称为资本总公式。

二、资本总公式的矛盾

从形式上看，资本总公式与价值规律的客观要求相矛盾。马克思指出："货币羽化为资本的流通形式，是和前面阐明的所有关于商品价值、货币和流通本身的性质和规律相矛盾的。"[①]按照价值规律要求，商品交换要按照等价原则进行，交换的结果只是价值的表现形式发生了变化，即从商品变为货币或者从货币变为商品，而价值量是不会发生变化的。然而资本总公式却表明资本流通的结果是发生了货币增值，产生了剩余价值，这就是资本总公式的矛盾。解决这个矛盾的关键在于要阐明剩余价值产生的条件是什么。

首先，剩余价值不能在流通中产生。虽然剩余价值表现为流通的结果，但在流通领域，商品交换必须遵循等价交换原则，其结果只能是价值形式的变化，不可能产生剩余价值。即便是不等价交换，即低于价值购买或高于价值出卖，也不会产生剩余价值。因为商品生产者既是市场上的买者又是市场上的卖者，其权利是一样的。甲将自己的商品贵卖，乙也会效仿，于是大家都实行贵卖，其结果是两者正好相互抵消。即使某种商品的生产者在交换中始终都能贱买贵卖而获得更多的价值，也无法说明剩余价值的最终来源。因为这部分人所多得的正是另一部分人所失去的，流通中的价值总量并未增加，其所改变的仅是这个既定的价值总量在不同商品所有者之间的分配。因此，流通领域的商品交换不会产生剩余价值。正如马克思所说："可见，无论怎样颠来倒去，结果都是一样。如果是等价物交换，不产生剩余价值；如果是非等价物交换，也不产生剩余价值。流通或商品交换不创造价值。"[②]

其次，剩余价值的产生离不开流通领域。流通领域是各种商品所有者关系的总和。在流通领域之外，商品所有者彼此之间没有接触，只会同自己的商品发生关系，体现为一定量的劳动凝结在商品中形成的价值。商品所有者可以通过劳动创造价值，但不能使价值发生增值，进而使货币转化为资本。由此可见，剩余价值虽不在流通领域中产生，但又离不开流通领域，必须以流通为媒介，这就是解决资本总公式矛盾的条件。

根据上述条件，我们来进一步分析剩余价值产生的源泉。首先，剩余价值的

---

① 马克思．资本论．第1卷．北京：人民出版社，1975：177.

② 马克思．资本论．第1卷．北京：人民出版社，1975：186.

产生不会发生在流通领域的购买阶段（G—W），因为在此阶段货币只是作为购买手段和支付手段实现其所购买或支付的商品的价格，仅代表一个不变的价值量。其次，剩余价值也不会发生在流通领域的出售阶段（W—G′），因为这一阶段只是将商品由实物形式转为货币形式，其价值量并未发生变化。因此，剩余价值的产生必然源于购买阶段（G—W）所购买的商品上，但不是发生在此商品的价值上（商品购买符合等价交换的原则）。因此，价值增值只能发生在此商品的使用价值上，就是说，资本家在市场上必须购买到一种特殊的商品，这种商品具有特殊的使用价值。它的使用价值不仅具有创造价值的能力，而且能够创造出比自身价值更大的价值。这种特殊的商品就是劳动力。劳动力成为商品是解决资本总公式矛盾的关键，从而也是货币转化为资本的前提。

三、劳动力成为商品

劳动力是指人的劳动能力，是存在于劳动者身体中的体力和脑力的总和。无论在何种社会历史形态中，劳动力作为人的劳动能力都是进行生产所必需的一种基本要素。但只有在资本主义社会，劳动力才成为商品。

劳动力成为商品必须具备两个基本条件。第一，劳动者具有完全的人身自由，从而能够自由支配自己的劳动。劳动者要把自己的劳动力当做商品出卖，必须能够有权支配它。因为劳动者在市场上出卖自己的劳动力时仅仅是让渡这种商品的使用权，而保留其所有权。没有人身自由的奴隶或农奴的劳动力不能成为商品。第二，劳动者没有任何生产资料和生活资料，必须靠出卖劳动力为生，即劳动者除了自己的劳动力之外一无所有。如果劳动者具有某种生产资料，那么他会自行进行生产，出售自己的劳动产品以获取生活资料，从而不必出卖自己的劳动力。因此，马克思指出："这里所说的自由，具有双重意义：一方面，工人是自由人，能够把自己的劳动力当作自己的商品来支配；另一方面，他没有别的商品可以出卖，自由的一无所有，没有任何实现自己的劳动力所必需的东西。"①

劳动力成为商品的这两个条件直到封建社会末期才逐渐形成，资本的原始积累更是加速了这些条件的形成，其主要原因有两个。一方面，农民通过自身的反封建斗争摆脱了对封建地主的人身依附关系，在法律上拥有了人身自由，从而可以自由出卖自己的劳动力。另一方面，封建社会末期，小商品生产者两极分化。经过资本的原始积累后，大批小生产者丧失了自己的生产资料，成为一无所有的劳动者，不得已只能靠出卖自己的劳动力为生。因此，劳动力成为商品是一个历

① 马克思．资本论．第1卷．北京：人民出版社，1975：192.

史范畴，它标志着人类社会的发展开始进入资本主义时代。

劳动力商品同其他任何商品一样，具有价值和使用价值两种属性。然而，劳动力商品是一种特殊的商品，其价值和使用价值具有不同于普通商品的特点。劳动力商品的价值是由生产和再生产劳动力商品的社会必要劳动时间决定的。由于劳动力存在于人体之中，它的生产和再生产需要一定的生活资料来维持人的生存。所以，生产和再生产劳动力所需的劳动时间，可以转化为生产这些生活资料所需的劳动时间。或者说，劳动力的价值就是维持劳动力生产和再生产所需生活资料的价值。劳动力商品的价值包括三个部分：首先，维持劳动者自身生存所必需的生活资料的价值，用于保障劳动者恢复消耗的体力，以便继续劳动。其次，劳动者用以养育后代所必需的生活资料的价值，在于保障延续劳动力的供给。由于身体衰老和死亡而退出的那部分劳动力必须由劳动者的后代进行补充。所以，劳动力价值中必须包括劳动者后代成长所需生活资料的价值。最后，劳动者接受教育和培训所支付的费用，用以提供符合资本主义生产要求的劳动力。由于生产的发展和科技的进步，社会生产对劳动者的文化知识和技能水平的要求不断提高，为此，劳动者需要支付一定的教育费和培训费，这也属于劳动力价值的一部分。

同其他商品相比，劳动力商品的价值决定具有特殊性，即它包含着一个历史的和道德的因素。对于一般商品而言，其价值会随着社会劳动生产率的变化而变化，劳动是唯一的决定要素。但劳动力商品不同，劳动者对生活资料的需要是在一定社会历史条件下形成的，它的构成和范围，不仅取决于劳动者的生理需要，而且还取决于社会经济和文化的发展。随着社会经济文化的发展，劳动者所必需的生活资料的种类和数量会不断地扩大。不过，从较长历史时期看，在一个国家的一定时期，劳动者必需的生活资料的种类和数量还是相对稳定的。

劳动力商品的使用价值同样也具有特殊性。对于普通商品来说，其使用价值会在被消费的过程中消耗掉，价值也随之消失或转移到新商品中去。例如，机器设备由于生产而不断地被磨损，但其价值不断地转移到新产品中去。劳动力商品的使用价值与普通商品的使用价值的最大不同之处在于，它能够创造新的价值，不仅是价值的源泉，而且能够创造出大于自身价值的价值。原因在于劳动力商品的使用价值就是进行生产劳动的能力，它的使用或消费就是劳动，而劳动凝结在商品中便形成价值。资本家购买劳动力商品的目的就是要雇佣劳动者为他生产出大于劳动力价值的价值，即剩余价值。劳动力商品的这种特殊的使用价值对货币转化为资本具有决定性意义。在市场上，货币所有者购买劳动力是为资本主义生产作准备的，从而使货币转化为资本具有可能性。但是，只有在资本主义生产过程中剩余价值被生产出来，货币才现实地转化为资本。

劳动力市场上的买卖双方必须在等价交换的原则下，以平等的身份自由地进行交易。然而，这仅仅是资产阶级所描绘的一幅虚假的画面，它是以不平等为前提条件的。一旦离开流通领域，这种不平等就会立刻显现出来。因此，马克思指出："原来的货币所有者成了资本家，昂首前行；劳动力所有者成了他的工人，尾随于后。一个笑容满面，雄心勃勃；一个战战兢兢，畏缩不前，像在市场上出卖了自己的皮一样，只有一个前途——让人家来鞣。"[①]

第二节　资本主义生产是劳动过程和价值增值过程的统一

一、劳动过程

资本家在市场上购买到生产资料和劳动力之后，资本运动便由流通领域进入生产领域。物质资料的生产过程，首先是劳动过程。劳动过程是指劳动者通过有目的的活动，运用劳动资料对劳动对象进行加工，最终创造出物质财富或使用价值的过程。劳动过程是在任何社会形态下的生产都具有的一般性质。但是，资本主义的劳动过程是资本家消费他所购买的劳动力的过程，因而具有以下两个显著的特征。第一，工人在资本家的监督下为资本家的利益而工作。资本家在取得劳动力的使用支配权后，要求工人必须按照资本家的意志进行劳动。资本家会制定劳动纪律、生产计划，通过对工人劳动的严密监督使工人生产出符合自己要求的产品，并达到节约生产资料、最大限度地支出活劳动的目的。第二，全部劳动产品都归资本家所有。由于工人的劳动力使用支配权归资本家所有，所以，工人的劳动力和生产资料一样，都是资本家所购买的生产要素。在资本主义条件下，劳动过程就是将资本家所拥有的各种生产要素相结合的过程。作为这个过程结果的全部劳动产品自然要归资本家所有。

在劳动过程中，资本家要工人生产某种使用价值。但是，生产使用价值并不是资本主义生产的目的。他之所以要生产使用价值，是因为使用价值是价值和剩余价值的物质承担者。马克思指出："他不仅要生产使用价值，而且要生产商品，不仅要生产使用价值，而且要生产价值，不仅要生产价值，而且要生产剩余价值。"[②]因此，资本主义生产过程不仅是创造使用价值的劳动过程，还是价值形成和价值增值过程。

① 马克思．资本论．第1卷．北京：人民出版社，1975：192.

② 马克思．资本论．第1卷．北京：人民出版社，1975：211.

二、价值增值过程

分析价值增值过程，首先应弄清楚价值形成过程，因为价值增值是以价值形成为前提的。所谓价值形成是指价值由哪些部分构成。在生产过程中，生产商品所消耗的全部劳动形成商品的价值，它不仅包括工人劳动创造的新价值，还包括生产资料转移的价值。这样，价值形成过程是生产资料价值转移和活劳动创造新价值的过程，这两重过程是以生产商品的劳动二重性为基础的。

以生产棉纱为例。首先，生产过程是生产资料价值的转移过程。假设资本家让工人生产棉纱 10 斤，消耗棉花 10 斤，价值 100 元，消耗纱锭、设备等劳动资料的价值 20 元，共计 120 元。再假定工人生产 10 斤棉纱需要花费 6 小时的劳动，资本家购买工人一天的劳动力价值为 30 元。经过工人 6 个小时的劳动，10 斤棉花变成了 10 斤棉纱。在这个过程中，原料棉花的物质形态变成了棉纱，它的使用价值也丧失了，但它的价值并没有消失，而是转移到棉纱中去了。同样，纱锭、设备等劳动资料磨损部分的价值也加入新产品棉纱当中。可见，棉花、纱锭等生产资料的价值 120 元，在生产过程中转移到棉纱中去，构成棉纱价值的一部分。生产资料价值的转移并没有改变其原有的价值量，而只是使用价值的物质承担者由一种使用价值（棉花、纱锭等）变换为另一种使用价值（棉纱）。生产资料价值的转移是通过工人的具体劳动实现的。

其次，生产过程又是活劳动创造新价值的过程。根据生产商品的劳动二重性原理，工人在对棉花进行加工时，还支出一定量的抽象劳动。这一定量的抽象劳动凝结到产品中形成新价值。假定工人 6 个小时纺纱创造新价值 30 元。作为形成新价值的劳动和过去凝结在生产资料中的劳动，这两部分劳动的总和构成商品的全部价值，一共 150 元。而资本家为生产 10 斤棉纱而购买生产资料和劳动力所付出的价值也是 150 元。如果生产过程到此结束，资本家将得不到剩余价值，这个生产过程只是单纯的价值形成过程。

上述情况是资本家所不容许的。他垫支资本的目的是为了增加价值，不增加价值他就不干。资本家为了能够得到剩余价值就必须使价值形成过程转化为价值增值过程。那么，剩余价值究竟如何才能生产出来呢？资本家购买工人一天的劳动力，支付一天劳动力的价值，从而获得工人一天劳动的使用权。虽然工人一天劳动 6 小时所创造的价值就足以补偿其劳动力本身的价值，但资本家并不满足，因为这 6 小时劳动并未带来价值增值。资本家会要求工人一天劳动 8 小时、10 小时甚至更多。假设资本家强迫工人一天劳动 12 小时，那么工人一天可纺棉纱 20 斤；消耗掉的棉花为 20 斤，价值为 200 元；消耗掉纱锭、设备等劳动资料的价值为 40 元；工人 12 小时的劳动所创造的新价值为 60 元。这样，20 斤棉纱的价值为 200 元＋40 元＋60 元＝300 元。而资本家垫支的资本只有 200 元＋40 元＋30 元＝270 元。资本家可以多得到 30 元的价值。这 30 元就是剩余价值。所以，剩余价值就是由雇佣工人创造的、被资本家无偿占有的超过劳动力价值的价值。

由此可见，“价值增殖过程不外是超过一定点而延长了的价值形成过程”。①这个“一定点”就是工人补偿劳动力价值所需要的劳动时间。如果价值形成过程只达到这一点，即工人新生产的价值只等于劳动力的价值，那就是单纯的价值形成过程。如果价值形成过程超过了这一点，生产出剩余价值，价值形成过程就转化为价值增值过程。商品的生产过程是劳动过程和价值形成过程的统一；而资本主义的生产过程则是劳动过程和价值增值过程的统一。

通过上述分析我们知道，剩余价值是在生产过程中创造的，不是在流通中产生的，但又离不开流通过程，因为只有在流通过程中资本家才能购买到生产资料和劳动力，并通过流通过程出卖商品而实现价值和剩余价值。流通过程遵循等价交换原则，符合价值规律要求。价值增值过程的关键在于劳动力商品是一种特殊商品，它不但能创造自身价值，还能创造出大于自身价值的价值。分析了资本主义生产过程之后，资本总公式的矛盾就解决了。剩余价值直接体现着资本家对雇佣工人的剥削关系。揭示剩余价值的真正来源，是马克思最伟大的贡献之一。

三、资本的本质

资本的范畴是同剩余劳动和剩余价值相联系的。从质的规定性去看剩余价值，它是剩余劳动的凝结；从量的规定性去看剩余价值，它是超过预付货币额的增加额。从这个意义上来说，资本就是能够带来剩余价值的价值。

从现象上看，资本通常表现为厂房、机器设备、原材料和货币等物的形式。但是，这些物并非天然就是资本，它们转化为资本需要具备一定的条件：在资本主义制度下，由资本家占有并用于榨取工人的剩余劳动时才会成为资本。因此说，资本的本质不是物，而是一种体现在物上的人与人之间的生产关系。在资本主义制度下，资本体现的就是资本家与雇佣工人之间剥削与被剥削的社会关系。正如马克思所说：“黑人就是黑人，只有在一定的关系下他们才成为奴隶；纺纱机是纺棉花的机器，只有在一定的关系下，它才成为资本，脱离了这种关系，它也就不是资本了。”②

在资本主义经济范畴内，资本的本质是资本对雇佣劳动的剥削关系，这就是资本的特殊性。但在商品经济范畴内，资本还应具有一般性，即任何一定量的价

① 马克思．资本论．第 1 卷．北京：人民出版社，1975：221.

② 马克思．恩格斯．马克思恩格斯选集．第 1 卷．北京：人民出版社，1972：362.

值成为资本的那种规定，就是资本在其循环运动中实现价值增值的价值，具体来说包括三个方面。首先，资本的功能在于增值。资本是一种可以自行增值的价值。其次，资本的生命在于运动。资本只有在不断运动中才能实现价值的增值。最后，资本的生产过程是建立在劳动力市场基础之上的。只有在商品市场和劳动力市场上购买到生产资料和劳动力，并使二者结合生产出新产品，才能实现价值增值。

四、不变资本与可变资本

资本家所预付的资本可以分为两部分：一部分用来购买机器设备、原材料、燃料、辅助材料等生产资料；另一部分用来购买劳动力，即雇佣工人。马克思根据这两部分在剩余价值生产过程中所起的作用的不同，将其区分为不变资本和可变资本。

不变资本是以生产资料形式存在的那部分资本。从劳动过程看，这部分资本是生产使用价值的物质前提。从价值形成和价值增值过程看，这部分生产资料通过工人的具体劳动加工之后，转换成了新产品的形式，其价值也随着使用价值的消耗程度被保存并转移到新产品中去了。转移的价值量，只是进入生产过程时原有的数量，绝不可能比它更大。可见，在生产过程中这部分资本的价值只是再现于产品价值中，不会发生价值增值，因而叫不变资本，用 c 表示。

可变资本是以劳动力形式存在的那部分资本。这部分资本是资本家以工资的形式支付给雇佣工人的，然后由工人购买生活资料用于生活消费。这部分价值是工人在生产过程中再生产出来的。劳动力发挥作用的结果，不仅会再生产劳动力自身的价值，而且还会生产出剩余价值。可见，资本家用于购买劳动力的那部分资本，在生产过程中价值量发生了变化，实现了价值增值，因而叫可变资本，用 v 表示。

不变资本和可变资本的划分，是运用劳动二重性的原理，分析资本的不同部分在价值增值过程中的不同作用而得出的结果，它进一步发展了马克思的生产商品的劳动二重性原理。马克思把资本区分为不变资本和可变资本有着十分重要的意义。第一，这一划分揭示了剩余价值产生的真正源泉。剩余价值并非资本家全部预付资本的产物，而是由可变资本带来的。不变资本虽是生产过程中不可缺少的生产要素，但它仅是剩余价值得以产生的物质条件，本身不会发生价值增值。直接创造剩余价值的是可变资本，即工人的剩余劳动才是剩余价值的唯一源泉。第二，这一划分为考察资本家对于雇佣工人的剥削程度提供了科学依据，表明衡量这种剥削程度大小的是剩余价值率。第三，这一划分为研究资本有机构成和平均利润等理论提供了基础。

五、剩余价值率

如果用 c 代表消耗的不变资本价值，v 代表可变资本价值，m 代表剩余价值，那么，资本主义条件下商品的价值 $w=c+v+m$。在商品价值的三个构成部分中，c 是旧价值的转移，$v+m$ 是新创造的价值。

通过前面的分析，我们知道剩余价值来自雇佣工人的剩余劳动，是资本家用于购买劳动力的那部分可变资本带来的。因此，在考察资本家对于雇佣工人的剥削程度时，必须把不变资本抽去，只考察剩余价值量与可变资本的关系。剩余价值与可变资本的比率就是剩余价值率（m'），其公式为

$$m'=m/v$$

假定资本家生产过程中耗费资本为 30 万元，其中不变资本 25 万元，可变资本 5 万元，得到的剩余价值 5 万元，则剩余价值率 $m'=5$ 万元/5 万元 $\times 100\%=100\%$。

工人一个工作日的劳动时间可分为两部分：一部分是用来再生产劳动力价值的劳动时间，称为必要劳动时间；另一部分是工人为资本家创造剩余价值的时间，称为剩余劳动时间。与此相对应，工人的劳动也分为两部分：一部分为必要劳动；另一部分为剩余劳动。因此，剩余价值率也可以表示为

$$m'=\frac{\text{剩余劳动时间}}{\text{必要劳动时间}}=\frac{\text{剩余劳动}}{\text{必要劳动}}$$

这两个公式虽然形式有所不同，但其表示的内容是一致的。前者是以物化劳动的形式来表示的剥削程度，表明工人创造的新价值中资本家和工人各占多少份额；后一公式则以活劳动的形式来表示的剥削程度，表明工人在一个工作日内用多少劳动来再生产劳动力价值，用多少劳动在为资本家生产剩余价值。

对剩余价值的考察除相对量外还有绝对量，即资本家在一定时期内剥削全体雇佣工人所创造的剩余价值的绝对数量。它与剩余价值率之间存在着紧密的联系，因为决定剩余价值量大小的因素有两个：一是剩余价值率，二是雇佣工人的数量或可变资本总量。以 M 表示剩余价值量，以 V 表示可变资本总量，则剩余价值量的计算公式为

$$M=(m/v)\cdot V=m'V$$

透过公式不难看出，资本家要想增加剩余价值量，有两条途径：一是提高剩余价值率，即从单个工人身上榨取更多的剩余价值；二是增加可变资本总量，从而雇佣更多工人，增加被剥削的对象。由于任何一个资本家在一定时期内所拥有的可变资本总量是有限的，所以，他们只能采取不断提高剥削程度的办法来增加剩余价值量。

资本家进行生产的根本目的就在于追求剩余价值，因而他们对工人的剩余劳动的榨取是永无止境的。在资本主义发展过程中，剩余价值率有不断提高的趋势。例如，美国加工工业的剩余价值率，1899 年为 145%，1939 年为 180%，1965 年为 309%，20 世纪 70 年代前后已经增加到 260%～375%。[①]其他主要资本主义国家的情况与此相类似，原因在于虽然工人的净收入有所增加，但其增长的速度远远落后于国民收入增长速度和劳动生产率增加速度，这也说明资本家对工人的剥削程度在不断加深。

第三节　剩余价值生产的两种基本方法

资本家加强对雇佣工人的剥削所采取的方法是多种多样的，但概括起来无非有两种基本方法：绝对剩余价值生产和相对剩余价值生产。

一、绝对剩余价值生产

在资本主义制度下，雇佣工人在一天内的劳动时间称为工作日。工作日分为两部分：必要劳动时间和剩余劳动时间。雇佣工人的工作日长度不是固定不变的常数，而是一个可变量。在必要劳动时间一定的条件下，剩余劳动时间会随着工作日长度的变化而变化。工作日越长，剩余劳动时间也就越长，资本家从雇佣工人身上榨取的剩余价值也就越多。假定工人原来工作日的长度为 12 小时，其中必要劳动时间为 6 小时，剩余劳动时间为 6 小时，那么，剩余价值率为 $m'=$剩余劳动时间/必要劳动时间$=6$ 小时/6 小时$\times 100\%=100\%$。如果 6 小时必要劳动时间不变，把工作日延长 2 小时，达到 14 小时，则剩余劳动时间增加到 8 小时，剩余价值率变为 $m'=8$ 小时/6 小时$\times 100\%=133\%$。马克思把这种由于工作日的绝对延长而生产的剩余价值，叫做绝对剩余价值。把用绝对延长工作日生产剩余价值的方法，叫做绝对剩余价值生产。

除此之外，资本家还会采用提高劳动强度的方法来榨取更多的剩余价值。这种方法从表面上看虽然并没有延长工作日时间（或者说剩余劳动时间），但是工人在一个工作日内支出的劳动量会由于劳动强度的提高而增多。这种方法与延长工作日的做法实质是一样的。在同样的时间内增加劳动耗费，是劳动时间内涵的延长，同劳动时间延长而增加劳动耗费具有相同的意义。因此，通过提高劳动强度而生产的剩余价值也属于绝对剩余价值。

工作日的长度是一个可变量，但它只能在一定界限内变动。工作日的最低界

① 宋涛．政治经济学教程．北京：中国人民大学出版社，2004：58.

限应在必要劳动时间之上，否则资本家无法获取剩余价值。工作日也不能无限制延长，有一个最高界限。工作日的最高界限应由两个因素决定。一是劳动力的生理因素。工人一天的时间不可能全部都用来劳动，必须抽出部分时间用于吃饭、睡觉、休息等以恢复体力，否则便无法继续出卖劳动力。二是社会道德因素。除了生理上的需要外，工人还需要一定的时间来读书看报、照顾子女和参加社会活动等，以满足其精神生活和社会活动的需要。当然，这种需要的范围和数量是由一个国家的经济、文化发展状况决定的。无论生理因素还是社会道德因素，都有很大的伸缩性。因此，工作日也有很大的伸缩性。

撇开伸缩性很大的工作日界限不说，劳动力的买卖关系本身并不能决定劳动力的使用时间。从资本家的角度来看，由于他购买了工人一天劳动力的使用权，从而就有理由要求延长工作日；从工人的角度来看，他出卖的是一天的劳动力，如果没有限制地延长工作日，相当于在资本家支付一天劳动力价值的情况下却耗费了工人几天才能恢复的劳动力，所以工人有理由反对延长工作日。这是由商品交换的同一原则产生的两种互相对抗的权利。在平等的权利之间，阶级力量的对比就起着决定性的作用。

在资本主义发展的历史上，资产阶级依靠对工人的经济强制和国家暴力将工作日延长到惊人的程度。从 18 世纪后期到 19 世纪前期，英国工人的工作日长度达到 12～14 小时，甚至 16 小时。工人阶级为了维护自己生存的权利、保护劳动力不受过度摧残，极力要求缩短工作日，并为此与资产阶级进行长期不懈的斗争。工人的顽强斗争迫使资产阶级政府先后颁布了一些相关法律将工作日缩短到 12 小时、10 小时。1866 年，美国工人第一次提出 8 小时工作制的要求，但直到 1919 年后在工人斗争的压力下资本主义国家才先后实行 8 小时工作制。当代世界，在发达资本主义国家，工人劳动时间相比过去又有大幅缩减，这主要是由于工人劳动生产率的提高为资本家带来大量的利润，况且由于现代工人劳动强度的增加，缩短劳动时间也是弥补劳动消耗的需要。尽管如此，我们应当清醒地看到，无论工作日怎样缩短，它仍然是由必要劳动时间和剩余劳动时间两部分构成的。虽然工作日有所缩短，但资本家还会有其他办法迫使工人提供更多的剩余劳动，从而加重对工人的剥削。

二、相对剩余价值生产

资本家用延长工作日的方法来榨取更多剩余价值要受到工作日的限制，而且遭到工人的极力反对。但是，资本家追求剩余价值的欲望是无止境的。在工作日长度不变的条件下，资本家为了提高对工人的剥削程度，增加剩余价值量，就只有改变工作日两个组成的比例，缩短必要劳动时间，相应地延长剩余劳动时间。

假定工人原来工作日为12小时，必要劳动时间和剩余劳动时间各为6小时，则剩余价值率为$m'=6$小时/6小时×100%＝100%。在工作日长度不变的条件下，将必要劳动时间缩短为4小时，则剩余劳动时间增加到8小时，剩余价值率为$m'=8$小时/4小时×100%＝200%，剩余价值率提高到原来的2倍。马克思把这种在工作日长度不变的条件下，由于缩短必要劳动时间、相应延长剩余劳动时间而生产的剩余价值，称为相对剩余价值。

相对剩余价值生产的关键在于缩短必要劳动时间。必要劳动时间是再生产劳动力价值的时间。要缩短必要劳动时间，就必须降低劳动力价值。而劳动力价值是由劳动者及其家属生活所必需的生活资料的价值构成的。生活资料的价值与它们的劳动生产率成反比。要降低生活资料的价值，就必须提高生产生活资料部门的劳动生产率。同时，由于生活资料价值中还包含有部分生产资料转移的价值，所以，提高生产资料生产部门的劳动生产率也会间接地降低生活资料的价值，并最终降低劳动力的价值。所以说，相对剩余价值生产是全社会劳动生产率普遍提高，降低了劳动力价值，从而缩短必要劳动时间，相应延长了剩余劳动时间的结果。

在现实生活中，劳动生产率的提高总是先从个别企业开始的。个别企业的资本家提高劳动生产率的直接目的，并不是降低劳动力价值，而是追求超额剩余价值。如果个别企业率先采用先进的生产技术，提高了劳动生产率，这就会使其商品生产的个别劳动时间低于社会必要劳动时间，从而使商品的个别价值低于社会价值。但在商品销售中，仍按社会价值出售。于是，这个企业就可以比其他企业获得更多的剩余价值，即超额剩余价值。假定在社会正常生产条件下，纺纱厂平均一个工人在一天12小时劳动中生产棉纱20斤。在20斤的棉纱中，生产资料转移价值240元，工人12小时劳动创造的新价值60元，总价值为300元，每斤棉纱价值15元。现在假设某纺纱厂率先采用了更为先进的生产技术，工人的劳动生产率提高了1倍。此时工人一天工作12小时能够生产出棉纱40斤。如果每斤棉纱消耗的生产资料不变，40斤棉纱中生产资料转移的价值480元，工人12小时劳动创造的新价值60元。这样，40斤棉纱总价值540元，每斤棉纱的个别价值为13.5元。但是，在出售棉纱时，这个纺纱厂仍然按照原来的社会价值出售。因此。这个纺纱厂的资本家就可以从每斤棉纱中多获得超额剩余价值1.5元，40斤棉纱可多得60元。

超额剩余价值产生的源泉依然是工人的剩余劳动。当个别企业采用先进技术提高劳动生产率时，工人的劳动等于加强的劳动。马克思指出："生产力特别高的劳动起了自乘的劳动的作用，或者说，在同样的时间内，它能创造的价值比同种社会平均劳动要多。”[①]在上例中，由于该纺纱厂的劳动生产率提高了1倍，在劳动力价值不变的情况下，该厂工人的必要劳动时间就缩短一半，剩余劳动时间就相应延长，从而创造了超额剩余价值。所以，超额剩余价值实质上是一种变相的相对剩余价值。

个别资本家获得超额剩余价值，只是一种暂时现象。追求剩余价值的内在动力和市场竞争的外在压力，迫使其他资本家也要千方百计地采用先进技术。当全行业的多数企业都采用先进技术时，行业的劳动生产率就会得到普遍的提高，从而商品的社会价值也会相应降低，原来由商品个别价值和社会价值的差额所形成的超额剩余价值也就会消失。此时，只有采用更加先进的生产技术以进一步提高劳动生产率才能重新获得超额剩余价值。资本家追逐剩余价值的本性会刺激他们不断地改进技术以提高劳动生产率，最终整个社会的劳动生产率随之得到普遍的提高。随着社会劳动生产率的提高，与工人生活资料的生产相关的商品价值就会不断降低，劳动力的价值也会随之下降。于是，生产和再生产劳动力价值的必要劳动时间也会缩短，最终剩余劳动时间得到相应延长，从而由超额剩余价值生产转化到相对剩余价值生产。由此可见，相对剩余价值生产是无数资本家竞相追求超额剩余价值而不断提高劳动生产率的结果。

三、绝对剩余价值生产和相对剩余价值生产的关系

绝对剩余价值生产和相对剩余价值生产都是资本家用来提高剥削程度、增加剩余价值的方法。二者在本质上是相同的，都是通过延长工人的剩余劳动时间来提高剩余价值率并增加剩余价值量的。不同之处在于，绝对剩余价值的生产靠延长工作日，而相对剩余价值生产则是通过改进技术以提高劳动生产率。尽管二者有所不同，但两种方法可以互相结合、共同发挥作用。马克思指出：“绝对剩余价值的生产构成资本主义体系的一般基础，并且是相对剩余价值生产的起点。”[②]任何资本主义生产都必须要求把工作日延长到必要劳动时间之上，否则资本家无法获得剩余价值。同时，也只有在把工作日劳动时间区分为必要劳动时间和剩余劳动时间的前提下，资本家才能通过提高劳动生产率以缩短必要劳动时间，延长剩余劳动时间，从而获得相对剩余价值。

两种剩余价值生产方法的物质基础也有所不同。在资本主义发展初期，由于生产技术水平低，资本家主要采用绝对剩余价值生产的方法来增加剩余价值。随着生产技术的发展，劳动生产率不断提高，相对剩余价值生产便日益成为资本家

① 马克思．资本论．第1卷．北京：人民出版社，1975：354.

② 马克思．资本论．第1卷．北京：人民出版社，1975：229.

获取剩余价值的主要方法。

四、资本主义生产自动化条件下的剩余价值的来源

第二次世界大战之后，特别是20世纪六七十年代以来，以计算机、原子能、航空航天、生物工程等为主要标志的科学技术革命迅猛发展，使得资本主义的生产过程实现了高度的自动化。“机器人”的出现直接代替了人类的部分体力劳动和脑力劳动，操作机器的工人日益减少，甚至出现了“无人车间”。高度自动化的生产过程不仅大大提高了劳动生产率，而且为资本家创造了大量的剩余价值。在资本主义生产自动化条件下，剩余价值的源泉究竟在哪里呢？

马克思当年在分析剩余价值的生产时，曾经科学地预见资本主义生产会实现自动化，以及人在生产过程中所发挥的作用的变化情况。他认为，随着科学技术的发展，人的劳动的作用会日益减小，科技的作用会日益增强，并最终成为决定生产的关键力量。但是，即便资本主义生产过程实现了自动化，资本家榨取的高额剩余价值仍是由工人创造的，剩余价值的源泉依然是工人的剩余劳动。

首先，无论机器人等自动化设备多么复杂，效率有多高，其实质仍是不变资本的组成部分，仅仅是剩余价值得以产生的物质条件。机器人等自动化设备同其他生产工具一样作为不变资本的存在形式，在它们参加商品生产过程及其价值形成过程中，只转移或保存旧价值，把旧价值再现于新产品当中，而绝不会创造价值和剩余价值。价值和剩余价值的源泉仍然是资本家的可变资本所推动的活劳动。

其次，在生产自动化条件下，资本家获得的更多剩余价值来源于“总体工人”的剩余劳动。随着生产社会化的发展，生产过程具有更加广泛的、复杂的协作性质，从而使劳动者的范围也扩大了。它既包括直接操纵机器的工人，也包括与物质生产有关的科研人员和企业管理人员，我们将其统称为“总体工人”。马克思指出：“产品从个体生产者的直接产品转化为社会产品，转化为总体工人即结合劳务人员的共同产品，总体工人的各个成员较直接地或者较间接地作用于劳动对象。”[①]随着自动化水平的提高，“总体工人”的劳动也越来越复杂，而复杂劳动相对于一般劳动而言能够在相同的时间内创造出更多的价值和剩余价值。

最后，使用自动化设备的资本家，可以比其他资本家获得更多的剩余价值。这是因为前者工人的劳动生产率高于部门平均的劳动生产率，这就使该企业所生产的产品的个别价值低于社会价值，从而使这个企业的资本家获得超额剩余价

① 马克思．资本论．第1卷．北京：人民出版社，1975：556.

值。当社会主要生产部门都采用自动化生产设备后，个别资本家获得的超额剩余价值就会消失，但整个社会的劳动生产率的提高，使得劳动力价值降低，资本家便能得到更多的相对剩余价值。

五、剩余价值规律是资本主义基本经济规律

基本经济规律是指在一个社会形态的经济体系中起支配和主导作用的经济规律。资本主义基本经济规律就是剩余价值规律。剩余价值规律的基本内容是，资本家不断地扩大和加重对雇佣工人剩余劳动的剥削以达到获取剩余价值的目的。马克思指出："生产剩余价值或赚钱，是这个生产方式的绝对规律。"①

剩余价值规律决定了资本主义生产方式的本质。在资本主义社会，资本家进行生产的根本动机或唯一目的就是最大限度地榨取剩余价值，并且这个过程是永无止境的。资本的本性是要自身增值。资本家作为人格化的资本，其本性就是要无限地获取剩余价值。在资本家看来，只有能够生产剩余价值的劳动才是有意义的。所以说，资本主义生产的实质就是剩余价值的生产。马克思说："在资产阶级看来，世界上没有一样东西不是为了金钱而存在，连他们本身也不例外，因为他们活着就是为赚钱，除了快快发财，他们不知道还有别的幸福；除了金钱的损失，也不知道还有别的痛苦。"②

剩余价值规律决定着资本主义生产的一切主要方面和主要过程，支配着资本主义生产总过程的各个环节。资本主义生产过程的基础和核心是最大限度地生产剩余价值；流通过程则是为生产和实现剩余价值作好准备；分配过程就是资本主义各剥削集团瓜分剩余价值的过程；消费过程就是资本家消费剩余价值的过程，同时也是劳动力再生产的过程。所以说，无论是资本主义的企业生产过程还是社会生产过程，都受剩余价值规律的支配。

剩余价值规律决定资本主义生产方式产生、发展和灭亡的全过程。只有把剩余价值生产出来才意味着资本主义生产方式产生。剩余价值是资本主义生产方式存在和发展的根本条件。资本家对剩余价值的贪欲是资本主义生产发展的内在动力。资本家不断地改进、发明新技术以提高劳动生产率，从而推动社会生产力迅速发展。然而，资本家在追逐剩余价值的过程中，不断地延长工作日或提高劳动强度，加重对工人阶级的剥削程度，使得资本主义社会各种内在的矛盾不断地被激化。伴随着矛盾的日益加深，资本主义制度最终也要走向灭亡。

---

① 马克思．资本论．第1卷．北京：人民出版社，1975：679.

② 马克思，恩格斯．马克思恩格斯全集．第3卷．北京：人民出版社，1986：564.

第四节　资本主义工资

一、资本主义工资的本质

在资本主义社会，工人为资本家劳动，资本家则付给工人工资。工人劳动一天，得一天的工资；劳动一个月，就得一个月的工资。这就形成一种假象：好像工人出卖的是劳动而不是劳动力，资本家支付的工资似乎是劳动的价值或价格，工人的全部劳动似乎都得到了报酬。其实，资本家在市场上购买的是劳动力而不是劳动，劳动只能在劳动力被资本家购买后才会表现出来。劳动就是劳动力的使用或消费，而劳动力是存在于人体之中的一种能力，是人的体力和脑力的总和。劳动不是商品，没有价值或价格，其原因有如下四个方面。

第一，如果说劳动是商品，那么它在出卖之前就应当存在。但当资本家与工人在劳动力市场上发生交换关系时，劳动并不存在。只有当工人的劳动力卖给资本家后在被使用或消费的过程中才会存在劳动，况且劳动也不能事先独立存在，它必须与生产资料相结合才能实现。

第二，商品的价值是一般人类劳动的凝结，商品的价值量是由生产商品的社会必要劳动时间决定的。如果说劳动是商品，也有价值，那么，劳动的价值又是怎样决定的呢？那只好说劳动的价值是由劳动决定的，1 小时劳动的价值等于 1 小时劳动。这显然是一种毫无内容的同义反复。

第三，如果说劳动是商品，工资是劳动的价值或价格，这必然会导致对价值规律或剩余价值规律的否定。在资本与劳动交换时，如果按照等价交换的原则，资本家应支付给工人全部劳动形成的价值，这样的话，资本家将得不到任何剩余价值，资本主义生产关系也会失去了存在的基础。如果实行不等价交换，即工资是工人的部分劳动形成的价值，这意味着违背了价值规律，不仅与商品经济的内在要求相矛盾，而且雇佣劳动也会消失，最终资本主义生产也会随之消失。

第四，如果说劳动是商品，那么工人是在出卖不属于自己的东西。劳动是在工人被资本家雇佣后才开始的，此时的劳动是属于资本家的而非工人自己所有了。

可见，劳动不是商品，没有价值或价格。工人出卖的不是劳动，而是劳动力。资本家支付给工人的工资，不是劳动的价值或价格，而是劳动力的价值或价格。资本主义工资的本质就是劳动力的价值或价格。不过，资本主义工资在现象上表现为劳动的价值或价格。正如马克思所说：“工资不是它表面上呈现的那种东西，不是劳动力的价值或价格，而只是劳动力的价值或价格的隐蔽形式。”[①]资本主义生产方式使得工人的劳动力价值或价格转化为工资，而工资在现象上又表现为劳动的价值或价格，这就抹杀了工人的必要劳动和剩余劳动、有酬劳动和无酬劳动的区别，使工人误以为他得到全部劳动所创造的价值，从而掩盖了资本家对工人的剥削本质。马克思通过对劳动和劳动力的区分，透过工资的表面假象揭示了它的实质，这就进一步揭示了剩余价值的源泉和资本主义剥削的秘密，使剩余价值理论建立在牢固的基础上。把劳动和劳动力区别开来，是马克思的伟大历史功绩之一。

二、资本主义工资的基本形式

资本主义工资种类复杂，名目繁多，但其基本形式有两种：计时工资和计件工资。

计时工资是资本家按照工人劳动时间支付的工资，如日工资、周工资、月工资等。由于工资的本质是劳动力价值或价格的转化形式，所以，计时工资实际上也就是劳动力的日价值、周价值、月价值等的转化形式。马克思在考察计时工资问题时，曾借用当时社会上使用过的“劳动价格”这一概念，并赋予其新的含义。马克思认为，所谓的“劳动价格”，即计时工资单位价格，是指工人工作一小时的劳动力价格，其公式为

$$计时工资单位价格=\frac{劳动力日价值（日工资额）}{工作日小时数}$$

比如说，工人每天工作 12 小时，劳动力日价值为 60 元，则每小时劳动价格就为 60 元/12 小时=5 元/小时。

上述公式表明，计时工资单位价格与工人的日工资额成正比，与工作日长度成反比。如果工人的日工资额保持不变，延长工作日时间，计时工资单位价格会降低；如果将工人的日工资额与工作日时间同比例增加，则计时工资单位价格不变。正因为如此，资本家通常会在保持工人日工资额不变的情况下，通过延长工作日时间来降低计时工资单位价格，以加强对工人的剥削。即使工人的工作日没有延长，资本家还可以通过提高工人的劳动强度来降低工人的计时工资单位价格。因此，在说明计时工资及揭示资本家如何通过工资形式对工人进行剥削时，不能只看工资额，而是必须把计时工资额与工作日长短和劳动强度的大小联系起来加以考虑。

计时工资是资本主义发展初期广泛采用的工资形式。随着资本主义的发展，

---

① 马克思，恩格斯．马克思恩格斯全集．第 3 卷．北京：人民出版社，1986：17.

虽然计时工资仍然是工资的基本形式之一，但计件工作却因适应资本主义发展和剥削的要求而逐渐广泛地流行起来。

计件工资按照工人所生产的产品的件数或完成的工作量来支付。计件工资与计时工资虽然形式有所不同，但二者本质是相同的，都是劳动力价值或价格的转化形式。计件工资是以计时工资为基础的。实行计件工资就是按照工人在计时工资的条件下，根据劳动力日价值（日工资额）和每日生产的产品数量来规定每件产品的工资单价。其公式为

$$\text{计件工资单价}=\frac{\text{劳动力日价值（日工资额）}}{\text{平均日产量}}$$

比如说，劳动力日价值为60元，平均每天生产的产品数量为10件，则每件产品的工资单价就是60元/10件=6元/件。可见，计件工资无非是计时工资的转化形式。

在资本主义生产条件下，采用计件工资形式具有便于资本家对雇佣工人加强剥削的特点。首先，计件工资是资本家提高工人劳动强度和延长工作日的手段。实行计件工资后，工人收入的多少与自己的产品数量直接相关，而资本家通常又以熟练工人的平均日产量作为计件工资的标准，这样，工人为了能够得到更多的工资就必须最大限度地支出自己的劳动，增加自己的产品数量。其次，计件工资是资本家压低工人工资的手段。当工人为了多得一点工资而支付更多劳动后，资本家通常会不时地对计件工资标准进行调整，尽力压低单价。再次，计件工资是资本家克扣工人工资的手段。采用计件工资形式时，产品的数量和质量成为决定工人工资的关键。资本家在验收产品时还会借口质量不合格等原因克扣工人的工资。最后，计件工资为资本主义的家庭劳动和资本主义的双层剥削制度奠定了基础。实行计件工资后，工人的劳动量和劳动强度已经由工资形式本身调节，资本家对劳动过程的直接监督也就没有必要了。因此，资本家可以将某些工序交给工人在家庭内加工，广泛地吸收妇女和儿童参加劳动，并常常由承包人或工头来进行管理，使工人受新一层的中间剥削。所有这些都表明计件工资是一种更具欺骗性、剥削性的工资形式。

随着科学技术的进步和资本主义生产的发展，资本家为了加强对工人的剥削，又在工资基本形式的基础上，采用各种“血汗工资制度”。这种工资制度的特点是把科学的劳动组织和工资制度结合在一起，把工人的劳动强度提高到极致，从工人身上榨取更多的血汗。这种工资制度最具代表性的莫过于美国的“泰罗制”和“福特制”，它们的共同点在于利用先进的科学技术手段来分析和测定工人的劳动组织和工作程序，剔除多余的动作和环节，从而制定出高效率的生产规程和劳动定额，再以奖金为诱饵，迫使工人紧张劳动，将工人的劳动强度提高到极限，以此来榨取工人更多的剩余价值。

除了“血汗工资制度”外，当代资本主义工资制度还有其他几种形式。20世纪50年代以来，由于生产自动化的发展，以及资产阶级与无产阶级矛盾的尖锐化，资本家在生产过程中越来越重视工人心理因素和感情因素对于提高劳动效率和企业利润的作用。与此相对应，便出现了“工人分红制”、“终身雇佣制”等新形式的工资制度。这些工资制度常常使工人产生一种错觉，即他们收入的多少与企业经营效益的高低息息相关，从而诱使工人拼命地为资本家劳动。

三、名义工资、实际工资、相对工资

名义工资是指资本家为购买劳动力而支付给工人的以货币表现的工资，又称为货币工资。实际工资是指工人利用出卖劳动力所得到的货币工资所能购买到的生活资料和服务的数量。

名义工资和实际工资是同一工资的两个方面，二者之间存在着紧密的联系。当其他条件保持不变时，名义工资越高，则实际工资越高，工人能够用货币工资换取的生活资料和服务也就越多；反之，则实际工资越低，工人能够用货币工资换取的生活资料和服务也就越少。但在现实生活中，名义工资与实际工资的变化常常是不一致的，即名义工资的高低不能完全真实地反映出实际工资的水平。其原因就在于，实际工资水平的高低不仅仅取决于名义工资，还要受到生活资料和服务价格变动，以及税收负担的影响。在名义工资保持不变的情况下，实际工资也可能是下降的，甚至可能在名义工资提高的情况下，由于其提高的幅度不及生活资料和服务价格提高的幅度，实际工资有所下降。只有在名义工资增长的幅度超过生活资料和服务价格上涨的幅度时，实际工资才会有所增长。因此，名义工资并不能真实地反映出工人的实际生活水平。只有实际工资的变动才能真实地反映出工人的实际生活水平。名义工资与实际工资之间的数量关系可以用公式表示为

$$\text{实际工资}=\frac{\text{名义工资}}{\text{生活资料和服务的物价指数}}$$

在资本主义社会，名义工资一般呈上升趋势，而实际工资有时提高，有时降低。不过，从长期看，实际工资呈现出一种缓慢上升的趋势，究其原因不外乎以下三点：第一，由于科学技术的迅猛发展，社会生产力水平得到了空前的提高，这使得劳动力再生产所必需的生活资料的结构发生了变化；第二，第三产业的发展及一些新兴产业的出现，使得资本主义社会的产业结构有了重大调整，这在一定程度上增加了就业机会，相应地减少了失业工人的数量；第三，由于资本主义各国普遍存在通货膨胀，工人阶级为了保持自己的实际工资不变，长期与资本家进行着斗争，工资上涨可以说是这些斗争的结果。

研究工资数量变动，不仅要考察其绝对量，而且要考察其相对量。相对工资，也称比较工资，是指在工人创造的新价值中，工资和剩余价值各自所占的份额。在工人创造的新价值一定的情况下，工资和剩余价值按相反方向变动，即工资增加，剩余价值就会减少；反之，工资减少，剩余价值就增加。因此，相对工资反映了工人和资本家的利益对立。第二次世界大战后，由于科学技术的迅猛发展，自动化设备在发达资本主义国家得到普及，劳动生产率得到提高，这样工人用来生产生活资料的必要劳动时间大幅缩减，相应地，生产剩余价值的剩余劳动时间大幅增加，从而导致相对工资不断下降。在当今世界，虽然一些发达资本主义国家的名义工资和实际工资都有所上升，但是工人获得的相对工资却越来越少，这使工人阶级与资产阶级的收入差距在拉大，二者在经济利益上的矛盾不断加剧。

四、工资的国民差异

工资的国民差异是指各个国家之间工人工资水平的差别。由于工资是由劳动力价值决定的，所以，凡是影响劳动力价值的各种因素都会引起各国工资水平的差异。马克思指出："在比较国民工资时，必须考虑到决定劳动力的价值量的变化的一切因素：自然地和历史地发展起来的首要的生活必需品的价格和范围，工人的教育费，妇女劳动和儿童劳动的作用，劳动生产率，劳动的外延量和内含量。"[①]这些因素都在不同方面影响着各国的劳动力价值和工资水平，其中起决定作用的是劳动生产率和劳动强度。

在比较各个国家的工资水平时，必须先把不同国家同一行业的平均日工资与同样长度的工作日相比较。因为工资量相等但工作日不相等不能比较，只有将同样长度的工作日工资进行比较，同时，计时工资必须换成计件工资，才能测量出劳动强度和劳动生产率的情况。在国际市场上，由于价值规律的作用，商品的价值量是由国际价值决定的。商品的国际价值是按照世界范围内的生产商品的平均必要劳动时间来衡量的。由于计量采用的是世界劳动的平均单位，所以劳动强度大的国民劳动比劳动强度小的国民劳动，在同一时间内能生产出更多的价值，表现为更多的世界货币。劳动生产率较高的国民劳动，在国际市场上也被算做倍加的劳动，表现为较高的货币工资水平。总之，由于决定各国劳动力价值的因素的发展水平不同，特别是劳动生产率的不同，发达资本主义国家工人的实际工资水平比不发达国家的工人实际工资水平要高。但是，与各个国家的劳动力价值相比，发达资本主义国家比不发达国家的工资水平要低。这是因为实际工资水平与

① 马克思．资本论．第1卷．北京：人民出版社，1975：612.

劳动力价值的差距，随着资本主义发展呈现不断扩大的趋势。

在资本主义制度下，工资与剩余价值是相对立的。为了榨取更多的剩余价值，资本家总是想尽一切办法来压低工资，使得工人的工资低于劳动力的价值。因此，工人阶级为了维护自己的生存权利，必然进行提高工资的斗争。工资的实现水平，归根到底是由双方的力量对比决定的。工人运动的历史证明，只要工人阶级团结，对资产阶级展开坚决的斗争，就有可能暂时延缓工资水平的下降，甚至使工资水平得到一定的提高。但是，工人阶级为了提高工资而进行的斗争，仅仅是一种经济斗争。无产阶级要彻底解放，就必须把经济斗争发展为政治斗争，最终消灭雇佣劳动制度。

【双语关键词】

汉语关键词	英语关键词
资本	capital
劳动力	manpower
剩余价值	surplus value
可变资本	variable capital
不变资本	constant capital
必要劳动时间	necessary labor time
绝对剩余价值	absolute surplus value
相对剩余价值	relative surplus value
超额剩余价值	excess surplus value
剩余价值率	surplus value rate
工资	wage
计时工资	time wages
计件工资	piece wages
名义工资	nominal wages
实际工资	real wages

【阅读书目】

列宁．列宁全集．第2卷．北京：人民出版社，1972：590-592.

马克思，恩格斯．马克思恩格斯选集．第2卷．北京：人民出版社，1972：149-204.

马克思．资本论．第1卷．北京：人民出版社，1975：167-618.

【思考题】

1. 什么是资本？资本与货币的区别和联系有哪些？
2. 资本运动总公式及其矛盾是什么？
3. 货币转化为资本的前提条件是什么？
4. 为什么说资本主义生产过程是劳动过程和价值增值过程的统一？
5. 什么是不变资本和可变资本？它们划分的依据是什么？这种划分有什么重要的意义？
6. 阐述生产剩余价值的两种基本方法及二者之间的关系。
7. 怎样认识生产自动化条件下剩余价值产生的源泉？
8. 相对剩余价值和超额剩余价值之间有什么关系？
9. 为什么说剩余价值规律是资本主义基本经济规律？
10. 资本主义工资的本质是什么？它有哪些主要表现形式？

【教学案例】

工资指导价

梁晓声的《中国社会各阶层分析》一书非常畅销，也引起了不少争议。他在书中痛斥了“新富”们的种种行为。他绘声绘色地讲到，有一家生产出口花被的私人企业，每条花被出口价为 150 元人民币。而小老板付给工人的工资每月仅有 150 元。小老板所在农村有大量剩余劳动力，农民的收入也远远低于每月 150 元的水平，因此会有大量农村少女来此找工作，而做花被是一种极为简单的工作，是任何普通人都能从事的劳动。当农村存在大量剩余劳动力时，想从事这种简单劳动的人是很多的，这就是说，劳动力的供给量是很大的，在这种情况下，企业主为了获取丰厚的利润，尽量压低工人的工资，以降低成本。以低工资雇佣劳动是发展中国家企业主利润的主要来源。这导致工人工资极为低下，生活贫困，以及社会两极分化、贫富悬殊，甚至社会动荡。为了禁止企业主压低工人工资，一些地方先后出台了一些工资指导价，以对劳动工资进行宏观调控，保证社会稳定。

北京市 2010 年 6 月 30 日正式发布了本年度部分职业工资指导价位，其中包括总监、经理、技术人员和工人等 90 种通用工种的劳动力价格。这种指导价分别列出了各类工资的高、中、低三个档次和平均数的工资标准。据统计，在公布的 90 个职位中，财务总监、广告和公关经理、销售和营销经理平均年薪指导价位居前三位，分别是 362 867 元、346 574 元和 336 193 元；保洁员、前厅服务员和客房服务员平均年薪指导价位居最后三位，分别是28 249元、29 436元和31 167元。对于此次发布的劳动力市场职业（工种）工资指导价位信息，市人力资源和社会保障局表示，旨在要求各类企业应合理确定企业内部分配结构，综合运用这一信息合理调整企业各岗位人员的工资水平，消除岗位间不合理的收入差别，不断完善企业内部分配制度，建立健全工资的正常增长机制。

资料来源：梁小民．微观经济学纵横谈．上海：三联书店，2000：165；北京市人力资源和社会保障局．关于发布北京市2010年企业工资指导线有关问题的通知．http：//www.bjld.gov.cn，2010-06-30.

资本的产生和形成

一个人的收入受许多因素影响，如个人关于消费或储蓄、学习与工作或闲暇、收入稳定或较高预期之间的选择；个人关于是否愿意损人利己或帮助他人的选择；天生禀赋、遗产、家庭教育等；机遇、偶然因素或运气；其他因素（诸如关系、权力限制等）。由于受多种因素（合法的不合法的、合理的不合理的）影响，不同人的收入水平存在很大的差异。收入水平不同，再加上人们对消费和储蓄的态度不同，必然导致人们手中积累的资本量的巨大差异。虽然说生产的最终目的是为了消费，但是没有储蓄就没有投资，没有投资就没有经济发展。尤其对我国这样的发展中国家，投资的重要性更不能低估。

经济体制改革以来，随着市场经济的发展，我国一些居民手中积累了大量的货币财富，因此成为资本家。从其货币财富的来源看，大致可分为三种情况。一是一些人通过自身劳动能力与智力的超常发挥，在合乎社会市场经济规范的条件下，通过诚实劳动和合法经营，取得了大量的超过他人的收入。这些收入资本化后，这些人就变成了资本家。二是一些人通过占有优越的条件或社会条件，垄断性地取得大量的超过他人的收入，完成了资本原始积累，而成为了资本家。三是一些人通过社会不允许的欺诈手段、阴谋盘算、偷税漏税、短斤少两和巧取豪夺等不道德、不仁义的手段，占有或是剥夺了他人的财产而成为巨富的资本家。

资料来源：黄有光．金钱能买快乐吗．成都：四川人民出版社，2002：80．

劳动力黑市

徜徉于城市街头，在某些地方，我们常常可以看到三五成群的人们：一些人手中提着“木工”、“瓦工”、“厨师”等木牌或木片、纸片，另外有一些人正在跟他们讨价还价。当管理部门的执法人员一来，那些人就作鸟兽散；执法人员一走，他们又卷土重来。其中，在诸多劳动力黑市中，南京中华门劳动力黑市更具有代表性。这个黑市形成于1996年，沿袭至今，虽然被数次取缔，但至今仍然相当活跃。有关部门伤透了脑筋、想尽了办法，各级劳动部门和工商管理部门进行了多次的协商、研究和讨论，先后使用过驱赶、清理、劝说等办法对其进行解决，可以说是软硬兼施，但均未见效。后来，有关部门宣布其所属的11家职业介绍所免费对黑市中的劳动力开放，提供各种优惠的政策，希望通过降低加入正规劳动力市场的成本，吸引劳动力离开黑市。即使如此，正规的劳动力市场对农民工的吸引力仍然不能和中华门劳动力黑市相比。民工们仍然在黑市上找活干。为什么在全国范围内普遍存在着这种现象，而且长期得不到解决；劳动力黑市的存在在产生一些副作用的同时，有什么必然性和合理性，应该如何采取正确的对策对其进行有效的引导，将其纳入正常的轨道，使劳动力市场健康地、有序地发展，这是值得人们深思的一个问题。

资料来源：程思富．现代政治经济学教学案例．上海：上海财经大学出版社，2003：33-35．

讨论下列问题：

（1）工资指导价是否符合市场经济规律的要求？

（2）在我国社会主义市场经济中，民营资本家的经营活动是否存在剥削？

（3）政府应如何加强对劳动力市场的引导？

第四章

资本的积累过程

本章将通过对资本主义再生产过程的分析，考察剩余价值如何转化为资本，揭示资本积累的实质和影响资本积累的因素；通过考察资本积累对无产阶级命运的影响和资本积累的双重后果，阐明资本主义必然被社会主义所代替的历史趋势。

第一节　资本主义再生产和资本积累

任何一个社会都不可能停止消费，因此也就不可能停止生产。社会生产必须周而复始、连续不断地进行。这种不断重复、不断更新的生产过程，就是社会再生产。社会再生产包括两方面的内容。一方面，再生产过程是物质资料的再生产。因为每一次生产过程都要消耗掉一定的物质资料（包括生产资料和生活资料），同时又生产出一定的物质资料，为下一次生产过程提供必要的物质条件。另一方面，再生产过程是生产关系的再生产。因为每一次的生产过程都是在一定的生产关系下进行的。随着生产的不断重复和更新，生产关系也会不断地被再生产出来，也就是使原有的生产关系得以维持和发展。离开了一定的生产关系，任何生产和再生产都无法进行。因此，社会再生产过程是物质资料再生产与生产关系再生产的统一。

社会再生产按其规模不同，可以分为简单再生产和扩大再生产。简单再生产是指生产规模不变的再生产；扩大再生产是指生产规模扩大的再生产，即生产出来的新产品除了补偿生产中已经消耗的物质资料之外，还有多余的物质资料可以追加到生产中，以实现生产规模的扩大。扩大再生产的形式有两种：一种是外延式的扩大再生产，即依靠增加生产要素来实现生产规模的扩大；另一种是内涵式的扩大再生产，即在不增加生产要素的情况下，通过对原有生产设备进行更新改造提高效率来实行生产规模的扩大。资本主义再生产的特点是扩大再生产。但是，简单再生产是扩大再生产的基础和出发点，是扩大再生产的重要组成部分。只有在原有生产规模得到保证的基础上，才有可能使生产规模进一步扩大。因此，对资本主义再生产的分析，要从简单再生产开始。

一、资本主义简单再生产

所谓资本主义简单再生产，是指资本家把剩余价值全部用于个人消费，再生产只是在原有的规模上重复进行。假定以一年为一个生产周期，年初资本家投入资本 50 000 元，其中不变资本 40 000 元，可变资本 10 000 元。再假定剩余价值率是 100%，不变资本在一年中全部转移，这样资本家一年生产的全部新产品的价值为

$$40\ 000c+10\ 000v+10\ 000m=60\ 000w$$

其中，c 代表消耗的不变资本价值；v 代表可变资本价值；m 代表剩余价值；w 代表新产品的价值。

如果资本家把 10 000 元剩余价值全部用于个人消费，那么，下一年投入生产的资本总量和生产的产品价值都同上一年一样，分别为 50 000 元、60 000 元。这就是资本主义简单再生产。资本主义简单再生产虽然只是一种理论的抽象，但是从它的这种连续性来考察，可以使我们看到从一个孤立的生产过程所看不到的新特点。

第一，资本家用于购买劳动力的可变资本，即支付的工资是由工人创造的。从一次孤立的生产过程来看，资本家投入自己的货币，作为可变资本来购买劳动力商品。工人得到工资时，他们生产的产品可能还没有卖掉，这就造成了“资本家用自己拿出来的货币养活了工人”的假象。但是，从连续进行的再生产过程来看，这种假象就会消失。因为工人这一次生产过程生产出的产品可能没有卖掉，但上一次生产过程的产品已经卖出，并且已经转化为货币。所以，工人这一期得到的工资并不是资本家垫付的，而是工人在前一期的生产过程中创造出的产品价值的一部分。工人在生产过程中，不仅转移了生产资料的价值，而且还创造了新的价值。工人新创造的价值分为两部分：一部分用来补偿自身劳动力的价值，另一部分则作为剩余价值被资本家无偿占有。可见，不是资本家养活了工人，而是工人凭借自己的劳动养活了自己，同时又养肥了资本家。正如马克思所指出的：“可变资本不过是劳动者为维持和再生产自己所需的生活资料基金或劳动基金的

一种特殊的历史的表现形式；这种基金在一切社会生产制度下都始终必须由劳动者本身来生产和再生产。劳动基金所以不断以工人劳动的支付手段的形式上流回到工人手中，只是因为工人自己的产品不断以资本的形式离开工人。但是劳动基金的这种表现形式丝毫没有改变这样一个事实：资本家把工人自己的物化劳动预付给工人。”①

第二，资本家的全部资本归根到底都是由工人创造的。如果从一次孤立的生产过程来看，资本家开始进行生产，总要拿出一部分货币作为资本，用于购买生产资料和劳动力，否则就无法进行生产。但是，从资本主义简单再生产的分析可以看出，不仅可变资本是由工人创造的，而且包括不变资本在内的全部资本归根结底都是由工人创造的。假定，某个资本家拥有资本 50 000 元，每年带来剩余价值 10 000 元，资本家将这 10 000 元剩余价值全部用于生活消费，那么 5 年之后，他就消费了 50 000 元，恰好与他 5 年中的资本数量相等。这就是说，资本家原有的资本已经被他挥霍完了，而他现在拥有的 50 000 元，不过是 5 年里所剥削的剩余价值转化来的。资本家可能会为自己辩解：他没有把原有资本消费掉，其厂房、机器、流动资本等仍然存在，他消费的只是剩余价值。但这种辩解是徒劳的，因为这里所说的是原有资本的价值，不是它的实物形态。这就像一个人花光了和自己全部财产相等的借款，即使他的全部财产仍然原封不动地存在，也只是代表所欠的这笔债务。可见，通过对资本主义简单再生产过程的分析可以看出，不管资本家手中的资本最初是怎么来的，经过一定时期（比如 5 年）以后，都会变成由工人劳动创造的剩余价值转化的资本。当无产阶级取得政权后，把资本家的财产收归全民所有，乃是物归原主，不过是收回被资本家剥削的劳动成果。

第三，工人的个人消费是资本主义再生产的必要条件，是为资本家再生产出可供剥削的劳动力。在资本主义条件下，工人的消费有两种。一是生产消费，即工人在生产过程中消耗自己的劳动和资本家的生产资料，这种生产消费的过程实际上就是剩余价值的生产过程，它是属于资本家的。二是个人消费，即工人把出卖劳动力所得到的货币用于购买生活资料。如果从一次孤立的生产过程来看，工人的个人消费好像纯粹是他自己的事情，是在生产过程以外进行的，与资本主义生产过程无关。但是，如果从再生产过程来看，工人的个人消费是为了恢复生产过程中所消耗掉的劳动力，以便为下一次生产过程提供所需要的劳动力，使资本主义再生产得以不断进行。可见，无论是在生产过程中还是在生产过程之外，工人的个人消费都是从属于资本家追逐剩余价值的需要。工人个人消费的实质，是为资本家再生产出可供剥削的劳动力，是资本主义再生产的必要条件。所以，工

① 马克思．资本论．第 1 卷．北京：人民出版社，1975：623.

人虽然可以自由地把劳动力出卖给这个或那个资本家，但他们在出卖劳动力以前，在经济上已经属于整个资产阶级了，成了资本的附属物。马克思指出："罗马的奴隶是由锁链，雇佣工人则是由看不见的线系在自己的所有者手里。"[①]

以上所揭示出的资本主义生产过程的新特点表明，资本主义再生产是物质资料再生产和资本主义生产关系再生产的统一。马克思指出："把资本主义生产过程联系起来考察，或作为再生产过程来考察，它不仅生产商品，不仅生产剩余价值，而且还生产和再生产资本关系本身：一方面是资本家，另一方面是雇佣工人。"[②]

二、资本主义扩大再生产和资本积累

资本主义再生产的特点是扩大再生产。资本主义扩大再生产就是指资本家把工人创造并无偿占有的剩余价值的一部分转化为资本，用来购买需要追加的生产资料和劳动力，使生产在扩大的规模上继续进行。

资本家要扩大生产规模，必须要有可追加的资本。因此，资本家不能把工人在生产过程中创造的剩余价值全部用于个人消费，而必须把剩余价值的一部分转化为资本，即剩余价值资本化，也叫做资本积累。剩余价值转化为资本的过程就是资本积累过程。

假定某资本家拥有资本 50 000 元，其中 40 000 元用于购买生产资料，10 000元用于购买劳动力。再假定剩余价值率为 100%，不变资本在一年内全部消耗完。那么，生产过程完成后，全部商品价值是 60 000 元 = 40 000c + 10 000v+10 000m。如果资本家把剩余价值的一半，即 5000 元用于个人消费，另外 5000 元用于追加投资并按不变资本和可变资本为 4∶1 的比例进行，即追加 4000c 用于购买生产资料，1000v 用于购买劳动力，那么下一个生产过程开始时，资本家的资本就扩大为 44 000c + 11 000v = 55 000 元。假定剩余价值率不变，仍是 100%，结果再生产完成时，资本家得到的剩余价值是 11 000m，再生产过程的产品价值为 44 000c +11 000v +11 000m=66 000 元。可见，再生产时资本的数量增加了，再生产的规模扩大了，资本家获得的剩余价值和产品的价值都增加了。如此进行下去，生产规模会越来越大，剩余价值也会越来越多。

上述分析表明，资本积累过程中所追加的资本来源于剩余价值。马克思明确指出："它一开始就没有一个价值原子不是由别人的无酬劳动产生的。"[③]剩余价

① 马克思．资本论．第 1 卷．北京：人民出版社，1975：629.
② 马克思．资本论．第 1 卷．北京：人民出版社，1975：634.
③ 马克思．资本论．第 1 卷．北京：人民出版社；1975：638.

值是资本积累的唯一源泉，资本积累是扩大再生产的重要源泉。如果说在简单再生产条件下，原有的资本要经过若干生产周期才会变成资本化的剩余价值，那么，在扩大再生产条件下，追加资本一开始就是由工人创造的剩余价值形成的。

三、资本积累的实质

资本积累是由剩余价值转化而来的，而资本家无偿占有工人创造的剩余价值则是由商品所有权规律转化而来的。商品所有权规律是以商品生产和商品交换为基础的占有规律。本来在简单商品经济条件下，劳动和所有权是统一的，商品生产者是以自己的劳动占有自己的劳动产品，他们都只有在让渡自己的商品后，并采取等价交换的形式才能占有别人的商品。在资本主义扩大再生产过程中，商品生产所有权规律转变为资本主义占有规律。所谓资本主义占有规律，是指占有生产资料的资本家无偿地占有工人生产的产品，劳动者自身反而不能占有自己的劳动产品。所有权对资本家来说表现为无偿地占有别人劳动产品的权力，对工人来说则表现为不能占有自己的劳动产品。马克思指出："商品生产按自己本身内在的规律越是发展成为资本主义生产，商品生产的所有权规律也就越是转变为资本主义的占有规律。"[①]这说明商品所有权规律转变为资本主义的占有规律是劳动力成为商品的必然结果。商品生产所有权规律是以生产资料所有权和劳动的结合为基础的。然而在资本主义商品生产条件下，由于劳动力成为商品，劳动和所有权是分离的。商品生产越是发展成为资本主义生产，资本家和工人之间虽然按等价交换原则不断买卖劳动力，形式上仍符合商品生产所有权规律，但实质上资本家却按照资本主义占有规律不断地占有工人的剩余价值，再转换为资本积累去购买追加劳动力，以便无偿占有工人更多的剩余价值。资本积累的实质是，资本家不断地使用无偿占有的剩余价值来使资本增值，以便继续榨取更多的剩余价值，扩大生产规模，加强对工人的剥削。

四、决定资本积累量的因素

在资本主义制度下，加快资本积累和扩大再生产规模是生产发展的必然趋势。一方面，资本主义生产目的决定了资本家追求剩余价值的欲望是无止境的。因此，资本家为了获取更多的剩余价值，就必须不断增加自己的资本总额，这就是资本积累的内在动力。另一方面，资本主义的竞争规律作为一种强制的外在力量，也迫使资本家必须不断地进行资本积累，用来购置先进的技术设备，提高劳

① 马克思. 资本论. 第1卷. 北京：人民出版社，1975：644.

动生产率，扩大生产规模，取得竞争优势，否则在激烈的竞争中就有失败甚至破产的危险。马克思说："资本主义生产的发展，使投入工业企业的资本有不断增长的必要，而竞争使资本主义生产方式的内在规律作为外在的强制规律支配着每一个资本家。竞争迫使资本家不断扩大自己的资本来维持自己的资本，而他扩大资本只能靠累进的积累。"①资本积累的速度和规模取决于剩余价值量的大小和资本积累率的高低。在剩余价值量已定的情况下，资本积累量取决于资本积累率，即剩余价值分割为积累基金和资本家个人消费基金的比例。在资本积累率已定的情况下，剩余价值总量越大，资本积累的数量也就越多。因此，凡是能够影响剩余价值量的一切因素，都决定着资本的积累规模和速度。具体说，决定资本积累的主要因素有四个。

第一，剩余价值率的高低。在其他条件不变的情况下，剩余价值率越高，意味着同量可变资本创造的剩余价值就越多，资本积累的数量也就越多。所以，资本家常常通过提高劳动强度、延长劳动时间、压低工人工资等办法来提高剩余价值率，从而增加资本积累量。这是资本家在资本主义前期主要采用的资本积累手段 。

第二，社会劳动生产率的水平。社会劳动生产率的提高，有利于资本积累。首先，社会劳动生产率的提高，使商品的价值量降低，劳动力价值降低，必要劳动时间缩短，剩余劳动时间相对延长，从而剩余价值率提高，资本积累量增加。其次，社会劳动生产率的提高，生产资料和劳动力价值降低，同样多的资本可以购买更多的生产资料和劳动力，从而使资本积累量增加。再次，社会劳动生产率的提高，商品价值量下降，资本家可以在生活资料不变或增加的情况下，把一部分消费基金转换为积累基金，从而增加资本积累量。最后，社会劳动生产率的提高，可以使固定资本的更新实现资本节约，可以用优质、高效的固定资产替换原固定资产，以增加相对剩余价值的生产，进而扩大资本积累的规模。

第三，所用资本与所费资本的差额。所用资本是指投入生产过程的全部资本，所费资本则是指在生产过程中实际消耗掉的资本。由于投入生产中的资本并不是在一次生产过程中全部消耗掉的，机器等劳动资料在生产过程中是以整体发挥作用的，其价值随着其磨损程度逐步转移到新的产品中去，这样就形成了所用资本和所费资本的差额。这个差额的大小取决于劳动资料的数量和质量。劳动资料的数量越多，所用资本与所费资本的差额也越大；劳动资料质量越好越经久耐用，所用资本与所费资本的差额也越大。所用资本与所费资本的差额越大，一部分劳动资料就像阳光、空气一样为资本家提供的无偿服务的部分也越多，这就会为资本家的资本积累提供有利条件。在原有的劳动资料照常发挥作用的条件下，资本家还可以把收回的折旧资金用于积累。

---

① 马克思．资本论．第1卷．北京：人民出版社，1975：649，650.

第四，预付资本量的多少。在剩余价值率，以及不变资本与可变资本的比例不变的条件下，随着预付资本的增大，可变资本的数量会相应增加，被剥削工人的人数也就不断增多，可榨取剩余价值的数量就越多，资本积累的规模也就越大。

第二节 资本有机构成的提高和相对过剩人口

在资本积累的过程中，不仅资本的数量会不断增大，而且资本在构成上也会发生变化，这种变化对工人阶级的命运有着重要影响。为此，我们必须考察资本有机构成及其在积累过程中的变化。

一、资本有机构成及其提高趋势

资本的构成可以从物质形态和价值形态两个方面进行考察。从物质形态上看，资本是由一定数量的生产资料和劳动力组成的，它们之间存在一定的比例关系。一般来说，两者之间比例的大小是由生产技术水平决定的。生产技术水平越高，每个劳动者所能推动的生产资料的数量就越多，反之越少。这种由生产技术水平所决定的生产资料和劳动力之间的比例关系，叫做资本的技术构成。从价值方面看，资本是由不变资本和可变资本构成的，它们之间的比例关系，叫做资本的价值构成。资本的技术构成和资本的价值构成之间存在着密切的关系。一般说来，资本的技术构成决定资本的价值构成，资本的价值构成的变化也反映资本的技术构成的变化。不过，资本价值构成的变化只能近似地反映并不能完全反映资本技术构成的变化。例如，18 世纪初，资本的价值构成为 1∶1。可是到了 19 世纪 60 年代，一定量劳动力所消费的劳动对象和劳动资料可能增加了几十倍或几百倍，但由于劳动生产率提高而引起商品价值的降低，资本的价值构成仅仅提高到 7∶1。为了表示资本技术构成与资本价值构成的关系，马克思把这种“由资本技术构成所决定并且反映技术构成变化的资本价值构成，叫做资本的有机构成”。[①]用公式 c∶v 来表示。

资本有机构成在不同的生产部门和企业是不一样的。凡是技术装备水平较高或原材料需求较多，其价格又比较昂贵的生产部门和企业，资本有机构成就要相对高一些；反之，资本有机构成就会低一些。如果把同一部门内部各个企业的资本有机构成加以平均，就是该部门的平均资本有机构成。如果把全社会各个生产部门的资本有机构成加以平均，就是整个社会资本有机构成。

在资本积累的过程中，资本有机构成有不断提高的趋势，这是由资本积累的

---

① 马克思．资本论．第 1 卷．北京：人民出版社，1975：672.

原因决定的。资本家为了追求更多的剩余价值，并在竞争中占据优势地位，必然要不断地改进生产技术，采用更先进的技术设备，提高劳动生产率。劳动生产率的提高就会产生超额剩余价值或相对剩余价值，从而扩大资本积累的源泉。事实上，资本主义生产发展到一定阶段，提高劳动生产率就成了资本积累的最强有力的杠杆。劳动生产率的提高首先反映在资本技术构成上，表现为每个工人所使用的生产资料增加了。其中，劳动资料的增加是劳动生产率提高的条件，同一时间内加工的原材料的增加则是劳动生产率提高的结果。资本技术构成的这种变化，反映在价值构成上，就是在全部资本价值中，不变资本所占比重增加、可变资本所占比重减少。因此，资本有机构成的提高，是资本积累的必然结果。

二、资本积聚与资本集中

资本有机构成的提高，一般是以单个资本的增大为前提的。因为单个资本数量越大，就越有条件采用先进的生产技术和机械设备，提高劳动生产率。单个资本的增大则是通过资本积聚和资本集中两种途径来实现的。

所谓资本积聚，是指个别资本家依靠本身积累，即剩余价值资本化来增大资本总额。资本积聚与资本积累有着密不可分的关系。资本积累是资本积聚的基础和条件，资本积聚则是资本积累的直接结果。资本积累的数量越多，资本积聚的规模也就越大。然而，由于客观条件的限制，资本积聚呈现出两个明显的特征：一是社会生产资料在个别资本家手中的积聚，要受到社会财富增加的限制；二是社会资本分散在单个资本家手里，资本家的人数越多，同量社会资本的积累所引起的积聚就越分散，个别资本家积累的增长也就越小。这两个特征使单个资本增大的速度比较缓慢，这并不适应资本主义发展的需要。事实上，突破资本积聚的限制而使单个资本迅速增大的往往是资本集中。

所谓资本集中，是指把许多存在的、分散的、规模较小的资本合并或联合起来形成规模较大的资本。资本集中是通过两种途径实现的：一种途径是大资本吞并小资本，即企业兼并；另一种途径是资本联合，把原来分散的中小资本合并，组成新的规模更大的资本，即股份公司。资本集中有两个强有力的杠杆：竞争和信用。在资本主义社会的激烈竞争中，大资本凭借它能够广泛地采用先进技术、合理的劳动组织等优越条件，能够在竞争中迅速击败、吞并小资本而扩大自己。而资本主义信用制度的发展，大大地加速了资本集中过程。这是因为，资本主义信用制度的发展能够吸收大量的社会资金，大资本可以通过贷款来加强自己的竞争力量，以加速大资本吞并小资本的过程。同时，信用也促使分散的中小资本联合起来，组成大规模的股份公司。

作为个别资本增大的两种形式，资本积聚和资本集中之间既有区别，又存在联系。它们的区别主要表现在两个方面。一方面，资本积聚是单个资本的自我积累。由于资本积聚是通过剩余价值资本化的途径来实现资本总额增大的，所以它不仅会增大个别资本，而且会增大社会资本总量。资本集中则是指由现有的社会众多中小资本合并成为少数大资本。个别资本总额增大了，但社会资本总额并没有增加，它只是改变了社会资本在不同资本家之间的分配比例。另一方面，资本积聚需要经过再生产的过程，要受到原有社会资本的数量、剩余价值的绝对量、剩余价值中个人消费和积累的比例、社会财富增长等诸多因素的限制，因此，用资本积聚的办法来增大资本总额是一个极其缓慢的过程。而资本集中可以不受这些条件的限制，只是社会资本在各个资本家之间的重新组合。虽然社会财富丝毫不变，但个别资本仍然可以通过合并迅速地成倍增大。在发展资本主义现代化大生产过程中，资本集中具有重要意义。正如马克思指出："假如必须等待积累去使某些单个资本增长达到能够修建铁路的程度，那么恐怕今天世界上还没有铁路。但是，集中通过股份公司转瞬之间就把这件事完成了。"[①]

资本积聚和资本集中之间也存在密切的关系。这种联系主要表现在两个方面：一方面，资本积聚越多，个别资本的竞争能力就越大，就越有利于大资本对中小资本的吞并，从而加快资本集中的速度；另一方面，资本越集中，资本家就越有条件利用先进的生产技术，提高劳动生产率，加深剥削的程度，从而生产更多的超额剩余价值和相对剩余价值，最终加速资本的积累和集聚。资本积聚和资本集中相互促进，共同使个别资本不断增大，这就为资本主义有机构成的提高创造了物质条件，也为相对过剩人口的形成埋下了种子。

三、相对过剩人口的形成

在资本积累的过程中，资本有机构成的变化对无产阶级的命运有着重要的影响。在其他条件既定的情况下，假设资本有机构成不变，当资本增加时，可变资本会按同一比率增加，从而对劳动力的需求会随着资本的增长而增加。在资本积累的进程中，资本的增长速度是很快的。因为每年生产的剩余价值都有一部分转化为资本，使资本增大，而资本增大又会带来更多的剩余价值，从而增加资本积累，如此循环往复。此外，资本还会由于特殊的刺激而突然扩大。在资本有机构成不变的条件下，随着资本积累的迅速增长，资本对劳动力的需求就会增加，这就给工人出卖劳动力和提高工资提供了较为有利的条件，工人的生活条件就会得到某种程度的改善。在资本主义发展的初期就曾经出现过这种情况。但是，工资的增长并没有改变资本主义生产的性质，也没有根本改变无产阶级的地位。

① 马克思．资本论．第1卷．北京：人民出版社，1975：688.

实际上，在整个资本积累的过程中，随着技术的进步，资本的有机构成会不断提高。随着资本有机构成的提高，社会总资本中不变资本和可变资本的比例就会发生变化——可变资本占资本总额的比例逐步降低。这一趋势由于下面一些因素而加速：在资本积累过程中，不仅追加资本的有机构成在提高，而且原有资本在更新时有机构成也会提高。此外，与积累同时并进的还有资本集中，由资本集中而形成的大资本，比原来分散的小资本的有机构成也要高。随着资本积累的进行，总资本中可变资本必然相对减少，由此产生相对过剩人口。

所谓相对过剩人口，是指相对于资本的需求表现为过剩的劳动人口。换言之，这些劳动人口相对于资本的需求来说是“多余”的。在资本主义积累的过程中，资本对劳动力的需求相对减少，有时甚至是绝对减少，从而不再需要那么多的劳动力，出现了“机器排挤工人”的现象。资本对劳动力的需求不是由总资本的大小决定的，而是由总资本中可变资本的大小决定的。虽然资本总额的增长也包含着可变资本绝对量的增加，但由于资本有机构成的提高，可变资本的增长落后于总资本的增长，从而对劳动力的需求就会相对减少。表 4-1 说明了这种情况。

表 4-1　可变资本、总资本与劳动力需求的关系

资本总额/元	资本有机构成 c∶v	不变资本量/元	可变资本量/元	需要工人数/人（每人工资 50 元）
20 000	1∶1	10 000	10 000	200
100 000	4∶1	80 000	20 000	400

表 4-1 的情况表明，资本总额增加了 4 倍，但由于资本有机构成的提高，可变资本和需要工人数仅增加了 1 倍。这说明对劳动力的需求同资本总量相比相对减少。不仅如此，在有些部门和企业，由于采用能大幅度提高生产率的机器设备，资本有机构成提高非常迅速，对劳动力的需求甚至会绝对减少，从而把原有一部分工人从生产中排挤出去。

另外，在资本主义积累过程中，随着资本积累的增长，劳动力的供给却日益增加。主要原因是：①技术的不断进步和机器的广泛使用，减轻了体力劳动的繁重程度，并且操作也大大简化了，从而使大量的妇女和儿童成为雇佣工人。②随着资本主义经济的发展，小生产者的两极分化，大批破产的农民和手工业者涌入工人队伍。③随着资本主义竞争的激烈进行，一部分中小资本家在竞争中破产沦为无产者，也加入到雇佣劳动者队伍中来。

上述分析表明，随着资本积累的进行，必然出现两种对立趋势：一方面，资本对劳动力需求相对减少有时甚至绝对减少；另一方面，劳动力供给却不断增加。结果，大量的劳动者失业，形成相对过剩人口。这种相对过剩人口，并不是社会生产发展绝对不需要的劳动力，也不是社会财富和生产能力已经容纳不了的过剩人口，仅仅是劳动力的供给超过了资本积累对劳动力需求的过剩人口。也就是说，这些劳动力之所以成为相对过剩人口，是因为他们不能为资本家创造更多的剩余价值。因此，相对过剩人口的根源，不是人口的增长超过了社会生产所能提供的生产资料和消费资料，而是资本主义生产方式。相对过剩人口是资本主义积累的必然产物，是资本主义所特有的人口规律。马克思指出："工人人口本身在生产出资本积累的同时，也以日益扩大的规模生产出使他们自身成为相对过剩人口的手段。这就是资本主义生产方式所特有的人口规律。"[①]

在资本主义制度下，相对过剩人口不仅是资本积累的必然产物，而且是资本主义生产方式存在和发展的必然条件。一方面，相对过剩人口形成产业后备军，能随时满足资本主义生产的发展对劳动力的需求。资本主义生产具有明显的周期性，从繁荣到危机，再从危机到繁荣。在经济危机时期，生产规模缩小，对劳动力的需求大大减少，大量工人失业，形成相对过剩人口。但在经济繁荣时期，生产规模迅速扩大，迫切需要大批劳动力，仅仅依靠人口的自然增长不能满足这种需要，相对过剩人口的存在可以及时提供所需要的劳动力。另一方面，相对过剩人口的存在，资本家还可以加强对在业工人的剥削。在存在大量失业工人的情况下，劳动力供过于求，资本家可以以此相威胁，压低在业工人的工资，迫使他们提高劳动强度或接受其他种种苛刻条件，以加强对他们的剥削。

四、相对过剩人口的各种存在形式

在资本主义社会，相对过剩人口有三种存在形式。第一，流动的过剩人口，是指那些时而失业、时而找到工作的失业工人，主要存在于现代工业中心。由于资本主义生产具有周期性，工人时而被吸收到生产中去，时而又被解雇回到失业队伍中来，处于一种流动状态。第二，潜在的过剩人口，主要是指农村中的过剩人口。随着农业资本有机构成的不断提高，资本主义农业生产对农业工人的需求日益减少，从而在农业中产生了大量的过剩人口。这部分过剩人口是潜在的，因为他们往往还保留着小块土地，表面上看没有失业，但这已经不足以维持生计，随时会进城找工作。第三，停滞的过剩人口，主要是指那些没有固定社会职业，只能靠打短工和在家劳动的人群。他们为了维持生计，不得不接受最长的劳动时间和最低的工资标准，劳动条件最差，而且时刻面临着失业的威胁。需要社会救济的阶层，处在相对过剩人口最底层。这个阶层由三类人组成：劳动能力低下的人，孤儿和需要救济的贫民及其子女，流落街头、没有劳动能力的人。

---

① 马克思．资本论．第1卷．北京：人民出版社，1975：692.

上述相对过剩人口的三种形式，并不是都同样地普遍存在于所有国家的任何时期。由于各国的具体情况不同或历史时期不同，相对过剩人口的形式也不完全相同。例如，当前美国等发达资本主义国家的农业已经实现现代化，农业人口向工业领域的转移已基本实现，就不存在潜在的过剩人口。

无论怎样，大量失业人口的存在，使无产阶级生活状况日益恶化，这是资本主义社会阶级矛盾尖锐化的一个重要原因。由于这些失业人口是资本主义生产方式所需劳动力的产业后备军，也是加强对在业工人剥削的一个条件，所以，资产阶级政府不会也不可能真正地消灭失业人口。当代资本主义国家的失业问题普遍严重，充分地证明了这一点。

第三节　资本主义积累的一般规律和历史趋势

一、资本主义积累的一般规律

资本主义积累的一般规律，是指在资本积累发展过程中资产阶级财富的积累和无产阶级贫困的积累两者之间的内在联系和必然性。正如马克思所指出的："社会的财富即执行职能的资本越大，它的增长的规模和能力越大，从而无产阶级的绝对数量和他们的劳动生产力越是大，产业后备军也就越是大。可供支配的劳动力同资本的膨胀力一样，是由同一些原因发展起来的。因此，产业后备军的相对量和财富的力量一同增长。但是同现役劳动军相比，这种后备军越大，常备的过剩人口也就越是多，他们的贫困同他们所受的劳动折磨成反比。最后，工人阶级中贫困阶层和产业后备军越是大，官方认为需要救济的贫民也就越多。这就是资本主义积累的绝对、一般的规律。"①

马克思所阐述的资本主义积累的一般规律，深刻地揭示了资本主义积累及同资产阶级的财富与无产阶级的贫困之间内在的本质的必然联系，即随着资本的积累，必然产生两个对立的方面，财富在资产阶级一方积累，贫困在无产阶级一方积累，形成了严重的两极分化。这就是说，资本积累的增长，引起资本有机构成的提高，而资本有机构成的提高，必然造成资本对劳动力的需求日益相对减少，同时又造成劳动力供给不断增加，最终产生大量的相对过剩人口。可见在资本主义制度下，无产阶级用自己的劳动创造出大量的社会财富，这些财富都被资产阶级无偿占有，反过来给无产阶级带来严重的后果——使无产阶级日益贫困化。资本主义积累的一般规律，鲜明地揭露了资本积累过程的对抗性，揭示出无产阶级

① 马克思．资本论．第1卷．北京：人民出版社，1975：707．

贫困化的根源在于资本主义生产方式本身。只要资本主义制度存在，无产阶级的贫困化就必然会发生。

二、无产阶级的贫困

无产阶级的贫困是指随着资本积累的增长，工人阶级与资本家阶级之间的贫富差距越来越大，工人阶级的生活状况日益恶化。看待无产阶级的贫困问题，不仅要看工人在业时的情况，还要看工人失业时的情况；不仅要看经济繁荣、生产高涨时的状况，还要看经济危机、生产萧条时的状况；不仅要看大企业的工人状况，也要看小企业的工人状况；不仅要看发达国家的工人状况，更要看不发达国家及殖民地附属国的工人状况。只有这样，才能比较全面正确地认识和理解无产阶级的贫困问题。

无产阶级的贫困具体表现为两种形式：相对贫困和绝对贫困。无产阶级的相对贫困，是指在资本主义国家的全部国民收入中，无产阶级所占比重与资本家阶级所占比重相比日趋下降。这表明工人阶级的生活水平相对于资本家阶级的生活水平来说，其差距越来越大。无产阶级的绝对贫困，是指随着资本积累的不断进行，特别是在经济危机爆发和经济停滞时期，无产阶级整个生活状况有时会出现绝对的恶化。这主要表现在：失业人口不断增加，生活在“贫困线”以下的人口不断增加，工人的实际工资有时会下降。

在当代发达资本主义国家，由于科学技术的迅猛发展和劳动力再生产条件的变化，无产阶级的生活状况确实得到了一定程度的改善。但是，这并没有从根本上改变工人阶级被剥削的经济地位，也没有使无产阶级摆脱贫困的命运。具体表现在以下三个方面。

第一，无产阶级受剥削和奴役的范围越来越大，剥削程度越来越高。当代资本主义国家存在大量生活在“贫困线”以下的人口，而且呈现不断增加的趋势。“贫困线”是指资本主义国家官方规定维持最低生活需要的收入标准。例如，美国2009年时四口之家年收入不足21 954美元即为“贫困线”以下。以此为标准，美国1969年贫困人口为2130万人，1981年为3180万人，1990年为3360万人，2009年为4360万人。2009年，美国贫困人口比例为14.3%，即大约每7人中就有1人身陷贫困，是1994年以来最高。

第二，工人与资本家之间的贫富差距越来越大。在美国，财富高度集中在极少数富有的人群手上。2007年，美国1%的家庭占有了34.6%的个人财富，接下来19%的家庭（管理、职业性人员和小企业主）占有了50.5%的个人财富。换言之，美国20%的家庭占有了全部家庭财富的85%，而余下80%的家庭（大多为工薪阶层）只占有全部家庭财富的15%。而在金融财富方面，美国1%的家庭占有了 42.7% 的私人金融财富，远高于占有家庭财富的比例。

第三，失业和半失业人口普遍存在。在美国，第二次世界大战以后，失业和半失业人数一直很多，失业率一直很高。资料显示，在 20 世纪 50 年代，美国失业率为 4.5%，60 年代增加到 4.8%，70 年代增加到 6.2%，80 年代增加到 7.5%。美国劳工部的一个报告显示，2009 年 9 月美国失业率为 9.8%，10 月则迅速攀升至 10.2%，创出 1983 年以来的新高。

三、资本原始积累

资本原始积累是资本主义生产方式的起点。资本主义生产方式的产生和发展，必须具备两个基本条件：一是有较大量的为组织资本主义生产所必需的货币资本；二是有较大量的已经失去任何生产资料和生活资料，但有人身自由的劳动力。这两个基本条件的存在，实际上是劳动力和生产资料相分离的结果。当然，商品生产者的两极分化也能缓慢地造成劳动者和生产资料的分离，从而产生资本主义生产关系。但是，劳动者和生产资料之间急剧的、大规模的分离，资本主义生产关系的进一步发展，还是通过资本原始积累过程来实现的。

资本原始积累是指新兴资产阶级利用暴力手段，迫使小生产者与生产资料相分离，掠夺大量生产资料和货币财富，并把它们集中到自己手中并转化为资本的过程。马克思指出："所谓资本原始积累只不过是生产者和生产资料分离的历史过程。这个过程所以表现为'原始的'，因为它形成资本及与之相适应的生产方式的前史。"①资本原始积累过程是通过直接暴力来实现的，它主要包括两个方面：一是对农民土地的掠夺；二是对货币财富的掠夺。

对农民土地的掠夺，迫使农民变成无产者，为资本主义的迅速发展提供大批的廉价劳动力，这是整个资本原始积累过程的基础。最典型的形式就是英国的"圈地运动"。15 世纪末期，羊毛价格上涨，养羊就成为最赚钱的行业。于是，一些领主便用篱笆、壕沟圈占农民的公有土地，变成自己的牧场。失去土地的农民被迫流浪到城市。资产阶级政府借助血腥的立法逼迫他们沦为雇佣工人，对于不愿成为雇佣工人而又无职业的流浪者，当时英国法令规定严处。第一次被捕要受鞭打，第二次被捕要割去一只耳朵，第三次被捕要判处死刑。1509～1547 年被处死的流浪者有 7.2 万人之多。

对货币财富的掠夺，是资本原始积累的重要因素。新兴资产阶级和封建贵族运用武力到海外征服殖民地、杀戮土著居民、抢劫黄金财物、贩卖奴隶和鸦片等暴力手段，从国外掠夺了大量的货币财富。同时，他们在国内还借助于国家政

① 马克思．资本论．第 1 卷．北京：人民出版社，1975：783．

权，通过发行国债、征收捐税和关税等手段，聚敛了大量的货币资本。这些都充分说明，资本原始积累的过程充满着征服、奴役、劫掠和杀戮，血腥的暴力起着巨大的作用。正如马克思指出的："他们的这种剥削的历史是用血和火的文字载入人类编年史的。"① "资本来到世间，从头到脚，每个毛孔都滴着血和肮脏的东西。"②

四、资本主义积累的历史趋势

马克思的资本积累理论，不仅揭露了无产阶级贫困的根源，而且阐明了资本主义积累的历史趋势，即资本主义私有制必将被社会主义公有制所代替。

资本主义生产是在简单商品生产的基础上发展起来的。简单商品生产是以劳动者占有生产资料和直接劳动为基础的一种生产方法。它在奴隶社会和封建社会中处于从属地位。当它发展到一定程度便会束缚生产力的发展，同时产生消灭它自身的物质手段，即资本主义经济和资产阶级。新兴资产阶级主要采用原始积累的方法，剥夺了以劳动者与其劳动条件相结合为基础的私有制，建立了以雇佣劳动为基础的资本主义私有制。

资本主义生产方式建立以后，由于经济条件的变化，剥夺采取了新的形式。这时不仅是资本家剥夺以个体劳动为基础的小商品生产者，而且是少数大资本家剥夺中小资本家。这种新的剥夺形式，在剩余价值规律和竞争规律的作用下，主要通过资本集中的方式进行。随着资本积累的增长，生产社会化程度进一步提高，这主要表现在以下三个方面：首先，生产资料的社会化，即过去是单个人使用简单的生产资料，现在是成千上万的人共同劳动使用庞大的机器体系；其次，劳动过程的社会化，即社会分工越来越细，生产越来越专门化，社会生产的各个部门、企业之间的相互依赖、相互制约越来越密切；最后，劳动产品的社会化，即产品从个人的劳动产品变成许多人共同劳动的社会产品。

生产社会化的发展，客观上要求实行生产资料公有制，由整个社会占有生产资料，以便统一安排生产，统一进行分配，供社会共同消费。但是，随着资本的积累，生产资料和劳动产品越来越集中于少数资本家手中，他们凭借着私人占有的生产资料，把工人共同创造的成果的大部分攫为己有。这样，就产生了资本主义生产方式的基本矛盾——生产社会化同生产资料资本主义私人占有之间的矛盾。这一矛盾具体表现在两个方面：一是单个企业内部生产的有组织性同整个社会生产的无政府状态之间的矛盾；二是生产无限扩大的趋势和劳动人民有支付能

① 马克思．资本论．第1卷．北京：人民出版社，1975：783.

② 马克思．资本论．第1卷．北京：人民出版社，1975：829.

力的需求相对缩小之间的矛盾。资本主义基本矛盾的尖锐化，不断爆发周期性的经济危机，这说明资本主义生产关系已经不适应生产力发展的要求。因此，消灭资本主义私有制，建立与生产社会化相适应的社会主义公有制已成为历史发展的必然趋势。

资本积累的发展，不仅为资本主义的灭亡准备了客观物质条件，而且为资本主义的灭亡准备了掘墓人——无产阶级。无产阶级没有任何生产资料，是社会化大生产中的劳动者，因而是最富有革命的组织性、纪律性、彻底性的阶级。在资本积累的过程中，无产阶级队伍逐渐发展壮大；在反对资产阶级的剥削和压迫的斗争中，无产阶级的团结不断加强，觉悟不断提高。无产阶级的这些特点，决定了只有它才能肩负消灭资本主义制度、建立社会主义和共产主义制度的伟大历史使命。

【双语关键词】

汉语关键词	英语关键词
简单再生产	simple reproduction
扩大再生产	extended reproduction
资本积累	accumulation of capital
资本有机构成	organic composition of capital
资本积聚	concentration of capital
资本集中	centralization of capital
相对过剩人口	relative over population
资本主义基本矛盾	fundamental contradiction of capitalism

【阅读书目】

列宁．列宁选集．第 2 卷．北京：人民出版社，1972：443-445.
马克思．资本论．第 1 卷．北京：人民出版社，1975：619-832.

【思考题】

1. 资本主义简单再生产揭示了哪些问题？
2. 资本积累与扩大再生产的关系怎样？
3. 什么是资本积累？影响资本积累的因素有哪些？
4. 简述资本积聚与资本集中的关系。

5. 为什么说相对过剩人口是资本积累的必然结果，而且又是资本主义生产方式存在和发展的必然条件？

6. 什么是资本主义积累的一般规律？

7. 怎样正确认识资本主义制度下的无产阶级贫困？

8. 试述资本主义积累的历史趋势。

➢【教学案例】

美国穷人比例创15年新高

美国人口普查局2010年9月16日公布的一份统计报告显示，受经济衰退影响，美国2009年贫困人口比例创15年来新高。报告显示，美国2009年贫困人口数量为4360万，比2008年增加380万；贫困人口比例为14.3%，即大约每7人就有1人身陷贫困，是1994年以来最高。按照报告的定义，2009年，一个四口之家的贫困线为年收入2.1954万美元。统计以现金收入依据，不计入资本收益、房产和政府发放的食品券等项目。根据这份报告，美国2009年5070万人没有医疗保险，比2008年增加440万，占总人口的16.7%。这是无医疗保险人数上升最快的一年，也是1987年开始这项统计以来人数最多的一年。

美联社评论，美国定于11月举行国会中期选举，面对失业率居高不下、经济复苏步履蹒跚的局面，美国选民将决定是继续由民主党控制国会还是让共和党取而代之，所以这份报告的出炉正值一个政治敏感期。而路透社报道了美国十大无情城市排行榜，洛杉矶因实施洛杉矶安全城市计划而名列榜首。根据该计划，数千名洛杉矶最贫困的居民被警察盯得很紧，如经常因违反信号灯规则等小过失而接到罚单。报告称，很多人因此被拘留，留下犯罪记录，这使得他们更难以找到工作或获得房屋。在洛杉矶，大约有4万人生活在街头、废弃建筑或临时棚屋里，5000多人生活在贫民窟，另有8000人住在廉价的低级馆……

资料来源：美国怎会有如此多“穷人”. 新华网. 2010-10-21.

当前我国的失业问题

按照国际上通用的定义，失业是指在规定的劳动年龄内，具有劳动能力并愿意就业的劳动者找不到工作的社会现象，其实质是劳动者不能与生产资料相结合创造社会财富，是一种经济资源的浪费。失业是一个历史范畴，是在人类社会发展到一定阶段才出现的。失业现象是伴随着市场经济的产生和发展而出现的。中国自20世纪90年代初期以来，失业问题开始逐步显现；进入21世纪后，失业形势依然严峻。2008年3月，在十一届全国人大一次会议的记者招待会上，劳动和社会保障部部长田成平指出：这五年，中国的新增劳动力城乡加起来每年超过2000万人。新增劳动力的数量庞大，历史遗留问题积压，失业问题愈发显得形势严峻。这主要表现在以下四个方面。

(1) 城镇登记失业率保持在较高水平。从20世纪90年代以来，中国的城镇登记失业率一直呈上升趋势，虽然个别年份城镇登记失业率略有下降，但失业总量规模依然较大。2001年之前，中国城镇登记失业率在4%以下，其中20世纪90年代中期仅在3%左右，从2002～2007年的6年间，城镇登记失业率一直保持在4%以上的较高水平；从城镇登记失业人员数量看，总量呈现逐年增加的态势，2000年城镇登记失业人数仅571万人，而2003年则超过800万人，从2004～2006年的3年间，城镇登记失业人数总量均保持在800万人以上。有关数据显示，2008年9月底，中国城镇登记失业人员为830万人。

(2) 农村剩余劳动力数量庞大。截至2003年年底，农民工的数量已超过9700万；2004年春节过后，返城的农民工同比增长了10%；根据农业部产业政策与法规司、全国农村固定观察点办公室调查，“2004年全国农村外出一个月以上的劳动力达到1.03亿，其中4299万为跨省流动”。根据劳动和社会保障部资料统计，到2006年12月，全国农村外出就业劳动力达到11 891万人，比上年增加705万人，增长6.3%，是近年增长最快的一年。可见，中国农村存在着数以亿计的剩余劳动力，而且呈现逐年增加趋势，给当前就业带来巨大压力。

(3) 下岗职工再就业形势严峻。自20世纪90年代以来，平均有3%～4%的职工从国企中分离出来；同时，集体企业也参照国有企业进行改革，下岗人员范围进一步扩大。1993～1999年，中国下岗人员数量从300万人猛增到1174万人，年平均增长率高达40%。2000年以来，虽然政府加大再就业保障力度，解决了部分下岗人员再就业问题，但这部分人员数量依然较大，所以下岗失业人员已经成为中国失业大军的重要组成部分。

(4) 大学毕业生成为新的失业群体。教育部统计资料显示，2001年全国大学本专科毕业生初次就业率为70%，待业率为30%，约34万人待业；2002年待业人数37万人，2003年为52万人，2004年为69万人；2005年就业率达到72.6%，待业毕业生为79万人；2006年初次就业率与上年持平，落实就业的毕业生超过300万人，仍有110多万人没找到工作，加上往年没有就业的，估算有250多万人。数据表明，2007年近500万高校毕业生中，至今仍有100万人没有找到工作。

资料来源：王莎，刘博宇．浅析中国失业现状及其解决对策．经济与管理，2009，(3)：88，89

全球贫富差距进一步拉大

据美林证券公司和盖普·扬公司发表的《2002年度世界财富报告》统计，尽管2001年世界经济增长缓慢，金融市场动荡不定，但是，全球财富继续向少数富人集中。各国百万富翁又增加了21万人，达到710万人，其拥有的财富高达26万亿美元，分别比上一年增长了3%。在这里，百万富翁是指拥有100万美元以上金融资产（不包括房产价值）的个人，实际上，他们每个人拥有的财富远远超过 100 万美元。这些百万富翁主要分布在欧洲、北美洲和亚洲。其中，欧洲有 254 万人，拥有 8.4 万亿美元；北美洲有 222 万人，拥有 7.6 万亿美元；亚太地区有 173 万人，拥有 5.1 万亿美元。其次是中东地区，有 29 万人，拥有 1 万亿美元；拉丁美洲有 28 万人，拥有 3.5 万亿美元。非洲最少，只有 5 万人，拥有 6000 亿美元。

与此同时，根据联合国贸发会议发表的《2002 年最不发达国家报告》的统计，近 10 年来，被联合国列为最不发达的国家已经从 42 个增加到 49 个，其人口占世界总人口的 1/10。目前，全世界每年有 2000 万人死于饥荒，近 1 亿人是文盲，每天有 4 万儿童因饥饿和疾病而死亡。每天生活费用不到 1 美元的人数已达到 3.07 亿，到 2015 年会增加到 4.2 亿。

资料来源：朱梦魁．援助发展缓解贫困．人民日报，2002-02-22．

讨论下列问题：

(1) 作为世界上经济最发达的美国，为什么还有如此多的贫困人口？

(2) 当前我国失业问题的成因有哪些？你对缓解我国的失业问题有什么对策？

(3) 当前南北贫富差距进一步拉大的原因是什么？怎样才能缩小这种差距？

第五章

资本的流通过程

运动是资本的本质属性，资本只有在连续不断的运动中才能实现其价值增值的目的。本章从生产过程和流通过程统一的角度，研究资本的运动过程。首先考察单个资本运动的阶段和形态，即资本的循环，阐明产业资本实现连续运动的基本条件；其次考察单个资本运动的速度，即资本的周转，阐明加速资本周转对剩余价值生产的影响；最后考察社会总资本的运动过程，阐明社会总资本再生产的实现条件。

第一节　资本的循环

资本的运动过程是一个从起点开始又回到起点的循环运动过程。考察资本循环，主要研究单个资本运动中所经历的形态变化问题、资本运动的阶段性和连续性问题。

一、产业资本循环的三个阶段

资本运动的目的是实现价值增值，产业资本是典型的能够发生价值增值的资本。所谓产业资本，是指一切生产物质产品的生产部门的资本，它包括工业、农业、建筑业等各个物质生产部门的资本。

产业资本的循环运动要依次经过购买、生产、销售三个阶段。在三个阶段上，产业资本相应地采取货币资本、生产资本和商品资本三种不同的形态，每种形态的资本履行特定的职能，最后实现产业资本价值的增值。

产业资本循环过程的第一阶段是购买阶段。在这个阶段上，产业资本以货币资本的形态存在，产业资本家在市场上用货币购买劳动力和生产资料，为剩余价值生产作准备，用公式表示为

$$G—W\begin{cases}A\\P_m\end{cases}$$

其中，G 代表货币，W 代表商品，A 代表劳动力，P_m代表生产资料。

从形式上看，资本的购买阶段同一般商品流通没什么区别，都是货币和商品的交换。但是，从物质内容上看，它又根本不同于一般商品流通。因为，产业资本家购买的不是一般的商品，而是资本主义生产的要素——具有创造价值和剩余价值能力的生产资本，即保持适当比例的生产资料和劳动力。其中，生产资料是生产剩余价值的物质条件，劳动力则是创造剩余价值的源泉，购买劳动力这一特殊商品具有决定意义。马克思指出："G－A……是以货币形式预付的价值得以实际转化为资本，转化为生产剩余价值的价值的重要条件，……一般被看作是资本主义生产方式的特征。"[①] 因此，货币转化为商品的过程构成资本循环的一个特定阶段。

既然货币所购买的商品不是一般商品，而是能够生产剩余价值的特殊商品，因而这个阶段上的货币已不是一般的货币，而是货币形态的资本，即货币资本。货币资本首先执行着货币本身的职能，它作为流通手段或支付手段购买了生产资料和劳动力。同时，货币资本又执行着资本的职能，它的购买行为正是为剩余价值的生产准备了条件。这个阶段对货币资本职能的要求是，不仅要能够买到生产资料和劳动力，而且生产资料和劳动力在质上要能够相适应，在量上要符合一定的比例关系。完成购买行为后，货币资本就转化为生产资本，资本循环进入第二阶段。

产业资本循环过程的第二阶段是生产阶段。资本由流通领域进入生产领域，产业资本家将购买来的劳动力和生产资料作为生产要素结合起来，进行价值和剩余价值的生产，用公式表示为

$$W\begin{cases}A\\P_m\end{cases}\cdots P\cdots W'$$

其中，P 代表生产过程，W′代表包含剩余价值在内的商品资本，…表示流通过

① 马克思．资本论．第 2 卷．北京．人民出版社，1975：36.

程的暂时中断。

生产阶段中，资本以劳动力和生产资料形态存在，执行生产资本的职能。在资本主义生产关系下，劳动力和生产资料采取一种特殊的结合方式，即资本雇佣劳动，劳动力和生产资料作为资本家的私人财产在生产过程中实现强制结合，这就决定了雇佣工人必须在资本的支配下生产商品。生产出来的新商品与第一阶段资本家购买的商品相比，不仅物质形态不同，价值量也有所增加，其中既包含原有的预付资本价值，也包含新创造的剩余价值，因此，将新商品称为商品形态的资本，即商品资本。在生产阶段中，劳动力和生产资料不仅仅是作为一般的生产条件存在，重要的是作为生产资本的形态存在，生产资本的职能就是生产价值和剩余价值。

生产阶段是资本循环运动中具有决定意义的阶段，通过这个阶段，资本不仅发生了形式上的变化，由生产资本转化为商品资本，而且发生了价值量上的变化，正是在这个阶段上产业资本才发生了价值增值，生产出剩余价值。当生产资本向商品资本的形式转化完成后，资本循环相应地进入第三阶段。

产业资本循环过程的第三阶段是销售阶段。这时产业资本家重新回到市场上，出售生产阶段生产出来的包含着剩余价值的商品，换回货币。但是，这个货币与第一阶段资本家预付的货币相比，在数量上已发生增值，是增值了的货币资本。因此，资本循环的第三阶段不是一般的商品销售行为，而是由商品资本到货币资本的转化过程，用公式表示为

$$W'-G'$$

其中，W'代表商品资本，G'代表货币资本。

在销售阶段，产业资本采取商品资本的职能形态。从形式上看，商品资本完成由商品形态到货币形态的转化，商品的价值量没有发生任何变化。但是，这里的商品包含着剩余价值，因而，这个阶段上的商品，已不是单纯的商品，而是包含剩余价值的商品资本；$W'-G'$不仅是一般的商品流通过程，而且是资本价值和剩余价值的实现过程。商品资本的职能就是通过商品的出售，既收回预付资本的价值，又实现生产过程中新创造出来的剩余价值。

商品资本能否顺利转化为货币资本，资本能否顺利通过销售阶段，被马克思称为商品的“惊险的跳跃”。这关系到预付资本价值能否收回、剩余价值能否实现，关系到资本循环能否正常进行。如果顺利实现了商品资本到货币资本的转化，资本将重新回到原来的货币形式上。尽管这个货币G'在数量上大于原来投入的货币G，但只要采取了货币形式，资本家就能够像最初投入货币一样，重新用来购买劳动力和生产资料，开始新的资本循环。

通过以上对产业资本全部循环运动的分析，可以看出，产业资本的循环依次经过购买、生产、销售三个阶段，相应地采取货币资本、生产资本和商品资本三

种职能形态，最后又回到原来出发点并使价值得到增值的全部运动过程，就是资本循环。在资本循环中，货币资本的职能是购买劳动力和生产资料，为剩余价值的生产准备条件；生产资本的职能是使劳动力和生产资料相结合，在生产过程中生产出价值和剩余价值；商品资本的职能则是通过商品的销售，使包含在商品中的价值和剩余价值得以实现。资本循环可以用公式表示为

$$G-W\begin{cases}A\\P_m\end{cases}\cdots P\cdots W'-G'$$

产业资本循环的三个阶段是相互依存、有机地联系在一起的。资本循环只有不断地从一个阶段转入另一个阶段，才能顺利进行。在产业资本的循环过程中，第一阶段和第三阶段是资本的流通过程，第二阶段是资本的生产过程。可见，资本循环是生产过程和流通过程的统一。在资本循环过程中，生产过程起着决定性的作用，正是在这生产过程中不仅生产出了具有特定使用价值的新商品，而且劳动者的劳动在向新商品转移生产资料旧价值的同时，还创造了新价值和剩余价值。但是，资本循环也不能离开流通过程，如果没有第一阶段对劳动力和生产资料的购买，生产就无法开始；如果没有第三阶段商品的销售，产业资本家就不能收回预付资本的价值，也无法实现包含在商品中的剩余价值。因此，资本循环的生产过程和流通过程是相互依存、不可分割的。

二、产业资本循环的三种形态

在资本循环过程中，一方面要求资本形态不停顿地从一个阶段转入另一个阶段；另一方面又要求资本形态在各个循环阶段中在一定的时间内稳定下来，以完成相应的职能。因此，每一种资本形态都会形成自己的独立循环。从一定的时间看，每种资本形态都可以成为资本循环的起点，而且经过三个阶段最终回到原来出发点的形态。因此，产业资本的循环有三种形态，即货币资本循环、生产资本循环和商品资本循环。产业资本的循环集三种循环形态于一体，用公式表示为

$$\overbrace{G-W\cdots P\cdots W'-G'}^{①}\cdot G-W\cdots P\cdots W'-G'$$

（②：$P\cdots W'-G'\cdot G-W\cdots P$；③：$W'-G'\cdot G-W\cdots P\cdots W'-G'$）

（一）货币资本循环：$G-W\begin{matrix}A\\P_m\end{matrix}\cdots P\cdots W'-G'$

货币资本的循环，就是以货币资本为出发点和回归点的资本运动。货币资本

循环的起点是资本家预付的一定量货币资本 G，终点是增值了的货币资本 G′，因此，货币资本循环的公式可以缩写为 G…G′。货币资本循环最明显地反映了资本主义的生产目的是追求剩余价值。从这个意义上讲，货币资本循环是产业资本循环的典型的和一般的形态。

但是，货币资本循环也有片面性。首先，从它的循环形态来看，起点是货币，终点是增值了的货币。资本家收回了比原来投入的货币更多的货币，好像货币本身具有一种能生出货币的能力。其次，货币资本循环的起点和终点都发生在流通领域，而在资本增值中具有决定性作用的生产过程只处于中间环节，仅仅表现为两个流通过程的媒介。这就容易造成一种错觉，仿佛增值的价值是在流通过程中产生的，从而掩盖了剩余价值的真正来源。因此，马克思说："货币资本的循环，是产业资本循环的最片面、从而最明显和最典型的表现形式"。[①]

（二）生产资本循环：P…W′—G′—W…P

生产资本循环就是以生产资本为出发点和回归点的资本运动。这一循环形式从生产过程开始，经过一定阶段和一系列形态变化，在再生产过程中结束。因此，该循环公式也可以缩写为 P…P。生产资本循环的起点和终点都是生产，生产占主导地位，流通过程处于中间环节，是生产过程的媒介。这样，生产过程的决定性地位突出地表现出来了，从而纠正了货币资本循环产生的假象——货币自身能够增值。同时，G′是新的起点而不是终点，因而生产资本的一次循环就表现为资本主义的再生产，也表明它是剩余价值的生产和再生产。

但是，生产资本的循环也有片面性。在生产资本循环中，货币资本只表现为转瞬即逝的暂时形式，货币仅充当流通手段和支付手段，只表现为维持再生产的媒介，价值增值过程没有得到表现，从而掩盖了资本主义的生产目的是对剩余价值的追求。这也容易给人造成一种假象，好像资本主义的生产目的不是为了赚钱，而是为了生产某种使用价值，是为生产而生产，生产本身就是目的。

（三）商品资本循环：W′—G′—W…P…W′

商品资本循环，是以商品资本为出发点和回归点的资本运动。商品资本循环起点上的商品，已经包含剩余价值，经过一系列阶段和形态变化，回到终点上的是一个增值了的商品资本。因此，它的循环公式也可以缩写为 W′—W′。这个公式表明，循环起点上的商品 W′和终点上的商品W′，都是生产过程的直接结果。商品资本循环的 W′—W′的阶段，是增值了的商品销售阶段，实际上是资本价值和剩余价值的实现过程。可见，商品资本循环一开始就不仅是资本价值的循环，而且包含着剩余价值的循环。在资本主义社会，剩余价值分为两部分：追加资本和资本家的个人消费。因此，包含生产消费和个人消费的全部商品的消费，是商

① 马克思．资本论．第 2 卷．北京：人民出版社，1975：71．

品资本循环正常进行的条件。可见，商品资本循环表明了生产与消费的内在联系，表明了剩余价值实现条件的重要性，说明资本主义生产的发展是受到限制的。

当然，商品资本循环也有片面性。这个循环的起点是以商品销售过程的实现为条件的，而它的终点又是下一次流通过程的开始，似乎流通过程在资本运动中占首要地位，生产仅是流通的条件，生产过程服从流通过程。这就给人造成一种假象，好像资本主义生产和再生产不是为了追求剩余价值，而是为了满足社会的需要。

总之，产业资本循环的三种形态各有各的特点，都从某个侧面反映了资本的运动，都是为了价值增值，但同时又都有各自的片面性。因此，必须把三种循环形态统一起来加以考察，才能全面把握和认识资本运动的实质及其规律。正如马克思指出："产业资本的连续进行的现实循环，不仅是流通过程和生产过程的统一，而且是它的所有三个循环的统一。"①

三、产业资本连续循环的条件

连续性是社会化大生产的特征，投入企业的资本循环也必须是连续性的。资本价值不断增值的实现，是以资本循环的连续性为条件的。资本循环的连续性，就是资本的三种循环同时不间断地在各种职能形式上和各个阶段上的运动。"连续性是资本主义生产的特征，是由资本主义生产的技术基础所决定的。"②

产业资本要连续循环，必须具备两个基本条件。

(一) 产业资本三种职能形式在空间上的并存性

产业资本家必须把他的全部资本按照一定比例，分成三个部分，使其同时并存于货币资本、生产资本和商品资本三种职能形式上，一部分货币资本用于购买生产资料和劳动力，一部分作为生产资本投入生产过程，还有一部分作为商品资本以商品的形式出售。只有这样，资本的三种职能形式才能顺序地依次更替，循环的三个阶段才不会中断。如果资本家投下的资本只采取一种形式，那就会造成或者只有生产过程而没有流通过程，或者只有流通过程而没有生产过程，出现生产过程和流通过程交替中断的现象。

(二) 产业资本三种职能形式在时间上的继起性

产业资本循环要连续进行，不仅要把资本按照一定比例分成三个部分，并存于三种职能形式上，而且每一种资本形式还必须同时顺次地通过资本循环的三个

① 马克思．资本论．第2卷．北京：人民出版社，1975：119.
② 马克思．资本论．第2卷．北京：人民出版社，1975：118.

阶段，依次改变它们的形式，最后又回到原来的形式上，即第一部分资本在进行货币资本循环时，第二部分资本就必须相继进行生产资本的循环，第三部分资本相继进行商品资本的循环。如果没有这种时间上的继起性，资本在循环过程中的任何一个阶段发生停顿都会使整个循环中断。具体地说，如果资本循环在第一阶段遇到障碍，货币资本就会变成贮藏货币，不能发挥货币资本的职能；如果资本循环在第二阶段停顿下来，劳动力和生产资料就得不到利用，当然也就不能创造出价值和剩余价值；如果资本循环停滞在第三阶段上，商品就会积压卖不出去，它所包含的价值和剩余价值也不能得到利用。因此，产业资本必须不停顿地依次经过三个阶段，货币资本、生产资本和商品资本三种资本形式必须能够相继进行转化。

产业资本三种职能形式的并存性和继起性，是相互联系和互为条件的。没有并存性，即资本的分割，各种职能形式就不能相继转换，因此并存性是继起性的前提。同样，如果各种职能形式不能相继进行转化，三种职能形式的并存性也将被破坏，因此并存性又是继起性的结果。资本循环在空间上的并存性和在时间上的继起性，是资本循环能够连续进行的必要条件。当然，在现实的资本主义经济发展中，由于资本主义经济呈现周期性的特点，资本循环会因危机的爆发、经常性商品销售的困难或劳资矛盾等原因而发生中断。

第二节　资本周转

资本循环和资本周转，都是单个资本的运动形式，只不过对二者分析的角度和侧重点不同。考察资本周转，着重说明资本运动速度的快慢、时间的长短，以及它们对资本增值，即剩余价值生产的影响。

一、资本循环与资本周转的关系

资本主义的生产目的，就是以尽量少的预付资本榨取尽可能多的剩余价值，不断实现资本价值的增值。资本要不断增值，就必须周而复始、循环往复地运动。这种不断反复、周而复始的资本循环，就叫资本周转。马克思说："资本的循环，不是当作孤立的行为，而是当作周期性的过程时，叫做资本的周转。"[①]

资本循环与资本周转有着密切的联系：二者都是单个资本运动的形式，都包含着资本运动的三个阶段和三种职能形式。但资本周转以资本循环为基础，二者又有所不同：资本循环重点考察产业资本的一次循环运动过程，揭示资本运动的

① 马克思．资本论．第2卷．北京：人民出版社，1975：174.

阶段、职能形态和维持正常循环的条件；而资本周转则重点考察资本不断连续循环运动的速度问题，揭示资本周转的快慢对资本增值产生的影响。

二、资本的周转时间和周转次数

产业资本的周转速度，可以从周转时间和周转次数两个方面进行考察。

资本的周转时间，就是指资本循环一次所持续的时间，即产业资本家从预付一定量的货币资本开始，经过三个阶段的循环运动，实现了价值的增值，重新回到原来的货币资本形式所经历的时间。资本周转时间是资本的生产时间和流通时间的总和。由于各个部门资本的生产条件和流通条件互不相同，所以它们的资本周转时间差别也很大。例如，投入造船业、建筑业、畜牧业的资本周转时间一般较长，而投入纺织业、食品业等部门的资本周转时间就比较短。

为了衡量和比较各个部门资本周转速度的快慢，需要计算一定时间内的资本周转次数。资本周转次数就是在一定时间内（通常以“年”作为自然计量单位）资本价值循环的次数。如果用 U 表示“年”，用 u 表示某部门资本周转一次所需要的时间，以 n 表示资本周转次数，那么，一年内资本周转次数的计算公式为

$$n=\frac{U}{u}$$

例如，某资本周转一次需要 2 个月，那么这个资本一年内周转的次数就是 6 次，即

$$n=12/2=6$$

在运用资本周转次数的公式时，U 和 u 要采取同一时间单位。例如，$u=13$ 周，$U=52$ 周，则 $n=52/13=4$，说明资本年周转次数为 4 次。又如，$u=18$ 个月，$U=12$ 个月，则 $n=12/18=2/3$，资本年周转次数为 2/3 次。可见，资本的周转速度和周转时间成反比，和周转次数成正比，即资本周转一次的时间越短，周转次数越多，资本周转速度就越快；反之，资本周转一次所需的时间越长，资本周转次数越少，资本的周转速度也就越慢。在市场经济条件下，企业要增值其资本价值，应该千方百计地缩短资本的周转时间，增加资本的周转次数，以加快资本的周转速度。

三、影响资本周转速度的因素

影响资本周转速度快慢的因素有两个：一是资本周转时间的长短，包括生产时间和流通时间的长短；二是生产资本的构成，即固定资本和流动资本的比例。

（一）生产时间和流通时间

资本周转一次的时间，包括生产时间和流通时间。生产时间，是指资本停留

在生产领域内的时间。由于在生产领域里，资本是采取了生产资本的职能形式，生产资本的物质内容是劳动力和生产资料，所以，根据劳动力与生产资料相结合的情况，生产时间又可分为劳动时间和非劳动时间。

劳动时间是指劳动者对劳动对象进行劳动加工的时间，此时劳动力与生产资料结合在一起。劳动时间是生产时间中最重要的组成部分，只有这段时间是创造价值和增值资本价值的。劳动时间的长短取决于多种因素：首先，取决于生产部门的性质，如服装厂和造船厂的产品性质不同，它们的劳动时间就不一样。其次，取决于生产技术水平。生产同样的商品，生产技术条件的差别，会造成劳动时间的不一致。越是先进的技术条件下，劳动生产率越高，劳动时间就越短；越是设备陈旧、技术落后的企业，劳动生产率越低，生产同样产品花费的劳动时间就越长。

非劳动时间是指生产过程中生产资料处于没有同劳动力相结合状态的时间，此时生产资料不吸收劳动，从而没有剩余价值的创造。非劳动时间包括：①原材料储备时间。为了保证生产的正常进行，资本家必须事先储备一定数量的原材料。有些部门所需原材料的生产带有季节性，必须及时采购，错过了机会，就不容易买到质量好、价格便宜的原材料。因此，这一类原材料一般都集中购买，但它却是逐渐被消费掉的，储备时间就较长。②停工时间，是指机器设备在正常检修或工人夜间休息时而停止发挥资本作用的时间。③自然力独立作用于劳动对象的时间，主要是指劳动对象的加工依靠自然力的作用来完成，即产品在它的生产过程中所经历的物理的、化学的或生物的作用的时间。例如，酿酒需要一定的发酵时间；谷物从播种到收获，要有一段自然生长的时间。自然力对劳动对象独立发生作用的时间。随着科学技术的进步会大大缩短，现在有的劳动对象的自然力作用时间已改由机械、电力等科学方法来完成，从而大大缩短了生产时间。

由于在非劳动时间里，生产资料不与劳动力相结合，不吸收剩余劳动，所以，生产时间和劳动时间的差距越小，生产资本的效率就越大。因此为了提高资本的价值增值能力，资本家总是力图减少非劳动时间，以缩小生产时间与劳动时间的差距。减少非劳动时间的主要途径：尽量减少不必要的生产性库存；采用新技术、新工艺，尽可能缩短劳动对象受自然力作用的时间；尽力减少停工时间，可实行一个工作日两班制或三班制，提高劳动资料的利用率。

流通时间是指资本停留在流通领域内的时间。由于在流通领域里，资本采取了货币资本和商品资本两种职能形式，所以，资本的流通时间又可分为购买时间和销售时间。购买时间指资本家购买生产资料和劳动力的时间；销售时间指商品资本转化为货币资本从而实现商品价值的时间。购买时间的长短取决于市场供给状况、生产资料供应地点的距离及交通运输条件等。由于货币是一般等价物，它能够同一切商品直接交换，在正常情况下，货币资本到生产资本的转化比较容易实现。销售时间的长短取决于市场需求状况、企业距离市场的远近、交通运输和通信条件及产品价格的变化等。另外，它还受商品本身的自然性质的制约，不能超出商品使用价值的保存期，这就给商品销售带来困难。因此，销售时间是流通时间中最困难的部分，一般它占有的时间也较长。

流通时间和生产时间是相互排斥的，因为资本在流通领域里执行的是货币资本和商品资本的职能，既不生产商品也不生产剩余价值。资本的各个组成部分在流通领域里持续的时间越长，资本在生产领域里执行职能的部分就越少。所以，缩短流通时间，能够提高资本的生产效率。缩短资本流通时间有许多方法，如发展交通运输业和信息业。运输工具的发展，相对地缩短了原料采购地点、生产地点和销售市场之间的距离；信息业的发展，可以帮助企业迅速而准确地了解市场状况，从而缩短购买和销售时间。

除了生产时间和流通时间的长短以外，资本的周转速度与生产资本的构成及生产资本各部分的价值周转方式也有很大关系。

（二）固定资本和流动资本

生产资本按其价值周转方式的不同，可划分为固定资本和流动资本两部分。固定资本是指投在厂房、机器、设备、工具等劳动资料上的那部分生产资本。这部分资本在物质形式上全部参加生产过程，一次性全部投入，并且其物质形态能够在较长时间内、多次生产过程中发挥作用，因而它们的价值是按照在每次生产过程中的损耗程度，逐渐一部分一部分地转移到新产品中去，直到其实物形式报废，价值才全部转移掉。随着产品的销售，转移的劳动资料价值能够逐渐地被收回。因此，固定资本的特点是：一次预付，分次转移，分次回收，最后通过实物形式的更新而完成周转。

流动资本是指资本家投在原材料、燃料、辅助材料等劳动对象上，以及购买劳动力的那部分生产资本。原材料、燃料、辅助材料等劳动对象在一次生产过程中其物质形态全部被消耗，其价值也一次全部转移到新产品中去，并随着产品的出售一次全部以货币形式被收回；用于购买劳动力的那部分生产资本，它的价值并不是转移到新产品中去，而是在生产过程中通过工人的劳动再生产出来，并一次全部加入到新产品的价值中，通过产品的销售而全部在货币形式上被收回，这部分资本在价值形成上的作用，虽然与购买劳动对象的那部分资本完全不同，但在价值的周转方式上却是完全相同的。因此，流动资本的特点是：一次预付，一次全部转移或一次全部被再生产出来。

固定资本和流动资本都是在生产领域内执行职能的资本，二者都属于生产资本。但是，它们之间又存在着如下四个方面的区别：

第一，周转时间不同。固定资本周转一次所需要的时间较长，流动资本周转一次所需要的时间较短。在固定资本周转一次的时间里，流动资本可以进行多次周转。

第二，价值周转方式不同。固定资本的价值是根据其损耗程度逐渐转移到新产品中去的；而流动资本的价值则是一次全部转移到新产品中去或一次被再生产出来。

第三，价值收回方式不同。投在固定资本上的价值是一次全部预付，分次逐渐收回；投在流动资本上的价值则是一次预付，一次全部收回。

第四，实物更新方式不同。固定资本的物质要素在其有效使用期内可以多次发挥作用，在使用年限之内可以不必加以更新和替换；而流动资本的物质要素，只在一次生产过程中发挥作用，因而随着生产过程的进行需要不断更新。

马克思在揭示剩余价值生产的真正源泉时，把生产资本分为不变资本与可变资本。此处，固定资本和流动资本的划分，与不变资本和可变资本的划分是根本不同的。两种划分的联系和区别如表 5-1 所示。

表 5-1　生产资本两种划分方法的区别和联系

<table>
<tr><th>按在剩余价值生产中的不同作用划分</th><th>资本的各种物质形态</th><th>按价值周转的不同方式划分</th></tr>
<tr><td rowspan="2">不变资本</td><td>厂房、建筑物、机器设备、工具等</td><td>固定资本</td></tr>
<tr><td>原材料、燃料、辅助材料等</td><td rowspan="2">流动资本</td></tr>
<tr><td>可变资本</td><td>工资</td></tr>
</table>

第一，两种划分方法的目的不同。固定资本与流动资本的划分，是为了揭示生产资本的不同部分对资本周转速度从而对剩余价值生产的不同影响；不变资本与可变资本的划分，是为了揭示可变资本是剩余价值的真正源泉，从而揭示资本主义剥削的秘密。

第二，两种划分方法的根据不同。固定资本与流动资本是根据资本价值周转方式的不同而划分的，不变资本与可变资本则是根据资本不同部分在剩余价值生产过程中所起的作用不同而划分的。

第三，两种划分方法的内容不同。不变资本包括劳动资料和劳动对象的资本，而固定资本只包括劳动资料的资本。可变资本只是用于购买劳动力的资本，而流动资本却包括劳动对象和劳动力的资本。

固定资本和流动资本，是根据生产资本的不同组成部分在价值周转方式上的不同而划分的。因此，只有处于生产领域的生产资本才有这种区别。处于流通领域的流通资本，即货币资本和商品资本，在流通过程中只是改变资本价值的存在形式，并不发生价值转移的问题。这里应把流通资本和流动资本区分开来。流动资本以其周转方式不同而与固定资本相对应，而流通资本是与生产资本相对应地处在流通领域中的资本，包括货币资本和商品资本。

固定资本与流动资本的划分同不变资本与可变资本的划分的区别，以及生产资本与流通资本的区别，如图 5-1 所示。

- 产业资本
  - 生产资本
    - 不变资本
      - 劳动资料——固定资本
      - 劳动对象
    - 可变资本——劳动力
  - 商品资本
  - 货币资本
  - （商品资本、货币资本）流通资本

图 5-1 产业资本的框架

固定资本的周转速度是和固定资本的磨损程度成正比的，固定资本物质存在的时间越长，越耐用，磨损越慢，则资本价值固定在原使用形式上的时间也越长，周转的速度就越慢。因此要对固定资本的磨损进行专门考察。固定资本的磨损，根据其原因的不同，可分为有形磨损和无形磨损。

固定资本的有形磨损又称为物质磨损，是指固定资本的物质要素由于使用以及自然力的作用而造成的损耗。例如，机器使用后会产生磨损，金属产品会生锈，木材会腐朽，这都属于有形磨损。

固定资本的无形磨损又称为精神磨损，是指固定资本在其有效使用期内，由于生产技术进步而引起的价值上的损失。无形磨损又分为两种情况：一种是固定资本的生产部门劳动生产率提高，引起了固定资产的价值贬值；另一种是出现了新技术和新发明，引起原有固定资本价值的贬值。无形磨损所造成的资本价值的损失，不一定能完全转移到新产品中去。因此，提高固定资本的利用率、减少固定资本的闲置、采取加速折旧的办法，都可以使固定资本的无形磨损降到最小限度。

固定资本发生磨损，就需要进行价值补偿和物质替换。固定资本按照它的磨损程度逐渐转移到新产品中去的价值，必须在产品销售以后作为折旧基金提取并积累起来，进行价值补偿，以便在固定资本价值全部转移完毕时，用于固定资本的实物更新，这种做法叫做固定资本的折旧。按照固定资本的损耗程度，逐年以一定的比例提取的资本价值，就是固定资本的折旧费或折旧基金。折旧费通常以年为单位提取，折旧费每年平均提取的金额可按下列公式计算：

$$\text{每年平均提取的折旧费}=\frac{\text{固定资本原值}}{\text{固定资本使用年限}}$$

提取的折旧费与固定资本原始价值的比率，叫做折旧率。折旧率的计算公式为

$$\text{折旧率}=\frac{\text{每年提取的折旧费}}{\text{固定资本原始价值}}\times 100\%$$

固定资本的各种物质组成部分，都有一定的平均寿命，在寿命终结时，需要

在物质上进行替换，这就是固定资本的物质更新。固定资本的物质更新，分为全部更新和部分更新两种形式。全部更新是指在固定资本的实际寿命结束后，企业用折旧基金购买新的固定资本。部分更新就是对固定资本的某些损坏部分进行大修理，由于固定资本大修理增加了固定资本的原值，在大修理中耗费的物化劳动和活劳动应由折旧费来支出。至于固定资本的日常维护和小修理，是由工人无偿地在劳动过程中进行的，不列入折旧费补偿的范围。

四、预付资本的总周转

预付资本的总周转是指资本各个组成部分的平均周转，用预付资本价值在一年内的周转次数来表示。由于生产资本各个组成部分的周转时间是不同的，一般说来，固定资本的周转时间要比流动资本的周转时间长得多，而且固定资本中不同组成部分的周转时间也不一样。所以，在计算预付资本的总周转速度时，需要计算固定资本和流动资本各自在一年中周转的价值总额，以二者之和除以预付资本总额。其计算公式为

$$\text{预付资本一年中的总周转速度（次数）}=\frac{\text{一年中固定资本周转价值总额}+\text{一年中流动资本周转价值总额}}{\text{预付资本总额}}$$

假定某企业全部预付资本为 1000 万元，其中，固定资本为 800 万元，流动资本为 200 万元。在固定资本中，厂房价值 200 万元，可使用 20 年；机器设备价值 500 万元，可使用 10 年；工具价值 100 万元，可使用 5 年。流动资本一年周转 8 次。那么，全部预付资本的总周转可用表 5-2 说明。

表 5-2　预付资本的总周转

生产资本的各种要素	价值/万元	一年周转的次数/次	一年内周转的价值总额/万元
固定资本	800	1/10	80
其中：厂房	200	1/20	10
机器设备	500	1/10	50
工具	100	1/5	20
流动资本	200	8	1600
全部预付资本	1000	1.68	1680

由表 5-2 可见，固定资本年周转价值总额为 80 万元，流动资本年周转价值总额为 1600 万元，一年内全部资本周转总额为 1680 万元。预付资本价值总量为 1000 万元，因此，预付资本的总周转速度为 1.68 次（即 1680÷1000）。

由此可见，预付资本总周转速度受以下两个方面因素的制约。

第一，固定资本和流动资本各自的周转速度。由于价值周转方式的差异，固定资本和流动资本具有不同的周转速度，固定资本的周转速度要慢于流动资本的周转速度。固定资本内部各种要素（如厂房、机器设备等）的周转速度也不完全一致，因此，全部预付资本的总周转速度，要受固定资本和流动资本周转速度的影响。在生产资本中的固定资本与流动资本的比例既定的条件下，预付资本的总周转速度同固定资本和流动资本的周转速度成正比变化，即固定资本和流动资本的周转速度越快，预付资本的总周转速度就越快；反之，固定资本和流动资本的周转速度越慢，预付资本的总周转速度就越慢。

第二，固定资本和流动资本在生产资本中所占的比重。生产资本中固定资本所占的比重越大，预付资本的总周转速度就越慢；流动资本所占的比重越大，预付资本的总周转速度就越快。

社会化大生产和科学技术的发展，一方面，使技术装备水平提高，固定资本的价值量在预付资本中所占的比重日益加大，从而使预付资本的周转速度减慢；另一方面，又为资本周转时间的缩短提供了先进的物质手段，而这又使预付资本周转速度加快。

五、资本周转速度对剩余价值生产的影响

资本周转速度的快慢，对剩余价值的生产从而对资本的价值增值有很大的影响，因为它不仅关系到预付资本数量的大小，还可以影响到年剩余价值量和年剩余价值率。

（一）加速资本周转可以节约预付资本，尤其是节约预付流动资本的数量

在生产规模一定的条件下，资本周转速度越快，所需预付资本的数量就越小，反之就越多。例如，甲、乙两个企业的生产规模相同，每月都要投入 4 万元流动资本才能使生产正常进行。假定甲企业的流动资本每月周转 1 次，一年周转 12 次，因而只需要预付 4 万元流动资本即可满足全年对流动资本的需要。假定乙企业的流动资本 2 个月才周转 1 次，一年周转 6 次，因而需要预付 8 万元流动资本才能满足全年对流动资本的需要。所以，资本周转速度越快，维持同样生产规模所需要的预付流动资本就越少。对于固定资本来说，提高资本周转速度，可以减轻固定资本因精神磨损造成的贬值损失，提高固定资本的利用率，有助于加快固定资本的更新，从而促进企业的技术革新。

（二）加速资本周转可以增加年剩余价值量

年剩余价值量是指某资本在一年内生产的剩余价值总量，与一次生产过程创造的剩余价值量和一年内的资本周转次数有关。用 M 代表年剩余价值量，m'为剩余价值率，v 为预付的可变资本，n 为流动资本（包含可变资本）的周转次

数，则年剩余价值量用公式表示为

$$M=m'\cdot v\cdot n$$

加快预付资本的周转速度，一般来说其中预付的可变资本周转速度也加快，一年中发挥作用的可变资本增多。而剩余价值正是由发挥作用的可变资本产生的，这样由可变资本推动的剩余价值量就会增加。例如，甲、乙两个企业预付的可变资本都是 2 万元，剩余价值率都是 100%。甲企业的可变资本每年周转 9 次，则一年中实际发挥作用的可变资本为 18 万元，年剩余价值总量也为 18 万元。乙企业的可变资本每年周转 3 次，则一年中实际发挥作用的可变资本为 6 万元，年剩余价值总量就只有 6 万元。可见，甲、乙两个资本家的预付可变资本量虽然一样，但由于可变资本的周转速度相差 3 倍，所获得的年剩余价值总量也就相差 3 倍。

（三）加速资本周转可以提高年剩余价值率

年剩余价值率为一年内生产的剩余价值总量和预付的可变资本之比，用公式表示为

$$年剩余价值率=\frac{一年内生产的剩余价值总量}{一年内预付的可变资本}$$

即

$$M'=\frac{m'\cdot v\cdot n}{v}=m'\cdot n$$

可见，在剩余价值率一定的条件下，年剩余价值量和年剩余价值率与可变资本的周转速度呈正比变化。这是因为资本周转速度的快慢会影响实际发挥作用的可变资本量。资本周转速度越快，可变资本周转得越快，则实际发挥作用的可变资本越多，创造的年剩余价值量越多，从而年剩余价值率也越高。反之，则年剩余价值量越少，年剩余价值率也越低。

年剩余价值率与剩余价值率是不同的。

首先，剩余价值率是在一次生产过程中，工人所创造的剩余价值和可变资本的比率，表示资本家对工人的剥削程度。而年剩余价值率则是年剩余价值总量同预付可变资本的比率，表示预付可变资本在一年中的增值程度。

其次，二者的数量一般也不相等，年剩余价值率通常要高于剩余价值率。因为流动资本一年的周转次数通常是大于 1 的，只有 $n=1$ 时，M'与 m'才相等。

资本周转速度不仅对剩余价值的生产有重大的影响，而且对剩余价值的流通也有影响。剩余价值的流通，首先是指剩余价值的实现问题，也就是包含了剩余价值的商品资本如何转化为货币资本的问题。资本周转速度越快，剩余价值的实现也越快；资本周转速度越慢，剩余价值的实现也就越慢。剩余价值的流通，还包括实现了的剩余价值，即它的货币形式如何转化为生产资本和资本家的个人消

费资料的问题。加快资本周转速度，有利于这个转化过程的实现，从而有利于资本积累和扩大再生产的加速进行。

由于资本周转速度的快慢同剩余价值的生产和流通存在着非常密切的关系，所以资本家总是采取各种措施来加速资本的周转。但是，由于资本主义制度的各种内在矛盾，资本家加速资本周转的企图，往往不能顺利实现。

第三节 社会总资本的再生产和流通

在资本循环和资本周转理论中，我们考察的只是单个资本的运动，正是在各个单个资本的运动的相互交错中形成了社会总资本的运动。因此，社会总资本再生产理论是资本循环和资本周转理论的继续，它主要研究社会总资本的运动规律，揭示社会总资本再生产的实现条件及其对国民经济各种比例关系的一般要求。

一、社会总资本和社会总产品的实现

（一）社会总资本运动的特点

在资本主义社会里，资本主义私有制决定了各个企业的资本都是归不同资本家或资本家集团所有的，每个企业的资本在再生产过程中都独立地进行着循环和周转，实现价值的增值。这种各自独立发挥资本职能的资本，就是单个资本。虽然单个资本是彼此独立经营和核算的，但这并不是说它们可以单独地、孤立地存在和运动。这是因为，资本主义生产是社会化大生产，各个企业之间存在着分工协作关系。在市场经济条件下，所有企业之间都互为市场，互相提供需求和供给。每个企业在生产经营中都要从其他企业购买所需要的生产资料，又都要向其他企业销售本企业的产品，所以，各个单个资本之间是相互联系、互相依存的。这种互相联系、互相依存的所有单个资本的总和，就是总社会资本，或者称社会总资本。而互相交错、互为条件的单个资本运动的总和，就形成社会总资本的运动。

社会总资本的运动同单个资本的运动有许多共同之处。从运动的内容看，二者都包含着生产剩余价值或资本增值的生产消费；从运动的形式看，二者都采取货币资本、生产资本、商品资本三种职能形式，并完成各自的循环；从运动的过程看，二者都要经过购买、生产、销售三个阶段，都是生产过程与流通过程的统一；从运动的目的看，二者都是为了价值增值。

但是，社会总资本的运动又比单个资本运动复杂得多，包含着许多单个资本运动所没有的内容和特点。

第一，社会总资本运动既包括生产消费，又包括个人消费；既包括与生产

消费相适应的资本流通，又包括与个人生活消费相适应的一般商品流通。而单个资本运动，只包含生产消费和资本流通，不包括工人和资本家的个人消费及与此相适应的一般商品流通。这是因为，在单个资本运动中，工人用工资和资本家用剩余价值购买生活资料的过程，并不是资本的流通过程，而是在单个资本运动的外部进行的一般商品流通。社会总资本的运动则不同，它是由单个资本运动的总和构成的，工人和资本家需要的个人消费品，只能在整个社会生产的产品中购买，他们购买消费品的过程，同时也就是那些专门生产消费品的资本家出卖商品的过程，即把他们的商品资本转变为货币资本的过程，这个过程是社会总资本运动的一个组成部分。

第二，社会总资本运动，不仅包括预付资本价值的运动，而且包括剩余价值的全部运动。单个资本的运动只包括预付资本价值的运动，不包括剩余价值的全部运动。这是因为，在单个资本运动中，剩余价值用于资本家个人消费的部分，是在单个资本运动的外部进行的，只有用于追加资本的那一部分剩余价值才包括在单个资本的运动之中。但是，在社会总资本运动中，资本家的剩余价值用于购买消费品的过程，同时也是生产消费资料的资本家出卖商品的过程。因此，社会总资本运动不仅包括预付资本价值的运动，而且包括剩余价值的全部运动。

总之，社会总资本运动的总过程，既包含预付资本价值的实现过程，又包含全部剩余价值的实现过程；既包含生产消费，又包含个人消费；既包含所有单个资本的流通，又包含一般的商品流通。所有这些内容都在社会总资本的研究范围之内。

（二）社会总资本再生产的核心问题

既然社会总资本的运动包括生产消费和个人生活消费，因此考察社会总资本运动必须以社会总的商品资本，即社会总产品为出发点。所谓社会总产品，是指社会各个物质生产部门在一定时期内（通常以年为单位）所生产出来的全部物质资料的总和。它是由一个国家的所有物质生产部门的劳动者共同创造的。它既是生产过程的结果，又是再生产过程的条件，也是整个社会存在和发展的物质基础。社会总产品中既包括了用于生产消费的生产资料，也包括了用于个人生活消费的资料。因此，只有以社会总产品为出发点来研究社会总资本的运动，才能体现社会总资本运动的特点和内容。

由于分析的出发点是社会总产品（即社会总商品资本），所以，分析社会总资本的运动，实际上就是分析社会总商品资本的运动，社会总商品资本的循环公式就是考察社会总资本运动的直接对象。社会总商品资本运动的公式为

$$W'-\begin{cases}G—W\cdots P\cdots W'\\ g—w\end{cases}$$

这个公式的起点是社会总商品资本 W′，既包括不变资本价值和可变资本价

值，也包括剩余价值。从它的运动来看，一开始就分为两个部分：资本的运动和剩余价值的运动。资本运动的公式是 $W'—G—W\begin{cases}A\\P_m\end{cases}\cdots P\cdots W'$，它表明资本家经过销售，把体现资本价值的那部分商品转化为货币资本，再用它购买劳动力和生产资料，变为生产资本，经过生产过程之后，又重新转变为商品资本。这部分资本运动包括了生产消费和资本流通。另外，剩余价值运动的公式是 $w—g—w$，它表明资本家用出售剩余产品得到的剩余价值，再用来购买消费资料进行个人消费。从这部分运动来看，它包括了个人消费和一般商品流通。此外，工人出卖劳动力得到的货币，也用于购买消费资料进行个人消费，同样属于一般商品流通。因此，商品资本循环的公式，既包括生产消费和资本流通，又包括个人消费和一般商品流通，体现了社会总资本运动的内容和特征，是考察社会总资本运动的基础。

从社会总产品出发考察社会总资本运动，核心问题就是要考察社会总产品各个组成部分是如何实现的，也就是社会总产品的补偿问题。社会总产品的补偿有价值补偿和实物补偿两个方面。社会总产品的价值补偿，是指社会总产品各个组成部分的价值，如何通过全部商品的销售，以货币形式收回，用以补偿生产中预付的不变资本和可变资本的价值，并获得剩余价值。社会总产品的实物补偿，是指社会总产品的各个组成部分的价值转化为货币形式以后，如何再转化为所需要的产品。其中，相当于不变资本的价值，从哪里和怎样重新购买到所需要补偿的生产资料；相当于可变资本的价值和资本家用于个人消费的剩余价值，从哪里和怎样重新购买到所需要的生活资料。社会总产品的价值补偿和实物补偿问题，也就是社会总产品的实现问题。

社会总资本再生产的核心问题就在于社会总产品能否通过市场交换全部实现价值补偿和实物补偿，满足社会总资本再生产和资本雇佣的工人的生活消费需要。也就是说，社会总资本再生产运动的核心问题不在生产领域，而在流通领域，在于社会总产品的市场交换能否顺利实现。可见，社会总资本再生产的核心问题，是社会总产品的实现问题。所谓实现，首先是资本家必须把商品卖掉，收回预付资本价值，实现剩余价值，使之由商品形式转化为货币形式，价值补偿是社会资本正常运动的基础；其次，资本家必须从市场上能买到所需的生产资料和劳动力，进行再生产，这是维持社会总资本再生产的条件。最后，资本家和工人必须从市场上能买到各自需要的消费资料。如果社会总产品的各个组成部分，在价值和实物形式上，能够通过市场交换得到互相补偿，那么全部产品就能实现，从而社会总资本再生产就能顺利进行。

（三）研究社会总资本再生产的基本理论前提

研究社会总产品的实现过程和实现条件，必须科学地分析社会总产品的构成和社会生产部门的划分。

社会总产品的构成可以从实物形态和价值形态两个方面进行分析。从实物形态来看，社会总产品按其最终用途，可分为生产资料和消费资料两大类。其中，生产资料用于补偿生产中消耗掉的生产资料和用于扩大再生产的追加生产资料；消费资料则用于资本家和工人的个人生活需要。从价值形态来看，社会总产品的价值可分为不变资本（c）、可变资本（v）和剩余价值（m）三个组成部分。其中，不变资本价值是旧价值的转移，用于补偿商品生产过程中消耗掉的生产资料价值，可变资本和剩余价值是雇佣工人在商品生产过程中创造出来的新价值，前者用来补偿生产中消耗掉的预付可变资本价值，后者用于资本家的个人消费和扩大再生产的资本积累。

既然社会总产品的实物形态是由生产资料和消费资料两大类构成的，那么与此相适应，社会生产便分为两大部类：一类是制造生产资料的部门，又称为第一部类，用符号“Ⅰ”表示；另一类是制造消费资料的部门，又称为第二部类，用符号“Ⅱ”表示。

社会生产分为两大部类和社会总产品的价值由 c、v 和 m 三部分构成，是马克思再生产理论中的两个基本原理，也是研究社会总资本再生产的两个基本理论前提。正是因为社会总产品在实物构成上分为两大部类，才指明了社会总产品实现的基本条件，即两大部类内部及两大部类之间的交换；正是因为把社会总产品在价值上分为三个组成部分，才有可能依据它们各自的性质和用途去发现它们实现的途径和补偿的来源。同时，这两个方面的划分还指明了社会总产品实物补偿和价值补偿的相互联系及其制约关系。

为了揭示社会总资本再生产和流通的规律，还必须排除一些次要和非本质的因素，所以要作如下假定：第一，考察的是纯粹资本主义经济，社会上只存在资本家和工人两个阶级，不存在剩余价值在其他群体中的分配问题；第二，市场供求平衡，一切商品都按照价值交换，不考虑商品的价值和价格不一致的问题；第三，没有对外贸易，全部社会总产品都在国内实现；第四，生产周期为一年，不变资本的价值当年全部转移到新产品中去；第五，资本有机构成和剩余价值率不变。

二、社会总资本简单再生产

社会总资本的再生产是一个十分复杂的运动过程，有必要分别考察两种不同类型的再生产，即简单再生产和扩大再生产。资本主义再生产的特征不是简单再生产而是扩大再生产，但考察社会总资本的实现问题必须从简单再生产开始分析。原因是：简单再生产是扩大再生产的基础和出发点，也是扩大再生产的重要组成部分，是进行扩大再生产所必需的一个阶段。而且，考察社会总资本再生产的实现问题，在理论分析上的主要困难存在于简单再生产中。解决再生产的实现问题的关键，不在于说明与扩大再生产直接相关的资本积累是如何实现的，而在于揭示社会总产品实现的基本路径和规律。从简单再生产出发，把简单再生产条件下社会总产品的实现和补偿问题解决了，分析扩大再生产的实现问题就容易了。

（一）社会总资本简单再生产的实现

考察社会总资本简单再生产的实现过程和实现条件，要从分析第一部类和第二部类全年生产的社会总产品及其构成开始。

根据社会总资本再生产的两个基本原理，假设某一年度社会总产品价值为 9000，其中，第一部类产品在实物形态上全部是生产资料，价值为 6000，包括不变资本价值 4000、可变资本价值 1000 和剩余价值 1000；第二部类产品在实物形态上全部为消费资料，价值为 3000，包括不变资本价值 2000、可变资本价值 500 和剩余价值 500。社会总产品的实物构成和价值构成图式为

$$\text{Ⅰ}\ 4000c+1000v+1000m=6000$$

$$\text{Ⅱ}\ 2000c+500v+500m=3000$$

为了使社会总资本简单再生产连续进行，两大部类的产品必须得到全部实现，即得到实物补偿和价值补偿。

在商品经济条件下，一切物质产品都表现为商品，因此社会总产品的实现都是通过市场交换来进行的。社会总产品各个组成部分的价值补偿和实物补偿主要是通过下列三种交换关系进行的。

1. 第一部类内部的交换

第一部类产品中的 4000c，在实物上是由各种生产资料构成的，在价值上它代表本部类已消耗掉的不变资本价值。为了维持简单再生产的正常进行，这 4000c 需要在价值上得到补偿，在实物上得到替换。而第一部类就是生产生产资料的，所以其价值补偿和实物补偿，通过第一部类内部各生产部门之间、各企业之间的产品交换就可以解决。比如第一部类的钢铁工业需要补偿煤炭，煤炭工业需要补偿机器设备，机械工业需要补偿钢铁等，都在它们之间进行相互交换来实现其两重补偿。另外，在 4000c 中还有一小部分，可以不通过交换留在原生产部门直接替换已消耗的生产资料。例如，煤矿生产的煤、机械加工部门生产的机床等。

2. 第二部类内部的交换

第二部类产品中的 500v＋500m，在实物上由各种消费资料构成，在价值上代表本部类工人和资本家用于个人消费的可变资本价值和剩余价值。其中 500v 代表第二部类预付可变资本的价值，需要得到价值补偿，同时，这 500v 又表示第二部类工人所得工资总额，工人需要用来购买消费资料。500m 代表第二部类资本家所得到的剩余价值，需要在价值上实现，并全部用于购买消费资料进行资

本家的个人消费。总之，这价值为 1000 的产品，在实物上都需要用消费资料来替换，而第二部类就是生产消费资料的，因此，这价值为 1000 的产品在第二部类内部通过各部门、各企业之间的交换可以实现价值补偿和实物补偿。

3. 两大部类之间的交换

通过上述两大部类内部的交换，在第一部类中还剩下了 1000v 和 1000m 的产品，在第二部类中还剩下了 2000c 的产品，但是这两部分产品都不能在本部类内部实现交换。因为，第一部类 1000c 和 1000m 代表的这部分产品，是以生产资料的形式存在的，但该部类的工人和资本家需要的却是消费品；而第二部类 2000c 代表的产品，则是以消费资料的形式存在的，但该部类资本家需要的却是生产资料。在这种情况下，两大部类之间就必须进行交换，即Ⅰ（1000v＋1000m）和Ⅱ2000c 之间相交换，通过交换，第一部类的工人和资本家得到了消费资料；第二部类的资本家获得了进行再生产所需要的生产资料，从而这两部分产品全部得到了实现。

以上三个方面的交换关系，如图 5-2 所示。

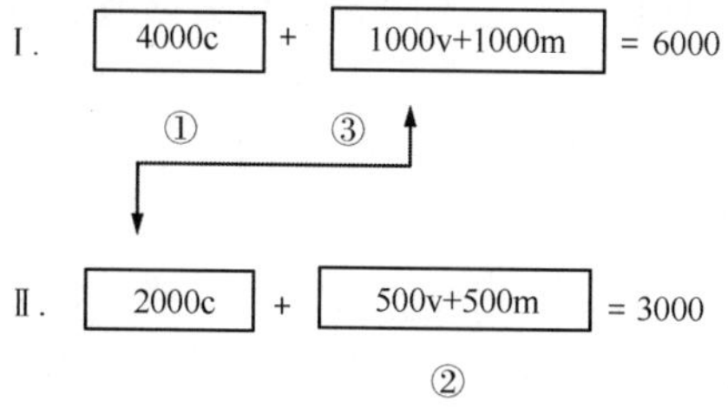

图 5-2　简单再生产的交换过程示例

通过以上三方面的交换，两大部类的产品在价值形态上都得到补偿，在实物形态上都得到替换，当年社会总产品全部得到了实现，这样就为下一年简单再生产的正常进行创造了条件。

如果假设条件不变，则下一年社会总产品的构成仍然为

$$\left.\begin{aligned}&\text{Ⅰ}\ 4000c+1000v+1000m=6000\\&\text{Ⅱ}\ 2000c+500v+500m=3000\end{aligned}\right\}9000$$

社会总资本、剩余价值量和社会总产品的规模均与上一年相同，这就是社会总资本的简单再生产。

（二）社会总资本简单再生产的实现条件

以上分析表明，社会总资本简单再生产的实现必须具备一定的基本条件，即两大部类的生产之间必须保持一定的比例关系。具体来说，就是第一部类的可变资本价值与剩余价值之和必须等于第二部类的不变资本价值。用公式表示为

$$\text{Ⅰ}(v+m)=\text{Ⅱ}c$$

这是社会总资本简单再生产的基本实现条件。这个条件表明在社会总资本简单再生产条件下，第一部类提供给第二部类的生产资料和第二部类对生产资料的需求之间，第二部类提供给第一部类的消费资料和第一部类对消费资料的需求之间，都必须保持一定的比例关系；它要求两大部类彼此为对方生产的产品，不仅在价值上相等，在使用价值上也应符合对方进行实物补偿的需要，否则社会总资本简单再生产就不能顺利进行。

由以上基本实现条件可以引申出另外两个实现条件。

第一，Ⅰ$(c+v+m)=$Ⅰ$c+$Ⅱc。这个公式表明第一部类生产的全部产品价值，必须等于两大部类的不变资本价值的总和。它体现了生产资料的生产同两大部类对生产资料的消费之间的关系。两大部类所消耗的生产资料，必须依靠第一部类所生产的生产资料来补偿。如果Ⅰ$(c+v+m)<$Ⅰ$c+$Ⅱc，则两大部类消耗的不变资本不能在实物形态上得到补偿，原有的生产规模也就不能恢复。如果Ⅰ$(c+v+m)>$Ⅰ$c+$Ⅱc，则第一部类的一部分产品无法实现。

第二，Ⅱ$(c+v+m)=$Ⅰ$(v+m)+$Ⅱ$(v+m)$。这个公式表明第二部类生产的全部产品价值必须等于两大部类新创造的价值的总和。它体现了消费资料的生产同两大部类的工人和资本家的个人消费之间的关系。因为在简单再生产的条件下，两大部类新创造的价值全部用于工人和资本家的个人消费，这就决定第二部类所生产的消费资料，在价值上必须等于两大部类工人和资本家的收入总和，在实物形式上，则应该同他们所需要的消费资料相适应。如果Ⅱ$(c+v+m)<$Ⅰ$(v+m)+$Ⅱ$(v+m)$，将出现消费资料的不足。如果Ⅱ$(c+v+m)>$Ⅰ$(v+m)+$Ⅱ$(v+m)$，将出现消费资料的过剩，第二部类的产品不能完全实现。

社会总资本再生产不仅要求两大部类之间保持一定的比例关系，而且还要求每个部类内部的各个生产部门之间也要保持适当的比例关系。例如，第一部类的内部，又可划分为第一部类生产生产资料的生产和为第二部类生产生产资料的生产；第二部类的内部，又可划分为必需生活资料和奢侈品两个类别，每一个类别又包括许多生产部门和行业。总之，两大部类内部的各个生产部门和两大部类之间都要保持一定的比例关系，否则再生产就不能顺利进行。

三、社会总资本扩大再生产

(一) 社会总资本扩大再生产的前提条件

社会总资本扩大再生产是资本主义社会再生产的特征。扩大再生产有两种类型：内涵的扩大再生产和外延的扩大再生产。这里是以外延的扩大再生产为研究对象，即以资本积累为前提的。资本家为了进行扩大再生产，必须将剩余价值的一部分积累起来，作为追加的资本投入生产。其中一部分作为追加的不变资本，用于追加生产资料；另一部分作为追加的可变资本，用于追加劳动力。

在资本主义制度下，扩大再生产所需要追加的劳动力，可以从产业后备军中得到补充，所以，社会总资本扩大再生产的前提条件是，在社会总产品中，必须为扩大再生产的实现提供可供追加的生产资料，以及维持追加的劳动力所需要的消费资料。

（1）扩大再生产所追加的生产资料都是由第一部类生产的，因此，为了能提供追加的生产资料，第一部类当年的全部总产品除了补偿两大部类当年消耗掉的生产资料外，还必须有一个余额。用公式表示为

$$\text{Ⅰ}(c+v+m)>\text{Ⅰ}c+\text{Ⅱ}c$$

简化后为

$$\text{Ⅰ}(v+m)>\text{Ⅱ}c$$

这是社会总资本扩大再生产的一个前提条件。这个条件表明：第一部类新创造的生产资料价值，在补偿第二部类不变资本的消耗后，还必须有一个余额，从而有可能为两大部类的扩大再生产提供追加的生产资料。

（2）扩大再生产所追加的劳动力需要的消费资料都是由第二部类生产的，为了能提供追加的消费资料，第二部类当年的全部总产品除了满足两大部类原有工人和资本家的个人消费需要外，还必须有一个余额。用公式表示为

$$\text{Ⅱ}(c+v+m)>\text{Ⅰ}\left(v+\frac{m}{x}\right)+\text{Ⅱ}\left(v+\frac{m}{x}\right)$$

这里$\frac{m}{x}$代表剩余价值中资本家用于个人消费的部分。上式简化后为

$$\text{Ⅱ}\left(c+m-\frac{m}{x}\right)>\text{Ⅰ}\left(v+\frac{m}{x}\right)$$

相应地，这里$m-\frac{m}{x}$代表剩余价值中用于积累的部分。这是社会总资本扩大再生产的又一个前提条件。这个条件表明，第二部类向第一部类提供的消费资料，除了满足第一部类简单再生产时工人和资本家的个人消费需要外，还必须有一个余额，才有可能为两大部类扩大再生产追加的劳动力提供消费资料。

只有同时满足上述两个基本前提条件，资本积累才有可能转化为实际的扩大再生产。

要通过资本积累，使简单再生产转化为扩大再生产，就必须使社会总产品和社会生产结构按照扩大再生产的上述两个前提条件进行调整和重新组合，以便使社会总产品的各组成部分全部得到实现。

(二) 社会总资本扩大再生产的实现条件

1. 社会总资本扩大再生产的实现过程

按照扩大再生产的前提条件，假定某一年度第一部类的不变资本价值为4000c，可变资本价值为1000v，剩余价值率为100%；第二部类的不变资本价值为1500c，可变资本价值为750v，剩余价值率为100%。社会总产品构成为

$$\left.\begin{array}{l}\text{Ⅰ}\ 4000c+1000v+1000m=6000\\ \text{Ⅱ}\ 1500c+750v+750m=3000\end{array}\right\}9000$$

在这个图示中，Ⅰ（1000v+1000m）>Ⅱ1500c，符合Ⅰ（v+m）>Ⅱc这个扩大再生产的基本前提条件，具备了进行资本积累和扩大再生产的可能性。同时，还可以看到第一部类和第二部类的资本有机构成是不同的，第一部类的资本有机构成是4∶1，第二部类的资本有机构成是2∶1。为了进行第二年的扩大再生产，假定第一部类将1000m中的50%（即500m）用于积累，其余的50%（即500 $\frac{m}{x}$）用于资本家的个人生活消费，并按照原来4∶1的资本有机构成追加不变资本和可变资本，即把积累的500m分为追加的不变资本400Δc和追加的可变资本100Δv。这样，第一部类在第一年生产出来的全部产品，按照它们的用途就分解为

$$\text{Ⅰ}\ (4000c+400\Delta c)+(1000v+100\Delta v)+500\frac{m}{x}=6000$$

现在，公式中4000c+400Δc要通过第一部类内部的交换来实现，而1000v+100Δv+500 $\frac{m}{x}$=1600必须与Ⅱc相交换。但是，第二部类只有1500c，还差100c。因此第二部类也必须进行积累，必须从剩余价值750m中拿出100购买第一部类剩余的100生产资料，即用于作为追加不变资本。如果原有的2∶1的资本有机构成不变，第二部类还需追加可变资本50Δv。这就是说，第二部类为扩大再生产，必须从剩余价值750m中拿出150m作为资本积累，余下的600剩余价值用做本部类资本家的个人生活消费。这样，第二部类的全部产品按照它们的用途就分解为

$$\text{Ⅱ}\ (1500c+100\Delta c)+(750v+50\Delta v)+600\frac{m}{x}=3000$$

第一部类的4000c+400Δc，在价值形态上是原有的不变资本价值和追加的不变资本价值，它们是用来购买补偿和追加的生产资料的，这一部分可以在第一部类内部实现。第二部类的750v+50Δv+600 $\frac{m}{x}$，在价值形态上是原有的可变资本价值和追加的可变资本价值，以及资本家用于个人生活消费的那一部分剩余价值，它们是用来购买消费资料的，可以在第二部类内部实现。现在剩下的是第

一部类的 $\left(1000v+100\Delta v+500\dfrac{m}{x}\right)$ 和第二部类的（1500c＋100Δc）都不能在本部类内部得到实现。因为，第一部类的 $\left(1000v+100\Delta v+500\dfrac{m}{x}\right)$，在价值上表现为第一部类原有的可变资本价值和追加的可变资本价值以及资本家用于个人消费的那一部分剩余价值，是用来购买消费资料的。但是，第一部类生产的是生产资料，因此不能在第一部类内部实现。第二部类的 1500c＋100Δc 在价值上表现为第二部类原有的不变资本价值和追加的不变资本价值，是用来购买补偿和追加生产资料的。但是，第二部类生产的是消费资料，因此也不能在第二部类内部实现。这就决定了Ⅰ $\left(1000v+100\Delta v+500\dfrac{m}{x}\right)$ 和Ⅱ（1500c＋100Δc）只有通过两大部类之间的交换才能得到实现。由此，我们可将社会总资本扩大再生产的实现过程用图 5-3 表示。

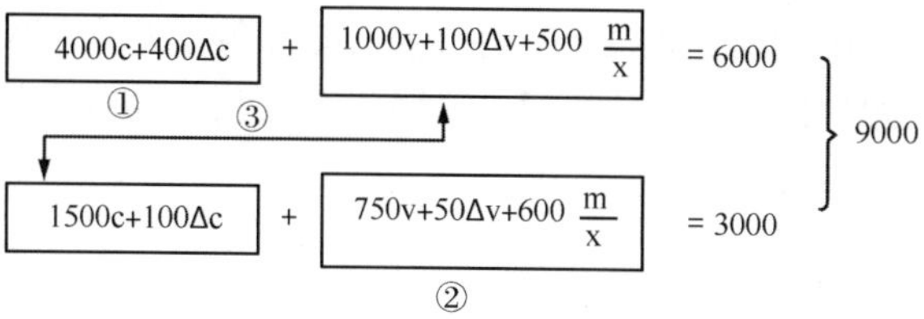

图 5-3　扩大再生产的实现过程示例

通过上述交换，社会总产品全部得到了实现。而且，两大部类按比例进行了资本积累，下一年两大部类的预付资本和社会总资本都比上一年增大了。第一部类的预付资本从 4000c＋1000v＝5000 增加到 4400c＋1100v＝5500；第二部类的预付资本从 1500c＋750v＝2250 增加到 1600c＋800v＝2400；社会总资本从Ⅰ（4000c＋1000v）＋Ⅱ（1500c＋750v）＝7250 增加到Ⅰ（4400c＋1100v）＋Ⅱ（1600c＋800v）＝7900。

社会总产品的实现和社会总资本的增加保证了扩大再生产的顺利进行。如果剩余价值率仍是 100%，那么第二年社会总资本扩大再生产的产品价值构成为

$$\left.\begin{array}{l}\text{Ⅰ}\ 4400c+1100v+1100m=6600\\ \text{Ⅱ}\ 1600c+800v+800m=3200\end{array}\right\}9800$$

可见，社会总产品由上一年的 9000 增加到 9800，实现了社会总资本的扩大再生产。以后各年社会总资本扩大再生产的实现过程，都可以按照上面的方法类推。

2. 社会总资本扩大再生产的实现条件

从上述对社会总资本扩大再生产实现过程的分析中，可以揭示出社会总资本

扩大再生产的基本实现条件，即两大部类之间必须保持一定的比例关系。具体来说，第一部类原有的可变资本价值，加上追加的可变资本价值，再加上本部类资本家用于个人消费的剩余价值，三者之和应当等于第二部类原有的不变资本价值和追加的不变资本价值之和。这个条件用公式为

$$\text{Ⅰ}\left(v+\Delta v+\frac{m}{x}\right)=\text{Ⅱ}(c+\Delta c)$$

从社会总资本扩大再生产的基本实现条件，同样可以引申出另外两个实现条件。

一个条件是第一部类全部产品的价值，必须等于两大部类原有的不变资本价值和追加的不变资本价值之和。用公式表示为

$$\text{Ⅰ}(c+v+m)=\text{Ⅰ}(c+\Delta c)+\text{Ⅱ}(c+\Delta c)$$

这个条件表明，在社会总资本扩大再生产情况下，第一部类所生产的全部生产资料和两大部类对生产资料的需要之间，必须保持平衡关系。

另一个条件是第二部类全部产品的价值，必须等于两大部类原有的可变资本价值和追加的可变资本价值，以及资本家用于个人消费的剩余价值之和。用公式表示为

$$\text{Ⅱ}(c+v+m)=\text{Ⅰ}\left(v+\Delta v+\frac{m}{x}\right)+\text{Ⅱ}\left(v+\Delta v+\frac{m}{x}\right)$$

这个条件表明，在社会总资本扩大再生产情况下，第二部类所生产的全部消费资料，与两大部类的工人和资本家对消费资料的需要之间，必须保持平衡关系。

在社会总资本扩大再生产的三个实现条件中，第一个实现条件，即 $\text{Ⅰ}\left(v+\Delta v+\frac{m}{x}\right)=\text{Ⅱ}(c+\Delta c)$是最基本的实现条件。另外两个实现条件分别从不同的侧面说明了扩大再生产条件下两大部类所必须遵守的主要比例关系。在进行扩大再生产时，两大部类的积累和生产的扩大，是互为条件、互相依赖的。第一部类生产扩大的规模，要依靠第二部类为其提供的追加的消费资料的数量；第二部类生产扩大的规模，要依靠第一部类为其提供的追加的生产资料的数量。正是客观上存在着这种互相依赖、互相制约、互为市场的关系，才要求两大部类之间必须保持一定的平衡关系，社会总资本的扩大再生产才能顺利进行。在资本主义条件下，这种比例关系是伴随着经常性的经济失衡和周期性的经济危机而存在的。

（三）生产资料生产的优先增长

本节对社会总资本扩大再生产实现问题的分析，是以社会生产技术不变，从而资本有机构成不发生变化的假设为条件的。但实际上，资本主义的扩大再生产是伴随着技术进步和资本有机构成不断提高而进行的，这就会发生第一部类生产比第二部类生产增长更快的现象，即生产资料生产的优先增长。这是列宁在马克

思社会资本再生产理论的基础上提出来的，并已成为社会资本再生产理论的重要组成部分。

在技术进步和资本有机构成不断提高的条件下，必然会要求第一部类的生产更快地增长。因为，在资本有机构成提高以后，由剩余价值转化而来的追加资本中，不变资本的比重必然越来越大，可变资本的比重相对减少。同时，在原有预付固定资本更新时，也要求采取更先进的生产设备，提高资本有机构成。这样，社会对生产资料需求的增长，必然快于对劳动力及对生活资料需求的增长，其结果会促进第一部类生产的更快增长。而且，第一部类的技术进步和资本有机构成提高的速度通常要高于第二部类，这就要求第一部类中为本部类制造生产资料的生产，要快于为第二部类制造生产资料的生产。正如列宁所指出的：增长最快的是制造生产资料的生产资料的生产，其次是制造消费资料的生产资料的生产，最慢的是消费资料生产。

生产资料生产的优先增长，不等于重工业优先增长，因为生产资料中所包括的原材料，有不少是由农业和轻工业提供的。另外，生产资料优先增长，也并不意味着第一部类生产要时时刻刻高于第二部类生产的增长。因为生产资料生产是以资本有机构成的提高为前提的。从长期发展趋势看，资本有机构成会不断提高，但它在短期内也会出现不变的情况，这样，在短期内也就不要求生产资料生产优先增长。

生产资料生产优先增长，也不意味生产资料生产可以脱离消费资料生产而孤立地增长，更不意味着生产资料生产增长比消费资料生产快得越多越好。因为，生产资料生产增长，最终将依赖于消费资料生产增长，要受到消费资料生产的制约。这体现在：第一部类扩大再生产所追加的劳动力对消费资料的需要，要依靠第二部类生产的增长来提供；第一部类为第二部类制造生产资料的生产，其产品的种类和数量直接取决于第二部类生产的发展；第一部类为本部类制造生产资料的生产，最终也受第二部类生产发展的制约。因此，生产资料生产的优先增长，必须以消费资料生产相应增长为条件；或者说，第一部类生产相对于第二部类生产的优先增长，应保持在一个适当的比例范围之内。

第四节 资本主义经济危机

社会总资本再生产理论表明，社会生产的两大部类内部及两大部类之间必须保持一定的平衡关系，社会总资本的再生产才能顺利进行。但是，由于资本主义制度固有的种种矛盾，社会资本再生产所要求的平衡关系往往不能保持，必然导致经济危机的爆发。

一、资本主义经济危机的实质和根源

所谓资本主义经济危机，是指资本主义经济发展过程中每隔若干年发生的生产过剩的危机。从19世纪初起，即资本主义经济进入机器大工业以后，每隔一定时期就会爆发一次经济危机。随着经济危机的来临，整个社会的经济生活就陷入到混乱和瘫痪状态之中。生产过剩是整个经济混乱的源头，生产和流通领域的一切混乱现象都是由生产过剩引起的。这种过剩不是绝对过剩，不是生产的商品绝对超过了人们的物质生活需要，而是相对过剩，即生产的商品相对于劳动人民有支付能力的需求来说是过剩了。历次爆发的经济危机都表明：一方面是大量的商品卖不出去；另一方面，广大劳动人民又得不到必需的生活资料。因此，生产相对过剩是资本主义经济危机的实质。正如列宁指出的那样："危机是什么？是生产过剩，生产的商品不能实现，找不到需求。"[①]

经济危机的可能性早在简单商品经济中就已经存在。货币的流通手段产生以后，使买和卖两种商品交换行为在时间和空间上相分离，已包含着危机的可能。随着商品生产和交换的发展，货币作为支付手段的职能产生后，由于商品的赊销，商品生产者之间形成了错综复杂的债务关系，容易引发信用关系的破坏，又使危机的可能性有了进一步的发展。但是，那时生产力水平不高，商品生产在整个社会生产中所占比重不大，加上市场范围狭小，因而经济危机还不会成为现实。只有到了资本主义社会以后，经济危机才由可能性变为现实性。

资本主义经济危机爆发的根本原因在于资本主义生产方式的基本矛盾，即生产社会化与生产资料资本主义私人占有之间的矛盾。这个基本矛盾表现为两个方面：一方面是个别企业生产的有组织性和整个社会生产的无政府状态之间的矛盾；另一方面是生产无限扩大的趋势和劳动人民有支付能力的需求相对缩小之间的矛盾。当这些矛盾充分展开、激化到不可调和的时候，势必使社会资本再生产的实现条件遭到严重破坏，经济危机就不可避免。正如马克思指出的："一切真正的危机的最根本的原因，总不外乎群众的贫困和他们有限的消费。"[②] 总之，资本主义经济危机的深刻根源在于资本主义制度本身，在于资本主义制度固有的基本矛盾，是资本主义特有的经济现象。

---

① 列宁．列宁全集．第2卷．北京：人民出版社，1972：135.

② 马克思．资本论．第3卷．北京：人民出版社，1975：548.

二、资本主义再生产的周期性

资本主义基本矛盾在资本主义社会中始终存在，但资本主义经济危机却并非持续存在，而是每隔若干年就爆发一次，周期性地出现。经济危机周期性爆发的原因在于资本主义基本矛盾运动的阶段性。当这一矛盾达到尖锐化程度时，社会生产结构严重失调，引发了经济危机。而经济危机的爆发，使企业纷纷倒闭，生产大幅度下降，从而使供求矛盾得到缓解，逐步渡过危机，社会生产得到恢复和发展。但是，经济危机只能暂时缓解而不能根除资本主义基本矛盾。这样，随着资本主义经济的恢复和高涨，资本主义基本矛盾又重新激化，必然导致下一次经济危机的爆发。

经济危机的周期性使资本主义再生产过程也具有了周期性。从一次危机爆发到下一次危机爆发，就是一个再生产周期。它一般包括危机、萧条、复苏和高涨四个阶段。

(1) 危机阶段。这是再生产周期的决定性阶段，它既是前一个周期的终点又是下一个周期的起点。危机爆发时，市场上大量商品销售困难，物价猛烈下跌，大量企业倒闭或破产，大批工人失业，货币市场紧张，信用关系被破坏，金融市场一片恐慌，整个社会经济陷入瘫痪和混乱。其中，生产下降是主要标志。

(2) 萧条阶段。危机持续一段时间后，由于社会生产力遭到破坏，资本家缩减生产，商品供求矛盾逐渐缓和，但社会生产恢复无力，处于萧条停滞状态。在萧条阶段，企业不再倒闭，生产开始恢复，物价不再下跌，但商品销售仍然困难，失业者仍然大量存在，企业对货币的需求减少，信用关系呆滞。

(3) 复苏阶段。萧条阶段过后，商品积压进一步减少，市场销售有所好转。这时，资本家为了增强竞争力，开始改进技术，更新设备，采用更先进的机器。固定资本大量更新，增加了对生产资料的需求，使社会生产走出低谷，进入复苏阶段。在复苏阶段，生产逐渐发展，工人就业随之增加，物价稳步上升，工商业和信用关系逐渐活跃，有力地促进了生产规模的扩大，整个社会生产逐渐恢复到危机爆发以前的水平。

(4) 高涨阶段。当社会生产和流通复苏到赶上或超过经济危机以前的最高点时，复苏阶段便进入高涨阶段。在这一阶段，市场不断扩展，物价稳定，生产上升，利润增长，工人就业充分，银行信贷十分活跃，社会经济一片繁荣景象，但经济繁荣中又孕育着新的经济危机。随着生产的猛烈扩张，无政府状态更加严重，生产与消费的矛盾也被加剧，在经济高涨的顶点上又会爆发新的危机。于是，资本主义生产就进入了下一个周期。

资本主义经济危机的物质基础是固定资本的周期更新。第一，固定资本大规模更新，为摆脱危机，促进复苏和高涨准备了物质条件。因为它会推动生产资料部门的恢复和发展，带动消费资料生产的回升，从而增加社会需求，刺激生产发展。第二，固定资本的大规模更新，又为下一次危机的到来准备了物质前提。因为这会促进社会生产力急剧增长，技术水平和资本有机构成提高，其结果又加剧了生产迅速增长与有支付能力的需求相对不足的矛盾，从而导致新的经济危机。

三、第二次世界大战后经济危机和再生产周期的特点

第二次世界大战后，由于第三次科学技术革命的兴起、国家资本主义的发展、资本主义国家对经济生活的干预、生产和资本的国际化、第三世界的兴起、资本主义经济发展不平衡的加剧等，经济危机和再生产周期出现了新的特点。

第一，经济危机的同期性和非同期性交错出现。第二次世界大战前，随着资本主义世界市场的发展和世界资本主义体系的形成，资本主义各国的经济联系日益紧密，因而各主要资本主义国家的生产周期进程逐渐统一，经济危机经常在几个国家同时爆发。而第二次世界大战后，由于各国政府采取宏观经济政策的措施和力度不同，所以各资本主义国家的经济危机有时会出现非同期性特征。20 世纪 70 年代以后，同期性又有加强的趋势。

第二，经济危机出现得更加频繁，再生产周期明显缩短。在自由竞争的资本主义阶段，10 年左右发生一次经济危机。20 世纪初直到第二次世界大战前，每隔七八年爆发一次经济危机。第二次世界大战以后，差不多五年就要发生一次经济危机。

第三，再生产周期四个阶段的交替进程和每个阶段的特征不如第二次世界大战前明显。第二次世界大战后，危机阶段持续的时间较短，生产下降幅度较小，萧条阶段和复苏阶段不易明确划分，高涨阶段虚弱无力，生产上升缓慢。究其原因，主要是各国政府采取了种种“反危机措施”，在经济高涨时采取紧缩性的财政政策和金融政策，而在经济萧条时又采取扩张性的财政金融政策，这使得再生产四个阶段的交替和特征不再明显。

第四，生产停滞与通货膨胀相结合，出现了所谓的“滞胀”局面。第二次世界大战前，经济危机爆发时，商品积压使物价急剧下降。而在第二次世界大战后的 20 世纪 70 年代末至 80 代初，却出现了经济停滞和通货膨胀并存的“滞胀”局面。这是由一些西方国家为刺激经济增长，过度增发货币和扩大财政赤字而造成的。这些措施虽然可以在短期内对经济起到推动作用，但经济结构并未得到根本调整，因而也不能使经济迅速走出低谷。进入 21 世纪，经济全球化趋势增强，各国之间的经济联系更加紧密。2008 年，在美国首先爆发了金融危机，后由金

融领域波及实体经济领域，并蔓延至欧洲、亚洲等许多国家，引发了世界性的经济危机，各国不同程度地出现了生产停滞、失业增加和物价普遍上涨等现象，表明“滞胀”局面仍然是当代经济危机中亟待解决的一个困境。

第二次世界大战后，资本主义经济危机的新特点既反映了危机比第二次世界大战前缓和的一面，也反映了危机比第二次世界大战前加深的一面，这种两重性是现代资本主义国家经济调节和干预的必然结果，也表明第二次世界大战后经济危机更加复杂化了。

☞【双语关键词】

汉语关键词	英语关键词
资本循环	circulation of capital
资本周转	capital turnover
流动资本	fluid capital
固定资本	fixed capital
货币资本	money capital
生产资本	productive capital
商品资本	commodity capital
生产时间	production time
流通时间	circulation time
劳动时间	working time
非劳动时间	non-work time
固定资本折旧	depreciation of fixed capital
折旧费	depreciation costs
折旧率	depreciation rate
年剩余价值量	the annual surplus value
年剩余价值率	the annual rate of surplus value
社会总资本	total social capital
社会总产品	total social product
再生产周期	reproduction cycle
经济危机	economic crisis
经济萧条	economic depression
经济复苏	economic resurgence
经济高涨	economic expansion

【阅读书目】

列宁．列宁全集．第1卷．北京：人民出版社，1972：67-73.

马克思，恩格斯．马克思恩格斯选集．第3卷：北京：人民出版社，1972：307-323．

马克思．资本论．第2卷．北京：人民出版社，1957：31-74；138-210；435-477；551-592.

【思考题】

1. 产业资本循环经历哪些阶段和采取哪些职能形式？
2. 实现产业资本连续循环的基本条件是什么？
3. 划分固定资本和流动资本的依据及两者的区别是什么？
4. 马克思划分不变资本和可变资本同固定资本和流动资本有什么区别？
5. 影响资本周转速度的因素有哪些？怎样加快资本的周转速度？
6. 怎样理解资本周转速度对剩余价值生产的影响？
7. 考察社会资本再生产的核心问题为什么是社会总产品的实现问题？
8. 社会资本简单再生产的实现条件是什么？
9. 社会资本扩大再生产的前提条件和实现条件是什么？
10. 在技术进步的扩大再生产条件下，为什么生产资料生产必然优先增长？
11. 资本主义经济危机的实质和根源是什么？

【教学案例】

网络营销——资本周转新方式

洛杉矶2001年11月2日消息：据美国国际管理咨询公司最近对全球28个国家的160家大公司所作的调查，随着全球网上销售日趋兴旺，传统的采购运作方式受到了冲击。根据这家公司的调查报告，这160家大公司的年采购总额为5200亿美元。虽然目前这些公司的网上采购只占全部采购的2%，但是，在今后2年内，这一比例将增长到25%。接受调查的公司表示，由于因特网提供了新的采购方式，它们的采购人员和供应商的数量将在今后2年内平均减少1/4。同时，有1/3的公司表示将与别的公司组成采购联合体。调查报告还说，现在越来越多的公司努力通过减少供应商、节省时间和改善服务来提高公司的整体运作水平。在被调查的公司中，更新了采购方式的公司的利润率比其他公司高1/3，销售产品的成本降低了 20%。

在国外，利用网络平台进行商业推广早已成为大多数企业所习惯的营销方式。大量的企业都在通过网络营销，使企业的资讯“脱颖而出”。最新的数据表明，网络营销在互联网经济中所占比重越来越大。例如，截至 2003 年第四季度，雅虎公司已经有 63% 的收入来自搜索服务，营业收入达到了创纪录的 6 亿美元，平均每天的访问量达到了 1.5 亿次。而在 2003 年，谷歌公司的销售收入达到了 10 亿美元，利润大约是 3.5 亿美元。

据国外一份权威调查显示，企业在获得同等收益的情况下，对网络营销工具的投入是传统营销工具投入的 1/10，而信息到达速度却是传统营销工具的 5～8 倍。传统企业是否能利用互联网创造商业机会，降低成本，提高竞争力，是未来能否在全球经济一体化的状况下制胜的关键因素。

资料来源：李键．网络营销：虚拟世界的叫卖声．中国经营报，2004-07-12．

新中国产业结构的历史演变

新中国成立初期，我国重工业极不发达，在国民经济中比例偏小。1949 年，在工农业总产值中，农业占 70%，轻工业占 22.1%，重工业仅占 7.9%；在工业总产值中，轻工业占 73.6%，重工业占 26.4%。因此，在 1953～1957 年的三年国民经济恢复时期和第一个五年计划时期，我国提出了重点发展重工业的经济战略。到“一五”计划结束时的 1957 年，工农业总产值中农业占 43.3%，轻工业占 31.2%，重工业占 25.5%；工业总产值中轻工业占 55%，重工业占 45%。由于产业结构相对比较合理，这段时期国民经济得到了稳定发展。整个“一五”计划时期，国民收入平均每年增长 8.9%，国家财政收入平均每年增长 11%，社会零售商品总额平均每年增长 11.4%。

1958 年，在“以钢为纲”、“全民大炼钢铁”的号召下，我国错误地发动了“大跃进”。为期三年的“大跃进”，使经济结构遭受严重破坏，第一、二、三产业之间比例严重失衡，导致了国民经济全面紧张，国民收入连续三年出现负增长。1961 年，中央提出“调整、巩固、充实、提高”方针，开始对国民经济进行第一次大调整，调整的主要任务是使失衡的农轻重关系恢复正常。但这又被随之而来的“文化大革命”和“洋跃进”运动破坏，至 1978 年我国工农业产值比为 72.2∶27.8；工业总产值中，轻工业与重工业之比为 43.1∶56.9，经济结构表现出“重重，轻轻”的弊端。为此，从 1979 年开始，国民经济进行了为期三年的结构调整，同时，针对人民生活资料严重匮乏的状况，中央提出了鼓励轻工业优先发展的“六优先”方针，即能源、原材料供应优先；挖潜、革新、改造措施优先；银行信贷优先；基本建设优先；利用外资和引进技术优先；交通运输优先。1980 年，轻工业在工业总产值的比重由 1978 年的 43.1% 提高到 47.2%，1981 年底提高到 51.5%。

此后，基础产业、基础设施与加工工业之间的比价不合理，造成加工工业产品价格不断上升，使得各地方政府都争取建设“价高利厚”的加工工业项目，致使产业结构逐渐向轻型化方向转化，高加工度化倾向明显。为了缓解基础产业及基础设施对经济发展的制约，从1991年开始，国家重点加强了对基础能源、原材料和基础设施的投资，同时积极推动高新技术产业和高附加价值产业的发展，使产业结构在实现再次重化工业化的同时提高了加工度化。例如，煤炭采选业在当年新增工业总产值的比重，1993～1995年平均为0.73%，明显高于1991～1992年的0.45%；石油和天然气开采业的相应比重，也由0.33%提高到0.42%；有色金属矿采选业则由0.29%提高到0.48%。代表高新产业的电子及通信设备制造业、电气机械及器材制造业新增产值，在当年新增工业总产值的比重，1993～1995年分别平均为10.44%和7.47%，比1991～1992年平均水平高3.29和1.57个百分点，表现出很强的成长性。1995年这两个行业的工业增长贡献率（新增产值在当年新增工业总产值的比重）已高居工业各行业的前两位。特别是计算机产业得到迅速发展，形成了一定的生产规模和若干著名品牌及高成长企业，是产业结构高加工度化的重要推动力量。

进入21世纪，面临着国际产业大重组的严峻挑战和国内卖方市场向买方市场转变、市场机制逐步建立的历史机遇，我国又一次进行了产业结构的大调整，这次调整面临的主要矛盾是企业生产能力大量过剩，资源严重闲置；企业经济效益滑坡，负债率居高不下；地方重复建设严重，地区产业结构趋同。据估算，中部地区与东部地区产业结构相似率为93.5%，西部地区与中部地区相似率为97.7%。为改变我国产业结构落后的状况，中央提出了在实现经济增长方式由粗放型向集约型转变过程中，走跨越式产业结构升级道路的战略思路。在产业政策作用机制调节下，我国的产业结构逐步趋于合理化和高级化，极大地推动了国民经济的发展。

资料来源：夏兴园，李洪斌．政治经济学关于经济结构理论的发展．2001年全国政治经济学理论研讨会论文选．成都．2001.

讨论下列问题：

(1) 什么是电子商务？发展电子商务对经济有什么影响？

(2) 产业结构的变动与经济发展之间存在什么联系？

第六章

资本主义生产的总过程

前面各章分别分析了资本主义的直接生产过程和流通过程，揭示了资本的本质，阐明了剩余价值的生产过程和资本运动的规律。本章将在分析平均利润和生产价格理论的基础上，进一步考察在资本主义生产总过程中，资本和剩余价值所采取的各种具体形式——产业资本和产业利润、商业资本和商业利润、借贷资本和利息、农业资本和地租。通过对这些复杂经济现象的分析，阐明资本主义社会各个剥削阶级集团如何瓜分雇佣工人创造的剩余价值，进一步揭示资本主义生产关系的实质。

第一节　平均利润和生产价格

资本是能够带来价值增值的价值。资本的价值增值运动上升到社会表面，剩余价值就转化为利润等各种具体形态，在以产业资本为核心的资本所有者与资本支配者集团中间进行分配。本节首先对产业资本的价值增值运动及其转化进行分析。

一、剩余价值转化为利润

（一）成本价格的形成

资本主义企业生产的商品价值（W）是由三个部分构成的：生产商品所耗费的不变资本价值（c）、可变资本（v）和剩余价值（m），用公式表示就是

$$W= c+v+m$$

其中，c 表示不变资本，其价值只能转移到新产品中去，价值量并没有发生变化；v 表示可变资本，是创造剩余价值的源泉；m 则是作为可变资本的劳动力创造的剩余价值。商品价值的这三个部分，是生产商品时实际耗费的劳动量。但是，在资本主义条件下，商品生产中实际耗费的劳动量，同资本家在生产商品时所耗费的费用是两个完全不同的量。对资本家来说，生产商品所耗费的只是资本，因此，资本家在计算生产商品的费用时，只计算他所耗费的资本数量，即不变资本和可变资本。剩余价值部分虽然也耗费了雇佣工人的剩余劳动，但对资本家来说，他并没有为此支付分文。因此，资本家只用资本的耗费来计算商品的生产费用，而不用劳动的实际耗费来计算。他把所费资本看成“本”，把剩余价值看成“利”，将本求利。这样，商品价值中的不变资本与可变资本的总和，相当于生产商品所实际耗费的资本额，就是资本家生产商品的成本价格。因此，资本主义生产的成本价格就是生产单位商品所耗费的不变资本和可变资本之和，用 k 来表示。

由于成本价格范畴把商品价值中的 c+v 部分独立化了，商品的价值构成也就发生了形式上的变化，由原来的 c+v+m 三部分，变成了两部分：一部分是商品的成本价格，另一部分是超过成本价格以上的余额。商品的价值构成公式就变成

$$W=k+m$$

所以，我们说，成本价格这个范畴是资本主义生产关系的反映，它表示资本主义生产的特殊性质。

成本价格是现实经济生活中一个客观存在的经济范畴，它对现实的商品生产经营活动有着重要的影响。一方面，成本价格是资本家经营企业的盈亏临界点。它代表了商品中所包含的资本耗费，必须通过出卖商品收回这部分价值，使得生产成本得到补偿，才能重新购买生产要素，继续进行生产。从这个意义上说，成本价格是商品销售价格的最低界限，低于它就意味着商品的生产经营不仅无利可图，而且还要亏本；高于它则表明商品的生产经营是有赢利的，超过部分越大，资本家赚钱就越多。另一方面，成本价格这一范畴还可以说明资本主义的竞争规律。在现实的生产经营活动中，由于各个企业在生产技术水平、经营管理水平等方面存在着差异，同种商品在不同的企业进行生产所耗费的生产成本是各不相同的。生产成本低的企业可以以高于自身生产成本而低于价值的价格出售商品，这对它来说仍可获得利润，但对其他企业（如果他们的生产成本高于这个企业商品的出售价格）就形成了一个强大的压力，使之在市场竞争中处于极为不利的境地。因此，资本家总是千方百计地采用新技术，改善经营管理，来降低商品的成本价格，以便在竞争中能够获得有利地位。

在资本主义制度下，成本价格范畴掩盖了资本主义的剥削关系。第一，成本价格掩盖了价值形成的真相。成本价格是代表商品价值中补偿资本耗费的部分，这部分价值之所以存在，是因为它作为预付资本已经存在了，至于成本价格中的不同部分在商品价值形成过程中的作用有什么不同，则完全看不出来了。本来，耗费在生产资料上的不变资本，只是旧价值的转移；耗费在劳动力上的可变资本，是用活劳动创造的新价值的一部分来补偿的。这两部分在商品价值形成上起的作用完全不同，但它们却一律表现为资本的耗费，其区别消失了。第二，成本价格掩盖了价值增值的秘密。从成本价格的形成来看，只有固定资本和流动资本的区别，固定资本中只有实际耗费的价值部分加入成本价格，而工人的工资和原料、燃料、辅助材料的价值，都列入流动资本项目，这样，就把支出在劳动力上的可变资本部分和支出在原材料等上的不变资本部分等同起来，可变资本在价值增值上的作用看不见了。因此，成本价格范畴掩盖了不变资本和可变资本的区分，从而掩盖了剩余价值的源泉。

（二）剩余价值转化为利润

商品的价值本来是由 c、v、m 三部分构成的，剩余价值在本质上是由可变资本产生的。但是，当不变资本和可变资本合在一起独立化为生产成本后，剩余价值就往往被看做商品价值中生产成本以外的一个增加额，即表现为资本家所耗费资本的价值增加额（$m=W-k$）。剩余价值成了资本家在生产过程中所耗费资本的产物，看起来好像是由这些资本本身产生的。

不仅如此，剩余价值不仅表现为资本家全部耗费资本的增加额，而且还表现为全部预付资本的增加额。这是因为，不管是劳动资料（固定资本），还是原材料和劳动力（流动资本），这些全部预付资本都要投入生产过程中使用。那些未曾耗费的资本，即固定资本中未曾磨损的价值部分，虽然不构成商品的生产成本，但由于它们作为物质要素同样参加了商品的生产过程，所以，它们也就都被看做全部参加了剩余价值生产过程。马克思说："总资本虽然只有一部分进入价值增值过程，但在物质上总是全部进入现实的劳动过程。"[①] 这样一来，剩余价值也就表现为全部预付资本的产物了。

当剩余价值作为全部预付资本这样一种观念上的产物时，它就取得了利润形态，即转化成了利润。利润和剩余价值本质上是一个东西，都是雇佣工人剩余劳动创造的价值。所不同的仅仅是：剩余价值是对可变资本而言的，作为可变资本的产物，表明资本家对雇佣工人的剥削关系；而利润则是对全部预付资本而言的，利润表现为全部预付资本的产物，掩盖了资本家对雇佣工人的剥削关系和剩余价值的真正来源。因此说，剩余价值是利润的本质，利润是剩余价值的转化形

① 马克思．资本论．第3卷．北京．人民出版社，1975：44.

式，利润在现象上表现为整个预付资本的产物。如果以 p 表示利润，则商品价值的构成公式 $W=c+v+m$ 或 $W=k+m$，进一步变成了 $W=k+p$，即商品的价值等于生产成本加上利润。

剩余价值转化为利润后，进一步掩盖了剩余价值的真正源泉。

首先，由于资本家预付的不变资本和可变资本采取了生产成本的形态，可变资本作为剩余价值的唯一源泉被模糊了，剩余价值自然地被看做全部预付资本的产物。

其次，由于劳动力价值采取了工资形式，似乎工人的全部劳动都通过工资形式而得到了报酬，这样，剩余价值就不再被认为是由劳动创造的，而被看做由资本产生的。

最后，将商品价值分成生产成本和利润两个部分以后，资本家便把成本价格看成商品的内在价值，利润只是超过这个价值的余额。原因是：一方面，成本价格是商品销售价格的最低界限，低于这个界限就要亏本；另一方面，成本价格又是资本家购买生产资料和劳动力时支付的价格。这样，由于资本家以购买价格付出资本，而后又从销售价格取得利润，在他们看来，利润便是商品的销售价格高于其价值的一个余额，是在商品出卖时产生的，来源于流通过程的贱买贵卖。而实际上，剩余价值是在生产过程中被创造出来的，只是在出卖商品时得以实现，其根源并非来自于流通过程。

因此说，利润这个剩余价值的特殊转化形式既源于资本主义生产关系本身，同时又反过来掩盖了资本主义的剥削关系。

（三）剩余价值率转化为利润率

剩余价值转化为利润后，便不再与可变资本相联系，而被看成全部预付资本的产物。这样，利润与全部预付资本之间便有一个比率，这个比率就是利润率，用公式表示为

$$p'=\frac{m}{C}$$

其中，p'表示利润率；C 表示预付总资本，即不变资本（c）与可变资本（v）之和。

利润率是剩余价值率的转化形式。剩余价值转化为利润，与剩余价值率转化为利润率有密切联系。当我们使用利润这一范畴时，实际上已经是剩余价值与预付总资本比较的结果，即剩余价值率已经转化为利润率了。同时在计算利润量大小时，总是以一个既定的利润率为基础。所以说，剩余价值率转化为利润率是剩余价值转化为利润的前提和基础。

剩余价值率与利润率是相互联系又相互区别的两个范畴。利润率是剩余价值率的转化形式，剩余价值是利润的本质，它们都是剩余价值与不同量资本之间的

比率。二者的区别在于：一方面，二者所反映的经济关系是不同的。剩余价值率是在一次生产过程中所创造的剩余价值与可变资本的比率，它表明了剩余价值的真正来源，反映了资本家对工人的剥削程度，因此又叫剥削率。而利润率作为剩余价值与预付总资本的比率，表明预付总资本的增值程度。利润率造成了剩余价值是由全部预付总资本产生的假象，掩盖了剩余价值的真正来源和实质。另一方面，两者在数量上也存在一定的差别。由于预付总资本（C＝c＋v）总是大于可变资本 v，所以利润率总是小于剩余价值率。

利润率作为反映全部预付资本增值程度的标志，是资本主义生产的出发点和推动力。资本家经营企业和生产商品的唯一目的和决定动机，就是以最小量的预付资本获得最大限度的利润。利润率越高，资本家越要不惜一切地去追求。马克思在《资本论》中引用了 19 世纪中叶英国评论家托·约·登宁的一段话，非常形象地揭露了资本家贪得无厌地追求利润的本性。他说："资本家害怕没了利润或利润太少，就像自然界害怕真空一样。一旦有适当的利润，资本家就胆大起来。如果有 10% 的利润，它就保证到处被利用；有 20% 的利润，它就活跃起来；有 50% 的利润，它就铤而走险；为了 100% 的利润，它就敢践踏一切人间法律；有 300% 的利润，它就敢犯任何罪行，甚至冒绞首的危险。"①

不同部门、不同企业、不同时期的利润率是不一样的。利润率的高低受以下四个因素的影响。

第一，剩余价值率的高低。在预付资本量一定的条件下，利润率的高低由剩余价值量的多少来决定，而剩余价值量的多少则取决于剩余价值率的高低。所以，利润率和剩余价值率通常呈同方向变化。也就是说，剩余价值率越高，则利润率也越高。可见，凡是能够提高剩余价值率的一切办法，都会相应地提高利润率。

第二，资本周转速度的快慢。在其他条件不变的情况下，年利润率与资本周转次数成正比，与资本周转时间成反比。因为，资本周转速度越快，一年内实际发挥作用的可变资本就越多，同量资本所带来的年剩余价值量也就越大，年利润率就越高；反之，则相反。

第三，资本有机构成的高低。在剩余价值率不变和劳动力价值不变的条件下，部门的平均资本有机构成越高，可变资本在全部预付总资本中所占的比重越小，同量资本雇佣的劳动力越少，生产的剩余价值量就越少，该部门的利润率也就越低。反之，部门的平均资本有机构成越低，利润率就越高。因此，部门的利润率与部门的资本有机构成是呈反方向变化的。例如，总资本为 20 000 元，如果资本有机构成 c∶v＝4∶1，则 c＝16 000 元，v＝4000 元。当 $m'=100\%$ 时，

① 马克思．资本论．第 1 卷．北京．人民出版社，1975：829.

则 $p'=20\%$；如果资本有机构成 c∶v=1∶1，则 c=10 000 元，v=10 000 元，剩余价值率不变，则 $p'=50\%$。但是，这里要特别说明两点：一是利润率与资本有机构成并不是以相同的幅度按反比例关系变化的，如上面的例子，资本有机构成从4∶1降为1∶1，而利润率只是从20%提高到50%；二是利润率与资本有机构成的反方向变化关系是将一个部门作为整体而言的，不是就个别企业而言的。对个别企业来说，如果它的资本有机构成高，说明它首先改进了技术，提高了劳动生产率，其产品的个别价值就会低于社会价值，就可以获得超额利润，所以它的利润率不仅不低，反而较高。也就是说，个别企业的资本有机构成同个别企业的利润率是呈同方向变化的。

第四，不变资本的节约。不变资本的节约本身并不能带来更多的利润，但在剩余价值量和剩余价值率不变的情况下，利润率的提高和不变资本的节约呈正比例变化。因为，不变资本越节省，预付资本也就越少，同量的剩余价值与较少量的预付资本相比，利润率就越高；反之，则利润率越低。一般来说，节约不变资本的方法主要有如下几种：充分利用社会化大生产的优越条件，组织大规模的生产，集中使用生产资料；节省用于建筑物、机器设备、动力、照明等方面的资本支出等。

二、利润转化为平均利润

（一）部门之间的竞争和平均利润率的形成

从上面的分析可以看到，在决定利润率高低的各种因素作用下，各个生产部门的利润率有很大的差别。例如，同量的资本投放在不同部门，由于资本有机构成的不同，资本周转速度的不同，利润率也就有高有低。但在资本主义现实的经济生活中，不论资本投在哪一个部门，等量资本大体上都要取得等量的利润。这种状况是由竞争形成的。在这里，我们要考察两种竞争：部门内部的竞争和部门之间的竞争。

部门内部的竞争是指生产同种商品的各个资本主义企业，为了获得更有利的商品生产和销售条件而进行的激烈竞争。由于生产技术和经营管理等条件不同，生产同种商品的个别价值也就各不相同。但在市场上，商品是按照社会价值出售的，即按生产该商品的社会必要劳动时间决定的价值出售。社会价值是通过部门内部的竞争形成的。在竞争中，社会价值一般是由平均生产条件下生产商品的个别价值决定的，因为这些企业生产的商品数量在市场上占有很大比重，从而这些商品的个别价值就代表了社会价值。

部门之间的竞争，使各个部门的不同利润转化为平均利润，使不同利润率转化为平均利润率。

假定现有食品、纺织、机械三个生产部门，每个部门的总资本都是1000万元，剩余价值率都是100%，资本周转速度相同，但资本有机构成不同，其中食品工业有机构成为700c∶300v，纺织业的有机构成为800c∶200v，机械工业的有机构成为900c：100v。它们的利润率如表6-1所示。

表6-1　等量资本获得不等量利润

生产部门	资本有机构成	剩余价值率/%	剩余价值/万元	商品价值/万元	利润率/%
食品工业	700c∶300v	100	300	1300	30
纺织工业	800c∶200v	100	200	1200	20
机械工业	900c∶100v	100	100	1100	10
合 计	2400c∶600v		600	3600	

从表6-1可以看出，由于资本有机构成不同，同样投入1000万元资本，其利润率是不同的。食品工业的利润率为30%，纺织工业为20%，机械工业为10%。这样，等量资本便不能得到等量利润。那么，怎样才能使等量资本无论投到哪个部门都能得到相等的利润呢？资本主义竞争和资本的转移解决了这一矛盾。由于食品工业的利润率比机械工业高，那么，机械工业的资本家就会把他的资本转移到食品工业，结果食品工业的生产能力增加，各类食品因供过于求，价格逐渐下跌，食品工业的利润率随之下降；而机械工业部门，资本流出，投资减少，生产逐渐缩减，结果又造成机械产品供不应求，价格上涨，利润率随之提高。这种资本的转移和价格的涨落，将一直进行到不同生产部门之间的利润率大体相等的时候，资本在各生产部门之间的流动才会稳定下来。正是部门之间的竞争和资本的自由转移，才使平均利润率得以形成，利润才转化为平均利润。平均利润率的形成如表6—2所示。

表6-2　平均利润率的形成

生产部门	资本/万元	剩余价值率/%	剩余价值/万元	商品价值/万元	利润率/%	平均利润率/%	平均利润/万元	平均利润与剩余价值之差/万元
食品部门	700c+300v	100	300	1300	30	20	200	−100
纺织部门	800c+200v	100	200	1200	20	20	200	0
机械部门	900c+100v	100	100	1100	10	20	200	+100

从表6-2可以看出，平均利润率形成以后，各部门的剩余价值与平均利润不相等：资本有机构成低的食品部门，平均利润小于剩余价值；资本有机构成高的机器制造部门，平均利润大于剩余价值；资本有机构成同社会资本平均有机构成一致的纺织部门，平均利润等于剩余价值。从社会资本角度来看，剩余价值总量

与平均利润总量相等。可见，平均利润率的形成过程就是不同部门资本家通过竞争分配剩余价值的过程。平均利润率形成后，实现了等量资本获得等量利润的要求。

所谓平均利润率，就是剩余价值总额与社会总资本的比率。公式为

$$平均利润率=\frac{剩余价值总额}{社会总资本}\times100\%$$

在表 6-2 中，三个部门的平均利润率为 600 万元/3000 万元×100% ＝20% 。在利润平均化的条件下，各部门的投资者便可以根据平均利润率获得与其投资资本量大小相适应的利润，即平均利润。平均利润的计算公式为

$$平均利润 = 预付资本\times平均利润率$$

因此，食品、纺织和机械部门所获得的平均利润都是 1000 万元×20% ＝200 万元。

随着平均利润率的形成，利润转化为平均利润后，剩余价值和利润之间不仅在性质上发生了变化，而且在数量上也有了差别，从而进一步模糊了资本主义经济关系的实质。前面我们已经说明，剩余价值转化为利润，掩盖了剩余价值的真实来源，使利润表现为预付总资本的产物，而可变资本创造剩余价值的特殊作用看不见了。但这种转化还只是性质上的转化，整个部门的利润量同剩余价值量仍然是相等的。然而，在平均利润率形成后，剩余价值与利润之间不仅在性质上，而且在数量上也有了差别。各个部门的利润量都是与本部门的总资本量成正比例，只要是等量资本，就可以获得等量利润。这样，利润无论在性质上，还是在数量上，都表现为全部预付资本的产物了。利润的本质和来源被完全掩盖起来，资本对雇佣劳动的剥削关系看不见了，利润只表现为资本自身的产物。

（二）影响平均利润率的因素和平均利润率趋于下降的规律

平均利润率的高低取决于两个因素。一是各部门的利润率水平。各部门的利润率水平越高，所生产出的剩余价值总量越多，平均利润率就越高；反之，则越低。二是社会总资本在各部门之间的分配比例。社会总资本中，投在资本有机构成高的、利润率低的部门的资本比重越大，平均利润率就越低；反之则越高。在这里需要指出的是，平均利润率不是各部门利润率的简单和绝对的平均，从短期看各部门的利润率存在着差别，从长远看是一个平均化的趋势。

在资本主义经济发展过程中，从较长时期看，平均利润率存在着下降趋势。引起平均利润率下降的基本因素是社会资本平均有机构成的提高。在资本主义制度下，资本家一方面为追逐超额利润的动机所推动，另一方面为外在的竞争压力所强制，必须不断改进技术、提高劳动生产率，而改进技术的结果则是社会资本有机构成的平均水平得以提高，同量资本所推动的活劳动便会减少，从而导致平均利润率趋于下降。因此，平均利润率下降趋势是资本主义制度下劳动生产率提

高的必然结果。在剩余价值率不变，或者在剩余价值率虽然提高，但提高程度赶不上资本有机构成的提高程度时，平均利润率趋向下降。

但是，平均利润率的下降，绝不意味着剩余价值率的降低（即工人受剥削程度的减轻）。剩余价值率是影响利润率的重要因素之一，但不是唯一的影响因素。平均利润率的下降，也不意味着资本家所获得的利润量的减少。资本主义发展的历史证明，平均利润率的下降，通常是和利润量的增大结合在一起的。

在资本主义制度下，平均利润率的下降是很缓慢的，只是长期来看存在着下降的趋势。这是因为在社会资本有机构成提高的同时，还存在着一系列阻碍平均利润率下降的因素。这些因素主要包括：对雇佣工人剥削程度的提高、大量相对过剩人口的存在、生产资料价值的降低、对外贸易的发展等。这些因素的存在，减缓了平均利润率下降的速度，使平均利润率下降的趋势经过相当长的时间才能显示出来。平均利润率的下降趋势，并不排斥个别时期平均利润率可以上升的情况。

三、商品价值转化为生产价格

（一）生产价格是价值的转化形式

在平均利润形成以前，商品是按价值出卖的。随着利润转化为平均利润，商品的价值转化为生产价格。生产价格是商品价格的转化形式，由成本价格加平均利润构成。其公式为

$$生产价格=k+\bar{p}$$

其中，k 表示成本价格；$\bar{p}$ 表示平均利润。

生产价格的形成过程如表 6-3 所示。

表 6-3 生产价格的形成过程

生产部门	资本/万元	剩余价值率/%	剩余价值/万元	商品价值/万元	平均利润率/%	平均利润/万元	商品生产价格/万元	生产价格与价值的差额
食品工业	700c＋300v	100	300	1300	20	200	1200	－100
纺织工业	800c＋200v	100	200	1200	20	200	1200	0
机械工业	900c＋100v	100	100	1100	20	200	1200	＋100
合 计	2400c＋600v		600	3600		600	3600	0

从表 6-3 可以看出，生产价格的形成是以平均利润率为前提的。平均利润率的形成过程，就是生产价格形成的过程。随着平均利润率的形成，利润转化为平均利润，许多生产部门所得到的利润与本部门生产出来的剩余价值在数量上出现

了差别，有些部门获得的利润高于剩余价值，有些部门的利润低于剩余价值。生产价格和价值之间也存在一定的差别。在质的方面，生产价格只是同资本有联系，而同活劳动没有直接联系。因为从生产价格的构成来看，生产成本是由耗费的资本构成的，平均利润是按预付资本的比例分得利润，所以生产价格只是同所耗费的资本和预付资本相联系的。在量的方面，生产价格和价值经常不一致。其中，资本有机构成高的部门，其产品的生产价格高于价值；资本有机构成低的部门，其产品的生产价格低于价值；资本有机构成相当于社会平均资本有机构成的部门，其产品的生产价格才和价值大体相等。

但是，上述差别并不意味着生产价格脱离了价值，相反，生产价格是以价值为前提，由价值转化而来的。首先，生产价格是在价值的基础上形成的。价值之所以会转化为生产价格，是由于剩余价值按照资本量的大小在各部门之间进行了平均分配。其次，生产价格的变动最终是以价值的变动为基础的，取决于价值的变动。在现实经济生活中，生产商品的社会必要劳动时间减少了，价值降低了，生产价格就会随之降低；反之，生产商品的社会必要劳动时间增加了，商品的价值提高了，生产价格就会随之提高。这就清楚地说明，价值是生产价格的基础，生产价格只是价值的一种转化形式。

（二）价值转化为生产价格后价值规律作用形式的变化

价值转化为生产价格后，价值规律作用的形式发生了变化，主要表现在两个方面：一是商品的交换不再是以价值而是以生产价格为基础进行的；二是由于供求关系变化，市场价格不再是围绕价值而是围绕生产价格上下波动的。价值规律作用形式的这种变化，并没有否定价值规律，原因有如下三个方面。

第一，生产价格是以价值为基础形成的，生产价格的变动归根结底也是由商品价值变动引起的，因而生产价格没有脱离价值，只是价值的一种转化形式。

第二，从个别生产部门来看，商品的生产价格与价值在量上不一定相等，但从全社会来看，商品的生产价格总额必然和商品的价值总额是相等的。一些部门商品生产价格高于价值的部分，正是另一些部门商品生产价格低于价值的部分。

第三，从个别生产部门来看，资本家得到的平均利润与本部门工人创造的剩余价值并不一定相等，但从全社会来看，整个资本家阶级得到的平均利润总额和整个工人阶级所创造的剩余价值总额是相等的。一些部门所得到的平均利润多于本部门工人所创造的剩余价值的部分，正是另一些部门所得到的平均利润少于本部门工人所创造的剩余价值的部分。

因此，商品按生产价格出售实际上也就是按照价值出售，交换仍然是以价值为基础的等价交换。市场价格围绕生产价格波动，与围绕价值波动并没有质的差别。总之，价值转化为生产价格后，价值规律是通过由价值最终决定的生产价格发生作用的，即发生了形式上的变化，却没有违反价值规律本身。

生产价格形成后，各部门之间的利润率趋于平均化。但是，这并不排除各部门中每个企业之间利润率的差别；也不排除个别企业由于采用先进技术、提高劳动生产率而获得比其他企业更多的利润。这是因为，我们考察平均利润率的形成时，是把每个部门的资本当做一个整体来看待的，也就是以每个部门资本的平均有机构成和平均周转速度为前提的。然而实际上，每个部门内部的各个企业之间在资本有机构成和资本周转速度上是有差别的。由于各个企业的生产条件不同，它们所生产的商品的个别生产价格也不同。但是，商品是按部门平均生产条件决定的社会生产价格来出卖的。这样，个别企业由于生产条件优越、劳动生产率比较高，它生产的商品的个别生产价格就会低于社会生产价格，从而能获得超过平均利润的利润，即超额利润。超额利润不会由于部门竞争而平均化，所以，这些企业的利润率水平就会高于平均利润率水平。

（三）平均利润和生产价格学说的意义

马克思的平均利润和生产价格学说具有十分重要的意义。首先，平均利润和生产价格学说发展了劳动价值论，解决了政治经济学理论上的一个重大问题，即价值规律同等量资本获得等量利润在形式上的矛盾。马克思通过这一理论阐明了利润转化为平均利润、价值转化为生产价格，不仅没有违反价值规律，而且是以价值规律为基础的；阐明了平均利润和生产价格的形成过程，即不同部门资本家通过竞争瓜分剩余价值的过程，揭示了平均利润与剩余价值的内在联系，从而解决了劳动价值论与等量资本获得等量利润之间的矛盾，解决了从价值、剩余价值这些本质范畴上升到平均利润、生产价格等更具体、更接近资本主义经济外部表现出的范畴时遇到的难题，为分析资本主义企业利润、利息、地租提供了理论前提，使劳动价值理论和剩余价值理论得到进一步的论证和深化。其次，这一理论也具有十分重大的实际意义。在实践上，它揭示了整个资产阶级和整个无产阶级之间的对立。雇佣工人不仅直接受本企业资本家的剥削，而且是受整个资产阶级的剥削。各个资本家在瓜分剩余价值的过程中尽管存在着这样那样的矛盾，但是在剥削工人阶级这个根本问题上，他们的利益是完全一致的。因此，无产阶级要求得解放，必须联合起来，去推翻整个资产阶级的统治，消灭资本主义制度。

第二节　商业资本和商业利润

资本主义社会不仅存在产业资本，而且还存在着商业资本。商业资本和产业资本一样，参与资本的运动，参与剩余价值的分配。

一、商业资本的本质和作用

（一）商业资本的本质

商业资本是从产业资本的商品资本职能中分离出来、在流通领域中专门从事商品买卖并以获取商业利润为目的的独立化的职能资本形式。商业资本的作用是执行商品资本的职能，为商品流通服务，实现商品的价值和剩余价值。

商业资本是商品经济发展到一定阶段的产物，来自于产业资本中的商品资本职能的独立化。在商品经济发展初期，由于企业生产规模不大，市场范围又比较狭小，产业资本的三种职能形式是结合在一起的，产业资本家既从事商品的生产活动，又从事商品的销售活动。随着资本主义生产的发展，市场范围不断扩大，流通过程中的商品资本数量逐渐增大。在这种情况下，产业资本家继续从事商品的销售业务，必然增加流通资本的数量，这样就会相对地，有时甚至是绝对地减少生产资本的数量，从而引起产业资本家利润率的降低。因此，产业资本家要求有专门的人或企业来帮助他分担商品销售的职能，这样社会上就出现了专门从事商品销售业务的商业资本家。商品资本的职能就逐渐从产业资本中分离出来，成为由商业资本专门执行的职能。因此，商业资本是从产业资本职能中分离出来的独立的职能资本形式，也就是说，产业资本循环中的商品资本职能独立化出来形成了商业资本。商业资本不再像商品资本那样作为产业资本的一个组成部分，而是独立地在流通领域中发生作用。但是，商业资本仍然执行着商品资本的职能，即销售商品，实现商品的价值和剩余价值。

商品资本的职能转化为商业资本的职能，商业资本成为一种独立的资本形式，不仅有必要性，而且有可能性。

商业资本产生的可能性在于：一方面，资本循环三个阶段的职能不同。在产业资本循环中，商品资本和货币资本、生产资本并存，它的职能不同于货币资本和生产资本。货币资本的职能是购买生产资料和劳动力，为剩余价值生产准备条件；生产资本的职能是为资本家生产剩余价值；商品资本的职能则是销售商品，实现其价值和剩余价值。正因为产业资本的不同形式各有不同的职能，才为各种职能资本之间的分工创造了条件。所以，商品资本的职能就可以从产业资本的职能中独立出来，转化为商业资本的职能。另一方面，产业资本家为了源源不断地获得剩余价值，他的资本必须有一部分经常在流通过程中执行商品资本的职能。正因为在产业资本的循环中，商品资本的职能具有相对的独立性，所以，商品资本的职能就有可能转化为商业资本的职能。

产业资本中的商品资本职能真正独立化为商业资本，必须具备以下两个基本条件。

第一，社会分工的存在。商品买卖活动不再是产业资本家兼任的由商品资本到货币资本的转化过程，在产业资本家和商业资本家之间必须形成一定的分工，商品销售成为商业资本家的独立业务。

第二，商人必须有独立的投资，即商业资本具有独立的循环。商业资本家必须完成由单独预付货币资本购买产业资本家的商品和把商品卖给消费者这样两阶段的独立的循环过程，通过商品的买卖，实现资本的价值增值。这样，产业资本循环中的 W′—G′就转化为商业资本独立循环的 G—W—G′。

商业资本独立后所执行的仍然是产业资本循环中商品资本的职能。商业资本的运动公式是 G—W—G′，其运动形式可分为 G—W 和 W—G′两个阶段。在第一阶段 G—W 中，商业资本家从产业资本家那里购买商品，这对产业资本家来说，是完成了从商品资本到货币资本的转化，因为产业资本家可以用销售商品所得到的货币重新购买生产资料和劳动力，继续进行再生产过程。但对商业资本家来说，处在流通领域的商品形态变化并没有最终完成。因此，商业资本家必须进行商业资本运动的第二个阶段 W—G′，把商品卖给消费者，最终实现商品价值和剩余价值，才算真正完成了由商品资本到货币资本的转化。

（二）商业资本的作用

商业资本成为一种独立的资本形式，对于产业资本的发展和产业利润的增加，起着重要的作用。

第一，有利于产业资本家集中精力进行生产经营活动，增加利润总额。产业资本家执行货币资本、生产资本和商品资本三种职能，会使他们将很多精力和时间用在产品销售方面，这样势必大大减少资本家用于管理生产活动的时间和精力。商业资本形成以后，产业资本家可以集中精力用于生产活动，这必然有利于生产的发展，并会增加产业利润。

第二，有利于节省流通资本，增加用于生产过程的资本。由于商业资本家集中进行大规模的商品运输和买卖活动，所以经营同样数额的商品所占用的流通资本要小得多。同时，商业资本的周转速度一般快于产业资本的周转速度，少量的商业资本，可以为较多的产业资本服务。这样，就使社会资本中用于流通过程的资本减少，投在生产领域中的资本量相应地增加。

第三，有利于加速资本周转。一方面，由于商业资本家专门从事商品买卖活动，熟悉市场行情和销售渠道，了解消费者的复杂需求，可以把商品较快地销售出去，所以可以加速商品流转，缩短流通时间。另一方面，商业资本的活动，可以加速产业资本的周转。产业资本家将生产出来的商品卖给商业资本家以后，其商品资本就可以转化为货币资本，重新投入生产过程，从而加速产业资本的周转。

第四，有利于社会分工的发展和市场的扩大。商品资本独立化为商业资本，进一步扩大了社会分工，也促进了商品市场的发展。社会分工和市场的发展，有利于推动资本主义商品经济的发展。

当然，商业资本的这些积极作用，是以它的数量没有超过社会必要的比例为前提的。否则，就不会有这些积极作用，或者削弱积极作用的程度。商品资本独立化为商业资本，虽然有利于促进资本主义商品经济的发展，但商业资本形成以后，生产活动和流通活动由不同的资本家从事，这会加深生产与流通、生产与消费之间的矛盾，加深资本主义再生产的矛盾。当这个矛盾发展到尖锐时，便会导致经济危机的爆发。

二、商业利润

商业资本家预付一定数量的货币资本从事商业活动的目的，是为了取得商业利润。商业利润是商业资本家从事商业经营活动所获得的利润。

从现象上看，商业利润似乎产生于流通领域的贱买贵卖。其实，贱买贵卖只是一种表面现象，它只是表明商业企业取得商业利润的途径，即对商业资本家来说，商品的购买价格和销售价格之间存在着一个差额。具体地说，产业资本家以低于商品生产价格的价格（即出厂价格）把商品卖给商业资本家，然后，商业资本家再按商品生产价格把商品卖给消费者。因此，商品的出厂价格与商品的生产价格的差额，就是商业资本家获得的商业利润。但这种贱买贵卖并不能说明商业利润的真正来源。

商业资本家之所以能获得商业利润，是因为产业资本家把一部分剩余价值让渡给商业资本家。因为商业资本家替产业资本家完成了商品销售业务，所以产业资本家就不能独占产业工人创造的全部剩余价值，必须把剥削来的剩余价值的一部分让渡给商业资本家，作为商业利润。让渡的直接形式就是以一个低于生产价格的出厂价把商品卖给商业资本家。因此，商业利润表面上来自于商业资本家对商品的贱买贵卖，好像来自于流通领域，而真正的来源却是在生产过程中，是由产业工人创造的剩余价值的一部分。可见，资本主义的商业利润是产业资本家让渡给商业资本家的一部分剩余价值的转化形式，它体现着商业资本家和产业资本家共同剥削工人的关系。

在商业经济活动中，商业资本不但要获得利润，而且要和产业资本一样，获得平均利润。商业利润的多少，同样受平均利润率规律的支配。商业资本作为一种与产业资本并列存在的独立的职能资本形式，要参与利润的平均化过程。也就是说，商业利润率必须相当于平均利润率，这是通过商业部门与产业部门之间的竞争来实现的。如果商业利润率低于产业利润率，一部分商业资本就会转移到产业部门中去，从而导致产业资本增加，商业资本不足，商品销售困难。产业资本家不得不降低商品价格，使产业利润率随之下降。如果商业利润率高于产业利润率，一部分产业资本就会转移到商业部门，这时生产资本减少，使商品供不应求，价格提高，产业利润率随之上升。资本在产业和商业两个部门之间的自由转移和竞争，使商业利润率和产业利润率趋于平均化，形成社会资本统一的平均利润率。当产业利润率和商业利润率大体相等的时候，产业资本和商业资本才会安心于自己的投资领域。

由于商业资本参与了利润率平均化的过程，于是社会资本平均利润率的公式

$$平均利润率=\frac{剩余价值总额}{社会总资本}$$

应修改为

$$平均利润率=\frac{剩余价值总额}{产业资本+商业资本}$$

由于剩余价值分解为产业利润（p）和商业利润（h）两部分，所以生产价格的公式

$$商品的生产价格=成本价格（k）+平均利润（\bar{p}）$$

也应修改为

$$商品的生产价格=成本价格（k）+产业利润（p）+商业利润（h）$$

生产价格发生变化反映了商业资本对剩余价值的分割，商业企业以此为基础确定商品的销售价格。由此可见，流通领域虽然不创造价值和剩余价值，但是，商业资本却可以按其资本数量在社会总资本中所占的比例，获得相应的平均利润。因此，商业资本家也同产业资本家一样，共同剥削产业工人。

三、商业流通费用及其补偿

商业资本家的投资一部分用于购买商品，一部分用于支付商品经营中的各种费用，这些在流通领域内为商品流通服务的各种费用叫商业流通费用。商业流通费用包括生产性流通费用和纯粹流通费用两大类。

生产性流通费用是由商品的使用价值运动引起的费用，如商品的保管费、运输费、包装费等，这些费用是同生产过程在流通领域内的继续进行有关的费用，这些费用使商品的价值增加。相应地，从事商品保管、运输、包装等的劳动，也是生产性的劳动。这种劳动不仅能把劳动过程中消耗掉的物质资料的旧价值转移到商品中去，而且能创造新价值。因此，生产性流通费用可以从增大了的商品价值中得到补偿，并获取相应的平均利润。

纯粹流通费用是由商品的价值运动所引起的费用，即在商品买卖过程中所支出的费用，如商店的建筑费、设备费、广告费、办公费和商业店员的工资等。它

属于非生产性开支，即不会增加商品的价值，也不会创造剩余价值。但是，纯粹流通费用每年都需要从实物上和价值上得到补偿。纯粹流通费用从实物上得到的补偿，就是从社会总产品中每年都要拿出一部分物质资料用于商业设备、商业办公用品和商业店员的生活用品等。纯粹流通费用从价值上得到补偿，就是从每年的剩余价值总额中扣除相应的部分。纯粹流通费用之所以要剩余价值来补偿，是因为社会总产品的价值是由不变资本（c）、可变资本（v）和剩余价值（m）三个部分组成的。为了保证社会再生产的正常进行，不变资本必须继续用于补充生产中消耗掉的生产资料，可变资本必须继续用于雇佣劳动力，它们都不能用来补偿纯粹流通费用，这样，就只能由剩余价值的一部分作为纯粹流通费用补偿的来源了。

降低商业流通费用是增加商业利润的一个重要途径。影响商业流通费用的因素很多，如生产力的布局、交通运输的发展状况、商业企业的管理水平及商业管理体制等。就商业部门本身来说，为了降低商业费用，应合理组织商品运输，减少不合理的商品流转环节，改善商品的储存工作，减少商品耗费，加速商品流转，扩大商品流通量。

四、商业资本家对商业店员的剥削

商业店员的劳动是非生产性的劳动，它本身并不创造价值和剩余价值，只能通过他们的劳动将商品卖出，实现商品中包含的价值和剩余价值。商业资本家对店员的劳动构成剥削，原因在于商业资本家是依靠店员的劳动实现商品价值的，从而才能占有产业工人所创造的一部分剩余价值的。

商业店员的全部劳动时间也分为必要劳动时间和剩余劳动时间。在必要劳动时间内实现的剩余价值，补偿资本家支付给他们的工资；在剩余劳动时间实现的剩余价值，其中一部分用于补偿工资以外的纯粹流通费用，其余部分就是商业资本家获得的商业利润。商业店员的工作日越长，他们所提供的剩余劳动就越多，商业资本家获得的商业利润也就越多。因此，商业店员和产业工人一样都属于受剥削的无产阶级。而商业资本家正是通过剥削商业店员的剩余劳动来取得产业资本家转让给他们的那部分剩余价值的。

第三节　借贷资本和利息

在资本主义社会中，除了产业资本和商业资本外，还有一种特殊形式的资本，即借贷资本。与商业资本和产业资本一样，借贷资本也参与资本增值的过程，参与剩余价值的分割。但与它们不同的是，借贷资本及其运动具有自己的特点。

一、借贷资本

（一）借贷资本的形成

借贷资本是指借贷资本家为了获得利息而暂时贷给职能资本家使用的货币资本。借贷资本家就是不从事实际生产经营活动，而专为职能资本家提供货币资本，并取得利息收入的资本家。

借贷资本是从职能资本（产业资本和商业资本）运动中分离出来的独立资本形式。借贷资本的形成同资本主义再生产过程中的资本循环是密不可分的。在资本主义再生产过程中，一方面，职能资本往往会有暂时闲置的货币资本，它成为借贷资本的主要来源。这些暂时闲置的货币资本主要是：①暂时闲置的固定资本折旧费。固定资本的更新，是在其实物形态完全磨损而不能使用时，才进行更新。在更新之前，便有一部分已经被提取出来的固定资本折旧费暂时闲置起来。②暂时闲置的流动资本。在流动资本的周转中，商品卖出以后所取得的货币资本不需要立即购买原材料和支付工资，就会暂时闲置起来。③用来积累的剩余价值。用于积累的剩余价值，在达到一定数量时才能作为追加资本使用，在此之前也以货币形式暂时闲置。④食利者阶层拥有的货币资本以及社会各阶层拥有的暂时闲置的货币存款。这些闲置的货币资本，不能给它的所有者带来剩余价值，这与资本的本性是相矛盾的。因此，货币所有者必须设法寻找增值价值的出路，尽快地使它发挥作用。另一方面，有的职能资本家确实需要补充货币资本，如需要购置固定资产和原材料，需要支付工资，需要追加积累资本等，但他们自有的资本又不充足，这就需要借入一定数量的资本。因此，拥有暂时闲置货币资本的资本家，就可以把这些货币资本贷给需要补充货币资本的职能资本家使用。而取得贷款的职能资本家在一定时期后归还贷款时，必须将剥削来的剩余价值的一部分以利息形式作为报酬支付给货币所有者。因此，从职能资本运动过程中暂时游离出来的货币资本，为获取利息而借贷出去时，就转化为借贷资本。

（二）借贷资本的本质和特征

借贷资本作为从职能资本运动中独立出来的特殊资本形式，也要参加剩余价值的瓜分。但是，借贷资本所有者获得的利息不是全部平均利润，而是平均利润的一部分。由于借贷资本家获得的利息是剩余价值的一部分，所以借贷资本既反映了资本家和雇佣工人之间剥削与被剥削的经济关系，也反映了职能资本家和借贷资本家共同瓜分剩余价值的关系。

借贷资本的运动形式是 $G-G'$，即贷出一定数额的货币资本，一定时期之后，收回比原来更多的货币额。这里，G'与 G 的差额即为利息。从表面上看，仿佛借贷资本能自行增值，自行生长出更多的货币。但实际上，这个更多的货币额，是借贷资本家向职能资本家转让货币资本的使用权，使职能资本家从事生产经营活动，一定时期后，职能资本家以利息的形式转让给借贷资本家的一部分剩余价值。因此，借贷资本的实际运动形式应该是 $G-G-W\begin{cases}A\\P_m\end{cases}\cdots P\cdots W'-G'-G'$ 或 $G-G-W-G'-G'$。$G-G'$ 只是这一运动形式的简化。

借贷资本在职能资本运动的基础上产生，并为职能资本的周转服务，从这个意义上说，它是从属于职能资本的一种资本形式，但它一经形成，就成为一种独立的资本形式，并具有与职能资本不同的特点。

第一，借贷资本是一种作为商品的资本，即资本商品。借贷资本家把货币资本贷给职能资本家使用，实际上就是把资本这种商品的使用价值（即生产利润的能力）让渡给了职能资本家，就像让渡商品一样。因此，借贷资本是一种表现为商品的资本。

第二，借贷资本是一种所有权资本，即财产资本。借贷资本家手中的货币在借贷资本所有者手中并没有发挥资本的职能，只是作为一种财产归他所有。只有转入职能资本家之手，用于生产经营时才能发挥资本的职能，生产和实现剩余价值。于是，同一借贷资本获得了双重身份，对它的所有者来说是财产资本；对它的使用者来说是职能资本。可见，其所有权与使用权是相互分离的。

第三，借贷资本具有不同于职能资本的特殊运动形式，最富有拜物教的性质。在借贷资本的运动公式 $G-G'$ 中，从表面看，它既不经过生产过程，也没有流通过程，这里看到的只是一定的价值量的数量关系，资本表现为单纯的物，即货币，而利息直接表现为物的产物，看不出一点资本的社会关系。这种特殊的运动形式造成了一种假象，似乎货币本身可以生出更多的货币。这一特点进一步掩盖了资本主义经济关系的实质，使资本拜物教达到了顶点。

二、利息和利息率

（一）利息的本质和来源

随着借贷资本的产生，资本的所有权和使用权发生了分离。借贷资本家把自己所拥有的货币资本贷给职能资本家使用，凭借对货币资本的所有权，在收回货币资本时必须取得利息收入。利息就是职能资本家使用借贷资本而让渡给借贷资本家的一部分剩余价值。

职能资本家在使用借贷资本从事生产经营活动时，能获得平均利润。这个平均利润不能由职能资本家独占，而是要分割为两个部分：一部分是借贷资本家出让货币资本的使用权而获利的利息，另一部分是职能资本家所获得的企业利润。

企业利润是指存在着利息的情况下产业利润和商业利润的总称，它在数量上就是平均利润和利息的差额。利息是平均利润的一部分，而平均利润是剩余价值的转化形式，因此，利息就是剩余价值的特殊转化形式。平均利润分割为利息和企业利润，实质上是剩余价值在借贷资本家和职能资本家之间的分割。利息的来源，归根结底是生产部门的雇佣工人所创造的剩余价值的一部分。由此可见，利息体现着借贷资本家和职能资本家共同剥削雇佣工人和共同瓜分剩余价值的经济关系。

平均利润分割为利息和企业利润，使资本主义的本质关系被进一步掩盖。利息表现为资本所有权的收入，似乎是资本自身产生的增值；企业利润表现为职能资本家使用借贷资本从事生产经营活动带来的收入，似乎是监督劳动或指挥劳动所获得的报酬。其实，利息和企业利润都是剩余价值的转化形式，借贷资本家与职能资本家在进行分割以前，剩余价值已经被雇佣工人生产出来，并被职能资本家占据了。无论是利息还是企业利润，它们不过是剩余价值的转化形式，并且剩余价值的分割丝毫不能改变其性质、起源和存在条件。

（二）利息率

利息率是一定时期内（通常按年计算）的利息量与借贷资本总额的比率，通常以百分数来表示。计算公式如下：

$$\text{利息率}=\frac{\text{一定时期的利息量}}{\text{借贷资本总额}}\times 100\%$$

例如，10 000 元借贷资本一年能获得 400 元利息，则

$$（\text{年}）\text{利息率}=\frac{400}{10\ 000}\times 100\%=4\%$$

利息率体现借贷资本的增值程度。在利息率既定的条件下，一定数量的借贷资本在一定时期内获得的利息量的多少取决于利息率的高低。利息率越高，一定数量的借贷资本增值的程度越大，能够获得的利息量越多；反之，则利息量越少，即

$$\text{利息量}=\text{借贷资本总额}\times\text{利息率}$$

利息率的高低是有一定界限的。它的最高界限是平均利润率，因为利息是平均利润的一部分，如果利息率等于甚至超过平均利润率，则借入资本的职能资本家将得不到平均利润，他们就不会借入资本了。利息率的最低界限应大于零。如果等于零，则借贷资本家无利可得，他就不会贷出资本。因此，利息率总是在平均利润率和零之间摆动。而在平均利润率和零这个范围之内，一定时期利息率的高低，主要受三个因素的影响。

第一，平均利润率的高低。利息既然是平均利润的一部分，因而在其他条件既定时，利息率与平均利润率在相同方向上发生变化。

第二，借贷资本的供求状况。在平均利润率一定的条件下，如果借贷资本的供给大于需求，则利息率有下降的趋势，这对职能资本家有利；如果借贷资本的需求大于供给，则利息率有上升的趋势，这对借贷资本家有利。

第三，法律和习惯。如果借贷资本供求平衡，且平均利润率既定，利息由传统习惯和法律决定。

此外，利息率的高低还受其他一些因素影响，如预期价格变动率、国家的财政货币政策、借贷资本风险的大小、借贷时间长短等。

由于决定利息率的因素经常变动，利息率也在不断变化。从长期看，利息率具有下降的趋势主要原因有两个。

第一，平均利润率是决定利息率的最高界限，从长期看，平均利润率有下降的趋势，因而利息率一样有下降的趋势。

第二，随着资本主义市场经济的发展，借贷资本的供给有超过需求的趋势。一方面，越来越多的人把自己的货币转化为借贷资本；另一方面，信用制度的发展，也使社会各阶层的货币更容易集中，形成大量的借贷资本。这使得借贷资本供给的增长超过需求的增长，引起利息率下降。

利息率的高低虽然不断变化，但在每个确定的时间内，它又像商品的市场价格一样，表现为确定的数额。因此，在每次借贷关系中，利息率都是预先确定的，这是利息率不同于利润率的重要特点。这使得利息表现为似乎与再生产过程无关，似乎利息是资本自身的产物，这也进一步掩盖了资本关系的实质。

三、资本主义信用

（一）商业信用

信用是以还本付息为条件的借贷活动的总称。资本主义信用的基本形式有商业信用和银行信用两种。

商业信用是职能资本家之间用赊账方式买卖商品时所形成的借贷关系。由于它是在商品的形式上提供的信用，所以买卖双方的关系成了债务人与债权人的借贷关系。赊购价格往往比现购的价格要高一些，两者之间的差额，就是赊购者向赊销者支付的利息。

商业信用产生于简单商品经济，到了资本主义社会，商品经济高度发展起来，商业信用也得到广泛发展。因为，商业信用既是产业资本循环和周转的需要（资本循环的购买阶段和销售阶段需要大量货币作为媒介），又是商业资本存在和发展的需要。所以，资本主义商业信用是加速商品流通，从而加速资本主义再生产过程所不可缺少的。

资本主义商业信用具有三个特点：①其对象是处在产业资本循环一定阶段上

待实现的商品资本；②债权人与债务人都是职能资本家；③商业信用的运动与产业资本在经济周期各个阶段上的运动是一致的。

商业信用是资本主义信用制度的基础，它的产生对加速商品周转、促进资本主义经济关系的发展起了重要的作用。但商业信用具有很大的局限性：第一，商业信用的规模、期限受单个资本家拥有的资本数量和资本周转状况的限制；第二，商业信用受商品使用价值流向的限制。因此，商业信用的信用渠道比较狭窄，不能满足资本主义生产发展的需要，于是又出现了银行信用。

（二）银行信用

资本主义社会中货币资本的借贷，主要由银行来办理。银行信用是货币资本所有者通过银行与职能资本家之间发生的信用关系。资本主义银行是专门经营货币资本业务的特殊企业。银行的主要职能是在货币资本借贷关系中，充当贷款者与借款者之间的中介：一方面是吸收存款，把社会上分散的闲置货币集中起来，形成数量巨大的借贷资本；另一方面是发放贷款，将银行集中起来的货币资本贷放给职能资本家使用。

银行资本家向职能资本家贷出货币而形成的借贷关系称为银行信用。银行信用具有三个特点：①其对象是暂时闲置的货币资本；②银行信用的债权人是货币所有者，债务人是职能资本家；③银行信用运动，与产业资本在经济周期各个阶段上的运动不完全一致，有时甚至相反。银行信用的特点使它克服了商业信用的局限性，比商业信用更为灵活，信用规模也大得多，而且能够提供较长期信用，因此更能满足资本主义扩大再生产的需要。

与银行的职能相适应，银行业务分为负债业务和资产业务两个方面。银行负债业务主要是吸收存款的业务。银行支配着数额巨大的货币资本，但其中绝大部分是借入资本，通过吸收存款的方式集中到银行内部。银行存款主要来源于三个方面：一是职能资本家在再生产过程中暂时闲置的货币资本；二是食利者阶层的货币资本；三是社会其他各阶层的小额储蓄。银行的资产业务主要是进行贷款和运用资本，其具体种类包括：期票贴现，抵押贷款和信用贷款，购买政府公债、公司债券、企业股票等。除了经营以上信用业务外，银行还在货币流通中经营与货币流通相关的技术性业务，称为“中间业务”，如货币支付结算、货币保管、货币兑换等业务。在现代发达的市场经济中，银行还通过“消费信用卡”、“旅游支票”等形式，为消费者进行非现金结算。

（三）银行资本和银行利润

经营银行业务要有银行资本。银行资本是银行资本家为获得利润所投入的自有资本和通过各种途径吸收到银行的货币资本。一般说来，自有资本在银行资本中占较小比例，从外面吸收进来的存款（即借入资本）却占很大比例。

银行资本家经营银行业务的目的是要获得利润。银行利润是银行资本家经营银行业务所获得的利润。表面上看，银行利润主要来源于两个方面。一是来源于存款利息与贷款利息的差额。发放贷款的利息要高于吸收存款的利息，存贷利息之间的差额是银行利润的主要来源。二是来自承办各种中间业务的手续费、对企业投资所获得的红利，以及从事证券交易活动所获得的收益等。存贷利息的差额，加上银行其他业务活动的收入，扣除银行雇员的工资和其他经营管理费用之后的余额，就是银行利润。

实际上，银行利润的实质是产业工人所创造的剩余价值的一部分。因为，银行利润的主要来源是贷款利息，是职能资本家为获得货币资本使用权而支付给银行资本家的报酬，这部分利息实际上是产业工人创造、商业店员实现的剩余价值的一部分，被职能资本家无偿占有，又由职能资本家转让给银行资本家，从而构成了银行利润。因此，银行利润的存在，体现了银行资本家与职能资本家共同参与瓜分剩余价值、剥削雇佣工人的社会关系。

银行利润同借贷资本的利息不同，在数量上它相当于平均利润。这就是说，银行资本家所获得的银行利润与其自有资本的比率，应相当于平均利润率。如果银行资本家不能获得平均利润，他就会在竞争中把资本转移到其他部门。通过竞争，资本在不同部门之间发生转移，最终使银行资本家可以获得按银行自有资本计算的平均利润，资本转移的过程才会停止。因此，银行利润与产业利润、商业利润的均衡化，是平均利润率规律作用的必然结果。

四、股份公司和股票

股份公司是通过发行股票的方式集资设立和经营的企业法人组织。股份公司的形成和股份资本的出现，是私人资本和社会化大生产矛盾发展的产物，是资本主义生产关系在资本允许的范围内的局部调整。

（一）股份公司的产生和发展

股份公司是随着社会化大生产和信用制度的发展而发展起来的。资本主义制度确立以后，随着资本主义社会化生产的发展，资本有机构成不断提高，企业规模不断扩大。建立大型企业需要巨额资本，如果仅仅依靠企业自身积累来扩大生产规模，将会十分缓慢。于是，客观上要求突破由单个资本来兴建企业的方式，而建立联合经营的大型股份公司并通过发行股票来筹集资本。同时，资本主义信用制度的广泛发展和金融市场的形成，又为股份公司的发展提供了条件。

股份公司在发展过程中产生过多种具体的组织形式，但最具代表性的是有限责任公司和股份有限公司两种形式。有限责任公司是由两个以上股东共同出资，每个股东以其认缴的出资额对公司行为承担有限责任，公司以其全部资产对其债务承担责任的企业法人。股份有限公司是指由一定人数以上的股东所设立的，注册资本由等额股份构成，其成员以其认购的股份金额为限对公司承担财产责任的企业法人。

股份公司对资本主义经济的高度发展起到了不可估量的作用。股份制本身是一种适合社会化大生产需要的企业组织形式，对生产经营既实行统一的管理协调，又有科学的劳动分工，因而能够促进生产的社会化。作为一种资本筹集渠道，股份公司又能够加速资本的集中和周转，促使资本合理流动，从而促进资本主义生产规模迅速扩大。因此，资本主义经济的高度发展与股份公司的发展是密不可分、相辅相成的。

资本主义股份制的形成表明资本的存在形式发生了变化，单个资本经营方式走向了它的对立面，即社会资本联合经营方式，但由于资本主义制度下的股份公司，完全是以私人股份融合在一起的，所有制的性质并没有发生变化，所以，股份制的出现并没有改变企业的资本主义性质。

尽管股份制是在资本主义时代才得到高速发展的，但股份制并不是资本主义特有的产物，本身并不反映资本主义的本质特性。在现代市场经济条件下不同财产所有者都可以以股份制的形式组织起来，它是一个有效的联合生产的企业组织形式和产权结合形式。根据股份资本的所有权性质，可以判断不同股份制企业的性质。

（二）股票和股息

股份公司的资本，是通过发行股票的方式募集的。股票是股份公司发给股东的借以证明其拥有股份数额并用于领取股息的凭证。股东投入股份公司的资本，构成了股份公司生产经营的基础。同时，股东作为股票持有者，可以从股份公司的生产经营获利中获得相应的股息收入。

股票具有以下三个主要特点。

第一，不返还性。股票持有者不能向公司退股，不能从企业抽走资本。股东不想继续持股，只能到证券市场上出售股票。

第二，风险性。股票的风险性来自两个方面。一是公司的不良经营。股票在公司中收益的多少，取决于公司的生产经营状况，如果公司亏损甚至破产，股票持有者必须按其持股的投资额承担责任和风险。二是股票市场的价格波动。股票市场价格的波动，直接影响着持股者的收益。股票价格上涨，出卖股票可以获利，甚至在短期内获利丰厚；股票价格下跌，出卖股票就会受到损失，甚至倾家荡产。因此，购买股票实际上是一种风险性投资。

第三，流通性。股票不是劳动产品，本身没有价值，但它能给持有者带来股息收入，因而可以在股票市场上进行买卖、抵押或转让。股票持有者之所以购买股票，正是基于股票具有流通性的特点，通过股票市场价格的波动，获取买卖股票的差价以谋利。而且，股票的流通性有利于资本向效益好的部门和企业转移，实现资源的优化配置。

股息是股票持有者根据股票的票面额，定期从股份公司分得的收入。它表明股份公司将净利润的一部分分配给股东，作为对股东投资的报酬。股息的分配以投资额为依据，按浮动的或是固定的股息率计算。股息的分配必须由公司董事会决议，并提交股东大会审议通过，才能发放。股息分配的资金来源是股份公司的净收益。净收益是股息分配的基础和最高限额。由于资本主义股份公司的利润是剩余价值的转化形式，所以股息实质上是雇佣工人所创造的剩余价值的一部分。

（三）股票价格和虚拟资本

股票只是一种投资入股的凭证，本身没有价值，但凭股票可以获取一定的股息而带来收入，因而股票可以进行转让和买卖，买卖股票实际上是资本所有权和收益分配权的转让。因此，股票在市场上交易时会形成一定的价格。股票价格的实质是股息收入的资本化。股票价格等于这样一笔货币资本，把这笔货币资本存入银行所获得的利息与凭这张股票所取得的股息相等。用公式表示为

$$\text{股票价格}=\frac{\text{预期股息}}{\text{利息率}}$$

或

$$\text{股票价格}=\text{股票面额}\times\frac{\text{预期股息率}}{\text{利息率}}$$

由上式可见，股票价格取决于预期股息和利息率两个因素。股票价格与预期股息呈正比变化，与利息率呈反比变化。预期股息和利息率是制约股票价格的两个基本因素。在市场上，股票价格在很大程度上还受到股票供求关系的影响。影响股票供求关系的因素很多，概括地说，可分为主观因素和客观因素两类。主观因素是指公司本身经营管理的现状及其前景，如公司营业范围、经营好坏、信誉高低、分配政策、发展前景等。客观因素是指与公司无直接关系的外界因素，如政治因素、经济因素和心理因素等。

股票价格往往与股票面额不一致。股票面额代表投入股份公司的现实资本价值，股票价格与股票面额的不一致，为资本家牟取暴利提供了新的机会。通常情况下，利息率一般总是低于股息率，因此股票价格一般会高于股票面额值。这种情况使创办股份公司的大资本家有可能依靠发行股票获取创业利润。创业利润就是股份公司创办人出卖股票所得的股票价格总额与实际投入股份企业的资本总额之间的差额。如果企业经营不善，股息率低于银行利息率，就得不到创业利润，甚至亏本。创业利润的源泉归根到底也是雇佣工人创造的剩余价值。

股票、公司债券等有价证券的出现，使同一资本取得了双重的存在。例如，某公司发行了 100 万元的股票和 200 万元的债券，这征集来的 300 万元资本，既是实际投入企业的现实资本，表现为厂房、机器设备、原材料等，同时又当做资

本价值，表现在100万元股票和200万元债券上。这300万元的有价证券虽然本身没有价值，但却能给它的所有者带来定期的收入，也能按一定的价格出售，所以对持有者来说，它本身也就像资本一样。然而，它毕竟不是发挥现实作用的真实资本，而不过是由于证券收入资本化而虚拟出来的资本。这种以有价证券的形式存在，能给持有者定期带来一定收入的资本，称为虚拟资本。虚拟资本还包括国家债券和以各种不动产作抵押的有价证券。虚拟资本在质上和量上都不同于实际资本。从质上看，虚拟资本本身没有价值，又不在再生产中实际发挥资本的作用，只不过是资本所有权与收益权的证书；从量上看，虚拟资本总量取决于有价证券的发行量和价格水平，而且根据有价证券价格的涨落而发生变动，并不反映实际资本量的变化。由于利息率下降趋势会引起有价证券价格的上涨、独资或合伙经营的公司不断改组为股份公司、国家债券发行量的增长等，虚拟资本的增长速度有日益快于实际资本增长速度的趋势。

第四节　资本主义地租

在资本主义社会，资本的具体表现形式除了产业资本、商业资本和借贷资本外，还有农业资本，即存在于农业部门内部、通过农业的生产经营实现价值增值的资本形式。同样，农业资本也能够带来剩余价值，主要表现为土地所有者获得的地租和农业资本家获得的平均利润。

一、资本主义地租的本质

在资本主义社会里，农业资本家租种土地所有者的土地，雇佣农业工人进行生产。农业资本家投资于农业，要求获得平均利润。同时，土地所有者出租土地的目的在于获得地租，如果他得不到地租，宁愿让土地荒芜，也不会让别人白白使用。因此，只有当农业资本家从农业工人身上榨取的剩余价值超过平均利润时，他将超过平均利润以上的那部分剩余价值，以地租的形式缴纳给土地所有者，农业资本家才能获得土地的使用权。因此，资本主义地租的来源，只能是农业工人所创造的超过平均利润以上的那部分剩余价值。资本主义地租的本质是农业资本家为取得土地使用权而交给土地所有者的、由农业工人所创造的超过平均利润的那部分剩余价值，即超额利润，它体现了农业资本家和土地所有者共同剥削农业工人的经济关系。

资本主义地租的主要特征有三个。第一，它是以资本主义土地私有制为前提的。劳动者摆脱了对土地所有者的人身依附关系，表现为一种纯粹契约关系的经济关系，没有超经济的强制。第二，农业雇佣工人所创造的剩余价值，由土地所有者和农业资本家共同瓜分，土地所有者获得地租，农业资本家获得平均利润。因此，资本主义地租只是剩余价值的一部分。第三，它体现了资本主义社会三个阶级之间的对立关系，即农业资本家和土地所有者共同瓜分由农业雇佣工人所创造的剩余价值的经济关系。

为了认识资本主义地租的本质，还必须区分地租和租金。真正的地租是为了使用土地本身而支付的；租金是指农业资本家在一定期限内向地主缴纳的全部货币额。租金并非完全由土地的使用所引起，除地租外，租金还包括由其他原因所引起的各项费用：第一，土地上的固定资产折旧费和利息。在土地上，经常可能有许多附属生产设施，如灌溉设备、排水系统、农用建筑等。这些附属设施是土地上的固定资产，连同土地一起租给农业资本家，因而农业资本家不但要向土地所有者缴纳地租，还要缴纳使用这些固定资产的折旧费和利息。第二，租金还可能包括农业资本家的一部分平均利润以及农业工人的一部分工资。因此，农业资本家还往往会克扣农业工人的一部分工资作为租金交给土地所有者。

资本主义地租根据其产生条件和原因的不同，有级差地租和绝对地租两种基本形态。

二、级差地租

（一）级差地租产生的条件

土地是农业生产的基本生产资料。但是，土地的肥沃程度、地理位置是存在差别的，因而，土地本身存在着优等地、中等地和劣等地的等级差别。不同等级的土地，由于肥沃程度不同、地理位置不同，在相同面积的土地上投入同量的资本，农产品的产量和收益也不相同。租种较好的土地所获得的农产品产量比租种较差土地所获得的产量要多，收益也高，因而缴纳的地租量相应也多。这种由于经营较好的土地所获得的、归土地所有者占有的超额利润就叫做级差地租。由于它与土地的不同等级相联系，所以叫级差地租，它是农产品的个别生产价格低于社会生产价格的差额而形成的超额利润的转化形式。

为了使农业资本家愿意把资本投到农业部门，就必须保证农业资本家能够获得平均利润，为此必须假定农产品也和工业品一样，是按照生产价格出售的。在农产品按生产价格出售的情况下，形成级差地租的超额利润是怎样得到的呢？

由于土地有肥沃程度、地理位置等方面的差别，同量资本投入生产条件不同的相同面积的土地，劳动生产率和产量收益会不相同，所以农产品的个别生产价格也就不同。投资于条件较好的土地，劳动生产率高，产量多，农产品的个别生产价格就较低；投资于条件较差的土地，劳动生产率低，产量少，农产品的个别生产价格就较高。而农产品必须按照由条件较差的劣等土地生产的农产品的个别生产价格所决定的社会生产价格出售。只有这样，租种劣等土地的农业资本家才能获得平均利润，才肯租种劣等土地。因此，投资于条件较好的优等土地和中等土地的农业资本家，其农产品的个别生产价格虽低于社会生产价格，但仍按社会生产价格出售，就可获得超额利润。租种优等地和中等地所获得的超额利润，便由农业资本家作为级差地租缴纳给土地所有者，农业资本家自己则获得平均利润，而租种劣等地的农业资本家是不缴纳级差地租的。因此，级差地租形成的条件是土地有肥沃程度、地理位置等方面的差别。

与工业部门的超额利润相比，农业中的超额利润具有自己的特点：①农业中的超额利润是比较稳定的；②农业中的超额利润，除经营劣等地的农业资本家以外，经营优等地和中等地的农业资本家都能得到。耕种优等地和中等地所获得的超额利润要转化为级差地租，缴纳给土地所有者。

土地的好坏等生产条件的不同，只是产生级差地租的条件或基础，而不是产生级差地租的原因。

（二）级差地租产生的原因

级差地租产生的原因是土地的有限性所引起的对土地经营权的资本主义垄断。土地经营权的资本主义垄断，即土地使用权的垄断，是指在土地有限，特别是优等地和中等地有限的条件下，土地作为经营对象被农业资本家使用后，其他资本家就无权使用。

首先，土地经营权的资本主义垄断，使得经营优等地和中等地的农业资本家都能获得超额利润，形成级差地租。我们知道，资本主义工业中的超额利润，只有先进企业可以获得。而农业中的超额利润，不仅经营优等土地的农业资本家可以获得，而且经营中等土地的农业资本家也能获得。这是因为，优等地和中等地的数量是有限的，农业资本家无法随意扩大耕种优等地和中等地的范围，从而形成耕种优等地和中等地的农业资本家的经营垄断，使得资本不能自由转入农业，特别是不能自由转投到优等地和中等地中。但是，当只耕种优等地和中等地不能满足社会对农产品的需要时，劣等地也需要投入生产。如果农产品的社会生产价格由中等地或平均生产条件决定，耕种劣等地的农业资本家就会因得不到平均利润而不去经营劣等地。而劣等地如不投入生产，农产品由于供不应求便会产生价格上涨，一直上涨到与劣等地的农产品的个别生产价格相等，农产品的社会生产价格等于劣等地的农产品的个别生产价格，从而耕种劣等地也能获得平均利润时，农业资本家才会去经营劣等地。由此可见，土地的资本主义经营垄断，使得农产品的社会生产价格，不取决于农业中的平均生产条件，而总是由劣等地的生产条件所决定。由于经营优等地和中等地的产量较高，农产品的个别生产价格低于劣等地农产品的个别生产价格，从而低于农产品的社会生产价格，在农产品按照社会生产价格出售的情况下，经营优等地和中等地的农业资本家就可获得超额利润，这个超额利润便形成级差地租。

其次，土地的有限性所引起的对土地经营权的垄断，使耕种较好土地的农业资本家所获得的超额利润能够长期稳定地存在。农业中的超额利润与工业一样，都是由生产条件较优越的企业所生产的商品的个别生产价格低于社会生产价格的差额构成的。在工业中，超额利润是通过个别企业首先采用先进技术而形成的，但是个别企业不能长期垄断先进技术，在竞争中，其他企业也会争相采用先进技术。一旦先进技术被普遍采用，原来只有少数企业获得的超额利润就会消失，因此，工业中的超额利润是不稳定的、暂时的。但是农业则不同，土地的等级差别是形成超额利润的条件，土地是天然存在的，而且是有限的，尤其是好土地的数量更加有限。它不像具有先进技术的机器设备那样，可以不断地增加。当数量有限的优等地和中等地被某些资本家租种后，便取得了对这些土地的经营权的垄断，排除了其他人对这些土地的使用，其他资本家只能去租种劣等地。很显然，这种情况使农业资本家在使用较好土地方面的竞争受到了阻碍，因此，经营较好土地的农业资本家就可以长期保持生产条件上的优势，从而长期、稳定地获得超额利润，并转化为级差地租。

（三）级差地租的源泉

级差地租不是来源于土地本身。土地作为一种自然条件，只是为生产超额利润提供了一个自然基础，但它本身不能创造价值和剩余价值。农业中形成级差地租的超额利润和工业中的超额利润一样，也是来自耕种优等地和中等地的农业雇佣工人所创造的超额剩余价值。因为耕种优等地和中等地的农业工人的劳动生产率较高，从而使在这些土地上生产的农产品的个别生产价格低于社会生产价格，因而能创造出超额利润。马克思对地租源泉的分析，清楚地告诉人们：资本主义地租同利润、利息一样，都是剥削雇佣劳动的结果，是剩余价值的一部分和转化形式。

（四）级差地租的形态

形成级差地租的条件是土地的好坏，而土地的好坏情况可以分为三种：第一，不同地块的肥沃程度的差别；第二，不同地块的位置的差别；第三，同一地块的连续投资的不同生产率的差别。由第一、第二两种条件形成的级差地租，马克思称之为级差地租的第一形态，即级差地租Ⅰ。由第三种条件形成的级差地租，马克思称之为级差地租的第二形态，即级差地租Ⅱ。因此，按照级差地租产生的条件不同，级差地租可分为级差地租Ⅰ和级差地租Ⅱ。

1. 级差地租Ⅰ产生的条件是土地肥力不同和土地距离市场的远近不同

（1）在肥沃程度不同而面积相同的各个地块上投入相同数量的资本，由于不同地块土地的肥沃程度不同，其劳动生产率高低就不相同，土地的产量也就有差别。当农产品的社会生产价格是由劣等地的个别生产价格所决定时，优等地和中等地的农产品的个别生产价格就低于社会生产价格而产生超额利润，这个超额利润就形成级差地租Ⅰ。

假定有面积相同但肥沃程度不同的 A、B、C 三块土地，A 为劣等地，B 为中等地，C 为优等地。三块土地投入的资本均为 1000 元，在一个生产周期中这 1000 元资本的价值全部消耗，取得的平均利润都是 200 元；其获得的农产品产量分别是 4000 公斤、5000 公斤和 6000 公斤；农产品的社会生产价格是由劣等地决定的，所有农产品均按社会生产价格出售。那么，B、C 两块土地就会形成级差地租Ⅰ，如表 6-4 所示。

表 6-4 级差地租Ⅰ的形成

土地级别	资本/元	平均利润/元	产量/公斤	个别生产价格/元		社会生产价格/元		超额利润/元	级差地租Ⅰ/元
				全部产品	每公斤	全部产品	每公斤		
A	1000	200	4000	1200	0.3	1200	0.3	0	0
B	1000	200	5000	1200	0.24	1500	0.3	300	300
C	1000	200	6000	1200	0.20	1800	0.3	600	600

(2) 土地的地理位置是指土地距离市场和交通线的远近。不同地块土地的地理位置不同，也能形成级差地租。土地距离市场（包括交通线）近，农产品的运费少；距离市场远，则农产品的运费多。如果社会对农产品的需求量大，农产品的社会生产价格就要由距离市场最远的土地的农产品的个别生产价格来决定。这样，耕种距离市场近的土地，就会因为运费少而成本低，农产品的个别生产价格低于社会生产价格，从而获得超额利润。这个超额利润也形成级差地租Ⅰ。

由于地理位置差异而形成的级差地租与因土地肥沃程度不同而形成的级差地租具有相同的原理，如果将表 6-4 中的土地级别改为土地位置，按照土地距离市场的远近区分为远、中、近三种情况，就会得到同样的结果。

无论是土地肥沃程度不同还是土地距离市场的远近不同，它们都有一个共同的特点，即级差地租都是由不同土地的自然条件差别所引起的，因此都属于级差地租第一形态。

2. 形成级差地租Ⅱ的条件是在同一块土地上连续追加投资的劳动生产率不同

在同一块土地上连续追加投资，实行集约化经营，所获得的农产品的产量只要高于劣等地的产量，同时农产品的社会生产价格仍由劣等地所决定，这时连续追加投资所生产的农产品就可以获得超额利润，这个超额利润就形成级差地租Ⅱ。

假定在优等生产条件的土地上连续两次追加投资，每次追加 1000 元，级差地租Ⅱ的形成过程如表 6-5 所示。

表 6-5 级差地租Ⅱ的形成

土地级别	资本/元	平均利润/元	产量/公斤	个别生产价格/元		社会生产价格/元		超额利润/元	级差地租Ⅱ/元
				全部产品	每公斤	全部产品	每公斤		
A	1000	200	4000	1200	0.3	1200	0.3	0	0
C	1000	200	6000	1200	0.20	1800	0.3	600	600（Ⅰ）
第一次	1000	200	8000	1200	0.10	2400	0.3	1200	1200（Ⅱ）
第二次	1000	200	5000	1200	0.24	1500	0.3	300	300（Ⅲ）

从表 6-5 可见，在优等地 C 上连续追加投资生产的产量虽然低于原有投资的生产率，但仍然高于劣等地投资的生产率。因此，按劣等地决定的社会生产价格出售农产品，可以获得超额利润，这部分超额利润就形成了级差地租Ⅱ。

三、绝对地租

考察级差地租时，是假定租种劣等地的农业资本家只获得平均利润，不能获得超额利润，因而不向土地所有者缴纳地租。但事实上，在资本主义土地私有制条件下，由于土地私有权的存在，租种任何土地（包括劣等地在内）都必须向土地所有者缴纳地租。资本主义绝对地租就是土地所有者凭借土地私有权垄断所获取的地租。地租是土地所有权在经济上的实现，如果土地所有者把劣等地的使用权转让给农业资本家却不能收取地租，这就等于否定了他对土地的私有权。实际上，农业资本家即使租种劣等地，也必须缴纳绝对地租。绝对地租是由农产品的社会生产价格低于价值的超额利润所构成的。

（一）绝对地租产生的条件

绝对地租产生的条件是，在资本主义制度下相当长的时期内，农业生产技术的发展落后于工业，因而农业的资本有机构成低于社会资本的平均有机构成。农业资本的有机构成低，同量资本就可以雇佣更多的劳动者，推动更多的活劳动，在剩余价值率相等的情况下，创造的剩余价值量就大，从而使农产品价值高于其社会生产价格。农产品价值高于社会生产价格的超额利润，就形成绝对地租。

如表 6-6 所示，由于农业资本有机构成低于工业，在这种情况下，等量资本在农业中可以吸收更多的劳动力。在剩余价值率相等的条件下，农业能够创造出更多的剩余价值，所以农产品的价值高于其社会生产价格。如果农产品高于其生产价格出售，农业资本家不仅可以获得平均利润，而且可以取得价值高于社会生产价格的差额，即超额利润，就形成了绝对地租。

表 6-6　绝对地租的形成

生产部门	资本有机构成/元	剩余价值/元（$m'=100\%$）	平均利润/元（$P'=20\%$）	价值/元	社会生产价格/元	绝对地租/元
工业	800c+200v	200	200	1200	1200	0
农业	600c+400v	400	200	1400	1200	200

（二）绝对地租形成的原因及源泉

绝对地租形成的原因是土地的私有权垄断。土地的私有权垄断是指有限的土地都被私人土地所有者占有后而形成的土地的私有权垄断。第一，土地的私有权垄断使农产品价值高于社会生产价格的超额利润有可能留在农业部门形成绝对地租。工业中不同生产部门的资本有机构成也是不同的，资本有机构成低的部门，其产品价值也高于社会生产价格。但在工业中由于部门之间竞争及资本自由转移的结果，这种由于产品价值高于社会生产价格而形成的余额，会参加利润的平均化，提高平均利润率的水平，而不可能由资本有机构成低的部门的资本家占有。农业则不同，农业中有限的土地被私人土地所有者占有后，形成对土地的私有权垄断，阻碍着资本自由转入农业部门，使农产品价值高于社会生产价格的差额不参加利润平均化的过程。农产品不是按社会生产价格出售，而是按高于社会生产价格的价格出售。这样，由于价值高于社会生产价格而形成的超额利润，就能够留在农业部门，由农业资本家作为绝对地租交给土地所有者。第二，土地私有权垄断的存在，使农产品价值高于社会生产价格的超额利润必须留在农业部门形成缴纳给土地所有者的绝对地租，否则农业资本家就不能使用土地。农业资本家租种劣等地并不缴纳级差地租，但必须缴纳绝对地租。租种优等地和中等地，则不但要缴纳级差地租，而且也要缴纳绝对地租。

绝对地租是农产品价值的一部分，而农产品的价值（包括剩余价值）是由农业工人所创造的。因此，绝对地租的源泉是农业工人的剩余劳动所创造的剩余价值的一部分，即超额剩余价值。绝对地租是这部分超额剩余价值的转化形式，即农产品的价值高于社会生产价格的超额利润，它体现的仍然是对雇佣工人的剥削关系。

四、土地价格

土地不是劳动产品，它本身没有价值，但它却有价格。在资本主义制度下，土地归土地所有者占有，他们可以凭借土地私有权获得地租形式的固定收入。因此，土地所有者可以把土地作为商品，按照一定的价格出卖。土地价格不是土地价值的货币表现，而是资本化的地租。就是说，土地价格相当于这样一笔货币资

本，把这笔货币资本存入银行每年所得的利息，等于购买这块土地后将其出租每年所获得的地租。土地价格的公式为

$$土地价格=\frac{地租}{银行存款利息率}$$

由此可见，土地价格与地租的量成正比，与银行存款利息率成反比。

随着人口的增加和社会的发展，土地越来越供不应求，因而地租呈上涨趋势，土地价格必然也呈现上升趋势。

【双语关键词】

汉语关键词	英语关键词
成本价格	price of cost
利润	profit
利润率	rate of profit
平均利润	average profit
平均利润率	the rate of average profit
生产价格	price of production
商业资本	business capital
商业利润	business profit
生产性流通费用	the productive costs of circulation
非生产性流通费用	unproductive costs of circulation
借贷资本	loan capital
银行利润	profit of banks
利息	interest on money
股票	stock certificate
股份公司	joint stock company ; joint stock corporation
虚拟资本	fictitious capital
资本主义地租	capitalist land rent
级差地租	differential rent
绝对地租	absolute rent

【阅读书目】

马克思．资本论．第3卷．北京：人民出版社，1975.
马克思．剩余价值理论．第2册．北京：人民出版社，1975：158-329.

【思考题】

1. 什么是利润率？影响利润率的因素有哪些？
2. 平均利润率是怎样形成的？
3. 什么是生产价格？商品按生产价格出售是否违背价值规律？
4. 什么是商业资本？它的作用体现在哪些方面？
5. 商业流通费用有哪些形式？它是如何补偿的？
6. 什么是借贷资本？借贷资本的本质和特征是什么？
7. 什么是利息率？影响利息率的因素有哪些？
8. 什么是股份公司？股份公司是怎样产生的？
9. 什么是股票？股票价格是怎样决定的？
10. 级差地租和绝对地租产生的原因、条件和源泉是什么？

【教学案例】

邯钢“成本否决”策略

1990 年，河北钢铁集团邯郸钢铁集团有限责任公司（简称邯钢），与其他钢铁企业一样，面临内部成本上升、外部市场疲软的双重压力，经济效益大面积滑坡。当时生产的 28 个品种有 26 个亏损，总厂已到了难以为继的状况，然而各分厂报表中所有产品却都显示出赢利，个人奖金照发，感受不到市场的压力。造成这一反差的主要原因是，当时厂内核算用的“计划价格”严重背离市场，厂内核算反映不出产品的实际成本和企业的真实效率。

1991 年起邯钢开始推行以“模拟市场核算、实行成本否决”为核心的企业内部改革。用产品的市场售价减去目标利润，按厂内工序反向逐步核算成本，使目标成本等各项指标真实地反映市场的需求变化。邯钢还紧紧抓住单位产品劳动时间的节约，使其产品成本连年下降。为有效控制投资，邯钢有一个“三不”原则：能国内生产的设备不引进，能自己制作的不向外委托，能引进软件的不引进硬件。邯钢曾想引进一台高速线材轧机，但后来经过测算，只引进了其关键的精轧部分和控冷部分，其余由国内配套制造，这样，仅花了 6000 万元，节约了几亿元资金。

邯钢在技改中引入了“成本否决”机制，每个技改工程项目一旦确定，都实行限额设计。邯钢设置了一个投资管理科，有几十名技术人员专门管理资金定额，精心设计，一项一项地抠，算出一个工程的投资限额，按这个限额进行投资控制，不许突破。这就把过去工程投资的控制从施工过程往前延伸到了设计阶段。项目设计完成后实行招标承包。工程超支部分由项目施工单位自付，节约部分则由邯钢按比例奖励。这样，项目承包者的责任心大大增强，千方百计降低工程成本。

1991～1998年，邯钢技改总投入65.9亿元，完成了200多项基建技改项目。由于技改成功，8年间邯钢的总资产由22亿元增加到184亿元，资产负债率由70%下降到44.58%。其中20多项大中型技改，平均每项比全国同类企业少投入30%～50%的资金，而效益却多出50%。目前，邯钢在冶金行业44项主要指标中，75%进入全国前三名，其中10余项列第一位，实现净利润居全国第二位。

资料来源：刘洁，刘娜．马克思主义政治经济学原理教学案例．北京：中国人民大学出版社，2004.

温州“抬会”风暴

“抬会”在温州地区有多种叫法，如在苍南，“抬会”又叫“友谊会”或者“楼梯会”。“抬会”的大体运作方式是：当某人做生意缺钱时，他就可以找朋友发起“抬会”，一般一个周期是1～3个月。例如，有10人入会，每个人拿出500元，那么这5000元就由发起人使用。到第一个周期结束后，所有的人每人再拿出500元，这5000元则由发起人以外的第二个入会人员使用。依此类推，每一次叫“一脚”，这样一脚一脚传下去，直到所有的人都拿到集体的钱。当然实际操作中要复杂得多，比如牵扯到利息的计算，有人会算出第几“脚”拿最合算。据说这种方式在当地非常普遍，同事、朋友间经常搞这样的“抬会”，既可以做生意，也可以买汽车、洋房。

民间借贷在温州是有历史传统的。20世纪80年代中期，由民间金融互助组织演化的“抬会风暴”肆虐温州，最后发生了“打死会主”、“借债人自杀”、“多人潜逃”等恶性事件。1985年，温州岳清县人郑岳芬和蔡胜南合伙组织成立了“民间金融互助会”（俗称“平会”）。同年10月，又将“平会”转为“抬会”。其经营方式，或者先由会员向会主缴纳大额会款，然后由会主分期返还会员，或者由会主先行付给会员大额会款，再由会员分期返还会主。由于入会有利可图，“抬会”规模迅速扩大。到1986年，其下属小会主已达427人，会员遍及多个县市区，并远至江苏、山东、新疆等地，该“抬会”共收入汇款6200余万元，经营金额达1.22亿元。1986年1月7日，国务院颁布《中华人民共和国银行管理暂行条例》规定，个人不得设立银行或其他金融机构，不得经营金融业务，而且，非金融机构经营金融业务也在禁止之列。根据这些规定，岳清县人民政府发布公告，明令禁止“抬会”活动，但郑岳芬和蔡胜南对此置若罔闻，继续扩大“抬会”规模。此时，由于“抬会”的合法身份已被取缔，很多会员急于向中小会主索回会款，冒险采取了绑架、非法拘禁等方式，致使当地社会秩序一度严重混乱。1990年12月，浙江省高级人民法院以投机倒把罪分别判处郑岳芬、蔡胜南死刑和无期徒刑。至此，“抬会风暴”被平息。如今，在温州的岳清、苍南等地还有一些小型的“良性抬会”。

案例来源：周又红．政治经济学案例．杭州：浙江大学出版社，2004.

讨论下列问题：

(1)“邯钢‘成本否决’策略”案例反映了政治经济学的什么基本原理？邯钢的做法对国有企业管理有什么启示意义？

(2)“温州抬会”的社会危害有哪些？政府对民间借贷组织应如何进行管制？

第七章

资本主义的国内垄断

资本主义生产方式的发展经历了两个阶段：自由竞争资本主义阶段和垄断资本主义（帝国主义）阶段。16 世纪到 19 世纪后期，属于自由竞争资本主义阶段。而到了 19 世纪末、20 世纪初，自由竞争资本主义逐渐发展成为垄断资本主义。垄断资本主义可分为资本主义国内垄断和资本主义国际垄断。本章重点阐述资本主义国内垄断。资本主义国内垄断又可分为一般（私人）垄断资本主义和国家垄断资本主义。

第一节　私人垄断资本主义

一、私人垄断资本主义的形成

19 世纪末 20 世纪初，各主要资本主义国家出现一个共同的现象，即垄断代替自由竞争并在经济生活中占据统治地位，由此引起资本主义经济、政治和社会生活各方面发生了一系列新变化。垄断资本主义的最初表现形式是私人垄断资本主义。

（一）自由竞争引起生产集中

自由竞争是指在资本主义生产方式确立以后，商品生产者之间为了争夺最有利的生产条件和销售市场而进行的不受限制的竞争。19 世纪六七十年代，资本主义的自由竞争已经发展到了顶点。

私人垄断资本主义形成的关键是生产集中。生产集中是指生产资料、劳动力和商品生产日益集中到少数大企业。资本主义自由竞争的结果必然导致生产集中，其原因在于：第一，在自由竞争中，少数大企业拥有雄厚的资本，易于取得银行贷款，因而能够广泛地采用新技术和新设备，在更大范围内组织生产专业化和协作，利用廉价的原材料，节约不变资本，降低商品成本，在竞争中处于有利地位。因此，竞争的结果是大企业战胜中小企业、大资本吞并中小资本，从而使生产和资本日益集中到少数大企业手中。第二，随着资本主义自由竞争的发展，资本主义信用制度和股份公司广泛发展，通过发行股票把许多分散的资本集中起来，形成一个巨额的资本，能够在较短时期内建立起一个大型企业，有力地促进了生产集中。第三，资本主义固有矛盾的激化使经济危机周期性爆发，少数大企业由于实力强，能经得住危机的打击，而大量的中小企业经济力量较弱，在危机中纷纷破产，这就加强了大企业对中小企业的排挤和吞并，从而加速了生产集中。第四，19 世纪 70 年代前后，主要资本主义国家发生了第二次科技革命，电力和内燃机等的发明和广泛使用，促进了各工业部门的生产现代化和社会化的发展，为进一步加快生产集中提供了物质基础。

在资本主义社会，生产集中一直在进行着，只是到了 19 世纪末 20 世纪初，生产集中才得到迅速发展，并达到相当高的程度。列宁指出："资本主义最典型的特点之一，就是工业蓬勃发展，生产集中于愈来愈大的企业的过程进行得非常迅速。"①例如，在德国，雇佣 50 个工人以上的大企业的数量，1882 年只占工业企业总数的 0.3%，而这些企业雇佣的工人的数量却占全国工人总数的 22%；到了 1907 年，这种企业在工业企业总数中所占的比重增加到 0.9%，而这些企业雇佣的工人的数量在全国工人总数中所占的比重增加到 37%。在美国，生产集中发展得更加猛烈。1904 年，产值在 100 万美元以上的最大企业的数量只占企业总数的 0.9%，而雇佣的工人的数量占工人总数的 25.6%，它们的产值则占全部工业产值的 38%。到了 1909 年，产值在 100 万美元以上的大企业的数量，占企业总数的 1.1%，而它们雇佣的工人的数量却占工人总数的 30.5%，它们的产值则占工业总产值的 43.8%。这就是说，美国所有企业的全部产值，差不多有一半掌握在仅占企业总数 1% 的大企业的手里。

（二）生产高度集中必然引起垄断

"集中发展到一定阶段，可以说，就自然而然地走向垄断。"②垄断，是指一个或几个经济部门的大部分商品的生产和销售掌握在自己手中的极少数大资本家，为了规定垄断价格、控制原料来源和销售市场、获取高额垄断利润，达成协议而实现同盟和联合。

---

① 列宁．列宁选集．第 2 卷．北京：人民出版社．1972：739.

② 列宁．列宁选集．第 2 卷．北京：人民出版社．1972：740.

生产高度集中，使垄断的形成具有现实可能性。在自由竞争条件下，生产分散于大量中小企业，这些企业为数众多，难以达成协定，即使它们当中许多单位联合起来，其产品生产和流通在本部门内的比重也难以大到能够进行操纵的程度。而在生产集中发展到一定程度以后，情况就不同了。这时候，由于一个部门的绝大部分的生产已经集中到为数不多的巨大企业手中，这些少数大企业就完全可能达成协议，联合控制某个部门的生产和流通，以牟取高额利润。

不仅如此，生产高度集中也使垄断的形成具有客观必然性，原因在于：首先，生产集中使大公司生产极度膨胀，结果生产过剩、销售困难、利润下降，这使通行的自由竞争日暮途穷，而大公司为了保持和扩大利润，就必需结成垄断组织以调节生产。其次，大公司规模巨大，资本雄厚，其他中小企业难以与其较量，同时部门之间资本的转移也受到资本量和需求量的限制，这些都会使自由竞争受到限制，形成垄断趋势。最后，大公司之间的激烈竞争，会对势均力敌的对手造成损害，为了避免两败俱伤，就会产生谋求暂时妥协、达成垄断协定的必要。正如 列宁指出：生产集中引起垄断，是“资本主义发展现阶段一般的和基本的规律”。①

(三) 私人垄断资本主义形成的历史过程

垄断是通过垄断组织形式来实现的。垄断组织是指控制某个或某些生产部门的生产和销售，以获取高额垄断利润的资本主义大企业或企业的联合。自由竞争资本主义发展为垄断资本主义的历史过程，就表现为垄断组织产生并居于统治地位的历史过程。这个过程大体上经历了以下三个时期。

1.19 世纪六七十年代，垄断组织萌芽时期

当时自由竞争在欧美国家发展到顶点。垄断组织开始出现。例如，在 19 世纪 60 年代，美国工矿业和铁路运输业出现了称做普尔的垄断组织，参加这类垄断组织的大公司，通过订立短期协定来规定共同价格，分配营业额和划分销售市场。德国在 1857 年成立了第一个卡特尔，直到 1870 年，才增加 7 个卡特尔，垄断组织增加十分缓慢，表现出萌芽时期的特征。

2. 从 1873 年世界经济危机以后到 19 世纪 90 年代，垄断组织广泛发展但还不稳定时期

1873 年的经济危机使生产集中加强，卡特尔形式的垄断组织有了广泛的发展。在 1889～1890 年高涨期间，卡特尔又一度蓬勃发展，1890 年，德国卡特尔增加到 200 个。但当时卡特尔还不稳固，只是一种暂时的现象。

3. 从 19 世纪末 20 世纪初，垄断确立统治地位的时期

在此期间，工业高潮和经济危机交替作用，资本和生产集中加速进行，垄断

---

① 列宁．列宁选集．第 2 卷．北京：人民出版社，1972：743.

组织急剧增加并在经济领域取得了统治地位。于是，垄断最终代替自由竞争成为资本主义社会经济生活的基础。

（四）垄断组织的形式

垄断组织有很多形式。最简单的形式是短期售价协定。参加这种协定的企业，必须在一定期限内遵守所规定的商品销售价格。这种垄断组织的形式很不稳固，一旦市场情况发生变化，协定就随之撕毁。比较重要的垄断组织形式有如下四种。

1. 卡特尔

卡特尔（cartel）是生产同类商品的资本主义企业之间建立的垄断联盟。参加卡特尔的企业仍然是各自独立的，它们经过协议来划分销售市场，规定商品的产量和各自占有的份额，规定统一的标准价格等。这种垄断组织形式最早产生于德国并广泛发展，所以德国曾被称为卡特尔国家。

2. 辛迪加

辛迪加（syndicate）也是同一生产部门资本主义企业之间建立的垄断同盟。它与卡特尔的不同之处在于，参加辛迪加的企业签有共同销售产品和采购原料的协定。因此，参加辛迪加的企业虽然在生产上和法律上仍保持自己的独立性，但在商业上却失去了独立性，由辛迪加的总办事处统一销售商品、统一采购原料。这使辛迪加比卡特尔联合程度更高也更稳定。这种垄断组织形式曾在法国最为流行。

3. 托拉斯

托拉斯（trust）是一种更为高级的垄断组织形式。它是由许多生产上有密切联系的企业联合组成的大垄断企业。参加托拉斯的企业在生产上、商业上和法律上都已丧失了独立性，而由董事会统一支配全部生产、销售和财务活动。原来的企业变成托拉斯的股东，按其股份获得股息和红利。美国最流行这种垄断组织形式，被称为“托拉斯之国”。

4. 康采恩

康采恩（konzem）是出现较晚但更复杂的一种垄断组织形式。它是由一两个实力雄厚的垄断企业为核心，把许多不同部门的企业联合在一起而形成的企业集团。核心企业通过收买股票、人事参与和财务控制等办法把其他企业置于自己的统治之下。康采恩突破了生产部门的界限，无论在垄断广度，还是在垄断深度上都大大地向前跨进了一步。第一次世界大战后，这种垄断组织形式在德国、日本和欧洲其他国家迅速发展。

二、私人垄断资本主义的基本特征

私人垄断资本主义就是列宁所说的帝国主义。列宁认为，现代帝国主义就其经济实质来说就是垄断资本主义。在《帝国主义是资本主义最高阶段》一书中，列宁将私人垄断资本主义的基本特征概括为：“（1）生产和资本的集中发展到这样高的程度，以致造成了在经济生活中起决定作用的垄断组织；（2）银行资本和工业资本已经融合起来，在这个‘金融资本’的基础上形成了金融寡头；（3）与商品输出不同的资本输出具有特别重要的意义；（4）瓜分世界的资本家国际垄断同盟已经形成；（5）最大资本主义列强已把世界上的领土分割完毕。”①这里重点分析前两个基本特征，至于后三个基本特征，则放到下一章论述。

（一）垄断在经济生活中占统治地位

1. 垄断和竞争的关系

垄断是在自由竞争基础上形成并发展起来的，但是，垄断并没有、也不可能消灭竞争，而是与之并存的。其原因在于：第一，竞争是商品经济的必然产物，垄断的出现并没有消除资本主义商品经济这一基础。只要存在商品经济，各个商品生产者之间的竞争就不可避免。第二，绝对垄断是不存在的。在垄断条件下，仍然存在着没有加入垄断组织的“局外企业”，这些“局外企业”之间仍然存在着竞争。第三，在垄断占统治地位的部门内，几个大垄断企业之间也存在着竞争。

在垄断资本主义时期，自由竞争只占次要地位，范围局限于没有参加垄断组织的中小企业之间。垄断时期占主要地位的是由垄断而产生的竞争，它包括垄断组织内部的竞争、垄断组织之间的竞争、垄断组织与非垄断组织之间的竞争。这些竞争错综复杂地交织在一起。

垄断条件下的竞争，与自由竞争相比，有新的特点：第一，竞争的目的不同。在自由竞争时期，竞争的目的是为了取得平均利润或超额利润；而在垄断时期，竞争的目的则是为了攫取高额垄断利润，以及巩固和扩大自己的垄断地位。第二，竞争的手段不同。在自由竞争时期，竞争的手段主要是通过改进技术、改善经营管理，提高劳动生产率，降低商品成本，以物美价廉的商品来战胜对手；而在垄断时期，竞争的手段更加多样化，除了继续使用上述手段外，更重要的是凭借垄断组织的经济实力和政治上的统治力量，采取各种强制手段，甚至不惜采取暴力来打垮竞争对手。第三，竞争的范围不同。在自由竞争时期，竞争的场所主要是国内市场，甚至在范围上较小的地区；而在垄断时期，竞争的范围已遍及

① 列宁．列宁选集．第2卷．北京：人民出版社，1972：808.

各个领域和部门，并由国内扩展到国外。第四，竞争的激烈程度和后果不同。在自由竞争时期，由于企业规模比较小，而且彼此分散，这就限制了竞争的激烈程度；而在垄断时期，竞争的双方都是实力雄厚、势均力敌的垄断组织，而且这些垄断组织都有强大的政治力量，这就使竞争特别激烈，更加持久，破坏性后果更加严重。

2. 垄断利润

垄断的目的是为了攫取高额的垄断利润。垄断利润是指垄断资本家凭借其垄断地位而获得的大大超过平均利润的高额利润，它是垄断资本所有权在经济上的实现。从性质上看，垄断利润不是一般地占有本企业工人创造的剩余价值，也不是凭资本份额的大小从社会剩余价值总量中分割来的，而是垄断资本家凭借对生产和市场的垄断地位而占有的一种特殊的超额利润。从数量上看，垄断利润是垄断企业所获利润中超过平均利润以上的超额利润。但是实际运动中，垄断企业的超额利润和平均利润是融为一体的。同时，与自由竞争资本主义企业暂时的超额利润不同，垄断利润较长期和稳定。因此，广义的垄断利润包括超额利润和平均利润，狭义的垄断利润仅是超过平均利润以上的那个超额利润。

归根到底，垄断利润是本国工人、小生产者和其他国家劳动者所创造的价值和剩余价值的一部分。马克思指出："某些商品的垄断价格，不过是把其他商品生产者的一部分利润，转移到具有垄断价格的商品上。"[①]具体而言，垄断利润的来源主要是：第一，加深对本企业雇佣工人的剥削。垄断组织通过各种办法提高剥削程度，特别是对新技术的垄断，使雇佣工人以较高的劳动生产率生产的全部剩余价值转化为垄断利润。第二，来自对非垄断企业的劳动者和小生产者的剥削。垄断组织以垄断低价购买非垄断企业和小生产者的商品，以垄断高价出售自己的商品，这样，非垄断企业和小生产者创造的一部分价值就转移到垄断企业。第三，加强对国外劳动人民的剥削。垄断组织通过资本输出和不等价商品交换，剥削和掠夺国外劳动创造的一部分价值。此外，资产阶级国家还会通过财政和信贷，对国民收入进行有利于垄断资本家的再分配。例如，通过国家采购（尤其是军事订货）、财政补贴、减免税收等，把国民收入的一部分转化为垄断利润。

3. 垄断价格

垄断利润主要是通过垄断价格实现的。垄断价格是指垄断组织在销售商品或购买生产资料时，凭借其垄断地位规定的、旨在保证最大限度利润的市场价格。垄断价格有垄断高价和垄断低价之分。一般情况下，垄断组织在销售自己的商品时实行垄断高价（即高于生产价格的价格）；垄断组织在采购非垄断企业的原材料时，实行垄断低价（即低于生产价格的价格）。垄断利润正是垄断组织出售商

① 马克思．资本论．第3卷．北京．人民出版社，1975：973.

品时的垄断高价同采购商品时的垄断低价之间的差额。垄断价格之所以能够实行和长期维持，是因为垄断组织控制了大部分的生产和市场，限制了资本的流动和自由竞争。

垄断价格形成后，使一些商品的价格经常高于或低于价值，但这并没有违背价格规律，其原因在于：第一，垄断价格的确定不能完全脱离商品的价值，价值仍是价格的基础。第二，垄断价格并没有、也不可能增加或减少商品所包含的价值。从全社会来看，商品的价格总额和价值总额仍然是一致的。第三，垄断价格只不过是使雇佣工人生产的剩余价值和其他劳动者创造的一部分价值，在资本家之间作了有利于垄断资本家的再分配。垄断资本家通过垄断价格所攫取的更多的利润，正是劳动人民和一部分中小资本家所失去的。不过，垄断价格改变了价值规律作用的表现形式。由于垄断价格是市场价格，所以，价值规律在通过垄断价格发挥作用。

（二）金融资本和金融寡头的统治

列宁指出：垄断资本主义就是“从一般资本统治到金融资本统治”，[①] 垄断资本主义的特点，恰好不是工业资本而是金融资本。

1. 银行业的集中和垄断

在工业生产集中和形成垄断的同时，银行业的高度集中也在20世纪迅速发展起来，形成了银行业垄断。

银行业的集中是以工业生产集中为基础的。工业生产集中和企业规模的扩大所需要的巨额的长期贷款，只有大银行才能提供；大企业资本周转中形成的大量暂时闲置的货币资本，也愿意存入信用可靠的大银行，这就促进银行业的集中。同时，银行业的集中，也是银行业内部竞争的结果。大银行由于具有资本雄厚、信用可靠、技术设备先进、费用节省、分支机构多等优势，在竞争中逐渐排挤和吞并中小银行，加速了银行业的集中。

银行业的集中发展到一定程度，也必然走向垄断。大银行为了避免在竞争中两败俱伤，必然谋求联合，结成垄断同盟。少数几个大银行开始控制整个银行业，它们在全部城乡广设分支机构，通过各种金融业务，使全社会几乎所有的货币集中到几个大银行手里。大银行成为资本主义国民经济的神经中枢和社会经济生活的中心。

2. 银行的新作用

银行业高度集中并形成垄断以后，银行的性质和作用发生了根本的变化。在自由竞争时期，银行的主要作用是在支付中充当中介人。银行资本家通过发放贷款、吸收存款，把社会上分散的货币资本集中起来，再借给职能资本家使用，从

① 列宁．列宁选集．第2卷．北京：人民出版社，1972：768.

中赚取利息。当时，银行比较分散，规模也比较小，它们与企业的关系一般是不固定的。它们最关心的是贷款的安全和利息的多少。

在工业和银行业的垄断形成之后，银行具有了前所未有的新作用，“由普通的中介人变成了万能的垄断者”。[①]首先，银行与工业企业的信贷关系日益固定，大银行为了保障自己贷款的安全和攫取高额利润，就要通过企业的往来账目了解和掌握企业的经营状况，进而监督企业使用贷款的状况，用扩大或减少贷款等方法来影响和控制企业。其次，大银行凭借自己雄厚的资本，为工业企业代理发行有价证券、经营多种证券买卖、购买工业企业股票等，从而控制和操纵工业企业的经营活动。最后，银行把自己的董事和经理直接派到所控制的工业企业去担任领导职务，实行人事结合，进一步控制和掌握工业企业的经营活动。这样，银行的性质也就改变了，“它们支配着所有资本家和小业主的几乎全部的货币资本，以及本国和许多国家的大部分生产资料和原料产地”。[②]

3. 金融资本的形成

银行垄断的形成和银行作用的变化，使银行资本和工业资本的关系日益密切，不断融合，形成金融资本。列宁指出：“生产集中；由集中而成长起来的垄断；银行和工业的融合或混合生产——这就是金融资本产生的历史和这一概念的内容。”[③]

金融资本形成的主要途径是：第一，大银行通过向工业企业贷款、购买企业股票或直接投资创办新企业，达到融合。例如，美国摩根家族最早是开办银行的，后来，摩根家族通过其金融机构极力向工矿企业渗透，相继控制了美国的四大铁路系统、美国钢铁公司、美国电话电报公司和国家收割机公司等。第二，垄断的大工业企业通过购买大银行的股票或自己兴办新银行，达到融合。例如，美国的洛克菲勒家族，它原先是经营石油工业的垄断资本，后来逐步向银行业渗透，先后控制了大通国民银行、波士顿第一国民银行等。第三，通过人事往来，双方互派代表到对方企业中兼任要职，达到融合。例如，20 世纪初，柏林 6 家最大的银行的董事和经理，一共在 751 个工业、交通运输业和保险业等公司中担任了领导职务；而在这 6 家银行的董事会中则有 51 个最大的工业资本家的席位。

4. 金融寡头的统治

在金融资本形成的同时，金融寡头也产生了。金融寡头是指掌握着金融资本的少数最大的垄断资本家或垄断资本家集团，它们是垄断资本主义国家真正的主宰者。

金融寡头在经济上的统治主要是通过“参与制”来实现的。“参与制”是指

①② 列宁．列宁选集．第 2 卷．北京．人民出版社，1972：753.

③ 列宁．列宁选集．第 2 卷．北京．人民出版社，1972：769.

金融寡头通过收买和持有一定数量股票的办法来实现对企业层层控制的一种方式。金融寡头首先通过购买一定数量的股票，先控制垄断组织中占统治地位的大企业，把它作为母公司，通过它再去购买其他公司的股票，把这些公司变成子公司，再用子公司购买其他公司的股票。这样，一层又一层的控制形成了垄断统治的多层宝塔，居于宝塔顶端的是极少数金融寡头。金融寡头通过层层参与，可以支配比自己资本大几十倍甚至上百倍的他人资本，从而实现对国民经济的控制。例如，1974 年，美国洛克菲勒家族拥有的财产估计为 15 亿美元，而洛克菲勒财团所控制的企业的总产值达到 3035 亿美元。

除“参与制”外，金融寡头还通过创办企业攫取“创业利润”、改组企业实行“资本掺水”，以及发行有价证券、办理公债、从事各种金融投机和房地产买卖等，来谋取高额利润，巩固它在经济上的统治。

金融寡头实现了在经济上的统治之后，不可避免地要把触角伸展到社会生活的各个领域，特别是国家的政治中去。这主要是通过人事参与，实行“个人联合”来实现的。比如，甚至让自己的代理人亲自出马担任政府重要职务，或者是聘请卸任的政府军政要员担任自己企业的领导职务，借以实现对国家政府机关的直接影响和控制。金融寡头还会渗透到上层建筑的各个领域，把新闻出版、广播电视、科学教育、文化体育等也控制起来，作为维护自己统治的工具。这样，金融资本通过个人联合参与政务活动，金融寡头就实现了对整个国家从经济、政治到社会生活各个方面的全面统治。

三、私人垄断资本主义的发展

第二次世界大战后，以计算机为基础的信息技术、生物工程技术、空间技术、新材料技术和新能源技术为主要标志的第三次科技革命极大地推动了资本主义社会生产力的发展。生产力的巨大变革，促使私人垄断资本主义获得了进一步的发展。

（一）生产集中和垄断程度进一步提高

第二次世界大战后，主要资本主义国家的生产集中和垄断程度的提高，主要表现在以下三个方面。

（1）企业规模日益扩大，巨型垄断公司不断涌现。随着竞争的加剧，兼并企业的速度加快，合并的资产日益增大。以美国为例，兼并企业在 1930～1939 年仅有 226 家，而第二次世界大战后，在 1960～1969 年就达到 12 574 家。垄断公司的规模也越来越大。美国资产在 10 亿美元以上的巨型公司，1946 年只有 43 家，至 1976 年猛增到 467 家。资产超过 100 亿美元以上的巨型公司，1960 年仅出现1家，至1980年发展到40家。[①] 1991年，通用汽车公司的资产额高达1802亿美元，销售额达1260亿美元，利润近20亿美元。它的国内生产总值，超过像土耳其、泰国这样的中等水平的国家。巨型垄断公司进一步加强对社会生产主要部门的垄断控制，增加对资本主义国家国民经济的统治。例如，美国电话电报公司1970年以前控制的美国长途电话业务量达100%，1989年虽降低到70%～75%，但仍在长途电话部门居支配地位。波音公司所占飞机市场份额，从20世纪60年代以来一直是50%～80%。通用汽车公司、福特汽车公司和克莱斯勒公司等的汽车产量总和占美国汽车总产量的90%以上。[②]

（2）兼并的范围更加广泛，混合联合公司迅猛发展。企业兼并是实现生产和资本集中的重要途径。企业兼并有三种形式：横向兼并、纵向兼并和混合兼并。横向兼并又称水平兼并，是指进行兼并的企业属于同一产业、生产同一产品或处于同一加工工艺阶段。纵向兼并又称垂直兼并，是指进行兼并的企业之间存在着垂直方向（前向或后向）的联系，分别处于生产和流通的不同阶段。混合兼并又称复合兼并，是指分属不同产业、生产工艺上没有关联关系、产品也完全不同的企业之间的兼并。第二次世界大战前，企业兼并主要是横向兼并和纵向兼并。第二次世界大战后，混合兼并得到极大的发展，成为垄断资本扩大垄断势力和进行垄断竞争的重要形式。1998年11月30日，德意志银行以97亿美元兼并资产总额居美国第八位的信孚银行，实现了横跨大西洋的金融界最大的兼并，使德意志银行的资产总额达到8200多亿美元。在汽车工业，德国戴姆勒-奔驰汽车公司以400亿美元并购美国的克莱斯勒公司；福特汽车公司以500亿瑞士克朗收购了沃尔沃公司的轿车部门，实现了它在西欧作为第二大汽车供应商的目标。与此相适应，垄断企业的经营方式也有了重大的变化，即日益向多样化、综合化方向发展，出现了跨地区、跨部门、多样化经营的巨型企业——混合联合公司。混合联合公司具有单个部门经营企业不具有的多种优势，成为第二次世界大战后私人垄断的主要组织形式。例如，美国的国际电话电报公司，本来是专营电信器材的有关业务，但从20世纪60年代以来，先后兼并了50多家与电信事业毫无关系的公司，形成了一个经营电信、面包、人造纤维、建筑、旅馆、保险、消费信贷及书籍出版等多种业务的混合联合公司。2001年，美国最大的500家工业公司中，有90%以上都是从事多样化经营的公司。

（3）大垄断企业控制着大量中小企业，成为加强垄断统治极为有利的一种经营方式。第二次世界大战前主要是大企业兼并中小企业，而第二次世界大战后，

① 李维贵．当代资本主义经济与政治．昆明：云南人民出版社，1991：81.

② 高稚光，万钧，李焕岭．政治经济学（资本主义部分）．北京．经济科学出版社，1997：255，256.

特别是1996年波音公司和麦克唐纳·道格拉斯公司两大飞机制造商的合并之后，引发了一轮企业强强并购浪潮，几乎各行各业都有强强购买的案例。但是，这种强强并购浪潮并没有断送中小企业的出路。相反，在垄断资本统治下的中小企业不仅存在，而且发展还非常活跃。这是因为，生产力的多层次性、生产部门的多门类性、需求的多样性，为它们的滋生提供了肥沃的土壤。中小企业独立经营，适应性强，专业性高，投资额低，因而具有较强的生命力。资产阶级国家为了解决日益严重的失业问题和保障社会稳定，也会采取一些鼓励中小企业发展的各种优惠政策。同时，垄断企业为了保持垄断利润的长期稳定和增长，也不会无限制地兼并中小企业，而是更侧重于通过购销关系、承包合同、外围协作等形式，把各式各样的中小企业联结成网络，为大垄断企业加工零配件、提供各种服务，完全受垄断组织的支配和控制，成为现代垄断资本主义经济中对垄断统治极为有利的一种经营方式。例如，20世纪60年代，洛克希德公司外部协作的零部件为30%，1980年达到70%，20世纪80年代至21世纪初又有增长。福特汽车公司在国外的协作厂商有4万家，供应2000种汽车配件和工作机具，每年用于外购协作的款项达200亿美元。[①]

（二）金融资本统治进一步加强

第二次世界大战后，伴随着银行集中和垄断的发展，银行在国民经济中的地位和作用进一步提高，进而使金融资本的实力和统治不断加强，这主要表现在以下四个方面。

（1）银行业的集中和垄断进一步发展，出现了一些巨大的银行和银行集团。20世纪90年代以来，美国等垄断资本主义国家的银行业并购频繁。据美国银行协会报告，1998年美国银行业并购家数达800多家。银行并购使垄断资本主义国家银行业的集中和垄断程度进一步提高，金融业的巨型航空母舰不断涌现。例如，根据美国联邦存款保险公司的资料，由于大量兼并和收购，过去20多年间，美国银行数量大大减少。1984年初美国一共有15 101家银行，到1998年6月下降到8984家，2003年年底进一步下降至7842家。[②] 1998年美国花旗银行与旅行者集团合并后，资产总额高达7000亿美元，占该国国内生产总值（GDP）的9.1%。目前，美国前50家大银行资产总额占该国所有银行资产总额的2/3。[③]

（2）金融机构及其业务更加专业化和多样化，混合联合金融业垄断组织已成为金融业资本集中与垄断的主要组织形式。第二次世界大战后，在金融自由化趋势下，为了攫取更多的利润，原本只经营短期贷款的大垄断商业银行，逐渐突破

① 于良春．政治经济学．北京：经济科学出版社，2001：119.

② 鄂志寰．近期美国银行业并购特征、前景及借鉴．国际金融研究，2004，(3)：5.

③ 陈坚．银行并购利乎？弊乎？．现代商业银行，2000，(6)：12.

传统业务范围，广设金融公司、投资公司、保险公司等各种非银行金融机构，从事金融期货、信托投资、出口信贷、消费信贷、租赁和保险等多种非商业银行金融业务。与此同时，各种专业化经营的非银行金融机构也从事银行和其他金融机构的许多业务。比如投资公司除经营原有的有价证券业务外，还经营金融公司、保险公司、商业银行等其他金融机构的业务。储蓄机构也发行变相的支票，其业务范围已渗透到商业银行范围之内。原来只签发旅游支票的专业金融机构，随着旅游业的发展，也迅速发展为经营保险、信用卡、证券投资等各种金融业务。银行和非银行金融机构在发展中，既互为补充，又相互渗透，以致你中有我，我中有你，使银行和非银行金融机构发展成为混合金融业垄断组织。

（3）垄断财团家族色彩淡化，相互渗透加强。垄断财团，即垄断金融集团，它是由少数金融寡头控制的大银行、保险公司、工商企业结成的垄断资本集团。第二次世界大战以前，金融资本集团大多由某一家族控制。第二次世界大战以后，由于生产日益社会化，任何单个家族的资本都无法独占一个大企业或一个大集团公司，这就导致垄断财团家族色彩淡化，各财团之间出现相互渗透的局面。这种相互渗透表现在：大财团的核心组织已渗透到众多大公司中，成为众多大公司的大股东，同时，大财团的核心组织已被众多的大公司所渗透，已经失去独家控股地位。例如，摩根公司曾长期是摩根财团的核心，而现在已被挤出摩根财团大股东的前十名之外；摩根公司在金融危机之前曾经同时又是花旗银行的最大股东，[①] 而花旗银行在其内部大股东的排名中仅列第五名，但它又是摩根公司的第四大股东。这表明，当代垄断财团的控制者已不是一两个金融寡头，而是十几个甚至更多的金融寡头。与此相适应，金融资本集团的内部组织结构由第二次世界大战前的家族或准家族的垂直控制结构演变为第二次世界战后的众多金融寡头结成的网状式的联合控制结构，这是垄断资本“集体所有制”的新发展。

（4）金融资本与国家直接紧密结合在一起，金融寡头对国家政权的控制进一步加强。第二次世界大战后，金融资本的显著变化是，它已不是一般的私人垄断金融资本，而是变成与国家政权密切结合在一起的金融资本。例如，日本中央银行，其股本官方占55%，私人垄断银行占45%。由于金融资本与国家已紧密结合，这就进一步加强了金融寡头对国家政权的控制。据托马斯·戴伊的估计，美国政府中的高级人员有1/4来自公司高级人员，公司高级人员有2/5曾参加过政府工作。[②] 垄断寡头控制下的“学术团体”或基金会等机构也有相当数量的学者和专家参加过政府机关的工作。不仅如此，越来越多的金融资本家亲自担任政府

① 自2008年金融危机以来，美国政府已三次对花旗银行伸出援手，投入总计450亿美元资金及超过3000亿美元的资产担保。目前，美国政府在花旗银行中的持股比例将升至36%，成为其最大股东。

② 高稚光，万钧，李焕岭．政治经济学（资本主义部分）．北京：经济科学出版社，1997：261.

要职。例如，洛克菲勒财团基金会董事长杜勒斯、腊斯克都曾任美国国务卿，曾任美国总统的肯尼迪、约翰逊都是大资本家。

(三) 私人垄断资本进一步社会化

第二次世界大战后，私人垄断资本主要采取了股份公司的形式，而股份公司是资本社会化的重要形式。私人垄断资本的进一步社会化主要表现在以下三个方面。

(1) 私人股权分散化。第二次世界大战后，随着垄断资本主义的发展，股份公司越来越普及，垄断资本家常常通过发行小额股票来吸引游资，这促使企业的外部股东人数迅速增多，股权呈现分散化趋势。20 世纪 60 年代，美国就有 9 家公司的股东人数达 100 万人。21 世纪初，通用汽车公司就超过 400 万股东。股权分散化在形式上是资本的分散，实际上是加强私人垄断资本实力的重要手段。因为小额股票发行，可以把居民手中的闲散资金（包括劳动者的一部分消费基金）集中起来，转变为社会资本。另外，股权分散可以降低股份控制额，使垄断资本家以同量的资本控制更多的企业。

(2) 法人持股比例上升。法人持股是指公司资产和经营为两个以上具有法人地位的公司或社团所控制。第二次世界大战前，个人和家族持有股票占绝大多数，而第二次世界大战后，法人所持有的股票日益增多，垄断主体法人化趋势不断强化。据美国证券交易委员会的资料，美国商业银行、保险公司、投资银行所持有的股票比重，1939 年为 17%，1952 年提高到 18.9%，1974 年增加到 33.3%。[①②]在日本，法人持股比例更高，1992 年高达 68.93%，其中金融机构持股比重为 44.4%。进入 21 世纪，在日本，法人持股比例超过 75%，而个人持股比例只占 20% 左右。法人持股使私人垄断资本社会程度进一步提高，因为法人股东本身就是一个股份公司或者不同类型的资金集中的团体，它所持有的股份本来就是社会资本的存在形式。

(3) 垄断资本管理社会化程度不断提高。第二次世界大战后，随着企业规模的扩大、结构的复杂、竞争的日益激烈，单纯的经理个人负责制已不适应生产发展的需要，而法人股东的崛起，开辟了经理集体领导的新趋势。除此之外，股份公司的决策越来越倚重于公司或社会上的“智囊团”。这都表明私人垄断资本管理体制社会化程度的提高，经理阶层在现代产权结构中的地位日益重要。经理阶层牢固地掌握着企业的实际控制权，它是私人垄断资本主宰和统治企业的一种更高、更有效的形式。

---

① 高稚光，万钧，李焕岭. 政治经济学（资本主义部分）. 北京：经济科学出版社，1997：262.

② 白群燕. 马克思主义政治经济学原理. 北京：中国政法大学出版社，2004：301.

第二节　国家垄断资本主义

一、国家垄断资本主义的产生和发展

（一）国家垄断资本主义产生的必然性

国家垄断资本主义是资产阶级国家和私人垄断资本相结合的一种垄断资本主义。在社会资本再生产过程中，国家作为经济实体占有、支配和使用国有垄断资本，与私人垄断资本的运动密切地联系和融合在一起，形成一种新的国家垄断资本主义生产关系。私人垄断资本主义发展为国家垄断资本主义，不是偶然的，从根本上说，是资本主义基本矛盾发展的必然产物。具体地讲，是由这一基本矛盾引起的一系列具体矛盾和问题推动的结果。

(1) 社会化生产的比例性与私人垄断竞争的盲目性的矛盾。科学技术的发展，生产社会化程度的进一步提高，客观上要求按比例分配社会劳动，发展国民经济。但是，私人垄断资本总是从各自私利出发，因而盲目竞争不可避免，这势必引起社会经济生活的巨大波动，导致社会生产无政府状态更加严重，甚至发生严重的经济危机。这就要求国家从私人资本的整体利益和长远利益出发，对整个社会生产进行调节和干预，以保持国民经济协调发展。

(2) 生产扩大和市场狭小的矛盾。在现代科学技术革命的推动下，急剧膨胀起来的社会生产力，使社会产品大幅度增加，这同国内外市场相对狭小的矛盾日益严重，因而出现生产相对过剩现象，爆发周期性经济危机。私人垄断资本家单靠自己的力量无力克服这一矛盾，要求借助国家的力量，刺激需求，控制生产，增加竞争能力，开拓国内市场，争夺国际市场。

(3) 社会化生产所需要的巨额投资与私人垄断资本承受能力相对不足的矛盾。随着科学技术的发展，生产规模不断扩大，新兴产业不断涌现，传统产业不断改造，社会基础设施不断扩展。这些都需要投入巨额的资本，并且这些投资不仅数量大、周期长，而且风险大、利润少。因此，私人垄断资本无力承担和不愿意承担的，就需要由国家投资或资助。

(4) 科学技术研究的高度社会化与私人垄断资本利益的狭隘性的矛盾。在现代科技革命中，各个科学技术领域之间的联系日益紧密，科学技术的研究和开发日益社会化。这不仅需要投入大量的物力和财力，还需要多学科、多部门乃至多国共同参与。例如，1967 年美国“阿波罗”号飞船登月实验，共耗资 300 亿美元，动员 42 万人和 2 万多家企业和实验室参加，历时 11 年才完成。然而，私人垄断资本利益的狭隘性决定了它不可能、也无力从社会长远、全局的利益出发来开展科技研究，这只能由国家投资，并出面加以协调和组织。

（5）国际竞争加剧与私人垄断资本力量薄弱的矛盾。国家之间的贸易战、投资战、高科技战等，一浪接一浪，愈演愈烈。在这种激烈竞争的强大压力下，私人垄断资本单靠自己的力量参与国际竞争便显得势单力薄，这就需要国家出面为其竞争创造有利的条件。例如，国家通过对外贸企业实行减免税收、优惠贷款和价格补贴等手段提高其国际竞争力；通过缔结各种国际协定、创立国际关税贸易和货币信用制度、建立国际经济组织等为其商品和资本的国际化创造优惠条件。

总之，资本主义基本矛盾的不断加深，是私人垄断资本主义发展为国家垄断资本主义的根本原因。恩格斯指出："猛烈增长着的生产力对它的资本属性的这种反作用力，要求承认生产力的社会本性和这种日益增长的压力，迫使资本家阶级本身在资本关系内部可能的限度内，越来越把生产力当做社会生产力看待。"①由表面上凌驾于一切私人资本之上的资产阶级国家对社会经济生活进行控制和干预，正是在资本主义生产关系的限度内把生产力当做社会生产力来对待的唯一可行的办法。

（二）国家垄断资本主义发展的历程

国家垄断资本主义从开始萌芽到在整个经济生活中占据统治地位，经历了一个复杂的发展过程。这个过程大致可分为四个阶段。

（1）从19世纪末到第一次世界大战爆发以前，国家垄断资本主义尚处于的萌芽状态。这时的国有经济主要是国营铁路、兵工厂，以及某些公用事业和基础设施等。而这些早就是国家的财产，只是在私人垄断确立后它们才转变成国家垄断资本主义的一种早期形式。

（2）从第一次世界大战爆发到20世纪30年代大危机以前，国家垄断资本主义开始出现。在战争期间，各交战国空前地加强了国家对经济的干预，对生产和分配普遍实行了国家监管，一些交战国还由国家投资建立钢铁厂和军火厂。事实上，这是一种战争时期发展起来的军事性国家垄断资本主义，以德国的情况最为典型。战争结束后，这种国家垄断资本主义也就削弱了。

（3）从20世纪30年代大危机到第二次世界大战结束初期，国家垄断资本主义处于不稳定发展时期，并带有阶段性。1929～1933年的世界资本主义经济危机，严重冲击了资本主义制度。为了渡过危机，摆脱经济困境，各国纷纷通过颁布干预经济的法令，成立各种管制经济的机构，加强了国家对经济的干预和调节，国家垄断资本主义再度有了显著发展。例如，美国推行"罗斯福新政"，英、法等国则对私人企业实行国有化的举措；德国、意大利和日本等法西斯国家，则以经济军事化方式干预和组织国民经济。第二次世界大战后，国家垄断资本主义又一次得到广泛的发展，各交战国普遍建立了许多直接管理经济的专门机构，国

① 马克思，恩格斯．马克思恩格斯选集．第3卷．北京：人民出版社，1972：317.

家调节几乎覆盖了所有基本经济部门。但是，这个时期的国家垄断资本主义是同经济危机或战争相联系的，具有行政性和不稳定性。随着经济危机或战争的过去，国家垄断资本主义又退回到私人垄断资本主义。

（4）从 20 世纪 50 年代开始直到现在，国家垄断资本主义进入全面、持续、迅速发展的阶段。国家垄断资本主义遍及经济发展的各个领域，涉及所有的发达资本主义国家，成为当代资本主义国家经济基础最重要的组成部分，它标志着垄断资本主义发展到一个新的阶段。第二次世界大战后，国家垄断资本主义之所以迅速而稳定地发展，是因为科学技术革命的迅速发展，促进生产社会化程度不断提高，这就要求在全社会范围内对国民经济进行宏观管理。同时，战后主要资本主义国家面临的国内外经济和政治斗争形势的变化，也极大地促进了国家垄断资本主义的发展。

二、国家垄断资本主义的基本形式

国家垄断资本主义既然是资产阶级和垄断资本相结合的资本主义，因而根据结合的不同情况，它可分为三种基本形式：国有垄断资本、国私共有垄断资本、国有垄断资本和私人垄断资本在社会范围内的结合。

（一）国有垄断资本

国有垄断资本是资产阶级国家直接掌握的垄断资本，主要是以国有企业的形式存在。国有企业的产生有两条途径：一是国家对私人企业实行“国有化”政策，用高价收购或者其他补偿办法，把某些私人企业收为国有；二是通过国家的财政拨款，直接投资来兴办新的国有企业。建立资本主义国有企业的目的，一方面是出于资本社会化的需要，另一方面则是为了维护垄断资本的利益。

国家投资兴建的国有企业，主要是一些投资规模巨大，建设周期长、风险大、赢利低，私人垄断资本不愿或无力兴办，但对保证社会再生产正常进行所不可缺少的部门或企业。例如，基础产业、基础设施和公用事业等部门，或者是原子能工业、宇航工业等具有重大意义的新兴产业和尖端技术部门。

在国家垄断资本主义阶段，被国有化的私人垄断企业往往是一些技术落后、亏损严重，或者是在国际市场上失去竞争力的企业。通过国有化，原来经营这些企业的垄断资本家，一则可以从国家那里拿到往往超过企业实际价值的补偿金；二则可以把改造企业的重担推给国家；三则可以把补偿金重新投入那些有利可图的产业。这三个方面都能给私人垄断资本带来巨大的利益。

第二次世界大战后，欧洲的一些国家发生过几次国有化浪潮。例如，英国有过两次国有化浪潮：第一次是 1945～1951 年工党执政期间，但后来，保守党内阁上台，对钢铁公司实行非国有化；1974 年工党政府再度上台后，又一次掀起国有化浪潮。法国也有两次国有化浪潮：第一次是1944～1946年戴高乐执政期间；第二次是20世纪70年代末和80年代初期德斯坦政府和密特朗政府执政期间。通过几次国有化浪潮，英国、法国、联邦德国等西欧国家，其国有企业在整个国民经济中已占有重要地位。据英国《经济学家》1978年底刊登的材料，在采煤、石油、钢铁、汽车等11个重要经济部门的生产中，国有企业的比重达到50%以上的部门，联邦德国有7个，意大利有8个，法国有9个，英国达到10个。①

值得注意的是，20世纪80年代以后，西方发达国家又掀起了国有企业私有化浪潮。这种大规模推行私有化的先驱当属英国原首相撒切尔夫人。从1981年开始，英国开始实施私有化计划，大规模向私人出售国有资产。随后，美国、法国、联邦德国、意大利、日本等国纷纷仿效，从而形成一股几乎席卷整个西方世界的私有化浪潮。私有化浪潮的兴起，从根本上说是国家垄断资本主义在政策上的一种结构性调整。20世纪70年代中期以后，发达资本主义国家的经济大都处于“滞涨”状态，国有企业由于经营体制而造成的低效率尤显严重，国家财政为此背上了沉重的包袱。资产阶级国家不得不通过私有化来改善财政状况，稳定资本主义经济。而新自由主义在政治上的得势，也促进了私有化的推行。

20世纪80年代，发达资本主义国家推行私有化的结果，使国有企业所占的比重有所下降，但在法国、意大利和联邦德国，这种下降并未达到伤筋动骨的程序，甚至在英国，国有企业也还占有一定的比重。1987年，英国国有企业职工人数仍有100万，占就业人口的4.6%。②

应该指出，国有化和私有化都是垄断资产阶级国家干预和调节经济的措施。这两种措施都是按照有利于垄断资本利益的原则行事的。私有化后的私人垄断企业也不能离开同国有垄断资本在社会范围内的结合，因而仍然是国家垄断资本主义的一部分。这种国家垄断资本主义内部组成的变化，并不是国家垄断资本主义本身的发展或削弱。

（二）国私共有垄断资本

国私共有的垄断资本又是国家垄断资本主义的一种基本形式，它的组织形式是国私合营企业。国私合营企业是由国家垄断资本和私人垄断资本以股份公司形式组成的垄断企业，它表现为国有垄断资本和私人垄断资本在一个企业范围内的结合。

国私合营企业早在第二次世界大战以前就已出现。1933年，德国的国家参与企业达115家。但总的说来，这一时期建立国私合营企业主要是备战的需要。

① 吴树青．政治经济学（资本主义部分）．北京：中国经济出版社，1993：260，261.

② 吴树青．政治经济学（资本主义部分）．北京：中国经济出版社，1993：267.

这类企业的数量和所起的作用都是很有限的。随着20世纪50年代以后国家垄断资本主义的迅猛发展，国私共有的垄断资本成为国家垄断资本主义的基本形式之一，国私合营企业也获得了较大发展，特别是在西欧的一些国家。法国到1976年国私合营企业已有46家，所属子公司235家。联邦德国1983年对国家参股企业的投资为85.1亿马克，占国家投资总额的15.9%。[①]

国私合营企业主要通过三条途径形成：一是国有垄断资本以参与制的方式与私人垄断资本合办企业；二是国家和私人垄断资本共同创立新的企业；三是吸收私人垄断资本加入国家或地方政府所有的企业。

国私合营企业的形成，一方面可以使国家用较少的国有资本直接参与私人企业，从而控制较大量的私人垄断资本的经营活动，大大有利于国家对宏观经济进行调节和控制；另一方面，私人垄断资本可以直接利用国有垄断资本来增强自己的经济实力和竞争能力，还能够得到更多的政府提供的优惠条件，包括低价原料、能源等的供应，以及各种各样的补贴，使垄断资本家获取高额垄断利润。

（三）国有垄断资本和私人垄断资本在社会范围内的结合

国有垄断资本与私人垄断资本在社会范围内的结合，是国家垄断资本主义的第三种基本形式。这种结合的主体是私人垄断资本，结合的方式则是在企业外部和社会再生产过程中结合。在这种结合中，国有资本表现为调节社会生产的经济力量，私人垄断资本的占有形式并没有改变，仍然属于私人垄断组织或垄断资本家所有，但它的运动过程已不再像一般垄断资本主义时期私人垄断资本那样单独运动了，而是在与国有垄断资本的结合中运动，从而受到国有垄断资本的调节。

私人垄断资本与国有垄断资本的结合运动，贯穿于它的生产和再生产过程中，表现在剩余价值的生产、剩余价值的实现和剩余价值的分配等各个方面。

在剩余价值的生产方面的结合，主要表现在四个方面。第一，国家通过各种形式直接向私人垄断组织提供进行生产所需的固定资本和流动资本。在这方面，国家可以以低廉的价格向私人垄断组织提供生产资料，也可以通过给予津贴直接为私人垄断组织提供资助，还可以通过提供优惠贷款帮助私人垄断组织解决部分资本来源。第二，国家投入巨额资金进行科学研究，为私人垄断组织节省了用于科研的资本支出。例如，第二次世界大战后，美国政府拨款约占全部科研费用的60%～65%。第三，国家投入巨额资本发展基础工业和基础设施，为私人垄断资本的扩大再生产提供必需的物质基础。第四，国家用大量资金发展教育和社会保险，从而参与了私人垄断组织的劳动力再生产。例如，在1961～1971年，公共教育费用在国民收入中所占的比重，美国由6.3%提高到7.4%，英国由6.4%提高到7.2%。

---

① 曹文芬，韩庆华．政治经济学．北京：经济科学出版社，2003：109.

在剩余价值实现方面的结合，主要表现在：国家作为商品和劳务的采购者，向私人垄断组织大量订货，为它们提供一个有保证的市场。在主要资本主义国家，社会最终产品1/5以上是由国家购买的。例如，美国政府购买商品和劳务的支出从1950年的385亿美元增加到1980年的5384亿美元，30年内增加了13倍。国家采购的主要部分是军事采购，美国在1950～1980年，这部分约占政府采购额的65%～86%。

在剩余价值分配中的结合，主要表现在：在剩余价值分配中，企业通过向国家缴纳利润税把部分剩余价值转入国家手中，国家通过财政渠道进行国民收入再分配，以各种形式保证私人垄断资本的利益。例如，在与私人垄断组织进行商品和劳务的采购及供应过程中，垄断组织通过低价售出、高价购入，把国有企业工人创造的剩余价值的大部分，甚至国家财产转化为垄断组织的利润。

三、资产阶级国家对社会经济的调节

在国家垄断资本主义时期，资产阶级国家对社会经济的调节得到全面的发展，其调节方式有两种：直接调节和间接调节。前者是指垄断资本主义国家利用其所掌握的国有垄断资本，以所有者身份，直接参与社会再生产活动，对私人垄断资本实行直接的调节和控制；后者则是指垄断资本主义国家作为上层建筑，以国家权力介入经济生活，利用各种政策手段和经济计划，对资本主义再生产进行间接调节。尽管这两种调节方式的作用各不相同，但二者进行调节的方向是一致的，并且相互补充、相互依存。从垄断资本主义的发展实践来看，各国都以间接调节方式为主。其中，财政政策、货币政策、收入政策、产业政策和经济计划等是间接调节的主要手段。

（一）财政政策调节

财政政策是国家进行国民收入再分配的工具，包括财政收入和财政支出两个方面。财政收入政策主要是通过税率和税收结构的调整来实现的。财政支出政策的内容主要是政府采购、公共工程建设和转移支付等。其中转移支付是指政府对某些地区、阶层和人士实行的津贴和补助等。

西方国家普遍采用的是依据凯恩斯主义制定的、以“逆经济风向行事”为特点的财政政策。当社会总需求不足、失业增加、经济不景气时，政府实行扩张性财政政策，即增加政府支出，但不增加乃至减少税收，以刺激需求扩大，提高就业和总生产水平。反之，当社会总需求过度、物价水平持续上涨时，政府则实行紧缩性财政政策，即减少政府支出，不改变乃至增加税收，以抑制总需求，降低就业、总生产水平和通货膨胀率。这样做，可以保持总需求和总供给的基本平衡，实现经济的稳定增长。

（二）货币政策调节

货币政策是指政府根据确定的宏观经济目标，通过中央银行控制货币供给量和利息率以影响社会总信贷资金供应和投资，从而调节社会总需求和总供给。像财政政策一样，货币政策也是“逆经济风向行事”的。当社会总需求不足时，政府通过中央银行实行扩张性货币政策，增加货币供应量和降低利率，促进投资和就业；反之，就实行紧缩性的货币政策，减少货币供应量、提高利率，压缩投资和就业。

西方中央银行调节货币供应量的主要手段有三种。第一，调整商业银行的存款准备金率。存款准备金率，是指商业银行按规定将存款额的一部分存放到中央银行的比率。中央银行可通过降低或提高商业银行存款准备金率的办法，调节和控制流通中的货币量，以对付经济的周期性波动。第二，调整再贴现率。工商业资本家以未到期的商业票据作为抵押，向工商银行兑取现金，银行按一定的贴现率（利息率）扣除利息后给予现金。工商银行现金不足时，又以贴现的期票作为抵押向中央银行贷款，即再贴现。中央银行扣除按再贴现率计算的利息之后付给现金。中央银行的再贴现率变动会影响工商银行的贴现率，从而影响工商业资本家的贷款，使生产扩大或缩小。第三，实行公开市场业务。这是指中央银行在证券市场上公开买卖各种有价证券，如国库券、公债等，以调节货币供应量的一种措施。具体做法是：在经济高涨时，中央银行通过卖出有价证券以回笼货币，抑制投资；反之，则买入有价证券以增加货币供应量，刺激投资。

（三）收入政策调节

收入政策是资产阶级国家根据经济发展状况，有意识地调节工资、利润和其他收入的政策。收入政策的目标有两个：一是企图克服物价和工资的螺旋式上涨引起的通货膨胀；二是调节收入分配，调节工资与利润的相对份额。

国家实施收入政策的手段主要有三种：第一，强制性收入政策，主要是政府通过立法来冻结物价和工资，这一般是在通货膨胀严重时采用的手段；第二，非强制性的“指导性”方法，即政府根据平均劳动生产率的增长幅度，规定每个部门的工资增长限度，使货币收入增长不超过劳动生产率增长幅度；第三，收入指数化措施，即将名义收入与某种物价指数联系起来，名义收入随物价指数变动而变动，其作用在于避免或减轻物价上涨对实际工资的影响。

（四）产业政策调节

产业政策调节是指当代资本主义国家为适应新兴产业发展、产业结构调整、提升产业国际竞争力的客观要求而制定的调节经济的政策。产业政策既是政策性计划，即在一个有限的范围内规定产业发展的结构、顺序和时机，又是实现产业规划或产业发展计划的一种手段，并从属于产业规划或产业发展计划。产业政策包括产业组织政策、产业结构政策、产业布局政策和产业技术政策等。

日本是最早制定并实施产业政策的国家之一。早在20世纪60年代，在提出产业结构高度化目标的同时，通产省就提出了“新产业体制”的目标，以克服“过度竞争”和“规模过小性”，逐渐建立起“有效竞争”的组织结构，提高企业的国际竞争力。一般认为，日本在第二次世界大战后迅速发展成为仅次于美国的世界第二大经济强国，很重要的一个原因是它制定和实施了一套促进产业和外贸协调发展的有效的产业政策。

（五）经济计划调节

经济计划调节是资产阶级国家通过经济计划，主要是中长期计划，来调节经济的方法。资产阶级国家通过计划调节国民经济是生产社会化与资本社会化的客观要求。列宁指出：“不能照旧认为，资本主义是没有计划性的，这种说法已经陈旧了，因为既然有了托拉斯，就不致没有计划性。”[①]国家垄断资本主义的发展，则为对整个国民经济实行计划调节提供了客观的物质条件。当代发达资本主义国家（法国、日本、德国、英国、美国等）都程度不同地实行经济计划化，对社会经济实行宏观的综合性调节，在资本主义经济调节体系中占有重要地位。

资本主义国家的经济计划主要包括三个方面：中长期的经济和社会发展预测；计划期内经济和社会发展的总目标及主要的相关具体目标；实行计划目标和政策措施。资本主义经济计划的特征是：第一，计划是以资本主义私有制为基础的，反映垄断资产阶级的利益要求；第二，计划对私营企业只起指导性作用，不具有指令性和行政约束力，主要起传递信息的作用；第三，国家实施计划不是依靠行政命令，而是依靠各种政策手段和市场机制，发挥国有垄断资本的作用。法国和日本是实行经济计划化最为突出的国家。法国在1947～1992年，已连续制订和实施了10个国民经济中、长期计划，形成了一套较完备的国家调节体系。日本从1955年以来，已制订了11个中、长期经济计划。

四、国家垄断资本主义的实质和作用

（一）国家垄断资本主义的实质

国家垄断资本主义仍然是垄断资本主义。国家垄断资本主义的产生和发展，并没有改变垄断统治这一垄断资本主义的经济实质。国家垄断资本主义绝不是对资本主义经济本质的否定，而只是为适应生产力发展的要求，在资本主义允许的范围内对生产关系作局部的调整。

第一，国家垄断资本主义仍然是资本主义私有制，并没有改变资本主义经济制度的本质。国家垄断资本主义是在私人垄断资本主义的基础上发展起来的，是

① 列宁．列宁全集．第2卷．北京：人民出版社，1972：782.

建立在资本主义私有制的基础上的。在国家垄断资本主义条件下，生产资料仍然是资本主义私有制，基本阶级关系仍然是资本家阶级剥削无产阶级，即使资本主义国有企业也不能改变这种情况。这是因为国有企业的性质是由国家的性质决定的。恩格斯指出：资本主义国家，“不管它的形式如何，本质上都是资本主义的机器，资本家的国家，理想的资本家。它愈是把更多的生产力据为己有，就愈是成为真正的总资本家，愈是剥削更多的公民。工人仍然是雇佣劳动者，无产者。资本关系并没有被消灭，反而被推向了顶点”。①

第二，国家垄断资本主义是为垄断资产阶级攫取高额的垄断利润和维护垄断资本的统治服务的，它并没有改变资本主义国家的本质。资本主义国家投资兴办国有企业，对私人垄断企业实行国有化，以及参与调节社会经济生活，归根到底都是为了保证垄断资本家获得高额垄断利润、加强垄断资本的统治。当然，资产阶级国家为了垄断资产阶级的整体利益和长远利益，有时也会与某些个别的私人垄断资本集团发生矛盾和冲突，甚至会牺牲某些私人垄断资本集团的利益。这正是国家垄断资本主义和私人垄断资本主义有所不同的地方。国家作为理想的总资本家，它考虑更多的是垄断资产阶级的整体利益和长远利益，因此更集中地代表了垄断资产阶级的意志。

总之，国家垄断资本主义的实质是私人垄断资本为了攫取高额的垄断利润，维护其在国内的垄断统治和实行对外扩张、争夺世界霸权而运用国家政权的一种形式。

（二）国家垄断资本主义的作用

国家垄断资本主义是在资本主义基本矛盾不断加深的条件下产生和发展的，一方面，它通过对资本主义生产关系的局部调整，暂时缓和了生产社会化与资本主义私人占有形式之间的矛盾，在一定时期和一定程度上促进了资本主义国家经济的发展；另一方面，由于它并没有超越资本主义生产关系的范畴，所以，随着生产力的发展，必然进一步加深资本主义基本矛盾。这就决定了国家垄断资本主义对当代资本主义经济发展具有双重性的作用。

国家垄断资本主义对当代资本主义国家经济发展所起的促进作用，主要表现在以下三个方面。

第一，国家垄断资本主义用其掌握的巨大财力资源，建立现代化基础工业、基础设施，开展科学技术研究等，从而突破了私人垄断资本的局限性。为适应新技术革命的需要，必须对传统的基础工业进行大规模的技术改造和发展一些巨大的新兴工业部门，以及建立现代化交通运输、大型的水利和环保工程等基础设施，这都需要投入大量的资本，而且周期长、风险大、效益低，甚至无利可图，

① 马克思，恩格斯．马克思恩格斯选集．第3卷．北京：人民出版社，1972：318.

私人垄断资本不愿意承担。同时，现代科技的发展越来越复杂，所需的投资也越来越大，风险也随之增大，私人垄断资本往往很难承担。这些问题都需要国家直接投资或与私人垄断资本联合来解决。这就克服了私人垄断资本单纯追求眼前利益和自身能力的局限性，在一定程度上能根据社会扩大再生产的需要进行投资。

第二，国家垄断资本主义对社会经济运行进行必要的宏观调节和控制，从而在一定程度上克服了个别资本运动的盲目性。国家通过各种财政金融手段参与、控制和干预经济运行过程，这在一定程度上适应了生产社会化的客观要求。虽然资产阶级政府采取的各项宏观政策措施不可能从根本上解决社会再生产的基本矛盾，但却使这个矛盾得到了一定的抑制。第二次世界大战后，当代资本主义国家的经济危机虽仍周期性爆发，但经济危机的破坏性大大低于战前，这与国家垄断资本主义的发展有着密切的关系。

第三，国家垄断资本主义在资本主义制度范围内对资本主义社会生产关系进行局部调整，在一定程度上缓和了阶级矛盾。资本主义国家分配差距的扩大是资产阶级与无产阶级之间的阶级矛盾激化的重要原因。第二次世界大战后，资本主义国家通过各种经济手段来抑制分配差距的扩大，起到了缓解阶级矛盾的作用。例如，通过内容广泛的社会福利措施，使大多数居民的基本生活得到保障；通过改进所得税制，使多收入者多纳税。这些都起到了抑制分配差距扩大的作用，缓解了阶级矛盾，减轻了社会震荡。例如，1948～1977 年，美国在国民收入的初次分配中，占总人口的 20% 的富有阶层与占 20% 的贫困阶层所得份额之比由 19∶1扩大到28.3∶1，而通过国家税收和补贴等再分配之后，实际可支配的收入比例发生了明显的变化，即由 11.2∶1 缩小到 6.6∶1。[①]

国家垄断资本主义对当代资本主义国家经济发展所起的阻碍作用，主要表现在以下三个方面。

第一，国家垄断资本主义加剧了生产社会化与生产资料资本主义私人占有之间的矛盾。在国家调节经济的过程中，以种种手段促使生产集中，使生产社会化程度不断提高。与此同时，随着资本积累和生产集中程度的不断提高，资本主义私人占有的规模越来越大。因此，生产社会性与资本主义私人占有之间的矛盾就在更大范围和更高的程度上发生冲突，对立性质更加强化。

第二，国家垄断资本主义不能消除社会生产的无政府状态，只能在一定时期和一定范围内缓和生产无政府状态的矛盾，而在长期的社会生产的发展中，反而会使这种矛盾更加深化。资产阶级国家调节社会生产是指调节各自独立经营的私人资本主义经济。国家的调节措施虽然抑制了私人经济的盲目性，缓和了整个社会生产的无政府状态。但是，与此同时，又会使私人资本主义经济不断发展，私

① 马庭祥．政治经济学概论．北京：光明日报出版社，1996：182.

人资本主义经济的发展又加强了盲目竞争的力量，使社会生产的比例关系不断遭受盲目竞争的冲击，社会生产的无政府状态更加严重。

第三，国家垄断资本主义加深了资本主义生产无限扩大的趋势同劳动人民有支付能力的需求相对缩小之间的矛盾。为了防止经济衰退，国家垄断资本主义通过扩大政府投资和消费，增加财政支出规模，大大扩张了社会需求，这无疑助长了资本主义生产无限扩大的趋势。但是，与此同时，政府要增大财政支出规模，就要增加财政收入，这就要以加重对劳动人民群众的剥削，从而使有支付能力的需求相对缩小为代价。如果不增加财政收入，而是通过扩大财政赤字、增发国债来增大财政支出，这又会引发通货膨胀，同样削弱人民群众的购买力。结果，生产能力和生产规模扩大的超前与市场扩大的相对滞后的矛盾会趋于尖锐，在社会生产经过一段时期的迅速增长以后，增长速度必然变慢，并在一定时期内出现经济发展停滞与通货膨胀并存的现象。20 世纪 70 年代末以来，主要资本主义国家普遍出现的“滞涨”局面就是一大明证。

【双语关键词】

汉语关键词	英语关键词
垄断	monopoly
私人垄断	private monopoly
卡特尔	cartel
辛迪加	syndicate
托拉斯	trust
康采恩	konzern
垄断利润	monopolistic profit
垄断价格	monopolistic price
金融资本	financial capital
金融寡头	oligarchy finance
国家垄断资本主义	nationally monopolistic capitalism
国有垄断资本	state-owned monopolistic capital

【阅读书目】

列宁．帝国主义是资本主义的最高阶段//列宁．列宁选集．第 2 卷．北京：人民出版社，1972：739-782.

列宁．帝国主义和社会主义运动中的分裂//列宁．列宁选集．第 2 卷．北京：人民出版社，1972：883-898.

【思考题】

1. 垄断是怎么形成的？
2. 什么是垄断利润？垄断利润的来源有哪些？
3. 什么是垄断价格？为什么说垄断价格的存在并没有否定价值规律？
4. 垄断统治能否消灭竞争？如何正确理解垄断与竞争的关系？
5. 金融资本是怎么形成的？
6. 国家垄断资本主义是怎么形成的？
7. 国家垄断资本主义有哪些基本形式？
8. 国家垄断资本主义如何干预和调节社会经济？
9. 国家垄断资本主义的实质和作用是什么？

【教学案例】

洛克菲勒财团的发展历程

作为美国历史上最为强大的托拉斯，标准石油公司受到了美国政府长达 20 多年的起诉和打击，并最终遭到分拆，这一案例为美国乃至全球的反垄断提供了重要参考

1870 年 1 月 10 日，洛克菲勒在俄亥俄州创建了标准石油公司这家有史以来最为强大的垄断企业，其定名是为了标榜该公司出产的石油是顾客可以信赖的“符合标准的产品”。到 1879 年底，标准石油公司作为一个合法实体成立刚满 9 年时，就已控制了全美 90% 的炼油业。有史以来，美国还从来没有一个企业能如此完全地独霸过市场。

1882 年，在洛克菲勒的律师多德首度提出的“托拉斯”这个垄断组织的概念指导下合并了 40 多家厂商，垄断了全国 80% 的炼油工业和 90% 的油管生意。1886 年，标准石油公司又创建了天然气托拉斯，并最后定名为美孚石油公司。1888 年，公司开始进入上游生产，收购油田。1890 年，标准石油公司成为美国最大的原油生产商，垄断了美国 95% 的炼油能力、90% 的输油能力、25% 的原油产量。标准石油公司对美国石油工业的垄断一直持续到 1911 年。以标准石油公司为首，美国历史上一个独特的时代——垄断时代就此到来。托拉斯迅速在全美各地、各行业蔓延开来，在很短的时间内，这种垄断组织形式就占了美国经济的 90% 。

在国际市场上，标准石油公司也迅速取得了支配性的地位。19 世纪 80 年

代，由于美国的工艺已使标准石油公司的产品优于欧洲人的产品，所以标准石油公司赢得了欧洲大部分地区的煤油市场。在19世纪七八十年代，煤油出口占到全部美国石油产量的一半以上。从价值上说煤油占美国出口货的第四位；在工业制品中占第一位。欧洲则是它的最大市场，而其中至少有90%的出口煤油是经过标准石油公司之手出去的。

随着标准石油公司的不断膨胀，它也成为美国政府反托拉斯的头号打击对象，被作为"进行欺诈、高压、行使特权"的代表，首当其冲受到批判。1890年，美国政府颁布《谢尔曼反托拉斯法案》，美孚石油托拉斯不得不解散。但事实上，洛克菲勒的石油帝国仍然存在，各分公司仍然步调一致，协同作业；各公司的收入还是由以洛克菲勒为中心的委托人来管理。1899年6月，洛克菲勒改组美孚石油公司，以新泽西州的美孚公司重新登记，美孚石油公司的石油霸主地位再次得以确立。但在1908年，西奥多·罗斯福出任美国总统，开始了托拉斯与反托拉斯之间最为激烈的对抗。罗斯福提出要将垄断市场、勾结铁路的美孚石油公司彻底铲除。1911年5月，美国最高法院宣判美孚石油公司解散，洛克菲勒为之辛苦经营40年、耗尽毕生精力的石油王国轰然倒塌。美孚石油公司被分成38个独立的企业，各自成立董事会。

尽管被分拆已近一个世纪，但今天人们依然能看出当年这个石油帝国的庞大。如今全球排名前两位的埃克森—美孚石油公司和德士古—雪佛龙石油公司均来自于当年的标准石油公司，其中的埃克森—美孚石油公司更为《财富》杂志2006年度财富500强的首位。

资料来源：潘奋图．他们曾经是被告——各国反垄断法经典案例回顾．中新网．2008-08-03．

美国反垄断与微软垄断案

甲：列宁指出，自由竞争导致生产和资本高度集中并发展到一定程度就自然而然地形成垄断。这是市场经济发展的趋势和必然结果。通过自由竞争形成的垄断是一国生产力发展和市场经济发达的具体表现。既然如此，为什么西方发达国家先后都制定各类反垄断法呢？

乙：垄断企业形成后，可以凭借垄断地位制定垄断价格，获取垄断利润。这在一定程度扼制了非垄断企业的发展，减弱了垄断条件下的竞争。这不仅会损害消费者的利益，而且会阻碍产业的发展和降低该产业在国际上的竞争力。因此，西方发达国家为了提高自身的综合国力和国际竞争力也制定反垄断法来促进市场竞争。美国政府早在1890年就通过著名的《谢尔曼反托拉斯法案》。这项法案规定对进行市场垄断的责任人判处最高5000美元的罚款和最高1年的徒刑。自然，随着美国垄断公司规模扩大，这一法案的处罚力度也不断加强。至20世纪90年代初不少案例的实际处罚情况已破除了最初规定的罚款和最高限额。

甲：20 世纪 90 年代美国进入新经济时代，新兴的高科技产业，特别是信息知识产权（Intellectual Property，IP）产业对促进美国经济稳定增长有重要贡献。政府对新兴产业或对经济增长影响较大的产业是否会放松反垄断行为呢？

乙：情况恰恰相反，20 世纪 90 年代以来，美国对经济垄断的打击进一步升级，查处相关案件的数量也急剧增加。1997～2000 年，美国为反垄断而判罚总金额超过 17 亿美元。众所周知的微软垄断案就是一个典型。

甲：微软公司本身是美国新经济中迅速崛起的成功企业，比尔·盖茨因此成为世界首富，微软垄断案的起因何在呢？

乙：最初起因是微软公司与其对手网景公司关于浏览器的竞争。网景公司于 1994 年 4 月使全球用户都可以通过其“航行者”浏览器接入互联网。同年 7 月，美国政府与微软公司达成一项协议，微软公司同意不再要求计算机制造商将其视窗操作系统作为必备软件安装。这一协议获得美国地方法院法官杰克逊批准，10 月，微软公司开发名为“探索者”的互联网浏览器。1995 年 5 月，微软公司创始人比尔·盖茨对该公司的互联网战略进行了调整。11 月，微软公司推出“探索者”2.0 版。微软公司在 1995 年与当时最大的浏览器提供商网景公司协商，希望划分浏览器市场。在遭到拒绝后，微软公司要求个人计算机制造商如要安装视窗 95 操作系统就必须同意在该系统上安装“探索者”浏览器。微软公司以后推出的视窗操作系统，直接内含“探索者”浏览器。1997 年 10 月，微软公司又将其浏览器与视窗操作系统进行捆绑出售。由此美国司法部指控微软公司违反法官杰克逊于 1995 年批准的协议。同年 12 月 4 日，杰克逊法官发布指令，要求微软公司停止将“探索者”浏览器与视窗 95 操作系统或任何更新版本操作系统进行捆绑出售。微软公司不服并提出上诉。于是微软公司与美国反托拉斯部门开始了漫长的诉讼之路。其焦点集中在浏览器上。

甲：在司法部门看来微软公司的哪些行为违反托拉斯法？

乙：2000 年 4 月 3 日，美国地方法院法官杰克逊宣布微软公司违反了美国的反垄断法，其主要认定三个方面。其一，微软公司利用其视窗操作系统垄断市场严重违反反托拉斯法。其二，企图垄断浏览器市场。1998 年 6 月 23 日，上诉法院认为地方法院没有给微软公司辩护的机会从而裁决微软公司胜诉，驳回地方法院杰克逊法官临时处分命令。比尔·盖茨多次亲自出面到全国各地宣讲，强调视窗 98 操作系统是“集成”了，而不是“捆绑”了浏览器的功能，并认为从视窗 98 操作系统移出浏览器将严重影响主要功能，甚至会有害于美国经济的发展。在微软采用“捆绑”销售以前，“航行者”浏览器一度有 80% 的市场份额。微软公司通过这一“捆绑”销售手段，大大地提高了市场份额，从原有的 3%～4% 的市场份额，上升至 50% 以上的市场占有率。可见，微软公司企图在浏览器这种应用软件领域滥用其操作系统的市场垄断优势来挤垮对手。其三，将浏览器与操作系统捆绑搭售，微软公司行为违反了《谢尔曼反托拉斯法案》第1条。在2000年6月7日，杰克逊法官对微软公司作出最终判决，将其分解为两个独立的公司：一个经营计算机操作系统，另一个经营此外的应用软件及“探索者”浏览器等其他业务。在拆分微软公司的计划之外，政府还将在微软公司上诉期间对该公司行动采取严格的限制措施，以保护市场竞争。对此裁决，微软公司自然会不遗余力地上诉，从而延缓了公司被分拆的可能。

甲：微软公司在美国的信息产业声名显赫，对美国20世纪90年代新经济增长贡献不小。很难想象，其同样会被美国司法部门指控违反反垄断法而被强令分拆。微软公司最终是否被分拆？

乙：因微软公司不服提出上诉。上诉法院于2001年2月举行两天口头辩论，从而又推翻了原判决。6月28日美国多伦比亚特区联邦上诉法院以7∶0的表决结果驳回联邦地方法院法官杰克逊2000年6月作出的将微软公司分割为两家公司的判决。但上诉法院仍认为，微软公司在个人计算机操作系统市场上确有垄断之实，违反了美国的反托拉斯法。上诉法院的判决终究消除了笼罩在微软公司上空的分割阴云。微软公司躲过了分拆危机，将竭尽所能与司法部和解本案。微软垄断案出现转机也许涉及某种政治原因。据有些媒体报道，微软公司在上诉高等法院的同时，还聘请时任总统小布什的资深顾问利德作为说客，小布什当时就公开表示反对分割微软公司。同时，在2000年美国大选中，微软公司大量增加了政党捐款，总数达到110万美元，其中捐给共和党的占60%。由于小布什在竞选时就表态同情微软公司，所以在他当选总统后，虽不直接干涉法院事务，但通过舆论给司法部门形成压力造成对微软公司有利的形势。微软公司虽然未被强令拆分，但微软公司的垄断事实仍被确认。上诉法院同意杰克逊法官判决的三个基本观点：微软公司利用自己的垄断力量维护市场统治地位；滥用权力迫使软件开发商、因特网接入服务商及业内其他公司与其签署排他性协议；微软公司使用垄断力量威胁英特尔公司。因此，微软公司仍然存在再遭起诉的可能。

甲：微软垄断案的起诉和判决的过程，让人具体地感受到经济垄断和政府反垄断对社会经济的深远影响。

乙：确实如此。发达的市场经济国家，依然要运用反托拉斯法来调节社会经济。市场机制是市场经济国家配置资源的主要方式。竞争有利于技术创新和制度创新，政府的反托拉斯法在一定程度上促进了垄断条件下的竞争。特别在信息产业中，美国政府更难容忍因为垄断而削弱信息业的国际主导地位。在知识经济时代，谁处于最新科技领域的领先地位，谁就是世界经济的强者。因此，在新科技领域、新兴产业，政府的反垄断仍不会停止。

资料来源：刘峰，靳立新．微软垄断始末．经济学消息报，2000-11-17.

讨论下列问题：

(1) 美国著名的洛克菲勒财团是怎样发展起来的？它为什么会被拆分？

(2) 微软公司是对美国20世纪90年代新经济有重要贡献的成功企业，通过微软垄断案你对发达的市场经济国家的垄断与竞争有何新的认识？

(3) 通过微软垄断案，你从中可以深刻领悟到哪些经济学原理？

第八章

资本主义的国际垄断

垄断资本实现了对国内的垄断统治后，决不会就此止步。追求剩余价值的贪欲，使它必然要把触角伸向国外，形成国际垄断，以便剥削和统治整个世界。资本的国际垄断形式最初表现为国际垄断同盟，它是在 19 世纪末 20 世纪初随着国际分工和资本国际化的发展而建立起来的，第一次世界大战前得到迅速发展。第二次世界大战后，随着科学技术的进步、国际分工的进一步发展和国家垄断资本主义的推动，形成了以产业资本为主体的垄断资本全面国际化。垄断资本全面国际化使国际垄断有了新的发展，整个国际经济关系也随之有了很大的变化，并大大加速了经济全球化的发展进程。

第一节　垄断资本国际化和资本国际垄断的形成

一、商品输出与商业资本国际运动

资本的价值增值是在不断的运动中实现的。资本主义生产方式确立后，资本的运动就不再局限于本国国民经济领域。资本为了实现其自身价值的增值，为了在激烈的竞争中获取利润，就必然使它的活动范围向国际扩展，形成资本国际运动。资本国际运动实质上是资本主义生产关系由国内扩展到国外的运动，是资本与雇佣劳动相对立的剥削关系扩展到世界范围的运动。

在产业资本循环运动的三种职能形式中，商品资本已独立出来成为商业资本，从职能资本中分离出来的部分货币资本已成为特殊形态的借贷资本，而生产资本仅仅是产业资本循环运动中的一个环节，不能脱离产业资本中的货币资本和商品资本而单独存在。资本国际运动也表现为这三种资本的国际运动。

在资本主义自由竞争阶段，由商品输出而形成的商业资本国际运动是资本国际运动的主要形式。世界各国之间最早的经济联系是通过彼此间的商品交换进行的。但在资本主义生产方式确立之前，这种国际商品交换是以国内分工为基础的，国家之间的国际分工尚未出现，资本国际运动没有形成。18 世纪后半期的产业革命，使资本主义生产从工场手工业过渡到机器大工业。机器大工业使它的产品量大大超过国内市场容量，原料也要从国外取得，社会分工日益超出民族经济的范围，国际分工初步形成。以此为基础的国际商品交换就成为商业资本在国际范围内的运动，成为资本主义社会再生产不可缺少的部分。商品输出是自由资本主义时期国际经济关系的主要内容和基本特征，它体现了商业资本国际运动在资本国际运动中占有主要地位。当然，适应于商品输出的需要，当时也有少量借贷资本（如短期贸易信贷、证券等）和少量的产业资本（如采掘、原料加工、港口和铁路建设等）跨越国界，但它们在当时不占主要地位。

二、资本输出与资本国际化

到了垄断资本主义阶段，资本输出在各个主要资本主义国家普遍而大规模地发展起来，成了垄断资本主义经济关系，特别是对外经济关系的基本特征。列宁指出："自由竞争占完全统治地位的旧资本主义的特征是商品输出，垄断占统治地位的最新资本主义的特征是资本输出。"①资本输出标志着资本国际运动已进入一个新阶段——资本国际化。资本国际化是资本运动超越了国界在整个世界范围内广泛行使其职能。它的国际运动范围比自由竞争时期的资本国际运动更加广泛，其运动引起的国际经济联系比资本国际运动更密切，对资本主义社会再生产也发挥更大的作用。

在垄断资本主义阶段，资本国际化（资本输出）的必要性在于：第一，国内垄断形成后，出现了大量的"过剩资本"。②垄断资本家凭借垄断地位而获取了大量高额垄断利润后，其中相当大的一部分要再转化为资本投入到再生产过程中去，以获取更多的利润。但是，国内一些有利可图的部门都被垄断组织占据，难以创办新企业，而那些未形成垄断的部门则利润率低，垄断资本家不愿去投资。因此，国内投资场所显得狭小，积累大量资本无去路，成为"过剩资本"，使资本输出具有必要性。第二，国际竞争的加剧，也迫使垄断资本家不得不加速资本

① 列宁．列宁选集．第 2 卷．北京：人民出版社，1972：782.

② 所谓"过剩资本"只是相对过剩，只是相对于获取高额利润的有利投资场所来说成为过剩资本。

输出，以保证扩大市场和垄断原料来源。资本输出既可以带动商品输出，也可以越过多方的贸易壁垒，直接在国外生产商品，占领销售阵地。当资本输出被用于开发经济落后国家的各种资源时，垄断资本还可借此把这些资源控制在手中，进行廉价的掠夺，并加强自己在国际竞争中的地位。

在垄断资本主义时期也具备了大规模输出资本的可能性。资本主义的发展早已把许多落后国家和地区卷入到了资本主义的世界市场，这些国家和地区的商品经济有所发展。铁路、公路等基础设施的兴建，为资本输出提供了必要条件。在这些国家和地区，本国资本少，地价和工资低，原材料也很便宜，可以保证垄断资本通过资本输出稳定地获得丰厚的利润和利息。于是，资本输出便在 20 世纪初迅速发展起来。

资本输出有两种基本形式：一种是借贷资本输出，即资本主义国家的政府、银行和企业，对外国政府、银行和企业提供贷款或进行证券投资；另一种是产业资本输出，即在国外直接投资，创办工厂、开采矿山资源等。从 20 世纪初到第二次世界大战前夕，借贷资本输出在资本输出中占主要地位，借贷资本已代替商业资本成为资本国际化的主要的、有决定意义的形式。在 1914 年，英国的资本输出存量为 40 亿英镑，其中政府债券和外国铁路债券占 70%，矿山、动力等产业资本投资低于 30%。[①]

以借贷资本为重点的资本国际化运动（资本输出）对输入国和输出国会带来不同的影响和后果。

对于那些经济比较落后的资本输入国来说，大量国外资本输入，客观上会加速这些国家的自然经济的解体，刺激商品经济和资本主义经济关系的发展，但更重要的是使这些国家经济畸形化，以适应垄断资本剥削的需要。垄断资本主义国家资本输出的目的是攫取高额的垄断利润，从经济上和政治上控制这些经济落后国家。这必然造成这些国家的民族工业受到外国资本的冲击、排挤而发展缓慢，国民经济呈单一化和畸形化发展，沦为资本输出国的原料产业，甚至成为它们的附庸。

对于资本输出的垄断资本主义国家而言，一方面，通过资本输出，攫取了高额的垄断利润和利息，扩大了商品销售市场和廉价的原料供应，使资本输出国的经济实力不断增长，加强了它们在国际竞争中的地位。另一方面，大量的资本输出，减少了国内投资，在一定程度上引起了输出国本身经济发展的停滞，成为压榨全世界的“食利国”，加剧了垄断资本主义国家经济发展的不平衡。

① 高稚光，万钧，李焕岭．政治经济学（资本主义部分）．北京：经济科学出版社，1997：297.

三、国际垄断资本组织的形成

国际垄断资本组织是在国内垄断发展和资本国际化的基础上，资本在国际范围内进行集中而形成的。国内垄断的高度发展，引起生产迅速扩大与国内市场相对狭小的矛盾日益尖锐，资本输出急剧增大。资本输出的发展，使各国垄断资本在世界范围内为争夺投资场所、商品销售市场和原料来源的竞争日益激烈。在彼此势均力敌的情况下，为了避免竞争中两败俱伤，各国垄断资本往往改变斗争的形式，谋求暂时的妥协，达成协议，组成国际垄断同盟。

国际垄断同盟是各国最大垄断组织为了瓜分世界市场、确定垄断价格、控制生产规模和原料来源以攫取高额垄断利润，通过达成一定的协议而建立起来的国际性垄断经济联盟。国际垄断同盟的建立，标志着世界范围的生产和资本集中已经达到一个新的、更高的阶段。

国际垄断同盟产生于19世纪60～80年代，第一次世界大战以后得到广泛发展。国际垄断同盟的形式多种多样，有国际卡特尔、国际辛迪加和国际托拉斯等，在国际垄断开始发展的一段时间里，国际卡特尔一直是国际垄断同盟的主要形式。在第一次世界大战前，全世界缔结正式协定的国际卡特尔就有116个，如国际钢轨卡特尔、国际铝卡特尔和国际电器卡特尔等。此后，国际卡特尔更进一步发展，至第二次世界大战前夕，已经达到1200个左右，控制了约占40%的世界贸易总量，这是国际卡特尔的全盛时期。第二次世界大战爆发后，绝大多数国际卡特尔随之解体。战后，许多原已解体的国际卡特尔又重新恢复并迅速发展，到20世纪50年代末仍然地位显赫。

国际垄断同盟是资本积聚和集中高度发展超越了国界而形成的垄断组织。列宁称之为“超级垄断”。与国内垄断不能消灭竞争一样，这种超级垄断同样不能消除竞争。国际垄断同盟的建立，只不过使各国垄断资本之间进行斗争的形式发生了变化，各国垄断资本为了获取高额垄断利润和扩大自己势力范围而斗争的内容和实质始终不会改变的。垄断组织从经济上瓜分世界，是按资本实力进行的，一旦实力对比发生重大变化，暂时达成的协定就会破裂，被重新瓜分世界的斗争所代替。

四、垄断资本主义国家对世界领土的瓜分

垄断资本在经济上瓜分世界必然导致垄断资本主义国家对世界领土的瓜分，因为只有这样才能巩固它们在经济上的垄断统治，进一步加强在世界范围内的剥削和掠夺。垄断资本主义国家对世界领土的瓜分集中表现为抢占殖民地，建立对

殖民地附属国的直接统治。

早在自由竞争资本主义时期，经济比较发达的资本主义国家几乎在对外进行商品输出等经济侵略的同时，就开始占领殖民地的对外侵略活动。到了一般垄断资本主义时期，即19世纪末20世纪初，垄断资本主义国家就已把世界领土分割完毕，世界各国也由此被划分为垄断资本主义国家和宗主国，殖民地、半殖民地和附属国两大部分，在世界上形成了垄断资本主义殖民体系。

在垄断资本主义时期，列强之所以疯狂地抢占殖民地附属国，是因为同以往相比，殖民地对各国垄断资本具有特别重要的意义。第一，殖民地作为原料产地的作用更重要了。垄断资本的大规模、高度集中的生产，需要大量的、源源不断的和有保证的原料供应。而只有直接占领殖民地，才能把各种原料来源控制在自己手中，才能保持自己的优势，巩固自己的垄断统治。第二，殖民地已成为各国垄断资本最有利的商品销售市场。在殖民地，宗主国拥有关税特惠权，它的产品不仅可以畅通无阻地输往殖民地，而且还可以利用关税或非关税壁垒排斥竞争者，独占殖民地市场。第三，殖民地是垄断资本主义国家最有利的投资场所。资本输出到殖民地，可以攫取比国内高得多的利润率，因为殖民地经济落后，各种生产要素价格低廉，而且垄断资本主义国家对殖民地的直接统治，可以排除其他国家的竞争者，维持垄断价格，攫取高额垄断利润。

正是因为殖民地对垄断资本主义的特殊意义，所以垄断资本主义国家在对世界领土瓜分完毕后，又展开了对世界领土的重新瓜分的斗争。垄断资本主义瓜分世界是按经济、政治和军事等实力来进行的，而垄断资本主义国家间的经济和政治发展总是不平衡的。但是，它们谁也不会把自己已经到手的“猎物”拱手让人，这样，就会导致帝国主义国家之间发生战争甚至世界大战。20世纪爆发的两次世界大战就是由帝国主义国家争夺世界霸权和重新瓜分世界领土而引起的。

第二节　垄断资本全面国际化和资本国际垄断的发展

一、垄断资本全面国际化

第二次世界大战后，由于科学技术的进步和国际分工的进一步发展，以及国家垄断资本主义的参与和推动等原因，资本国际运动从流通领域扩展到生产领域，形成了以产业资本国际运动为核心和主导的垄断资本的全面国际化。

垄断资本全面国际化，标志着资本国际运动的发展又进入一个新阶段，其主要标志是：第一，资本国际运动的规模和总量急剧增大，三种形态的资本国际运动都空前增长。第二，产业资本、借贷资本和商业资本的国际运动互相交错，紧密结合，互相推动；作为资本国际运动主要形态的产业资本国际运动带动其他两种形态的资本国际运动汇成前面的资本国际化。第三，进入资本国际运动的国家与经济主体日益增多，各个国家和地区的经济联系日益密切，真正实现了经济关系的全面国际化。第四，资本国际运动推动世界经济发展的作用日益显示出来，国际贸易、国际资本流动和国际生产的增长，已成为世界经济发展的重要因素。

（一）产业资本国际化

第二次世界大战后，产业资本国际化的发展主要表现在以下四个方面。

（1）对外直接投资规模迅猛扩大。1960 年，发达资本主义国家私人对外直接投资累计金额为 580 亿美元，1985 年底达到 7755 亿美元，26 年间增长了 12.3 倍，远远高于这些国家的经济增长速度和对外贸易增长速度。20 世纪 90 年代后，国际直接增长速度进一步加快。1990 年，国际直接投资为 2043 亿美元，1993 年达 2255 亿美元，到 1995 年猛增到 3178 亿美元，猛增了 38%。[①] 2000 年，国际直接投资数量高达 13 000 美元。

（2）投资的主要流向发生了变化。第二次世界大战前，发达资本主义国家资本输出的主要流向是经济落后的国家和殖民地附属国，而第二次世界大战后垄断资本的投资流向已转向发达国家之间。据统计，1938 年世界主要资本主义国家的资本输出中，输出到发展中国家和地区的占 70%，输向发达国家的占 30%。[②] 到了 21 世纪初，资本输出到发展中国家的比例下降为 20% 以下，输出到发达国家的比例则上升到 80% 以上。产生这种现象的原因是：随着新科技革命的发展，任何发达资本主义国家都不可能垄断所有的高新技术，相对落后的部门和行业便成为外国资本投资的领域；发达国家市场容量大，投资环境好，而发展中国家的利润率虽然较高，但市场容量有限，投资环境较差，因而难以吸收大量资本。

（3）投资的部门结构发生了变化。第二次世界大战前，垄断资本主义国家的对外直接投资主要投向采掘业和公用事业，特别是石油、采矿和初级加工业，对制造业投资比重很少。第二次世界大战后，垄断资本主义国家在采掘业、交通运输业等部门的投资减少，在制造业和第三产业的投资迅速增加，特别是制造业中的高新技术产业，如微电子、计算机、生物制药、精密仪器等行业，主要转向加工制造、贸易、金融等第二、三产业部门。以美国为例，1950 年在国外的直接投资中，有 9.6% 投向采掘业和冶炼业，到 1979 年下降为 3.7%；同期，对制造业的投资从 32.5% 上升到 43.4%。[③] 1999～2003 年，美国的对外直接投资所占比

① 李琮．当代资本主义的新发展．北京：经济科学出版社，1998：221.

② 高稚光，万钧，李焕岭．政治经济学（资本主义部分）．北京：经济科学出版社，1997：302.

③ 高稚光，万钧，李焕岭．政治经济学（资本主义部分）．北京：经济科学出版社，1997：303.

例较大的行业是制造业和金融服务业，分别占 23.61% 和 18.72% ，此外批发贸易和采掘业也占有一定地位，分别为 8.78% 和 6.16% 。

（4）投资方式发生了变化。第二次世界大战前，企业之间的兼并，主要是在一国范围内进行的，国际企业之间的兼并几乎没有。第二次世界大战后，随着世界经济相互依存关系的加强，国际企业之间的兼并也随之增多，特别是 20 世纪 80 年代以来，随着资本主义企业兼并高潮的兴起，跨国兼并和收购成为跨国公司对外直接投资的主要形式。从整体来看，1987～2008 年，全球并购案件数量和并购额均呈现出稳步上升的趋势。1987 年全球并购数量是 1174 件，并购交易额为 973.1 亿美元；2001 年全球并购数量增加到 8098 件，交易额达到 7304.4 亿美元；2007 年全球并购数量达到创纪录的 10 145 件，交易额达到 1.64 万亿美元。20 年来，全球并购数量扩大了 8.6 倍，交易量扩大了 16.8 倍。[①]

第二次世界大战后，产业资本国际化迅猛发展的根本原因是生产力社会化的大发展和这种生产力的资本主义占有。科技革命使劳动生产率大大提高，发达资本主义国家的国民收入大幅度提高。按人均国民收入计算，各国 1975 年比 1953 年分别增长：美国 3 倍、日本 22 倍、联邦德国 11 倍、法国 8 倍、意大利 8 倍。[②] 1990～2008 年，高收入国家人均国民收入从 17 990 美元增加到39 245美元，增长了 118% ，其中，美国、日本、德国、法国、英国分别增长了 115% 、51% 、118% 、121% 、193% 。

资本积累大量增加，为大规模输出产业资本准备了条件。大垄断集团和国家政权更加紧密结合起来，掌握了庞大的社会生产力，超越了国内的需求量，势必向外扩张，到国外寻找新的投资场所。第二次世界大战后，国际分工的空前发展，一系列新兴工业部门的兴起，交通运输业的发展，引起单位商品运费的降低，通信技术革命和电子计算机的应用等，也都为产业资本全球规模的国际化创造了必要条件。

（二）借贷资本国际化

第二次世界大战后产业资本国际化的迅猛发展，推动了国际贸易的不断扩大，也推动了借贷资本国际化的发展，主要表现在以下四个方面。

（1）私人借贷资本输出达到空前规模。据国际清算银行的资料，在全球主要金融市场上，私人银行的国际信贷累计额 1970 年时只有 610 亿美元，1980 年猛增至 8100 亿美元，1986 年更达到 17 100 亿美元。到 1993 年全球流动的私人资本有 30 000 亿美元，相当于 1990 年的 3 倍，占世界资本总流量的 3/4。[③]

---

① 魏磊．全球跨国并购形势分析及中国对策．中国产业安全指南网．2010-01-25.

② 陈征．政治经济学．北京：高等教育出版社，2003：212.

③ 白群燕．马克思主义政治经济学原理．北京：中国政法大学出版社，2004：333.

（2）欧洲货币市场的出现和发展。第二次世界大战前的借贷资本输出是通过国际银行信贷进行的，仅有外国信贷，即一国银行从其本土上，用本币对外国客户发放的贷款。第二次世界大战后出现了崭新的欧洲货币信贷，它主要是跨国银行的境外贷款，也包括跨国银行用所在国货币发放的贷款。欧洲货币市场是指集中存放在伦敦或其他欧洲金融中心的境外美元和其他货币，用于国际贷放的国际资金市场。由于它借贷的货币主要是美元，所以主要指欧洲美元市场。随着欧洲美元市场的不断发展，相继出现了新加坡的亚洲美元市场、巴哈马的拉丁美洲美元市场和纽约的欧洲美元市场等。

（3）欧洲债券市场与筹资债券化。历史上的外国债券是借款人在贷款国一国发行的以贷款国货币为票面额的债券。1963 年出现的欧洲债券是以欧洲货币为票面额、同时在几个国家发行的债券。债券应借款人的请求，由跨国银行、证券公司、投资银行组成辛迪加承购，在全球经销。债券的信贷期限为中长期，一般 3 年以上，最长可达 20 多年。债券大多为固定利息，少数为浮动利息。票面货币主要为欧洲美元、欧洲日元等可兑换货币。

（4）虚拟经济极大地超过了实物经济。虚拟经济是相对于实物经济而言的，包括有价证券、存款贷款、外汇等无物质载体的金融资产。在当代经济中，虚拟经济总额大大超过了实物经济总额。1990 年全球进出口总额为 67 757 亿美元，而全球外汇交易额高达 180 万亿美元。[①]据各国中央银行网站近期公布的调查报告显示，自 2009 年 10 月至 2010 年 4 月的半年间，全球外汇交易的日均总量已突破 4 万亿美元，刷新了历史高点。虚拟经济具有自身的市场和运动规律，从而可以自我膨胀，它可以相对独立于实物经济而运动。然而，虚拟经济归根到底是建立在实际经济基础上的，不可能完全脱离实际经济而独立存在。20 世纪 90 年代日本和 2008 年美国“泡沫经济”的破灭就是明证。

（三）商业资本国际化

第二次世界大战后，随着科技和生产的发展，在产业资本国际化的带动下，商业资本国际化也迅速发展起来，主要表现在以下四个方面。

（1）发展速度很快，规模巨大。第二次世界大战前，国际贸易的增长速度长期低于世界工业生产的增长速度。1913～1938 年，资本主义世界的工业生产年平均增长率为 2.2%，同期资本主义世界贸易额年凭借增长率只有 1.1%。[②] 第二次世界大战后，国际贸易的增长速度大大高于世界工业生产的增长速度。1953～1990年，世界出口量增长了 7.3 倍，平均每年增长 5.8%，而同期世界工业仅增长 4.2 倍，平均每年增长 4.4%。2000～2008 年，世界贸易额增长了 1.8

① 吴树青．政治经济学（资本主义部分）．北京：中国经济出版社，1993：371.

② 高稚光，万钧，李焕岭．政治经济学（资本主义部分）．北京：经济科学出版社．1997：316.

倍，而同期世界 GDP 仅增长 84%。

（2）国际贸易总额中的商品结构日趋高级化。第二次世界大战前，在国际贸易总额中，初级产品占 60% 以上，初级产品主要是粮食和原料出口。由于技术的改进和国际分工的进一步深化，第二次世界大战后国际贸易中的商品结构不断高级化。在货物贸易中，增长最快的门类是工业制成品，其出口份额从 1985 年的 50.2% 增加到了 2002 年的 58.2%。这其中，增长最活跃的是通信设备，它在 20 世纪 90 年代的增长速度是工业制成品的 2 倍，其在全球贸易的份额从 1990 年到 2000 年的 10 年间增加了 5 个百分点，达到 12%。

（3）国际贸易的地区结构发生了显著的变化。第二次世界大战前，发达国家与发展中国家的贸易大大超过发达国家之间的贸易总额。1938 年，发达国家之间的贸易额占世界贸易总额的 39.5%，而发达国家与发展中国家的这一比重高达 48%。第二次世界大战后，发达国家之间的贸易占了首位，而它们与发展中国家的贸易退居其次。1960～1983 年，发达国家之间的相互出口额占世界总出口额的比重在 45%～55%，而发达国家与发展中国家之间的相互出口额的这一比重仅为 26%～34%。1997 年，发达国家的相互出口额占发达国家总出口额的 71%，而发达国家出口到发展中国家的数额仅占发达国家总出口额的 29%。1990～2001 年，发展中国家之间的贸易额在世界货物贸易总额中的比重几乎增加了一倍，从 6.5% 提高到 10.7%，为过去 50 年中的历史最高水平。产生这一变化的主要原因是：第二次世界大战后国际分工的不断深化，水平型国际分工取代了历史上的垂直国际分工居主导地位。

（4）国际贸易商品由“有形贸易”向“无形贸易”转变。第二次世界大战后，随着科学技术的不断发展，国际间的无形贸易大大增加，特别是工业产权，即技术知识商品，包括“许可证贸易”形式进行的专利技术的交易发展非常迅速。1964 年，国际技术贸易额仅为 27 亿美元。1965～1995 年，国际技术贸易的增长率为 15.82%，大大高于同期国际商品贸易 6.3% 的增长率。2002 年国际技术贸易额已达近万亿美元。

二、资本全面国际化与垄断性跨国公司

各种形态的资本全面地国际化，使资本国际垄断的形式也随之发生了变化，垄断性跨国公司逐渐取代国际卡特尔成为当代私人国际垄断的主要组织形式。

跨国公司又称国际公司或宇宙公司。它是通过对外直接投资，在国外设立子公司和分支机构，在世界范围内从事生产、销售和金融等各种经营活动，以获取高额垄断利润的大型垄断企业。跨国公司多数产生于发达资本主义国家，是垄断资本的国际垄断组织，但也有少数产生于发展中国家，那不能看成垄断资本的国

际垄断组织。这里所说的跨国公司是指垄断资本主义国家的跨国公司。目前，跨国公司已经控制了西方国家的大部分国外私人投资、出口贸易和流动资产。

(一) 跨国公司迅速发展的原因

第二次世界大战后，跨国公司作为资本国际垄断的主要组织形式和实现形式，是垄断资本全面国际化的必然结果，而国家垄断资本主义的发展则为跨国公司的巨大发展创造了必要条件。

第一，跨国公司的发展适应了垄断资本全面国际化的需要。第二次世界大战后，特别是20世纪60年代以来，随着以产业资本为主导的资本全面国际化的发展，国际卡特尔已不再适应资本国际垄断的需要，而跨国公司作为国际托拉斯和国际康采恩，是最适合的组织形式。其原因主要是：跨国公司在世界范围内配置资源、组织生产，可以使生产要素得到更好的组合，从而极大地提高了劳动生产率；跨国公司可以利用各个国家的科学技术优势，组织世界范围的技术开发协作，并充分地利用已有的技术成果和专利；跨国公司在世界各地组织生产和销售，能使生产出来的商品更好地适应各国不同的特点和需要，以保证自己商品的销路和市场的扩大；跨国公司由于进入到其他国家内部进行经营活动，从而可以避免关税壁垒等种种障碍而占领更多的市场。

第二，跨国公司是垄断资本进行国际剥削的主要手段。第二次世界大战后，垄断资本进行国际剥削的条件发生了很大的变化。由于民族解放运动的空前发展，旧殖民体系瓦解了。广大殖民地、附属国获得了政治上的独立，走上了发展民族经济的道路。当代垄断资本主义国家很难像以前那样通过直接军事占领和政治统治来对发展中国家进行国际剥削，不得不采取比较隐蔽的方式进行对外掠夺和渗透。跨国公司就是在这个条件和背景下广泛地发展起来的，它是实行新殖民主义的重要工具。

第三，国家垄断资本主义对跨国公司的支持和推动起了重要的作用。第二次世界大战后，垄断资本主义国家不仅通过对外“援助”、对外贷款等国家资本输出的方式来支持和推动私人垄断资本的对外扩张，而且为跨国公司的商品和资本输出进行资助和担保（如出口信贷、减免进出口税收等），以增强本国企业的竞争实力并承担国际经营活动的各种风险，这为跨国公司的巨大发展提供了必要条件。

(二) 跨国公司的新特点和新作用

跨国公司不同于第二次世界大战前的国际垄断同盟。它是由一国的垄断组织或者以一国的垄断组织为主建立起来的。跨国公司在经营管理上具有以下明显特点：第一，在国外广泛建立子公司，这些子公司的业务活动在整个公司活动中占有重要地位，许多跨国公司约50%的业务都在国外进行；第二，从“全球战略”出发安排自己的经营活动，在整个公司范围内衡量利弊，合理调整结构和布局，在最有利的地方从事生产、销售及其他活动；第三，在组织上实行高度集中的管理体制，跨国公司的最高决策层既管理国内母公司的重要业务，又管理各子公司的重要决策，以期实现全球战略。

跨国公司的发展，加快了产业资本国际化的进程，推动了生产和资本国际化向广度和深度发展，对垄断资本主义经济产生了深远的影响。首先，跨国公司的经营方式标志着资本主义企业的生产方式彻底突破了国界，资本的价值增值已完全成为世界性的过程。其次，跨国公司以价值增值为动力，以世界市场为运动的舞台，对外直接投资，带动了国际贸易和国际信用的发展。最后，跨国公司的生产国际化对发展中国家的经济发展具有“双刃剑”的效果：一方面，发展中国家从跨国公司的经营活动中获得溢出效益；另一方面，却造成发展中国家对跨国公司的严重依赖，抑制了民族工业的发展。

三、经济全球化与经济一体化

资本全面国际化使资本主义各国的经济活动联结在一起。各国在世界经济活动中相互依存、相互制约和相互影响，从而推动了经济全球化和经济一体化的发展。

（一）经济全球化

第二次世界大战以后，特别是 20 世纪 80 年代中期以来，资本国际化发展到一个更高的阶段，即经济全球化阶段。经济全球化是指世界的各国、各地区通过国际贸易、资本流动、技术交流和信息传播，在经济上都无一例外地高度结合在一起，相互依存和相互融合，构成了全球范围相对统一的经济整体。经济全球化是社会生产力高度发展的产物，是社会分工在世界范围扩大和发展的结果。经济全球化的加速发展，正在把越来越多的国家和地区纳入到国际分工为基础的全球网络中，一个无国界的国际竞争时代已悄然来临。

一般来说，经济全球化主要表现为三个方面。第一，生产全球化。经济全球化最为核心的内容在于生产全球化，即物质生产跨越国界，在全球范围内安排和进行。生产全球化的基础是生产国际化，而生产国际化主要由跨国公司推动。近 20 年来，越来越多的企业跨出国门，实行跨国经营，从而形成了一批跨国公司，充当经济全球化的载体。截至 1999 年年底，全球跨国公司已达 6.3 万家，跨国子公司达 68.9 万家。目前，跨国公司控制着近 1/3 的全球生产、2/3 的国际贸易、70% 的全球专利和近 85% 的外国直接投资。① 第二，贸易全球化。贸易全球化是经济全球化的一个重要方面。它以贸易自由化为先导，主要指商品和服务在

① 陈征．政治经济学．北京：高等教育出版社，2003：236.

全球的自由流通。各国都在积极加入世界贸易组织，降低关税，减少非关税壁垒，贸易自由化的范围正迅速扩大，这大大促进了全球贸易的发展。1950～2008年，世界商品与服务贸易由607亿美元增加到16.1万亿美元，58年间增加了265倍。与此同时，世界各国的贸易依存度（进出口贸易额占国内生产总值的比重）不断提高，这都标志着贸易全球化程度不断加深。第三，金融全球化。金融全球化是指金融资本在全球的大规模扩张和自由流动。相对于生产全球化和贸易全球化，金融全球化趋势兴起较晚，但其发展速度却是最快的。20世纪90年代以来，西方国家金融业并购浪潮一浪高过一浪，跨国并购日益高涨。与此同时，国际信贷市场、国际股票市场和国际债券市场等国际金融市场蓬勃发展，规模急剧扩大，这都标志着金融全球化程度日渐加深。

经济全球化的迅速发展是在发达资本主义国家占有经济上绝对优势的情况下进行的，因此，它主要是受资本全面国际化的推动。无论是从贸易和投资（全球化的两个“轮子”）的角度来看，还是从跨国公司（全球化的载体）发展程度的角度来看，西方发达国家在这场全球化进程中都明显居于领先地位。2008年，在世界60万亿美元的国民生产总值中，美国、西欧和日本等发达资本主义国家占70%以上，在世界16万亿美元的出口贸易中，它们所占的比重也大体如此；在世界1.5万亿美元的对外直接投资中，它们所占的比重也在90%以上。

（二）经济一体化

经济全球化要求在世界经济领域里有一定的制度安排和相对统一的秩序。这种制度安排和国际秩序就构成了经济一体化。因此，经济一体化是经济全球化的要求和反映。各种国际经济组织和国际经济协定，甚至地区经济集团的产生和发展，都是在不同形式、不同范围、不同程度上适应经济全球化的经济一体化的表现。尽管这些国际经济组织、国际经济协定和地区性经济集团不完全是垄断资本主义国家，也有发展中国家，但在组织中起主导作用、支配作用的国家是垄断资本主义国家。垄断资本主义国家作为总垄断资本家，派人参加国际经济组织，控制着组织机构和组织活动，以维护它们的利益，因此也是资本国际垄断的一种形式。

第二次世界大战以来，对世界经济和国际经济秩序有重大影响的国际经济组织，主要有所谓第二次世界大战后资本主义世界经济体系中的三大支柱，即国际货币基金组织、国际复兴开发银行（世界银行）和世界贸易组织。国际货币基金组织是于1944年成立的一个政府间的金融组织，它的宗旨是：增进国际货币合作，促进国际贸易的扩大与平衡发展，稳定国际汇率，协助成员国建立多边支付制度，克服国际收支困难。世界银行是于1945年成立的联合国的一个专门机构，它的宗旨是：向成员国提供用做生产投资的长期贷款，以促进经济的复兴与发展。世界贸易组织原名关税与贸易总协定，它是于1947年正式成立的一个有关关税和贸易政策的多边协定，其宗旨是：按照总协定规定的原则来处理缔约国在贸易和经济方面的关系，制定缔约国间商业关系的一般行为准则和有关贸易规划，促进贸易自由化。

（三）地区性经济集团化

在经济一体化加速发展的同时，地区性经济集团化也不断加强。由于参加地区性经济集团的国家较少，经济关系也更加密切，所以更容易达成妥协，取得一致。目前，世界上各类地区经济集团有 30 多个，其中规模最大、影响最大、一体化程度最高的地区经济集团为欧洲联盟。

欧洲联盟是第二次世界大战后第一个成立的地区性经济集团，其前身是欧洲经济共同体，或称为欧洲共同市场。1957 年 3 月，法国、西德、意大利、荷兰、比利时和卢森堡 6 国在罗马签订了《建立欧洲经济共同体条约》（通称《罗马条约》），该条约于 1958 年 1 月 1 日正式生效。1973 年，英国、丹麦和爱尔兰加入欧洲共同体，希腊在 1981 年，西班牙和葡萄牙在 1986 年加入之后，使欧洲共同体从原来的 6 国发展为 12 国。1991 年 12 月，在荷兰的马斯特里赫特举行的欧洲共同体部长委员会上，通过了《欧洲联盟条约》，该条约于 1993 年 11 月正式生效。该条约宣言，在欧洲共同体的基础上建立欧洲联盟，简称欧盟。1995 年，奥地利、瑞典和芬兰加入了欧盟。2003 年，塞浦路斯、匈牙利、捷克、爱沙尼亚、拉脱维亚、立陶宛、马耳他、波兰、斯洛伐克和斯洛文尼亚 10 个中东欧国家加入欧盟。2007 年 1 月，罗马尼亚和保加利亚两国又加入欧盟。这样，欧盟经历了 6 次扩大，成为一个涵盖 27 个国家，总人口超过 4.8 亿的当今世界上经济实力最强、一体化程度最高的国家联合体。

欧盟建立之后，成员国之间合作的内容不断扩大，从关税同盟、共同农业政策，发展到欧洲货币体系的建立，社会和政治合作也不断加强。从 1993 年 1 月 1 日起，正式建立了欧洲统一大市场，在各个成员国之间实现了商品、劳动力和资本的自由流通；1999 年 1 月 1 日，欧元正式启动，在各个成员国之间实行统一的欧洲货币，制定统一的货币汇率，执行统一的货币政策，并建立统一的欧洲中央银行。

除了欧盟以外，其他地区的经济集团近年来也发展很快，如由美国、加拿大和墨西哥建立的北美自由贸易区，由中国、美国、日本、澳大利亚、加拿大等 21 个国家（地区）建立的亚太经济合作组织，由印度尼西亚、马来西亚、新加坡等 10 个东南亚国家组成的东南亚国家联盟，由尼日利亚、多哥等 15 个西部非洲国家组成的西非国家经济共同体，由巴西、墨西哥、阿根廷等 12 个拉丁美洲国家组成的拉丁美洲一体化协会，由阿拉伯联合酋长国、沙特阿拉伯等 6 个海湾地区国家组成的海湾合作委员会，由印度、巴基斯坦、孟加拉国等南亚国家组成的南亚区域合作联盟等。经济一体化和地区性集团化也成为当今国际经济生活的一个重要趋势。

第三节 当代资本主义国际经济关系

一、发达资本主义国家之间的经济关系

资本主义是一个世界体系。在这个世界体系中，资本主义各国处于不同的发展水平和阶段。发达国家和不发达国家的划分是这个体系的基本特征。从资本主义发展的几百年历史来看，发达国家只是极少数，绝大多数国家和地区则处于不发达状态。在迄今的资本主义世界经济体系中，发达国家经济始终居于主导地位。它们之间的经济关系不仅是整个资本主义国际经济关系中最重要的关系，而且制约着资本主义世界的发展及其格局的变化。第二次世界大战后，发达资本主义国家之间的经济关系表现为既相互竞争又相互融合的态势。

（一）发达资本主义国家之间的经济矛盾

列宁指出："经济政治发展的不平衡是资本主义的绝对规律。"[①]第二次世界大战后，发达资本主义国家之间经济发展不平衡更具有跳跃性。这表现在日本、德国（西德）的经济发展在短短一二十年里很快恢复和发展，赶上和超过英国、法国等国家，而美国的地位则相对削弱，以致形成资本主义世界美国、日本、欧盟三足鼎立的多极态势。基于实力对比的变化，这些主要的资本主义国家从维护自身的利益出发，在各个领域进行着激烈的争夺。当今主要集中在经济领域，主要表现在以下三个方面。

第一，贸易领域的矛盾。第二次世界大战后，发达资本主义国家在贸易领域的竞争日益激烈，贸易战频频爆发。不仅从传统工业发展到高科技产业，而且从有形贸易发展到无形贸易。在这场持续的贸易战中，20 世纪 80 年代中期以前日本始终处于有利地位。它在世界出口贸易总额中所占的比重从 1950 年的 1.4% 上升到 20 世纪 80 年代中期的 10% 左右，在欧美主要产品市场中所占的份额也大大提高。日本对美国的贸易顺差从 1976 年的 53.6 亿美元上升到 1988 年的 630 亿美元，对欧洲共同体的贸易顺差也从 1980 年的 108 亿美元上升到 1988 年的 272 美元。然而，随着 20 世纪 80 年代中期以来日元持续大幅度升值，而美元相应贬值，美国商品价格优势日益明显，竞争力日益增强，加之日本的国内经济形势欠佳，政局不稳，美国在贸易战中开始转守为攻。1989 年以后，尽管日本对美国的贸易仍然保持顺差，但一直保持在 600 亿美元左右，2000 年才突破 700

① 列宁．列宁选集．第 2 卷．北京：人民出版社，1972：709.

亿美元，达到705亿美元。

第二，国际投资领域的矛盾。在第二次世界大战后的很长一段时期内，美国的对外投资几乎一统天下。此后，日本和欧洲共同体经济迅速崛起，竞相扩大海外投资规模，在国际投资中的地位不断上升，而美国对外投资增长速度减缓，在国际投资中的地位不断下降，初步形成了美国、日本、欧洲共同体三足鼎立的国际投资格局。到1985年，美国引进外资的累计余额首次超过其对外投资的累计余额，由债权国变成债务国，而日本却因为大量增加对外投资而一跃成为当今世界最大的债权国。20世纪90年代以来，由于美国经济持续高增长，它在国际投资领域的地位重新增强，而日本则受严重的金融危机困扰，国民经济长期处于萧条状态，导致其对外投资能力相对减弱。

第三，国际金融领域的矛盾。第二次世界大战后，美国建立了以美元为中心的国际货币体系，各国货币通过固定汇率制与美元挂钩，而美元则按一定比率与黄金直接挂钩（35美元＝1盎司）。然而，从20世纪50年代后期开始，随着欧、日力量的崛起，美国经济竞争力逐渐削弱，美元的信誉不断降低，美国黄金开始外流。1971年与1973年两次美元贬值和浮动汇率制取代固定汇率制，标志着布雷顿森林体系瓦解了。从1973年实行浮动汇率制度以来，各发达资本主义国家围绕汇率变动产生的矛盾更加频繁。美元汇价节节下跌，欧洲共同体国家出口深受其害，抱怨不已。对此，它们强烈要求美国采取措施阻止美元跌势。进入20世纪80年代，里根政府采取高利率政策，国际外汇市场对美元的需求增加，导致美元汇率坚挺。由于美元汇率持续上升，美国商品在国际市场上处于不利地位，外贸逆差急剧上升。与此同时，日本的钢材、汽车等产品出口快速增长，出现巨额顺差。在这种情况下，美国于1985年又改变国际金融贸易政策，促使美元汇率下跌，同时联合欧洲发达资本主义国家通过《广场协议》逼迫日元大幅升值。1999年欧元启动后，美国、欧盟和日本在国际金融领域中围绕着美元、欧元和日元霸主地位的斗争正愈演愈烈。

（二）发达资本主义国家之间的国际协调

第二次世界大战后，资本主义国际经济协调是国际经济关系的另一个重要特征。发达资本主义国家之间经济协调发展的原因是：一方面，第三次科技革命和资本全面国际化的发展，发达资本主义国家之间相互渗透、相互联系与相互依存的程度空前提高，客观上要求它们进行国际经济协调，协调它们的利益，解决它们之间的经济矛盾，使国际经济活动能正常地发展下去；另一方面，国家垄断资本主义的全面发展也为发达资本主义国家之间的国际经济协调提供了现实，因为国际经济协调实际上是国际垄断资本主义调节经济职能由国内向国际的扩展。

当代资本主义国家进行国际经济协调的形式是多种多样的，并在不断发展变化之中。但无论采取何种方式，其性质都与私人垄断组织的国际联盟有明显的区别。它不是就瓜分世界市场达成某种协议，而是就各国的经济政策和相互关系作出某种规定和调整，因而不是个别垄断资本利益的妥协，而是国际经济利益的妥协。参加国际经济协调的主体是当代资产阶级国家的政府或其所指定的有关机构。进行国际经济协调的领域则囊括了各国的经济政策，以及国际贸易和国际金融等诸多领域的各个方面。正是这些方面的不同组合，构成了国际经济协调的各种不同方式，主要方式有以下四种。

第一，通过建立国际经济组织在某一领域进行全球性协调。这类国际经济组织主要有国际货币基金组织、世界银行和世界贸易组织。这三个最主要的国际组织，不仅就有关领域的国际经济活动制定了共同的规则，而且担负着稳定各个领域经济活动的任务，比如调剂短期外汇资金的余缺、提供长期资金和稳定货币汇率等。此外还有一些国际经济组织，如世界粮食组织、联合国开发计划署、联合国工业发展组织、十国集团等。

第二，通过政府间的定期会议或会谈进行国际经济协调。发达资本主义国家还通过各种双边会议或多边会谈进行协调，其中影响最大的是西方七国首脑会议。美国、英国、法国、德国、日本、意大利和加拿大这七个主要资本主义国家的政府首脑每年轮流在一个国家举行会议，就当前世界政治、经济面临的主要问题和它们之间的经济矛盾进行讨论和协商，并提出解决意见。但通过这种会谈达成的协议对与会国没有约束力，因此，它实际所起的作用是很有限的。

第三，在某些具体经济领域通过一定的政府间协定来进行国际协调。各国政府通过签订国际协定来协调和缓和一些具体经济领域的矛盾，在第二次世界大战后也获得一定的发展。这类协定的参加国都是与某方面利益有关的国家，如《国际小麦协定》、《国际纺织品协定》等，既有生产国参加，又有消费国参加。这些协定的主要内容是就这一领域的生产、市场和价格等，规定参加国的一定权利和义务。参加这类协定的国家尽管也有许多发展中国家，但决定权往往掌握在几个发达资本主义国家手中，因此也是国际垄断资本协调国际经济活动的一种手段。

第四，通过区域经济一体化和组建地区性经济集团来进行国际协调。区域经济一体化是指有地缘联系的若干国家和地区通过签订条约组成经济集团，加强经济联合和合作，在社会再生产的某些领域实行国家垄断资本主义的国际调节。区域经济一体化的主要形式有自由贸易区、关税同盟、共同市场、经济同盟、完全政治经济一体化。一般说来，这些形式体现了经济一体化由低级向高级发展的过程。目前，对整个世界经济产生重大影响的区域经济一体化组织主要有三大地域集团，即欧盟、北美自由贸易区和亚太经济合作组织。

总之，当代发达资本主义国家之间的经济关系，实质上是以维护本国垄断资本利益为基本内容的、既斗争又合作的关系，妥协和协调一直是暂时的、不稳定的，而它们之间的矛盾和斗争则是长期的、绝对的，矛盾激化的趋势没有改变。

二、发达国家与发展中国家之间的经济关系

发达国家与不发达国家之间的经济关系，是资本主义世界体系中经济关系的重要方面。这种发达和不发达的关系，在第二次世界大战之前表现为先进的帝国主义宗主国与落后的殖民地半殖民地之间的经济关系，之后则表现为发达国家与发展中国家之间的经济关系。当代发达国家与发展中国家在经济上表现为既互相依赖又互相对立的关系。

（一）发达国家与发展中国家的相互依赖关系

第二次世界大战后，随着资本全面国际化和经济全球化，发达国家与发展中国家之间经济上互相依赖的关系日益密切。从发达国家来说，发展中国家作为其原料产地、商品市场和投资场所的作用更为明显了。据调查表明，发达国家需要100%依靠进口的矿种，英国有23种，日本有17种，美国有3种。发达国家所需要的主要能源和工业原料——石油，有3/4依靠从发展中国家进口。发展核能、航天及电子工业的原料，如铍、锂、钽、铌、钴、铋等稀有金属几乎全靠发展中国家提供。[①]同时，发展中国家仍然为发达国家提供了相当一部分商品销售市场。1970～1982年，发展中国家向发达国家购买了价值15 798亿美元的工业制成品。1986年，美国、日本、法国、英国输往发展中国家的出口制成品占各国出口制成品总额的比重，分别为35%、33%、34%、22%。此外，发展中国家仍然是发达国家攫取高额利润的主要地区。1980～1986年，跨国公司从发展中国家汇出的利润和股息总额，超过了它们新投向发展中国家的资金近150亿美元。[②]

从发展中国家来说，它们对发达国家的依赖程度加深了。第二次世界大战后，在民族解放运动的冲击下，帝国主义殖民体系土崩瓦解，原先的殖民地半殖民地纷纷取得政治独立，走上发展民族经济的道路。但是，由于资金短缺，发展中国家发展经济离不开发达国家的扶助和支持。过去帝国主义向殖民地投资，殖民地完全处于被动地位。现在发展中国家主动吸引外资，把外来投资纳入本国经济发展体系，通过利用外资引进先进技术，推动工业化进程。发展中国家出口贸易对发达国家的依赖也特别突出。20世纪80年代初，发展中国家出口约有3/4输往发达国家。据世界有关组织估计，发展中国家向发达国家的出口每增加一美元，就能带动国内生产总值增加七八美元。[③]

---

① 赵瑾璐，刘学．政治经济学导论．北京：中国社会科学出版社，1995：204.

② 吴树青．政治经济学（资本主义部分）．北京：中国经济出版社，1993：398-399.

③ 赵瑾璐，刘学．政治经济学导论．北京：中国社会科学出版社，1995：204.

(二) 发达国家对发展中国家的控制和剥削关系

第二次世界大战后，发达国家与发展中国家的关系虽然已不是当年的帝国主义宗主国与殖民地半殖民地的关系，但发达国家对发展中国家的控制和剥削关系依然存在。它们放弃了对发展中国家的直接政治统治，承认被压迫国家民族的自决权，又通过经济手段加强对这些国家的控制与剥削，这就是“新殖民主义”或“经济殖民主义”。不过，垄断资本主义国家并没有完全放弃政治、军事、思想和文化等手段，只要有一定的条件和时机，仍然运用这些手段向发展中国家施加压力和影响。垄断资本进行经济殖民主义时，主要运用以下三种手段。

第一，通过对发展中国家的直接投资，力图保持旧的国际分工，使发展中国家继续在经济上处于依附地位。在旧殖民时代，垄断资本对殖民地的输出以间接投资为主，直接投资较少，而且主要在传统的农业、矿业和金融外贸部门，保持着“工业西方、农业亚非拉”的传统分工格局。殖民体系瓦解后，垄断资本主义国家对发展中国家的直接投资有了明显增加，但资本投向仍然以农业和矿业为主，它们力图通过资本输出维持原有的不合理的国际分工，使发展中国家仍保持单一畸形的产业结构，不能摆脱对它们的经济依附。20 世纪 60 年代以后，垄断资本的跨国公司对发展中国家制造业的投资有所提高，但它们投资的制造业大多是技术简单的劳动密集型工业和污染严重的工业，技术复杂的产品只在发展中国家装配，关键技术和部件仍控制在自己手中。

第二，通过垄断世界市场和操纵商品价格，同发展中国家进行不等价交换，使发展中国家在贸易关系上依附于它们。由于发展中国家的资本有机构成和劳动生产率低于发达国家，只能出口初级产品和劳动密集型产品，而进口却是资本和技术密集型产品，所以发达国家与发展中国家的贸易存在着事实上的不平等。发达国家与发展中国家的贸易在很大程度上为西方跨国公司所左右。目前西方跨国公司控制了世界贸易的 3/5 和发展中国家出口贸易的 1/2，不仅主宰着资本主义世界市场的贸易和价格，还通过贸易左右着许多发展中国家的经济。在国际技术贸易和劳务贸易方面，发展中国家所处的地位更加脆弱。跨国公司在技术贸易中通过严格限制向发展中国家当地公司转让先进技术和关键技术，以保持它们在技术上的垄断地位。发达国家主要提供生产性服务，特别是信息服务，而发展中国家则提供廉价劳动力输出和旅游等一类的消费性服务。

第三，通过垄断国际货币体系和金融体系，保持发展中国家对它们的金融依附。第二世界大战后建立的国际货币制度都是以某一个或几个发达国家为核心的，发展中国家的货币则处于依附地位。发达国家的货币充当主要的国际储备货币和支付手段，发展中国家的货币通常要和某个发达国家货币（如美元）或发达国家合成货币（如特别提款权）挂钩。这样，发达国家的经济状况和货币汇率政策必然要影响发展中国家。不仅如此，西方跨国银行还通过资金融通和信用体系对发展中国家施加影响。它们依仗其雄厚的资本，通过贷款、投资、发行债券和其他银行业务，影响发展中国家的进出口贸易，支持或阻碍某些部门的发展，直至左右一些发展中国家的经济生活和政府政策。

总之，在当前垄断资本主义世界体系中，发达国家与发展中国家在经济上既互相依赖又相互对立。互相依赖的一面决定了它们之间经济合作的可能性，发展中国家需要发达国家的资金、技术来发展自己的民族经济，实现工业化和现代化，而发达国家的垄断资本出于自身利益，也需要发展中国家经济一定程度的发展。但是，另一方面，发达国家与发展中国家又存在着某些根本利益上的对立。发达国家为维护其在世界经济中的既得利益和支配地位，乘发展中国家发展民族经济之机，利用千丝万缕的联系，不断进行经济渗透，来控制和掠夺发展中国家，力图保持发展中国家对发达国家的依附地位。

三、建立公正合理的国际经济新秩序

发达资本主义国家与发展中国家不合理的国际经济关系的形成，根源在于发达资本主义国家对发展中国家的剥削与控制。而发展中国家要摆脱被剥削被控制的命运，获得与发达国家发展经济的平等权利，最根本的办法就是打破旧的国际经济秩序，建立平等互利、公正合理的国际经济新秩序。

建立国际经济新秩序的思想发端于 20 世纪 50 年代中期的万隆会议。60 年代初兴起的不结盟运动，60 年代中期发展中国家“七十七国集团”（现已发展成 100 多个国家）的形成，各种原料生产国组织和区域性经济合作组织的建立，为建立国际经济新秩序作了思想上和组织上的准备。联合国 1974 年 4 月召开的第六届特别会议，专门讨论发展中国家提出的《关于建立新的国际经济秩序宣言》和《关于建立新的国际经济秩序的行动纲领》两个重要文件。同年 12 月，联合国第 29 届会议又通过了发展中国家起草的《各国经济权利与义务宪章》。从此，发展中国家为促进各国的经济发展、争取实现公平合理的国际经济关系，有了共同的行动纲领。

建立平等互利、公正合理的国际经济新秩序的基本内容大致是：各国在平等基础上进行广泛的合作，保证发展中国家的经济迅速发展；各国对自己的资源拥有永久主权，各国的资源应充分用于发展事业，对损害本国经济权益的外国跨国公司，发展中国家有权实行控制、监督与管理，直至采取国有化措施；改善发展中国家的贸易条件，在发展中国家出口的原料、初级产品和进口的制成品价格之间建立公平合理的关系；对发展中国家提供积极援助，促进有利于发展中国家的技术转让，减轻债务负担，改革国际货币制度，为国际剩余资金流入发展中国家提供有利条件；在国际经济合作的各个领域内，对发展中国家给予特惠的非互惠待遇；优先援助最不发达国家；加强发展中国家之间的经济技术合作，加强原料生产国组织的作用，发展地区性经济合作组织等。

第四节　垄断资本主义的历史地位

一、垄断资本主义是资本主义发展的特殊阶段

（一）垄断资本主义经济发展的两种趋势

当资本主义进入垄断阶段以后，经济发展存在着两种趋势，即时而表现出停滞趋势，时而表现出迅速发展的趋势。

在自由竞争资本主义时期，资本家为了追逐更多更高的利润，总是不断提高技术，改进设备，提高劳动生产率，从而在客观上刺激了整个社会经济的发展。但是，到了垄断资本主义阶段，垄断的统治导致了生产和技术出现了停滞趋势，原因是：第一，垄断企业可以凭借着垄断地位，通过垄断价格和非价格手段获得高额垄断利润，因而在一定程度上削弱了推动技术进步的动因；第二，当新技术的采用和推广威胁到垄断企业产品的垄断价格，或者造成其固定资本重大无形损耗时，垄断企业会凭借其经济力量，人为地加以阻碍，如收买专利，束之高阁；第三，垄断企业可以通过对外扩张、输出资本、实行不等价交换等获得高额垄断利润，也会在一定程度上引起国内生产技术的停滞。

当然，垄断统治造成生产技术的停滞趋势，并不排斥一定时期资本主义生产和技术的迅速发展。列宁指出："如果以为这一腐朽趋势排除了资本主义的迅速发展，那就错了。不，在帝国主义时代，个别工业部门，个别资产阶级阶层，个别国家，不同程度地时而表现出这种趋势，时而又表现出那种趋势。整个说来，资本主义的发展比从前快得多。"[①] 垄断资本主义条件下生产和技术迅速发展的原因是：第一，生产力有自身发展的规律，而且有加速发展的趋势，垄断只能阻碍这种发展趋势的充分实现，而不能根本阻碍它的发展；第二，追逐高额垄断利润的驱动，国内外激烈竞争的压力，迫使垄断企业投入大量的人力、物力和财力用于新产品和新技术的开发和利用，从而推动生产和技术的发展；第三，国家垄断资本主义的发展，对资本主义生产关系进行局部调整，在相当程度上给生产力的发展提供了可能。此外，发达资本主义国家争夺世界霸权，争取军事优势的斗争，客观上也会刺激科学技术发展。

在垄断资本主义时期，生产和技术的发展趋势和停滞趋势同时并存。随着各种条件的变化，有时会表现出这种趋势占优势，有时又会表现出那种趋势占优

---

① 列宁．列宁选集．第2卷．北京：人民出版社，1972：842.

势。当一种趋势占优势时，另一种趋势并非完全消失。第二次世界大战后资本主义国家的经济发展过程中，这两种趋势表现尤为突出。由于新科学技术革命的推动和国家垄断资本主义对生产关系所作的某些调整，当代资本主义国家的经济在20世纪五六十年代经历了有史以来发展最快的时期。但是，即使在这段时期生产和技术的停滞趋势仍然存在。整个资本主义世界的“黄金时代”好景不长，进入70年代以来，高速增长为经济的“停滞膨胀”所代替，当代资本主义国家经济又重新面临着严重困难的局面。当前，发达资本主义国家的经济大都呈现出低速而不稳定的状况。

（二）垄断资本主义的寄生性

垄断资本主义的寄生性主要表现为食利者阶层的扩大和食利国的形成。食利者阶层是指那些完全脱离生产经营活动、专门靠“剪息票”（即吃利息）为主的剥削者。在自由竞争阶段，资本家一般还起着生产组织者和指挥者的作用，虽然那时也有单纯的食利者，但数量还不多。到了垄断资本主义阶段，食利者急剧增长起来，形成了庞大的食利者阶层。其原因是资本主义发展到垄断阶段，一方面，股份公司大量发展，绝大部分的股东不参加公司的经营管理活动，只凭股票领取股息；另一方面，少数金融寡头通过“参与制”控制了大量的企业，但主要依靠雇佣经理人员来从事生产经营活动，这都使食利者人数大大增加。这些庞大的食利者阶层占据了大量国民收入，用于满足各种骄奢淫逸的生活需要，从而使社会上专供他们享乐和为他们的寄生性消费服务的部门和仆役人员大量增加，浪费大量的物质财富和社会劳动力。

同时，随着资本输出的增加，少数最富有的国家越来越多地靠剥削其他国家，特别是殖民地附属国的人民为主，变成叮在多数不发达国家身上的寄生虫，在世界上成了少数食利国。食利国的形成，使整个世界分为极少数高利贷国和极多数债务国。

（三）垄断资本主义多种危机交织并存

在垄断资本主义时期，垄断代替了自由竞争，使资本主义的基本矛盾进一步加深和尖锐化，从而必然导致经济危机更加深重、频繁爆发。与此同时，资本主义的货币信用危机、财政危机、社会危机和政治危机等也相继发生和深化，种种危机交替发生、相互影响，形成了恶性循环。

垄断资本主义国家货币信用危机开始显现。资产阶级政府通过大量发行纸币实行通货膨胀政策，从而使纸币不断贬值，物价持续上涨，加之由于垄断引起了资本的相对过剩，越来越多的货币资本拥塞在流通领域里而不能运用于生产过程，信贷资本投机成风，严重动摇着资本主义的信用制度和银行制度。

垄断资本主义国家的财政危机也日益严重。第二次世界大战后，为了对付生产过剩，垄断资本主义国家普遍实行了赤字财政政策。除了个别年份外，垄断资本主义国家几乎连年赤字，而且赤字越来越大，从而发生财政危机。

垄断资本主义国家还发生了日益严重的社会危机。各种矛盾的尖锐化，使人们对社会和生活的前途丧失信心，甚至绝望。赌博盛行，犯罪日增，吸毒成风，已成为垄断资本主义国家普遍存在的社会问题。

垄断资本主义在其创造了高度物质文明的同时，也给社会带来了许多尖锐、难以克服的矛盾。这就清楚地表明，垄断资本主义在许多方面已经不再适应社会生产力发展的要求。

二、垄断资本主义向社会主义过渡的历史必然性

（一）垄断资本主义为向社会主义过渡准备了客观物质条件

垄断资本主义是资本主义的最高阶段，是向社会主义过渡的资本主义。垄断资本主义的过渡性在经济上表现为过渡到社会主义的客观物质条件已逐步成熟。

首先，垄断使资本主义生产出现全面社会化。巨大的垄断企业，不仅控制着一个个单一部门的生产，而且控制了许多部门的生产。混合联合企业和跨国公司的大量涌现，使垄断资本形成了庞大的经济王国。它们不仅支配着国内的经济命脉，而且操纵着世界范围内的经济活动。国际垄断的发展和国家垄断资本主义国际联盟的出现的发展，使生产和经营超出了一国的范围，生产社会化向着更高程度的国有化和国际化发展。

其次，垄断使生产管理日益社会化。随着垄断资本主义的发展，资本所有权和经营权日益分离，垄断企业的经营管理由董事会和经理人员组成的社会性机构来执行，而不再由单个资本家来执行。垄断统治使社会性的分配和计算机构建立起来，银行成为社会的“公共簿记”。国家干预社会经济的程度不断提高，形成了一整套严密的社会性管理机构。这种种表现说明，垄断为向社会主义过渡提供了与生产全面社会化相适应的组织管理形式。

最后，垄断使私人资本日益采取社会化形式。如果说股份是资本社会化的开始，垄断又使资本社会化的程度大大提高，那么，国家垄断资本的出现，则使资本社会化在资本主义制度所允许的范围内达到了顶点。资本关系再进一步社会化，就只能是对生产资料私有制彻底否定，是资本关系的最后终结。

（二）社会主义革命首先在一国取得胜利的可能性

在资本主义发展到垄断阶段以前，马克思和恩格斯在 19 世纪中叶根据当时的情况曾经设想：社会主义革命只能在所有或者至少几个最发达的资本主义国家同时爆发才可能取得胜利；要想在单独一个国家取得社会主义革命的胜利是困难的。因为当时资本主义还处于向上发展的历史阶段，资本主义的各种矛盾虽然已经存在和有了发展，但相对说来还没有发展到十分尖锐的程度。在这种情况下，

无产阶级如果不能进行国际联合和相互配合，同时向各国的资产阶级发动进攻，分散各国资产阶级的镇压力量，就可能被各国资产阶级联合起来各个击破。

在资本主义发展到垄断阶段以后，列宁依据马克思主义原理，对已经变化了的情况作了新的分析，明确提出社会主义可能首先在少数甚至在单独一个资本主义国家内取得胜利。原因是：第一，各个垄断资本主义国家的经济和政治发展不平衡比过去更为严重。经济发展不平衡，决定了各资本主义国家各种矛盾的尖锐程度很不一样；政治发展不平衡，决定了不同国家无产阶级革命的政治前提决不会同时成熟，无产阶级的革命觉悟、组织程度和领导水平必然会有很大差异。这些都决定了无产阶级革命不能在所有国家同时发生。第二，主要垄断资本主义国家之间的矛盾由于实力对比的不断变化而日益尖锐。矛盾尖锐到一定程度就会引发战争。这种战争削弱了垄断资本主义的力量，从而使垄断资本主义的统治链条上出现薄弱环节，无产阶级革命有可能在这些薄弱环节上首先突破。这里资本主义的各种矛盾最集中、最尖锐，资产阶级力量比较薄弱，阶级力量的对比有利于无产阶级，因而足以战胜资产阶级的统治，取得革命的胜利。

三、垄断资本主义向社会主义过渡的长期性与曲折性

（一）垄断资本主义向社会主义过渡的开始

垄断资本主义向社会主义过渡是从第一次世界大战和俄国十月革命开始的。战争使垄断资本主义国家的阶级矛盾空前地激化，推动了无产阶级的革命运动，导致了革命高潮的到来。同时，战争使垄断资产阶级的力量被削弱，促进了殖民地人民的民族解放，使垄断资本主义国家的统治阶级更加顾此失彼。在这种情况下，俄国的无产阶级在列宁为首的布尔什维克党率领下，发动了伟大的十月革命，建立了世界上第一个社会主义国家。

资本主义世界体系被突破，使垄断资本主义固有的各种矛盾进一步尖锐化。垄断资本主义国家之间争夺销售市场、原料产地和势力范围的斗争更加激烈。1929～1933年的资本主义世界的特大经济危机，更是加剧了垄断资本主义国家之间的矛盾。德、意、日法西斯要求重新瓜分领土和势力范围的侵略促使了第二次世界大战的爆发。但是，战争不但没有解决垄断资本主义的各种矛盾，反而使矛盾更加激化了。战争促进一系列国家发生了社会主义革命。从此，社会主义超出了一国的范围，在欧亚大陆和其他地区出现了一批社会主义国家。同时，战争还推动了殖民地和附属国民族解放运动的发展，使帝国主义殖民体系在战后迅速地全面崩溃。

（二）垄断资本主义向社会主义过渡是一个漫长的历史过程

从第一个社会主义国家诞生迄今，垄断资本主义向社会主义过渡已经历了

90 多年，但这一过渡才刚刚开始，而且相当曲折。20 世纪 80 年代末 90 年代初东欧剧变和苏联解体就是这一曲折过程的表现。当前，垄断资本主义体系在世界上占据着绝对优势，垄断资本主义向社会主义的过渡还需要经历一个漫长的历史过程。

首先，人类社会发展的历史表明，一种旧的社会制度在全世界的灭亡和一种新的社会制度在全世界的胜利，都经历了漫长的历史过程。奴隶制度在世界主要地区的灭亡及其被封建制度所代替，封建制度在世界主要地区的灭亡及其被资本主义制度所代替，都曾经历了几百年甚至上千年的时间。封建制度代替奴隶制度及资本主义制度代替封建制度，都是用一种新的剥削制度代替一种旧的剥削制度。社会主义代替资本主义与以往的任何社会形态更替都不相同，它是用一种崭新的社会制度代替一种旧的剥削制度，更需要一个长期的历史过程。

其次，就世界范围来说，垄断资本主义所能容纳的生产力尚未全部发挥出来，社会主义存在和发展的物质条件仍然没有完全成熟。当垄断资本主义世界体系的某些薄弱环节被突破过渡到社会主义之后，其他资本主义国家还会继续存在和发展。发达资本主义国家的生产关系还有可能随着生产社会化的提高而不断调整，从而在较长时期内仍能容纳生产力的进一步发展。而不发达的资本主义国家如没有特殊的矛盾集结和革命形势，则需要经过资本主义发展的较长历程，才能逐渐为社会主义准备好物质基础。因此，从世界范围来看，社会主义取代资本主义必将是一个从个别国家逐步向更多国家扩展的长期的历史过程。

再次，无产阶级革命首先取得胜利的一批国家，都是垄断资本主义链条中的薄弱环节。在这些国家中，新社会发展的各种物质条件并不是最成熟的。这使它们在取得革命胜利之后，不得不花大量的时间和精力去建立新社会所必备的各种物质条件。它们需要从头开始建立工业化的大生产以作为社会主义的物质基础，而这又不可能在短期内完成。在完成这一任务以前，它们不可能在生产力和社会发展的各个方面赶上并超过发达资本主义国家已经达到的水平。而不做到这一点，要使社会主义最终战胜资本主义是不可能的。这就决定了社会主义必然要与资本主义有相当长一段时期的同时并存和相互斗争。

最后，社会主义是一种新的生产方式和社会制度，它的成长和壮大需要经过不断探索和开拓。无产阶级在社会主义国家掌握了政权，但他们过去从没有过统治国家和管理经济的经验，他们需要继承资本主义一切好的东西，而又不能完全照搬。特别是新的社会制度不可能有事先设计好的完美无缺的蓝图，没有现成的经验可循，必须在社会主义建设的实践过程中去创建和探索。因此，社会主义制度作为一个新生事物，其成长道路必然是艰巨和漫长的。

总之，社会主义在全世界范围内取代垄断资本主义将经历一个相当长的历史过程。尽管这个历史过程中不可避免地会出现这样那样的曲折，但是，社会历史发展的总趋势是不可逆转的。

【双语关键词】

汉语关键词	英语关键词
资本输出	capital export
资本国际化	capital internationalization
跨国公司	multinational corporation
经济全球化	economy globalization
欧盟	European Union
新殖民主义	new colonialism
国际经济新秩序	new order of international economy

【阅读书目】

列宁．帝国主义是资本主义的最高阶段//列宁．列宁选集．第2卷．北京：人民出版社，1972：782-845.

列宁．论欧洲联邦口号//列宁．列宁选集．第2卷．北京：人民出版社，1972：706-710.

【思考题】

1. 资本输出的必然性、形式和后果是什么？
2. 简述三种形态资本的国际化及其各自对世界经济产生的影响。
3. 第二次世界大战后跨国公司迅速发展的原因是什么？
4. 经济全球化主要表现在哪些方面？
5. 试述发达资本主义国家与发展中国家之间的经济关系。
6. 怎样认识垄断资本主义经济发展的两种趋势？
7. 为什么垄断资本主义向社会主义过渡具有长期性与曲折性？

【教学案例】

从美国次贷危机到全球金融危机

1. 次贷危机的发生

次贷危机（subprime lending crisis）的发生与美国房地产次级抵押贷款很有

关联。按照借款人的信用质量，美国的房地产个人抵押贷款可分为两种：次级抵押贷款和优质抵押贷款。次级抵押贷款的对象是收入低、信贷记录差和负债较重的购房需求者，借款人可以在没有任何资金的情况下获得贷款而购房，仅需声明其收入情况，无需提供任何有关偿还能力的证明。次级抵押贷款利率一般比优质抵押贷款利率要高2%～3%。因此，次级抵押贷款具有“风险大、收益高”的特征。这次次贷危机是一场发生在美国的、因房地产次级抵押贷款市场违约率的异常上升而导致次级抵押贷款机构破产、投资基金被迫关闭、股市剧烈震荡引起的风暴，它致使全球主要金融市场隐约出现流动性不足危机。次贷危机最初爆发于2007年4月，标志是2007年4月2日，面对来自华尔街174亿美元的逼债，作为美国第二大次级抵押贷款公司的新世纪金融公司（New Century Financial Corp）宣布申请破产保护，裁减54%的员工。

2. 次贷危机的发展

2007年7～8月，美国次贷危机进一步加剧并开始波及美国境外。国外一些大型银行的旗下基金传出遭受巨额损失的消息，国际金融市场出现信心严重不足的情况，造成全球股市和汇市动荡。7月19日，贝尔斯登旗下对冲基金濒临瓦解。8月2日，德国工业银行宣布赢利预警，后来估计更出现了82亿欧元的亏损，因为旗下的一个规模为127亿欧元的“莱茵兰基金”（Rhineland Funding），以及银行本身少量参与了美国房地产次级抵押贷款市场业务而遭到巨大损失。德国中央银行召集全国银行同业商讨拯救德国工业银行的计划。8月6日，美国第十大抵押贷款机构——美国住房抵押贷款投资公司正式向法院申请破产保护，成为继新世纪金融公司之后美国又一家申请破产的大型抵押贷款机构。8月9日，法国第一大银行巴黎银行宣布冻结旗下的三支基金，同样是因为投资了美国次贷债券而蒙受巨大损失。8月13日，日本第二大银行瑞穗银行的母公司瑞穗集团宣布与美国次贷相关的损失为6亿日元。为了缓解次贷危机的影响，2007年8月11日，世界各地中央银行48小时内注资超3262亿美元救市，美国联邦储备系统（简称美联储）一天三次向银行注资380亿美元以稳定股市。

进入2008年，次贷危机进一步发展。1月4日，美国银行业协会数据显示，消费者信贷违约现象加剧，逾期还款率升至2001年以来最高。花旗集团、摩根大通银行和瑞士银行等国际知名金融机构于2008年1月宣布了因次贷危机而遭受巨额损失的消息。2月9日，七国集团财长和央行行长会议声明指出，次贷危机影响加大。3月16日，经营陷困的华尔街投资银行贝尔斯登以2.36亿美元清仓价售于摩根大通银行。4月8日，国际货币基金组织称全球次贷亏损100 00亿美元。4月17日，美林证券公司宣布第一季净亏损达19.6亿美元，亏损大于预期，且为连续第三季亏损。4月18日花旗集团宣布，在冲减逾130亿美元损失后，一季度净亏损51.1亿美元，合每股损失1.02美元。三菱东京日联金融集团预计，截至2008年3月31日的一财年内，该集团在次级贷上的相关损失为950亿日元（折合9.21亿美元）。4月29日，德意志银行宣布五年来首次出现净亏损。5月6日，美国财政部向贷款机构施压，欲加快解决抵押贷款问题。华尔街三大巨头（摩根斯坦利、摩根大通和雷曼兄弟）均计划在近期精简员工人数。5月13日，法国兴业银行集团公布一季度报显示，集团受到美国次贷危机及49亿违规交易余波影响，净收入为10.96亿欧元，比上年同期减少了23.4%。6月，纽约股市暴跌，危机进一步扩大。7月14日，房利美和房地美股价过去一周被“腰斩”，纽约股市三大股指全面跌入“熊市”。

3. 次贷危机升级演变为全球金融危机

2008年9月，美国发生了“金融大地震”，在一些金融巨头申请破产、被接管、股市暴跌等重大金融事件发生过程中，美国次贷危机升级为严重的金融危机。随后，美国金融危机迅速蔓延至全球许多地区，次贷危机已经演变为全球金融危机。9月7日，美国财政部接管了抵押贷款巨擘美国联邦住宅贷款抵押公司（简称房地美）与美国联邦国民抵押贷款协会（简称房利美），同时对这两家抵押贷款公司各挹注1000亿美元资金。9月15日，华尔街投资银行雷曼兄弟公司在政府拒绝纾困后，申请了破产保护；陷入经营困境的华尔街巨擘美林证券公司，同意以500亿美元价格由美国商业银行并购；遭债信评等降级的全美最大保险公司“美国国际集团（American International Group，AIG）”的股价大跌60.8%，导致AIG亏损加剧。受这些消息影响，9月15日，美国和欧洲股市遭遇“黑色星期一”。次日，亚太地区主要股市也全面下挫。

金融危机在美国爆发后，迅速蔓延波及欧洲。2008年9月28日，比利时、荷兰和卢森堡宣布，向比利时、荷兰合资的富通集团注入112亿欧元，实行部分国有化，防止集团破产。同一天，英国房贷巨头布拉德福德-宾利银行被国有化和拆分出售。美国金融危机对欧洲国家影响最大的要算冰岛，冰岛是因美国金融海啸袭击而倒下的第一个欧洲国家也是全球第一个国家。10月6日，冰岛总理哈尔德发出警报，“同胞们，这是一个真真切切的危险。在最糟的情况下，冰岛的国民经济将和银行一同卷进漩涡，结果会是国家的破产”。此后短短三天内，冰岛三家最大的银行均被政府接管。

在亚洲，韩国、巴基斯坦、阿拉伯联合酋长国等国家估计也受到美国金融危机的重大冲击。韩国现在背着沉重的外债，据统计，2008年韩国外债规模已经接近1800亿美元。据报道，巴基斯坦的外汇存款只剩81.4亿美元，实际上已处在破产边缘。而债台高筑的阿拉伯联合酋长国的迪拜则是迎接这场金融海啸挑战的排头兵。

2008年10月8日，世界各大中央银行同时行动，对金融市场的动荡作出明确的回应，接连宣布降息。美联储宣布降息50个基点至1.5%，欧洲央行、英国中央银行、加拿大中央银行、瑞典中央银行和瑞士中央银行也纷纷降息 50 个基点，澳大利亚联邦储备银行宣布将银行基准利率下调 1%～6%。10 月 9 日，步美国的后尘，韩国、日本、中国香港、中国台湾和印度尼西亚等有关当局，纷纷采取措施放松了货币政策，向银行注资。

资料来源：李军．从美国次贷危机到全球金融危机：发展过程与深刻教训．开发研究，2008，(6)：156-160．

国债危机关系多国生死存亡

一场规模空前的“国家债务危机”从希腊向整个欧洲迅速蔓延，即使连美国这样的世界最大债务国也有些心慌意乱。

发行国债本是促进国家经济发展的一种国际通行的融资手段。最早发行国债是为了战争，1769 年，沙皇俄国与荷兰银行家签署第一笔外债，期限 10 年，年息 5%。之所以需要这笔外债，是因为当时沙皇俄国在地中海的舰队向波兰扩张需要一大笔开销。在西方，欧洲近代历次大规模战争，参与国多发行国债筹借军费。第二次世界大战后，随着经济的发展，政府开支扩大，各种以平衡赤字或基础建设为目的的国债大量涌现，在发达国家中几乎没有零外债的。而且加拿大、希腊、日本等国国债负债率超过了 GDP 总值。也有一些国家把“无债一身轻”当做一件自豪的事情，中国 20 世纪六七十年代就“既无外债也无内债”。时至今日，也有一些非洲和独联体的小国因为政府开支小，没有发行国债。此外，像索马里等战乱国家根本无债可举。

如果中央政府管理不当，国家举债过度，也会引发“国家债务危机”。北欧国家冰岛由于大规模举债，而所获资金又大量投入虚拟经济，在 2008 年金融泡沫破灭后，几乎成为“第一个破产的西方政府”，最终导致政权更迭。

在希腊 2009 年年底出现债务危机后，国际三大评级机构将希腊的长期主权信贷评级下调一档，从“A－”降为“BBB＋”。持续蔓延和恶化的主权债务危机，不但使这些国家面临由于失业人数剧增导致的社会危机风险加大，还有可能影响到国内政治稳定和国家间关系的发展。面对“濒临毁灭边缘的雅典”，意欲出手施救的德国也陷入两难境地。

这些年受国债困扰的国家还有很多。截至 2009 年年底，乌克兰外债规模已经达到 1000 亿美元，约占当前 GDP 的 80%～90%，已经远远超过了警戒线，造成国家经济的不稳。这也是“颜色革命”不到 6 年后，亚努科维奇又重新上台的一个原因。

日本在第二次世界大战后的初期一度厉行“零赤字国债”，但从 1965 年开始，日本中央银行开始再度发行“赤字国债”，此举曾在日本内需疲软、税源枯竭的经济背景下救了国家，但也因为国债负担积重难返引发了新问题。日本关西大学教授宫本胜浩对日本 2009 年年底发行大量国债进行了猛烈抨击，他认为，政府在没有具体偿债措施的前提下毫无节制地发行赤字国债无疑是“亡国行为”，将使不堪重负的日本财政状况雪上加霜。预计 2009 年年末约达到其 GDP 的 170%。据日本一家商业机构分析，由于利率低和偿还能力差，日本长期和中期国债的信用评级已跌落谷底，在发达国家当中排名末位。

资料来源：丁尚峰．国债危机关系多国生死存亡．环球时报，2010-02-22（第 7 版）.

讨论下列问题：

（1）何谓次贷危机？美国次贷危机的发生、发展与最终升级演变为全球金融危机给予了我们哪些深刻的教训？

（2）分析经济全球化对各国债务危机产生的影响。

第九章

社会主义初级阶段的基本经济制度

社会主义是人类历史上崭新的社会制度，它必然要代替资本主义制度，这是社会历史发展的总趋势。本章主要分析中国社会主义经济制度建立的必然性及其途径，社会主义本质和根本任务；阐述社会主义初级阶段的必然性、长期性和基本特征；说明社会主义初级阶段的基本经济制度是以公有制为主体、多种经济成分共同发展。这样的一种基本经济制度需要不断完善，最终建立一个成熟的社会主义经济制度。

第一节　社会主义经济制度的建立

一、中国社会主义的独特道路

社会主义作为一种科学的理论体系是由马克思和恩格斯创立的，他们通过对资本主义经济运行的深入研究，得出了社会化大生产同资本主义私有制的矛盾，客观上要求以公有制为基础的社会主义经济制度代替资本主义经济制度，这是生产关系一定要适应生产力性质规律作用的必然结果。

社会主义经济制度的建立是资本主义基本矛盾尖锐化的必然结果。资本主义经济制度在历史发展的一定时期，曾推动了商品经济的发展，使得社会生产力达到相当高的水平。马克思指出：“资本主义在它的不到一百年的阶级统治中所创造的生产力，比过去一切时代创造的全部生产力还要多，还要大。”[①] 然而，随着资本主义经济的发展，资本主义生产关系同生产力之间的矛盾日益加深，一方面，生产社会化得到进一步发展；另一方面，生产资料却越来越多地集中在少数人手中，这就产生了资本主义基本矛盾。在资本主义制度下，生产社会化的发展必然导致社会主义公有制取代资本主义私有制。

从资本主义社会到社会主义社会必须要经历一个过渡时期，这是由客观经济条件和社会主义生产关系产生的特殊性决定的。社会主义生产关系不可能在资本主义社会内部自发地产生。因此，在无产阶级政权建立之初，大量的非社会主义经济继续存在。要把这些非社会主义经济改造成为社会主义公有制经济，需要经历一个相当长的历史时期。我国人民在中国共产党的领导下，经过艰苦卓绝的斗争，推翻了帝国主义、封建主义和官僚资本主义的统治，建立了新民主主义政权。我国的国情特点，决定了我国无产阶级领导的革命要分两步走。这是因为我国不是直接从资本主义社会而是从新民主主义社会转变为社会主义社会的，过渡时期在经济结构上的特征是多种经济成分并存，其主要矛盾是无产阶级同资产阶级、社会主义道路同资本主义道路的矛盾，基本任务是把以生产资料私有制占统治地位的多种经济成分改造成为社会主义公有制为主体的经济结构，在全国范围内建立起社会主义经济制度。1952 年党中央提出了过渡时期总路线，即从中华人民共和国成立到社会主义改造基本完成，这是一个过渡时期。党在这个过渡时期的总路线和总任务是，要在一个相当长的时期内，逐步实现国家的社会主义工业化，并逐步实现国家对农业、手工业和资本主义工商业的社会主义改造。过渡时期总路线的实质就是要把生产资料私有制逐步改造成为社会主义公有制，实现由新民主主义社会向社会主义社会的转变。

二、我国社会主义经济制度建立的途径

（一）没收大资本，建立社会主义全民所有制

对于资本主义私有制，要通过剥夺的形式转变为社会主义公有制。但是，这种剥夺可以根据资本的大小及其在国民经济中的地位和作用，根据资产阶级对待革命的态度来确定。在我国，对大资本采取了没收的形式。大资本主要是指官僚垄断资本，在旧中国他们依附于帝国主义并与之勾结在一起，控制了国民经济命脉，严重地阻碍了我国生产力的发展，它是反动统治的经济基础。所以，当我国新民主主义革命取得胜利后，立即在全国范围内没收官僚资本，把它们变成社会主义全民所有制的国有经济，使无产阶级掌握了国民经济命脉，从而为建立社会

① 马克思，恩格斯．马克思恩格斯选集．第 1 卷．北京：人民出版社，1972：256.

主义经济制度奠定了基础。没收官僚资本具有双重革命性质：一方面消灭买办资产阶级，这属于民主革命的性质；另一方面消灭垄断资本，属于社会主义革命的性质。

（二）改造中小资本，壮大社会主义全民所有制

我国的中小资本属于民族资本，它们在民主革命时期和社会主义革命时期都具有两重作用，民族资产阶级对待革命的态度也具有两面性。特别是在新中国成立之后，他们既有发展资本主义的一面，又有拥护共同纲领、接受共产党和人民政府领导的一面。民族资本主义经济的两重作用和民族资产阶级政治态度的两面性，使得我们对民族资产阶级可以采取“和平赎买”的方式改造民族资本主义经济。

我国对民族资本的“赎买”采取了利用、限制和改造的政策，即利用民族资本主义对国计民生有利的作用，限制其不利于国计民生的作用，并通过由初级到高级的国家资本主义形式对民族资本主义经济实行社会主义改造，把它变成社会主义全民所有制经济。

（三）改造个体私有制，建立社会主义集体所有制

对个体劳动者不能剥夺，这是马克思主义的基本原则。对个体经济的改造只能在自愿的基础上，通过典型示范和国家帮助，引导他们走上合作化道路，建立社会主义劳动群众集体所有制。我国对农民个体经济的改造，是通过建立互助组、初级社和高级社这样三个相互衔接、渐进的形式实现的。到 1956 年年底，全国高级农业生产合作社发展到 50 多万个，入社农户 1 亿多，占全国农户的 88%，近 5 亿农民走上了合作化道路。高级农业生产合作社的建立，标志着农业个体经济变成了社会主义劳动群众集体所有制经济。城镇个体手工业的改造是从流通领域入手，先后采取了建立手工业供销小组、手工业供销合作社和手工业生产合作社三种组织形式。到 1956 年年底，全国 92% 的手工业者已经组织起来，他们的产值占全部手工业产值的 93%，基本上实现了手工业合作化。

我国从 1952 年提出过渡时期总路线，到 1956 年年底基本完成了对个体农业、个体手工业和民族资本主义工商业的社会主义改造，建立起社会主义全民所有制和劳动群众集体所有制，确立了社会主义公有制的主体地位，标志着我国社会主义经济制度的建立。

第二节 我国社会主义的初级阶段

一、对我国社会主义初级阶段的认识

我国经过新民主主义到社会主义的过渡时期，建立了社会主义制度后，便进

入社会主义社会，但我国的社会主义将长期处于初级阶段。一般地说，任何一个国家的社会主义社会都要经历一个由低级到高级、由不成熟到比较成熟的发展过程。但我国社会主义的初级阶段，不是泛指所有国家进入社会主义社会都要经历的起始阶段，而是特指我国在生产力落后、商品经济不发达的条件下，建设社会主义必然要经历的特定历史阶段。这个特定的初级阶段起始于社会主义的基本经济制度确立，即20世纪50年代中期对生产资料私有制的社会主义改造基本完成，终结于社会主义现代化实现，把我国建成一个富强、民主、文明、和谐的社会主义现代化国家。这是一个很长的历史过程，至少需要上百年的时间。

对社会主义的发展阶段问题，在马克思、恩格斯和列宁的著作中没有明确的论述。他们只是提出了关于共产主义社会形态的两阶段论，即共产主义的低级阶段和高级阶段，或者社会主义社会和共产主义社会。中国进入社会主义后，就生产力发展水平而言，远远落后于发达国家。这决定中国必须在社会主义条件下经历一个相当长的初级阶段，在这个阶段实现工业化和经济的社会化、市场化、现代化，建立和发展社会主义应有的发达生产力和雄厚综合国力的基础。在经济、文化落后的条件下，建设社会主义现代化，这是一个不可逾越的历史阶段。但是，我们对于社会主义初级阶段的认识，还是在改革开放以后。

1981年中国共产党第十一届六中全会通过的《关于建国以来党的若干历史问题的决议》中，第一次写上了“我们的社会主义制度还是处于初级的阶段”。1982年党的十二次全国代表大会的报告再次确认：“我国的社会主义社会现在还处于初级发展阶段，物质文明还不发达。”1987年党的第十三次全国代表大会的报告，比较系统地论述我国社会主义初级阶段理论，明确指出“它不是泛指任何国家进入社会主义都经历的起始阶段，而是特指我国在生产力落后、商品经济不发达条件下建设社会主义必然要经历的特定阶段”。党的第十四次代表大会的报告在阐述建设有中国特色社会主义理论的主要内容时说：“在社会主义的发展阶段问题上，作出了我国还处于社会主义初级阶段的科学论断，强调这是一个至少上百年的很长的历史阶段，制定一切方针、政策都必须以这个基本国情为依据，不能脱离实际，超越阶段。”1997年党的十五大报告进一步阐述了社会主义初级阶段的基本路线和基本纲领，明确地全面地概括建设有中国特色社会主义初级阶段的基本目标和基本政策。十五大报告指出：“建设有中国特色社会主义的经济就是在社会主义条件下发展市场经济，不断解放和发展生产力。这就要坚持和完善社会主义公有制为主体、多种所有制经济共同发展的基本经济制度；坚持和完善社会主义市场经济体制，使市场在国家宏观调控下对资源配置起基础性作用；坚持和完善以按劳分配为主体的多种分配方式，允许一部分地区一部分人先富起来，带动和帮助后富，逐步走向共同富裕；坚持和完善对外开放，积极参与国际经济合作和竞争。保证国民经济持续快速健康发展，人民共享经济繁荣成果。”

二、社会主义初级阶段的基本含义和主要特征

(一) 社会主义初级阶段的含义

社会主义初级阶段包含两层含义：第一，我国社会已经是社会主义社会，我们必须坚持而不能离开社会主义；第二，我国社会主义社会还处在初级阶段。对这两层含义的进一步解释又可以概括为以下两点。

(1) 社会主义初级阶段是社会主义根本经济制度性质和生产力还不发达现状的统一。一方面，就根本经济制度而言，我国已经进入社会主义阶段。这是因为我们已经具备了一定的大工业的基础，并且建立起以公有制为基础的社会主义根本经济制度。但是，另一方面，就社会生产力水平或经济发展程度来讲，中国还处于不发达阶段，距离经济现代化还有较大的差距。因此，社会主义初级阶段是生产关系上的社会主义与不发达的社会生产力的统一。我们既不能离开根本经济制度的性质来谈论中国的社会主义，也不能离开生产力发展程度来谈论中国的社会主义。只有将两个方面统一起来，才能正确认识中国社会主义的初级阶段。

(2) 社会主义初级阶段是中国这样经济不发达的国家进入社会主义之后特有的一个历史阶段。它不是泛指任何国家进入社会主义都会经历的起始阶段，而是特指生产力落后、商品经济不发达的国家建设社会主义必然要经历的特定历史阶段，即生产关系基本转变为社会主义之后，到社会生产力达到现代化水平的历史阶段。大体到 21 世纪中期，中国才能走完这一阶段。而在生产力水平已经处于现代化的发达资本主义国家，如果社会主义革命取得成功，是不必经历这种社会主义初级阶段的。中国生产资料所有制社会主义改造基本完成、社会主义基本经济制度确立以后，就生产力发展水平来说，还远远落后于发达资本主义国家。这就决定我国必须利用社会主义的有利条件，还需要经历 100 年左右的一个相当长的历史阶段，去实现别的国家在资本主义条件下已经实现的工业化和经济的社会化、市场化、现代化。因此，社会主义初级阶段是一个不可逾越的历史阶段。

正确理解中国还处于社会主义初级阶段，我们才能既同那些否定和怀疑社会主义的资产阶级自由化错误倾向划清界限，又同那些盲目追求“一大二公”社会主义“理想模式”、在经济建设中追求不切实际高指标的“左”的错误倾向划清界限。

正确理解中国还处于社会主义初级阶段，我们才能充分认识到，中国进入社会主义以后，必须以超过一般资本主义经济的发展速度，实现社会生产力的现代化。只有这样，社会主义经济才能在资本主义经济占主导地位的世界经济中，逐

步壮大自己的国际市场竞争实力，进一步获得巩固和发展。因此，在社会主义初级阶段，必须以经济建设为中心。

在党的十一届三中全会之后，中国改革开放和现代化建设取得成功的根本原因，就是克服了那些超越阶段的错误观念和政策，又抵制了抛弃社会主义根本经济制度的错误主张，真正实现事实求是地、脚踏实地地建设有中国特色的社会主义经济，这就使社会主义的优越性在中国真正地显示出来。

（二）社会主义初级阶段的基本特征

我国社会主义初级阶段是社会主义发展的一个特定历史阶段，在反映社会主义经济制度的基本规定性的同时，存在着既不同于“过渡时期”，又不同于其他社会主义发展阶段的特征。从经济领域进行深入分析，社会主义初级阶段的基本特征主要表现在以下三个方面。

(1) 生产力水平低。在社会主义初级阶段，社会主义生产力发展的总水平还比较低，发展不平衡，存在着多层次的生产力。生产社会化程度从整体上看也不够高，科学技术水平比较落后，在一些地区和部门还存在大量的小生产，从而决定了社会主义经济的不成熟性。

(2) 在所有制结构上，以公有制为主体、多种所有制经济共同发展，是我国社会主义初级阶段必须经历的所有制结构。在社会主义初级阶段，必须加强公有制的主体地位，改革公有制的实现形式；非公有制经济是我国社会主义市场经济的重要组成部分，必须坚持多种所有制经济共同发展。应当指出，社会主义初级阶段的多种经济成分并存与过渡时期的多种经济成分并存是根本不同的。区别在于公有制经济在多种经济成分并存中是否占据主体地位。现阶段的多种经济成分并存，是社会主义公有制经济在整个国民经济中占主体地位条件下的并存，而过渡时期是以私有制经济占绝对优势条件下的多种经济成分并存，是私有制经济处于被改造条件下的多种经济成分并存。

(3) 在分配结构与分配方式上，实行以按劳分配为主体、多种分配方式并存的制度，使按劳分配与按生产要素分配结合起来。社会主义初级阶段存在着以公有制为主体的多种经济成分和多种经营方式，按劳分配只是社会主义经济分配个人消费品的基本原则，而不是唯一的分配原则。除了存在按劳分配以外，还存在着非按劳分配形式，允许和鼓励资本、技术等生产要素参与分配。在共同富裕的目标下，鼓励一部分人通过诚实劳动和合法经营先富起来。

党的十五大报告指出：“社会主义初级阶段，是逐步摆脱不发达状态，基本实现社会主义现代化的历史阶段；是由农业人口占很大比重、主要依靠手工劳动的农业国，逐步转变为非农业人口占多数、包括现代农业和现代服务业的工业化国家的历史阶段；是由自然经济半自然经济占很大比重，逐步转变为经济市场化程度较高的历史阶段；是由文盲半文盲人口占很大比重、科技教育文化比重、人民生活水平比较低，逐步转变为全体人民比较富裕的历史阶段；是由贫困人口占很大比重、人民生活水平低，逐步转变为全体人民比较富裕的历史阶段；是由地区经济文化发展很不平衡，通过有先有后的发展，逐步缩小差距的历史阶段；是通过改革和探索，建立和完善比较成熟的充满活力的社会主义市场经济体制、社会主义民主政治体制和其他方面体制的历史阶段；是广大人民牢固树立建设有中国特色社会主义共同理想，自强不息，锐意进取，艰苦奋斗，勤俭建国，在建设物质文明的同时努力建设精神文明的历史阶段；是逐步缩小同世界先进水平的差距，在社会主义基础上实现中华民族伟大复兴的历史阶段。”① 其中第一条和第九条是这一阶段基本特点和历史任务的总概括，其余七条是对社会主义初级阶段基本特点和历史任务在经济、政治、文化等各个方面的展开。这九条体现了社会主义初级阶段是一个发展过程，是一个从不发达的社会主义国家到富强、民主、文明的社会主义现代化国家的转变过程。

三、社会主义初级阶段的过渡性和长期性

中国进入社会主义之后的一系列条件，决定社会主义处于初级阶段，而且也决定社会主义初级阶段具有明显的过渡性。这种过渡性体现在经济、社会状态上的一系列转变上。

社会主义初级阶段的过渡性，在时间上大约需要上百年的时间，这不是由人们的主观意愿来决定的，而是取决于当代中国经济的客观实际及其发展规律。我国社会主义初级阶段之所以要经历这么长的时间，是由现阶段的主要矛盾和历史任务决定的。中国现阶段的主要矛盾，是人民日益增长的物质文化需要与落后的社会生产力之间的矛盾。要解决这个主要矛盾，就要大力发展社会生产力，加快实现工业化和经济的社会化、市场化、现代化。根据中国现阶段的实际，按照基本实现经济现代化或者说达到当时中等发达国家的目标，中国大约要在 21 世纪中叶才有可能实现这一要求。因此，认为社会主义初级阶段要经历上百年时间，是有其科学根据的。我们对社会主义初级阶段的长期性要有清醒的认识，应当确立长期奋斗的思想。

在理解社会主义初级阶段具有过渡性时，不能把社会主义初级阶段同建国初期在生产资料社会主义改造基本完成之前的新民主主义阶段混淆。1949～1956 年，中国处于从新民主主义到社会主义的过渡时期。这个过渡时期，在经济上是社会主义公有制经济逐步在全社会占主体地位的时期，是工人阶级依靠工农联盟，并处理好与民族资产阶级联盟的关系，对资本主义经济成分和其他非社会主

① 中共中央文献研究室．十五大以来重要文献选编（上）．北京：人民出版社，2000：15，16.

义经济成分进行社会主义改造，并逐步取得胜利的时期。尽管建国以来的经济建设实践表明，在新民主主义阶段和社会主义初级阶段，都存在多种所有制经济，在社会主义初级阶段还要大力发展非社会主义公有制经济，但是，这两个阶段在基本经济制度上仍然有质的区别。在前者，社会主义国有经济虽然已占国民经济的领导地位，但是包括土地所有制关系在内的社会主义公有制经济，尚未在全社会占主体地位，在国民经济的多种经济成分中，社会主义经济与资本主义经济之间仍然存在着争夺经济统治权的矛盾；而在后者，社会主义经济已经在全社会经济中占主体地位，归全体社会主义劳动者的国有经济，在国民经济中已经掌握了主导权和控制权，其他经济成分是在社会主义公有制经济不断巩固和发展的前提下得以发展的，而它们的发展，也是社会主义公有制经济自身发展的要求。正因为如此，在新民主主义阶段，劳动人民还要通过实行人民民主专政，巩固社会主义经济的地位，因而阶级斗争与经济建设相比，还不能不处于中心的地位；而社会主义初级阶段，巩固人民民主专政，目的是为了维护社会主义制度的安全，经济建设已经成为社会主义劳动者的工作中心。

当然，也不能轻易断言，在社会主义初级阶段，社会主义与资本主义谁战胜谁的问题已经完全解决，可以高枕无忧。这是因为，从世界经济范围来看，国际资本主义的力量还很强大，他们不希望有任何经济强大的社会主义国家分享他们长期占领的国际市场。事实上，发达资本主义国家敌对势力，对中国从来没有停止过“西化”、“分化”的图谋，这种外部条件会通过中国国内的消极和破坏因素起作用。因此，在社会主义初级阶段，仍然需要保持高度的警惕性，自觉维护社会主义经济的主体地位，从而不断推进社会主义初级阶段向较高的社会主义经济阶段过渡。

四、社会主义初级阶段的主要矛盾、基本路线和基本纲领

（一）社会主义初级阶段的主要矛盾

对于什么是社会主义初级阶段的主要矛盾，从党的八大到党的十一届三中全会，我们经历了一个曲折的认识过程，付出沉重的代价。党的八大报告明确指出：我国社会主义改造已经取得决定性胜利，无产阶级同资产阶级之间的矛盾已经基本上解决。国内的主要矛盾，已经是人民对于经济文化迅速发展的需要同当前经济文化不能满足人民需要的状况之间的矛盾。然而，此后发生的阶级斗争扩大化和“左”的错误，特别是“文化大革命”的极左错误，从根本上背离党的八大关于主要矛盾的正确认识。党的十一届三中全会认真总结历史的经验教训，作出把工作重点转移到社会主义现代化建设方面上来的战略决策。1981 年中共中央《关于建国以来党的若干历史问题的决议》，对我国社会主义改造基本完成以

后的社会主要矛盾作出了科学的表述。决议指出，由于国内和国际的影响，阶级斗争还将在一定范围内长期存在，在某种条件下还有可能激化。但是，在剥削阶级作为阶级被消灭以后，阶级斗争已经不是主要矛盾；我国所要解决的主要矛盾，是人民日益增长的物质文化需要同落后的社会生产之间的矛盾。此后，党的十二大直到十七大都坚持和重申这一科学论断。

（二）社会主义初级阶段的基本路线

党的基本路线是党在一定历史时期指导全局工作的总路线、总方针、总政策，是决定党的事业兴衰成败的关键。新中国成立以来，我们党相继提出过四条基本路线或总路线，体现了我们党对社会主义建设道路的不懈探索和曲折经历。1953 年提出过渡时期总路线，在这条总路线的指引下，到 1956 年年底基本完成社会主义改造的历史任务。1958 年党的八大二次会议提出“鼓足干劲、力争上游、多快好省地建设社会主义”的总路线。这条总路线反映了广大人民群众迫切要求改变我国“一穷二白”的落后面貌，使国家富强起来的美好愿望。1962 年在党的八届十中全会上，提出“以阶级斗争为纲”，导致十年“文化大革命”。

党的十一届三中全会果断停止使用“以阶级斗争为纲”的口号，重新确立实事求是的思想路线，把党的工作重心转移到经济上来，并作出实行改革开放的战略部署。1982 年党的十二大提出新时期的总任务，到党的十三大科学地阐述社会主义初级阶段的基本路线，即领导和团结全国各族人民，以经济建设为中心，坚持四项基本原则，坚持改革开放，自力更生，艰苦创业，为把我国建设成为富强、民主、文明的社会主义现代化国家而奋斗。“一个中心、两个基本点”是这条基本路线的主要内容。

（三）社会主义初级阶段的基本纲领

党的十五大制定的社会主义初级阶段的基本纲领，是对十一届三中全会以来特别是十四大以来我国改革开放和现代化建设基本经验的科学总结。党的十七大进一步丰富基本纲领的内容。基本纲领阐述社会主义初级阶段建设中国特色社会主义的经济、政治、文化和社会的基本目标和基本政策。

建设中国特色社会主义经济的基本目标是：在社会主义条件下发展市场经济，不断解放和发展生产力，保证国民经济又好又快发展，人民共享经济繁荣成果。基本政策是：坚持和完善社会主义公有制为主体、多种所有制经济共同发展的基本经济制度；坚持和完善社会主义市场经济体制，使市场在国家宏观调控下对资源配置起基础性作用；坚持和完善按劳分配为主体的多种分配方式，允许一部分地区和一部分人先富起来，带动和帮助后富，逐步走向共同富裕；坚持和完善对外开放，积极参与国际经济合作和竞争。

建设中国特色社会主义政治的基本目标是：在中国共产党的领导下，在人民当家做主的基础上，依法治国，发展社会主义民主政治。实现社会安定、政府廉洁高效，全国各族人民团结和睦、生动活泼的政治局面。基本政策是：坚持和完善工人阶级领导的、以工农联盟为基础的人民民主专政；坚持和完善人民代表大会制度和共产党领导的多党合作、政治协商制度以及民族区域自治制度；发展民主、健全法制，建设社会主义法治国家。

建设中国特色社会主义文化的基本目标是：以马克思主义为指导，以培育有理想、有道德、有文化、有纪律的公民为目标，发展面向现代化、面向世界、面向未来的、民族的、科学的、大众的社会主义文化，建设社会主义核心价值体系，推动社会主义文化大发展大繁荣。基本政策是：坚持用中国特色社会主义理论体系武装全党，教育人民；努力提高全民族的思想道德素质和教育科学文化水平；坚持全心全意为人民服务、为社会主义服务的方向和百花齐放、百家争鸣的方针，重在建设、繁荣学术和文艺。

建设中国特色社会主义和谐社会的基本目标是：在经济发展的基础上，更加注重社会建设，着力保障民生，推进社会体制改革，扩大公共服务，完善社会管理，促进社会公平正义。基本政策是：按照民主法治、公平正义、诚信友爱、充满活力、安定有序、人与自然和谐相处的总要求和共同建设、共同享有的原则，以改善民生为重点，解决好人民最关心、最直接、最现实的利益问题。努力形成全体人民各尽其能、各得其所而又和谐相处的局面。

建设中国特色社会主义经济、政治、文化、社会四个方面的基本目标，是对基本路线所确定的富强、民主、文明、和谐发展目标的具体化；四个方面的基本政策，是对基本路线所确定的“一个中心、两个基本点”的发展道路在经济、政治、文化、社会各个方面的具体化，是党在社会主义初级阶段基本路线的展开和深化，它们是有机统一、不可分割的。

第三节　社会主义初级阶段的基本经济制度

一、社会主义初级阶段的生产力状况

任何社会经济制度都有它赖以建立和发展的生产力基础。在一定历史阶段的生产力发展水平上，现存社会的经济形态有其复杂性。基本经济制度是用以描述现存的一定社会经济形态的基本状况的范畴，而一个社会的根本经济制度，则是基本经济制度的核心。中国社会主义初级阶段现存的经济形态或基本经济制度，是与中国社会生产力发展水平的实际现状相适应的。认识中国的社会生产力水平与基本经济制度的现状，是认识社会主义初级阶段经济的两个基本方面。

中国的社会生产力水平还处于相对低下的状态。社会生产力水平指的是一国劳动力人均的社会生产力，它取决于多种因素，主要有劳动力的平均受教育程度、在生产中的平均熟练程度、科学的发展水平和它在工艺上的应用程度、生产过程的社会分工程度、信息传输等生产劳动者社会结合的条件、生产资料的规模和效能、生态和自然条件等。所谓社会生产力水平相对低下，有这样两层含义：一是虽然中国在进入社会主义阶段之后，社会生产力比过去已经有很大的增长，但是，就满足广大人民群众物质和文化的消费需要来说，依然是低水平的；二是虽然中国在进入社会主义阶段之后，社会生产力总量已经具有高于资本主义国家的发展速度，但是，社会生产力水平与国际上经济已经达到现代化水平的国家相比，仍有较大的差距。其主要表现以下四个方面。

(1) 中国人均国内生产总值在世界上仍属于低位次的国家。改革开放以来，中国的人均国内生产总值连续上了几个台阶，现已进入中等收入国家的行列，但与世界发达国家相比，还是比较低的。

(2) 人口城市化水平低，农村人口仍占相当的比重。改革开放以来，中国的城市化水平有较大幅度的提高，特别是进入 21 世纪之后，城市化的增速进一步提高，但与发达国家的水平还有一定距离，甚至还没有达到世界城市化的平均水平。

(3) 生产力的不同层次并存。表现为现代生产力、近代生产力和农村中以手工工具为标志的古代生产力同时存在。经过几十年的社会主义建设，我国的生产力水平总体有很大的提高，但横向比较，会发现我们与发达国家的技术差距仍十分明显。另外，在生产力的结构上，我们有世界上最先进的技术，如载人宇宙飞船技术的突破，但也有采用原始工具进行农业生产的地方。这种在生产力水平上既低于技术先进国家，又表现得严重不平衡，使得我国的生产力状况显得非常特殊。

(4) 区域经济发展存在较大的不平衡。经济比较发达的地区同不发达地区、贫困地区同时并存。改革开放以来，全国各地区生产力都有很大发展，每个地区和自己的过去相比，都有显著变化。但各个地区发展的起点和条件不同，有的地区发展得快一些，有的地区发展得慢一些，这就使得地区之间的差距扩大了。资料显示，2009 年，上海的人均 GDP 最高，是人均 GDP 最低的贵州的 8.4 倍。

综上所述，目前中国的社会生产力水平相对来说，还是比较低的，只能属于社会主义初级阶段的水平。而这种初级阶段的生产力水平，决定我国目前的经济制度还不能说已进入社会主义的较高阶段，我国的基本经济制度也不同于我们传统认识上的社会主义基本经济制度。

二、以公有制为主体、多种所有制经济共同发展的基本经济制度

社会主义初级阶段多层次的生产力结构的特点，客观上要求建立以公有制为主体、多种所有制经济共同发展的基本经济制度。

社会主义初级阶段的基本经济制度，就是指生产资料的所有制结构，而所有制结构是指组成社会主义初级阶段所有制体系中的各种所有制形式及其相互关系，社会主义初级阶段的所有制结构决定于社会主义初级阶段的生产力结构，一定的生产力状况必然要求建立与之相适应的所有制结构。这是生产关系一定要适合生产力发展规律的客观要求。生产资料所有制是生产关系的基础和决定性因素。某种生产资料所有制形式能不能存在的客观依据是：它是否同一定层次的生产力水平相适应，能不能促进生产力的发展。凡是同一定层次的生产力水平相适应并能促进生产力发展的生产资料所有制形式，无论它是社会主义性质的还是非社会主义性质的，都有其存在的合理性和必然性。

在我国现阶段的生产力结构中，社会化程度高的、比较先进的生产力层次，客观上要求建立社会主义全民所有制或国家所有制与之相适应。以手工技术和手工劳动为基础的生产力层次，或一些适合于个人从事的生产经营活动，客观上要求个体所有制形式与之相适应。而处于中间层次的生产力水平则客观上要求建立集体经济、私营经济，或以中外合资经营、合作经营和外资独营形式存在的国家资本主义经济。因此，我国社会主义初级阶段存在着五种经济成分：全民所有制或国家所有制经济（即国有经济）、集体所有制经济（即集体经济）、个体经济、私营经济和国家资本主义经济。

因此，我国目前具有的生产力水平和层次，必然决定我国社会主义的基本经济制度应该是“以公有制为主体、多种所有制经济共同发展”。

三、社会主义公有制经济

公有制经济在社会主义初级阶段所有制结构中处于主体地位。而之所以坚持以公有制为主体，原因有两个方面。第一，生产资料社会主义公有制，是社会主义经济制度的基础，是社会主义经济制度的根本标志。只有建立起社会主义公有制并使其在多元化的所有制结构中占据主体地位，才标志着社会主义经济制度的确立。第二，以公有制为主体，有利于调动广大职工和劳动者的积极性，逐步实现共同富裕，从而有利于社会生产力的解放和发展。

在社会主义初级阶段，公有制的主体地位主要体现在两个方面。第一，公有资产在社会总资产中占优势。这种优势，不仅要有量的优势，更应该注重质的提

高。第二，国有经济控制国民经济的命脉，对经济发展发挥主导作用主要体现在控制力上。改革开放以来，由于非公有制经济发展迅速，国有经济的比重有所下降，但是国有经济仍然控制着国民经济的命脉，公有制经济仍然占主体。今后，随着多种所有制经济的进一步发展，国有经济的比重还可能会减少一些，但这不会改变公有制经济的主体地位。

当然，公有制经济在整个国民经济中占主体地位是就全国而言的，有的地方、有的产业可以有所差别。同时，为了促进公有制经济的发展、坚持公有制的主体地位、适应市场经济的要求，必须积极探寻能够极大促进生产力发展的公有制实现形式。公有制的实现形式可以而且应当多样化，一切反映社会化大生产规律的经营方式和组织形式都可以大胆地利用。股份制是一种现代企业的资本组织形式，有利于把分散的资本集中起来，迅速扩大企业的生产和经营规模，有利于所有权和法人财产权的分离，形成合理的企业治理结构。这既有利于保证经营者有充分的经营权和决策权，又有利于保证所有者对经营者的有效监督，使所有者的利益不受侵害。在股份制企业中，国家和集体控股具有明显的公有性，有利于扩大公有资本的支配范围，增强公有制的主体作用。目前我国城乡出现的多种多样的股份合作制是改革中的新事物，以劳动者联合和资本联合为主的集体经济，尤其值得提倡。

社会主义初级阶段的公有制主体地位集中体现在国有经济所起的控制力上。具体包括两方面的含义：一是指国有经济控制国民经济的命脉；二是指国有经济成分在大型企业和企业集团控股，或者国有企业出售部分股权，用同样的资本投入，可以扩大国有经济的影响和作用。为了增强国有经济的控制力和竞争力，更好地发挥国有经济的主导作用，必须从战略上调整国有经济的布局，调整与完善所有制结构。

第一，国有经济的主导地位和控制力主要体现在在关系国民经济命脉的重要部门和关键领域占支配地位。要从战略上调整国有经济布局，适当集中国有资产，重点加强那些关系国民经济命脉的行业和领域，提高国有经济的整体质量。在此前提下，国有经济的比重可以减少一些，不会影响我国的社会主义性质。

第二，要着眼于搞好整个国有经济，对国有企业实施战略性重组。长期以来，我国在所有制问题上超越了生产力的发展阶段，搞“一大二公”，使国有经济的范围过宽、比重过大，影响了生产力的发展。为了发挥国有经济的主导作用，首先，国有经济必须从过于宽泛的一些竞争性行业和一般性行业中有选择地退出，国有资产通过资产重组和结构调整，加强重点，提高国有资产的利用效益。其次，国有企业之间通过兼并、联合以至破产等形式，围绕优势企业，以资本为纽带，通过市场组建具有较强竞争力的跨地区、跨行业、跨所有制、跨国经营的大企业集团，以实现规模生产，获得规模效益，提高企业的竞争力。最后，对小型国有企业放开搞活，采取改组、联合、兼并、租赁、承包经营和股份合作制、出售等形式，使大量的中小企业获得新的生机和发展，以满足社会的多样化物质文化生活需要。这些措施都会提高国有资产的整体素质，使国有资产得到更加有效的利用，从而更好地坚持国有制经济的主导地位。

四、社会主义初级阶段的非公有制经济

社会主义初级阶段的生产力水平和层次，决定所有制结构中的非公有制经济具有一定的地位。在我国社会主义初级阶段的所有制结构中，现已形成包括个体经济、私营经济和国家资本主义经济在内的多种形式。

（一）个体经济

劳动者个体经济以生产资料的个体所有制为基础，是社会主义社会的一种非公有经济成分。个体经济是一种具有悠久历史的经济形式，但个体经济从未取得过独立的地位，总是依附于占统治地位的经济形式。在社会主义初级阶段，个体经济必然和社会主义公有制经济一道，成为社会主义市场经济的一个有机组成部分。

个体经济之所以具有顽强的生命力，归根到底只能从生产力的发展来解释。个体经济在漫长的历史岁月中几乎都以手工技术、手工工具为物质技术基础，成为使用手工工具的个人劳动方式所要求的经济形式。因此，只要手工技术和手工劳动的产品或劳务仍然为社会所需要，个体经济就具有存在的客观必然性。进入近代社会以来，个体经济已出现用先进技术和工具加以装备的情况。这表明，个体经济的物质技术基础并不限于手工技术和手工工具。即使是现代化的技术装备，只要能为劳动者个人及其家庭所有效利用，个体经济也仍然可以存在和发展。因此，只要生产力的发展还未使劳动工具发展成为只有集体的协同劳动才能加以有效运用的社会化的劳动手段，个体经济这种古老的经济形式就不会消失。

在我国社会主义初级阶段，个体经济的存在和适当发展具有以下经济意义。第一，有利于充分利用零星分散的生产资源，使它们与个人劳动相结合，变闲置、废弃的生产资源为社会所需要的产品。第二，有利于充分地使用社会新增劳动力与闲置劳动力，广开就业门路；有利于充分利用劳动者的闲暇时间，挖掘社会劳动资源的潜力。第三，有利于充分使用社会闲散资金，将劳动者个人或家庭成员的劳动收入转化为生产资金，并促进社会资金积累。第四，有利于更好地满足城乡人民物质文化需要。个体经济规模小，经营灵活，对市场适应性强，能广泛布点，甚至服务上门，方便群众生活，具有拾遗补缺的功能。第五，有利于增加劳动者收入。发展个体生产与经营，不仅保证了专业的个体劳动者的生活需要

的满足，而且为广大从事副业生产的劳动者开辟了货币收入的补充来源。

（二）私营经济

私营经济是以生产资料私人所有制为基础的，存在雇佣劳动关系的经济成分。在我国，自社会主义改造基本完成直到十一届三中全会前的20年间，经济生活中已经不存在私营经济这一经济形式。自十一届三中全会以来，为发展我国生产力，我们实行允许和鼓励个体经济存在和发展的政策，促进了我国城乡个体经济的蓬勃发展。正是在个体经济生机盎然、迅速发展的过程中孕育了私营经济的萌芽，私营经济在我国又重新出现。随着个体经济大量增加，其中一批经营有方的个体工商户逐步积累了较多的货币资金，为追求生产和经营规模的扩大、求得更好的经济效益，他们进一步扩大雇工人数，从而演变为生产资料私人所有和存在雇佣劳动关系的私营企业，因此，私营经济的产生是鼓励个体经济发展的必然结果，完全符合社会主义初级阶段生产力发展的客观要求。

私营经济是存在雇佣劳动关系的经济成分，私营企业主的收入中存在部分剥削收入，但我们又不能因此而取消私营经济或限制它的发展。实践证明，私营经济的发展，有利于促进生产，活跃市场，扩大就业，更好地满足人民多方面的生活需要。

（三）国家资本主义经济

国家资本主义经济是指存在于我国经济生活中的中外合资企业、中外合作经营企业、外商独资企业。目前，我们也把这些经济形式统一称为外商投资企业。

中外合资经营企业、中外合作经营企业、外商独资企业都是在我国实行对外经济开放过程中产生的经济形式。中外合资、合作经济包括我国的公司、企业或其他经济组织，与外国的公司、企业、经济组织或个人共同投资，联合经营的合资经营企业，以及双方各自投入一定的生产要素，按契约进行生产经营和分配的合作经营企业。外商独资企业则是指外资依照我国的有关法律规定，经我国有关部门审批，在我国领土上建立的外资独立经营的企业。

外商投资企业的建立和发展有利于我国生产力的提高。我国的社会主义经济起步晚、起点低，经济技术水平与资本主义发达国家相比存在很大差距。为解决技术水平低下、建设资金不足和经营管理方法落后等一系列问题，吸收外国投资就具有十分重大的意义。

我们在肯定非公有制经济的地位和积极作用、保护它们的合法权益的同时，也应该看到它们的消极作用。它们毕竟还是私有经济或包含着私有成分的经济。在它们的私人利益与社会主义国家各项经济政策和公有制经济之间，在它们的某些资产阶级思想意识和生活方式与社会主义精神文明建设之间，都会存在一定的矛盾。我们必须加强思想教育、运用行政、法律、经济等手段，正确进行引导和管理，把它们的消极作用限制在尽可能小的限度内。

第四节　完善社会主义初级阶段基本经济制度的原则和社会主义发展的长期性

一、完善社会主义初级阶段基本经济制度的原则

社会主义初级阶段作为中国社会发展中的一个历史阶段，是处于动态发展过程中的。社会主义基本经济制度也不会始终停留在一个水平上，它必定是逐步趋于完善的。基本经济制度是否完善，不能凭主观意志判断，而只能在唯物史观指导下，依据生产关系适应生产力发展的基本原理来进行判断。也就是说，只有能够促进生产力更快、更稳定发展的社会基本经济制度，才是完善的制度。为了防止重犯指导思想的错误，科学地发挥主观能动性，促进社会主义初级阶段的基本经济制度趋于完善，有必要坚持下述原则。

1. 坚持“三个有利于”标准

对于社会主义初级阶段基本经济制度这个问题，历来是有争论的。改革开放以来，就发生过是否允许包产到户、是否允许个体经济和私营经济发展、国有企业可不可以搞股份制等争论。而这些争论的实质，是用唯物史观还是用唯心史观来指导中国完善基本经济制度。邓小平提出判断改革是非得失的“三个有利于”标准，即是否有利于发展社会主义社会的生产力，是否有利于增强社会主义国家的综合国力，是否有利于提高人民的生活水平。这是符合唯物史观的标准。“三个有利于”标准坚持生产力与生产关系的统一，坚持生产力发展与社会主义国家强盛的统一，坚持生产力发展与广大人民群众根本利益的统一。坚持“三个有利于”标准，在改革经济体制、完善基本经济制度建设上，我们就有了正确的指导原则。

2. 采取多种实现形式，保证公有制经济的主体地位

在社会主义初级阶段，公有制经济是多种所有制经济共同发展的前提，是广大人民群众实现共同富裕的基础。因此，只有坚持社会主义公有制的主体地位，才能保证基本经济制度的不断完善。公有制经济包括国家所有制经济、集体所有制经济和混合所有制经济中的国有和集体成分。要通过改革，努力探索它们的多种实现形式，促使它们的绝对量不断增长，并保持对整个国民经济的控制和主导作用。没有它们在绝对量上的逐步增长，社会主义公有制的主体地位就得不到保证。因此，在所有制结构的调整中，要着眼于“三个有利于”，把握好调整的度。在一定产业部门，对某些具体企业，从实际出发，对公有资产实行拍卖，把公有资本置换出来，投向关系到国民经济发展的关键部门集中使用，这在国民经济进行战略性调整的过程中不失为措施之一。但是，绝不能把这种方式看做改革的唯

一方式，更不能错误地认为，国有经济和集体经济不可能适应市场经济。既然公有制经济占主体地位，是中国社会主义初级阶段发展社会生产力的客观要求，改革的重点就绝不能放在公有资本“私有化”上，而应当放在寻求公有制经济的多种实现形式上，努力促使它们适应市场经济，不断增强市场竞争力，在与其他所有制经济共同发展中，增长自身经济总量，保持其主体地位的巩固和发展。

3. 发展非公有制经济要坚持鼓励和引导相结合

在社会主义初级阶段，个体经济、私营经济对于社会主义市场经济的发展、满足人们多样性需要、扩大就业、发展国民经济有重要作用，因此，对它们要采取鼓励的态度，但同时要因地制宜，加强引导。对于某些适合发展中小企业的产业、某些服务行业、某些市场中介组织，可以鼓励和支持私营、个体经济在其中发展。在经济落后地区、人多地少资源匮乏地区，可以鼓励和支持私人投资创业。还可以鼓励个人通过入股、购买债券等形式向公有制企业投资，与公有制经济合股，形成适合生产力发展的混合所有制经济。引导个体、私营经济的发展，还包括对这些经济中的经营者实行社会主义法制规范和思想教育，要求新的私有者阶层执行《中华人民共和国宪法》和《中华人民共和国劳动法》，依法自觉纳税，以中国特色社会主义建设者的姿态，努力为社会多作贡献。

4. 在市场关系中，实行多种所有制经济平等竞争的原则

在社会主义初级阶段，多种所有制经济都要通过市场关系来实现。它们存在的理由，要通过市场需要来证实。它们各自所处的位置和经济比重，也要靠公平竞争来实现，这是多种所有制经济共同发展的重要保证。市场竞争的公平，指的是流通领域买卖关系中的公平，这种公平竞争的原则，其基本要求是，买卖双方尊重彼此在交易中的平等权、自由权和所有权。这在具体的市场关系中，体现在许多方面。例如，在企业的社会负担方面，在银行贷款、市场准入等经营条件方面，在税收管理方面，在对外贸易方面，在市场管理的法制方面，等等。在市场关系中，对不同所有制经济的市场主体用市场公平的原则一视同仁，才能真正实现市场经济关系中的优胜劣汰，促成多种所有制经济各得其所，共同发展。这需要在《中华人民共和国宪法》的规范下，逐步建立有助于市场公平竞争的法制规范。有了配套的社会主义市场经济的法制规范，就能保证社会经济发展的有序进行，促进社会主义公有制经济与其他多种所有制经济共同发展。

二、社会主义发展到共产主义是一个长期、艰巨及曲折的过程

人类社会从资本主义发展到社会主义是一场极其深刻的社会革命，是一次伟大的飞跃。而社会主义在全世界的胜利，还需要经过一个长期、艰苦和曲折的发展过程。

社会主义社会发展的长期性，是指社会主义制度从建立到成熟并最终代替资本主义，要经历相当长的时期。只有认识这种长期性，才能坚定建设社会主义的信念。

社会主义社会发展的长期性主要是由以下两方面原因决定的。

第一，社会主义所要完成的历史任务的特殊性。社会主义的历史任务是要通过发展生产力，提高全民的物质文化教育水平，建立高度繁荣、高度民主、高度文明的新社会，消灭阶级差别，实现真正的社会平等和公平，为共产主义社会准备物质的和精神的条件。这一任务需要很长时间才可能实现。

第二，社会主义制度赖以建立的经济、文化基础的落后性。从社会主义发展历史来看，社会主义革命几乎都是在生产力水平比较低下和经济文化比较落后的国家获得成功的。这些国家虽然建立了先进的生产关系，但无一例外地存在着"先天不足"的生产力和极不发达的商品经济，再加上在社会主义制度确立后又有一段时间耽误了社会主义经济建设，更使得这些国家完成社会主义的任务、实现共产主义，将有一个长期的过程。

社会主义社会发展的艰巨性，是指社会主义制度是一个全新的社会制度，它没有成功的经验和现成的模式可以借鉴，在其发展中，必须与传统的、旧的观念进行斗争，同时要与外部的敌对势力进行不懈的较量。

社会主义发展的艰巨性主要表现在以下三个方面。

第一，社会主义制度是在消灭剥削关系和私有制度基础上建立公有制和实行按劳分配制度的，这决定了社会主义在其发展过程中必然要与反映剥削阶级利益的意识形态作斗争，要与旧的传统观念实行决裂。经济文化落后的社会主义国家，都未经历过成熟的资本主义发展阶段，已经历史地继承了前资本主义社会和传统农业社会文明中大量落后的封建性因素，比如个人集权、家长制、终身制、特权制以及崇尚权力、追求绝对平均的小农阶级思想观念等，对人们的思想及社会的发展产生一系列消极的影响。因此，清理社会主义国家机体上的落后封建性因素、加强社会主义精神文明建设等任务是艰巨而复杂的，必须付出巨大的努力才能实现。

第二，社会主义是一个崭新的社会制度，是在探索中前进的。它必须随着生产力的发展和经验的积累，随着人们对客观规律的掌握，对生产关系和上层建筑不断地加以调整。这种调整是一个充满矛盾的、艰巨而又复杂的过程。

第三，社会主义国家在相当长的时期里处于经济实力占优势的国际资本势力的包围之中，这就决定了社会主义既要完善社会主义制度，发展生产力，增强综合国力，最终战胜资本主义；又要维护国家主权和民族独立，巩固社会主义制度。这两个任务的极端艰巨性，决定了社会主义发展的艰巨性。

社会主义发展的曲折性，是指社会主义的发展波浪式前进的路径。社会主义是人类历史上前所未有的社会制度，它自身的成熟和完善，要有一个历史过程。社会主义建设是史无前例的事物，具有探索性。在这种探索中，既有成功又有曲折和失败。特别是在经济、文化比较落后的国家，由于客观条件的差异和对经济发展规律认识不足，建设社会主义的难度更大，在工作中出现各种错误是不可避免的。新中国成立以来，由于对社会主义发展阶段缺乏认识，曾发生急于求成、“穷过渡”等错误，强调变革生产关系，结果在一定程度上妨碍了生产力的发展。但是，这些问题会随着对社会主义认识的不断深化及各种经验的积累而不断被克服和纠正。社会主义制度是在不断修正错误、克服困难的过程中向前发展的。

尽管社会主义的发展是长期的、艰巨的和曲折的，但是无论从社会发展的规律来看，还是从社会主义具有的生命力来讲，社会主义的不断成长最终是会达到它的目标的。

【双语关键词】

汉语关键词	英语关键词
社会主义制度	socialist ownership
社会主义初级阶段	primary socialistic phase
基本经济制度	basal economic system
社会主义初级阶段的公有制	public system of primary socialistic phase
社会主义初级阶段的非公有制	non-public system of primary socialistic phase
社会主义国有经济	socialist state-run enterprise
社会主义集体经济	socialist collective ownership
中外合资经营企业	joint venture with Chinese and foreign investment Chinese-foreign joint venture
中外合作经营企业	enterprise jointly managed by China and foreign countries
个体经济	individual economy
私营经济	private household

【阅读书目】

陈文通．社会主义初级阶段基本经济制度研究．北京：中共中央党校出版社，2003．

邓小平．邓小平文选．第3卷．北京：人民出版社，1993.

胡锦涛．高举中国特色社会主义伟大旗帜　为夺取全面小康社会新胜利而奋斗//本书编写组．十七大报告辅导读本．北京：人民出版社，2007：1-55.

江泽民．全面建设小康社会开创中国特色社会主义事业新局面．北京：人民出版社，2002．

于光远．中国社会主义初级阶段的经济．广州：广东经济出版社，1998.

中共中央文献研究室．中共中央关于建国以来党的若干历史问题的决议．第二部分//中共中央文献研究室．三中全会以来重要文献选编．北京：人民出版社，1982：788-846．

【思考题】

1. 社会主义初级阶段的基本含义是什么？
2. 怎样理解社会主义初级阶段的基本经济制度？
3. 为什么说社会主义发展将是一个长期的过程？
4. 社会主义初级阶段为什么必须坚持公有制的主体地位？
5. 社会主义公有制经济的主体地位如何体现？

【教学案例】

新中国成立60年来工业所有制结构变迁

新中国成立后，我国对所有制结构的划分标准经历了几次重大变革，因此，对新中国成立后工业所有制结构研究所采用的数据是根据不同标准得到的。大致是1998年前以企业组织形式为基础进行分析，在1998年后是依据各种经济成分实收资本的比重来反映所有制结构的。表9-1就是基于以上标准，以及国有经济和非国有经济实收资本（或产值）核算出的所有制结构变迁状况。

表9-1　国有经济和非国有经济在实收资本（产值）中的比重变迁

年份	国有工业经济/%	非国有工业经济/%	年份	国有工业经济/%	非国有工业经济/%
1950	32.7	67.3	1961	88.5	11.5
1951	34.5	65.5	1962	87.8	12.2
1952	41.5	58.5	1963	89.3	10.7
1953	43.0	57.0	1964	89.5	10.5
1954	47.1	52.9	1965	90.1	9.9
1955	51.3	48.7	1966	90.0	10.0
1956	54.5	45.5	1967	88.5	11.5
1957	53.8	46.2	1968	88.4	11.6
1958	89.2	10.8	1969	88.7	11.3
1959	88.6	11.4	1970	87.6	12.4
1960	90.6	9.4	1971	85.9	14.1

续表

年份	国有工业经济/%	非国有工业经济/%	年份	国有工业经济/%	非国有工业经济/%
1972	84.9	15.1	1990	54.6	45.4
1973	84.0	16.0	1991	56.2	43.8
1974	82.4	17.6	1992	51.5	48.5
1975	81.1	18.9	1993	46.9	53.1
1976	78.3	21.7	1994	37.3	62.7
1977	77.0	23.0	1995	34.0	66.0
1978	77.6	22.4	1996	28.5	71.5
1979	78.5	21.5	1997	25.5	74.5
1980	76.0	24.0	1998	28.5	71.5
1981	74.8	25.2	1999	27.7	72.3
1982	74.4	25.6	2000	27.5	72.5
1983	73.4	26.6	2001	26.0	74.0
1984	69.1	30.9	2002	24.8	75.2
1985	64.9	35.1	2003	24.6	75.4
1986	62.3	37.7	2004	25.5	74.5
1987	59.7	40.3	2005	23.5	76.5
1988	56.8	43.2	2006	23.6	76.4
1989	56.1	43.9	2007	21.3	78.7

注：①本表按当年价格计算。1949～1978年工业总产值的所有制结构是根据《新中国50年统计资料汇编》核算出的；1978～1998年总产值的所有制结构比重变迁是根据武力主编的《中华人民共和国经济史》（中国经济出版社，1999年版，第1525页）核算出的。②1999年之后是依据各种经济成分实收资本来核算国有经济和非国有经济国内生产总值的比重的，此间计算所有制结构时未将法人资本除去，这种算法使得国有经济和非国有经济的比重和1999年前具有一致性、可比性。

纵观60年来我国工业所有制结构的变迁过程，可以看出，主要分为两个阶段。

第一阶段，新民主主义阶段（1949～1956年）。此时国有经济在工业经济中的比重不断提高，行业分布不断扩大。根据此间经济政策的变化，又可分为1949～1952年和1953～1956年两个时期。①1949～1952年是国民经济的恢复时期。此间国有企业的产值比重由1949年的26.3%提高到1952年的41.5%，集体企业由1949年的0.5%提高到3.3%，其他非公有制经济的比重由1949年的73.2%降低到1952年的55.2%，工业所有制结构逐步发展为社会主义国有经济领导下的国有经济、合作社经济、国家资本主义、私人资本主义和个体经济等五种经济成分。②1953～1956年是执行过渡时期总路线、进行“一化三改”时期。

由于存在社会主义改造过急的问题，在1953年工业总产值中，国有企业占43%、集体企业占3.87%、公私合营约占4%、非公有制经济占53%；发展到1956年，国有企业占54.5%、集体企业占17.1%、公私合营企业占27.2%，这三种社会主义公有制企业已经占工业总产值的98.8%，单纯公有制的所有制结构初步形成。

第二阶段，社会主义初级阶段（1957年至今）。此间国有经济的比重先提高后逐渐降低，行业分布先扩大后逐渐缩小。按照所采取政策措施的不同此间可分为三个时期。第一时期，1957～1978年，强调“一大二公三纯”的时期。一方面，对各种非公有制经济进行社会主义改造；另一方面，集体企业迅速地“升级”为国有企业，以至于到了1960年，国有企业的产值占工业总产值的90.6%，集体企业约占9.4%，几乎没有非公有制经济，形成了单一的公有制经济结构，这种状况基本持续到1978年。第二时期，1979～1992年，采取一系列改革政策措施而放权让利的时期。此间公有制经济比重不断降低，在1979年工业总产值中，国有企业占78.5%、集体企业占21.5%，而1992年工业总产值中国有经济占51.5%、集体经济占35.1%、非公有制经济占13.4%，即工业所有制结构逐渐由单一的公有制变为国有经济占主体，集体经济、私人经济、外资经济以及个体经济等多种所有制共同发展。第三时期，1993年至今，建立并完善社会主义市场经济体制并进行所有权改革的时期。1992年，党的十四大确定建立社会主义市场经济体制的目标，同时国有经济开始了所有权的改革，使得工业经济逐步确立了国有经济为主导、多种所有制共同发展的所有制结构。在1993年工业总产值中，国有经济占46.9%，非国有经济占53.1%；而到了2006年，国有经济只占23.64%、集体经济占不到3%、非国有制经济约占76.4%。可见，1992年后，国有经济在工业经济中比重不断降低，逐渐失去相对数量优势，而非国有经济不断壮大，且已在数量上占绝对优势。

事实上，此间不仅国有经济的比重持续下降，而且国有及国有控股企业实收资本占全部规模以上工业企业实收资本的比重也在不断降低，如表9-2所示。该比重由1999年的61.6%下降到2007年的42.5%，即国有及国有控股企业对于规模以上工业企业也失去了绝对数量优势，而是通过相对数量优势来控制的。不仅如此，国有及国有控股企业实收资本的增长率每一年都比全国规模以上工业企业实收资本增长率低，因此国有及国有控股经济的比重进一步下降。

表 9-2 国有及国有控股企业实收资本在规模以上工业企业实收资本中的比重

年份	规模以上实收资本总额		国有及国有控股企业实收资本		国有及国有控股企业实收资本所占比重/%
	数量/亿元	增长率/%	数量/亿元	增长率/%	
1999	28 983.26		17 839.85		61.6
2000	32 940.45	13.9	20 156.14	12.98	61.2
2001	36 217.11	9.9	21 780.70	8.06	60.1
2002	39 155.63	8.1	22 268.48	2.24	56.9
2003	43 479.56	11	23 018.04	3.37	52.9
2004	58 050.18	33.5	29 109.91	26.47	50.1
2005	61 966.23	6.75	28 949.94	−0.5	46.72
2006	71 312.93	15.1	32 228.32	11.3	45.19
2007	82 732.36	16	35 172.5	9.13	42.5

资料来源：王胜利．新中国成立 60 年来工业所有制结构变迁的解析．贵州师范大学学报（社会科学版），2009，(5)：8-14.

为民间资本进军垄断领域清障

韩保江在《瞭望新闻周刊》上发表文章说，温家宝总理不久前主持召开国务院常务会议，就进一步鼓励和引导民间投资健康发展作出新的政策安排。

毫不动摇地鼓励、支持和引导非公有制经济发展，是党的十六大确立的重要方针。为深入贯彻这一重要方针，党中央、国务院出台了一系列鼓励民间投资、促进非公有制经济发展的政策和措施。对于如此重要的民间资本力量，为什么还要中央“三令五申”地号召推动？为什么中央提出的鼓励和引导民间资本进入垄断领域的清晰政策最终却成了“玻璃门”和“弹簧门”？有些垄断行业看上去可以进去，但真进去了会让你撞得头破血流；有些垄断行业费力挤进去了，进去后又被弹了出来。

目前，国有资本在石油、电信、电力、军工等行业的比重占 90% 以上，在铁路、船舶等行业占 80% 以上，在石化、汽车行业占 70% 以上。如此高的集中度，无疑有利于巩固国有经济的主导地位，但留给民间资本的发展空间则显然变得狭小了。

要鼓励和引导民间资本进入垄断领域，首先还是要从“灵魂”深处摆脱“公”即“社”、“私”即“资”的僵化认识，彻底放宽民间资本的准入领域，降低民间资本的准入门槛。多年以来，民营经济与国有经济相比，总是矮一头。政策的阳光雨露总是更多地洒在国有企业头上。有些人甚至把民营经济和“安全生产事故”和“掺杂使假”简单联系起来。久而久之不敢把一些关系国计民生的关键领域向民间资本开放。有的即使有所开放也是门槛很高、限制很严。因此，鼓励和引导民间资本进入垄断领域，仍需要来一场观念革命，切实给予民间资本真正的国民待遇，要把鼓励和引导民间投资作为促进经济社会可持续发展和利国利民的长远大计。

资料来源：韩保江．为民间资本进军垄断领域清障，瞭望新闻周刊，2010，(19)．

讨论下列问题：

(1) 新中国成立60年来我国工业所有制结构为什么会发生重大变化？工业所有制结构的这种变化是否会影响公有制的主体地位？

(2) 如何鼓励和引导我国民间资本的健康发展？

第十章

社会主义初级阶段的市场经济

社会主义初级阶段的经济是以公有制为主体、多种所有制经济共同发展基础上的商品经济。因此，社会主义初级阶段必然要发展市场经济，建立社会主义市场经济体制。本章阐述的主要内容是社会主义市场经济体制，社会主义市场体系，社会主义市场主体——企业。

第一节　社会主义市场经济体制的形成

一、计划经济体制的建立

中国在完成了向社会主义制度的过渡后，迅速地建立了一种高度集中的计划经济体制。为什么中国要选择这样的经济运行方式来发展社会主义经济？有主客观两方面的原因。

从客观方面来看，新中国成立初期和第一个五年计划期间，为了改变旧中国的经济落后面貌，为了医治战争带来的经济破坏，统一全国的财政经济就成为一种选择。而为了完成对农业、手工业和资本主义工商业进行社会主义改造的任务，又提出要尽快建立全国统一管理的经济体制。但是，究竟如何建立一种可以集中管理的经济体制，当时的客观形势提供了两方面的根据。一是在长期的战争年代里，在革命根据地和解放区，为支援战争而采取集中动员的方式，组织人力物力，开展群众生产运动，曾取得明显效果。“一五”期间，为限制和改造资本主义工商业，加强工农联盟，采取统购统销等政策，取得成功。二是受苏联实行的计划经济体制的影响。原苏联建立的高度集中计划管理体制，无论在实现苏联工业化，还是在反法西斯战争中，都显示出这种体制具有的强大力量。这些情况，很自然地成为中国革命胜利后寻求制度建设的客观依据。

从主观方面来看，在长期的革命活动中形成的观念，也很大程度地决定了中国对经济体制的选择。

第一，在把马克思主义作为中国革命的指导思想的同时，对马克思主义的一些结论形成了教条式的理解。马克思主义创始人运用唯物史观，揭示了资本主义商品生产存在的盲目性。在论述人类社会随着社会生产力的发展必然走向社会主义公有制时，他们针对资本主义商品生产的弊病，对未来社会主义作出过对比性的设想，指出："一旦社会占有了生产资料，商品生产就将被消除，而产品对生产者的统治也将随之消除。社会生产内部的无政府状态将为有计划的自觉的组织所代替。""社会一旦占有生产资料并且以直接社会化的形式把它们应用于生产，每一个人的劳动，无论其特殊用途是如何的不同，从一开始就成为直接的社会劳动，那时，一件产品中所包含的社会劳动量，可以不必首先采用迂回的途径加以确定；日常的经验就直接显示出这件产品平均需要多少数量的社会劳动。……社会也必须知道，每一种消费品的生产需要多少劳动。它必须按照生产资料，其中特别是劳动力，来安排生产计划。各种消费品的效用（它们被相互衡量并和制造它们所必需的劳动量相比较）最后决定这一计划。人们可以非常简单地处理这一切，而不需要著名的'价值'插手其间。"[①] 显然，这些关于未来社会主义社会的描述，是十分抽象的原则性设想。这是与他们依据历史辩证法断言商品生产这种具有自发性的社会生产终将消亡相联系的。虽然马克思主义创始人不是空想社会主义者，他们绝不会提出什么是和怎样建设社会主义这样的现实问题。但是，对于一个刚刚推翻了剥削制度、缺乏实践经验、迫切需要有正确理论来指导如何走社会主义道路的国家建设者来说，即使是马克思主义创始人对社会主义的抽象描述，也会加以高度重视，也难免会把这些设想当做具体实践的首要指导原则。而这极可能导致的一个结果是，对马克思主义结论的教条化理解。体现在社会主义国家逐步形成这样一种思维定式，即计划经济是社会主义经济本质属性，社会主义经济与商品生产、市场经济是对立的，即使要保留一定范围的商品生产和市场关系，那也是作为旧社会遗留的痕迹来看待的。这种在当时社会主义阵营中具有政治权威的观点，对中国形成计划经济体制是具有重大影响力的。

第二，在对资本主义进行批判的过程中，社会主义国家都把市场经济与资本主义等同起来并加以抵制。除原始社会末期公社之间偶然交换之外，历

① 马克思，恩格斯．马克思恩格斯选集．第3卷．北京：人民出版社，1972：323.

史上的商品生产是与各种私有制结合在起来的。在社会主义国家改革以前，当代现存的市场经济国家都是资本主义国家。因此，很自然地形成一种观念，把市场经济理解为私有制经济的一种形式，或者理解为资本主义经济的同义词。

在以往经济学文献中，市场经济通常是与私有制、资本主义经济结合在一起来解释的。例如，《现代日本经济事典》指出，市场经济的基本原则是：私有财产制度；契约自由的原则；自我负责的原则。其中，私有制是市场经济的首要原则。世界银行编印的《世界发展报告》，把社会主义国家称做“非市场经济国家”，而把一切资本主义国家，都称做“市场经济国家”。在以往的马克思主义著作中，市场经济概念也是在相同的意义上使用的。例如，列宁在《土地问题和争取自由斗争》一文中指出：“只要还存在着市场经济，只要还保留着货币权利和资本力量，世界上任何法律也无力消灭不平等和剥削。”① 可见，在传统观念中，市场经济姓“私”、姓“资”，而不姓“公”、不姓“社”。即使有些经济学词典对市场经济概念作了中性的解释，例如，美国《现代经济词典》把市场经济解释为“一种经济组织方式，在这种方式下，生产什么样的商品，采取什么方法生产以及生产出来以后谁将得到它们等问题，都依靠供求力量来解决”。② 但是，由于资本主义国家都是按这种方式来组织社会生产的，而在社会主义国家改革以前都实行计划管理体制，所以人们在习惯上仍然容易把市场经济与资本主义联系起来。

第三，受传统思想的影响，人们中间流传着一种非常普遍的观念，如“无商不奸”、“重农抑商”等。这使得新中国在计划经济与市场经济之间选择时，很容易倾向于计划经济。在很长的封建社会里，自然经济占据着统治地位，商品生产和流通很不发达，这样的社会经济条件，使得维护自给自足这一经济组织的封建保守经济思想就逐步地占据支配地位。自战国以来的许多思想家都表明过自己重农轻工商的观点。这种根深蒂固的传统观念，在社会主义革命胜利后还在很大程度上影响着我们。新中国成立后，人们对排斥商品货币的制度建设具有的极大热情，就与这种观念有着很大关系。

正是以上客观和主观两方面的原因，决定了计划经济体制在新中国成立后成为一个自然的选择。在 1952～1956 年短短五年的过渡时期，中国不仅实现从新民主主义到社会主义的过渡，而且也建立了一个高度集中的计划经济体制。

① 列宁．列宁全集．第 13 卷．北京：人民出版社，1987：124.

② D．格林沃尔德．现代经济词典．北京：商务印书馆，1981：275.

二、计划经济体制的弊端

（一）计划经济体制的基本内容

我国的计划经济体制主要由以下内容组成。

（1）国民经济计划体系。整个国民经济计划必须由反映国民经济各方面运行的计划所组成。国民经济计划，从时间序列上，包括长期计划（长远规划）、中期计划（五年计划）和短期计划（年度计划）；从计划内容上，包括经济、科技和社会发展三个组成部分；从计划管理层次上，包括国家计划、部门和地区计划、企业计划。

（2）国民经济计划编制的程序和方法。国民经济计划编制执行的是“两下一上”的程序。第一步由国家制订计划的控制数字，下达给部门和地方，这是对各部门、各地区编制计划草案提出的基本要求和轮廓设想。第二步是各部门、各地方根据计划控制数字，结合本部门、本地区的实际情况编制计划草案，上报国家计委。第三步，在各部门、各地区计划草案的基础上，国家进行综合平衡，综合平衡法是编制国民经济草案的基本方法，主要是对财政、信贷、外汇和物资等四个方面进行综合平衡。

（3）计划组织体系，包括计划管理的组织系统和各级计划管理机构的职责分工及其相互关系等。国家计划管理的组织系统，分为中央、省、市、县四级。

（4）计划管理体系，主要包括计划管理的决策体系和计划管理调节制度。计划的最高决策在中央，地方政府在一定范围内拥有计划决策权。这种决策在得到贯彻的过程中，采取单一的指令性计划进行调节。

（二）计划经济体制的主要特征

（1）通过计划手段的方式配置资源。资源的配置，主要按照行政部门、行政地区等行政层次来进行，依靠计划指标、行政分配和行政协调来实现。财政按国家计划实行统收统支；银行则成为社会各部门实行资金计划管理的出纳机构。

（2）国家计划直接管企业。国家计划不是预测性或指导性的，而是指令性的。企业不是独立的经济主体，而是隶属于政府的附属物。国家计划指标对企业来说不是供决策参考的信息，而是必须执行的行政任务。企业的人财物管理和产供销活动，都是按国家计划指标管得死死的。

（3）实物管理为主。国家计划的基本内容是反映和控制各种物质产品生产、流通、分配、消费的实物运动及其相互的平衡关系，价值运动及其平衡关系只是处于一种次要地位。

（4）政府既是国有资产的所有者，又是其管理者，既管宏观经济活动，又直接干预微观经济活动。

（三）计划经济体制的弊端

我国形成和建立的高度集中的计划经济体制，对动员和集中有限的资源，保证重点建设的顺利进行，迅速建立起比较完整的工业化基础，改变旧中国落后的面貌，起了重要的作用。

但是，随着生产力的发展，这种计划经济的弊端日益严重地暴露出来。在所有制方面，片面强调公有制经济特别是国有经济的作用，排斥和限制非公有制经济的发展，所有制形式单一。在工业管理方面，中央工业部门直接管理的企业过多，中央直属企业由1953年的2800个增加到1957年的9300个。在财力支配方面，中央支配的比例偏高，地方和企业的财权太小；在物资分配方面，由国家计委平衡分配的统配物资由1952年的55种增加到1957年的231种；在计划管理方面，直接计划的比重大大增加；在分配制度方面，平均主义盛行，造成企业吃国家的大锅饭，职工吃企业大锅饭的局面和“铁饭碗”的劳动制度；在对外关系方面，与其他国家特别是发达资本主义国家的经济交流非常少。这些弊病的存在，成为我国国民经济进一步发展的障碍。

国家对企业管理过死，在计划管理、财务管理、干部管理、物资管理及福利设施等方面包揽过多，使得企业领导人对企业的管理权限太小，特别是产、供、销的权限太小，严重地影响企业和职工积极性的发挥。一些基层企业的领导人对此反应十分强烈。上级机关权力过分集中，事无巨细一概包揽，使企业缺乏必要的自主权，成了行政机构的附属物，就不能作为一个独立的经济单位充分发挥作用。

在中央与地方的关系上，经济管理和决策权限高度集中在中央政府，地方政府和企业基本上没有自主权和决策权。中央政府通过部门进行直接管理，割断了地区内不同部门、企业之间的经济联系，影响了地区内的经济联系和专业化协作，造成了重复浪费。

当集中过多、统得过死的矛盾开始变得突出的时候，党中央就有所觉察。毛泽东同志在1956年作了《论十大关系》的报告，以苏联为鉴戒，总结我国自己的经验，强调了要处理好国家、生产单位和生产者个人的关系，中央和地方的关系。报告指出：把什么东西都集中在中央或省市，不给工厂一点权力、一点机动的余地、一点利益，恐怕不妥。但是，中央、省市和工厂的权力和利益应当各有多大才合适，当时还缺乏实践经验。

如何处理好中央和地方的关系，对于我们这样的大国是一个十分重要的问题。新中国成立初期，我国实行大区管理的体制。全国设置了6个大行政区，一个大区管几个省。1954年撤消大区，进一步加强了集中统一，主要工业企业陆续收归中央各部直接管理，形成以“条条”为主的经济管理体制。实践证明，取消地方必要的自主权，就限制了地方的积极性，结果并不好。为了解决中央和地方的矛盾，毛泽东同志指出：目前要注意的是，应当在巩固中央统一领导的前提下，扩大一点地方的权力，给地方更多的独立性，让地方办更多的事情。这对我们建设强大的社会主义国家比较有利。我们的国家这样大，人口这样多，情况这样复杂，有中央和地方两个积极性，比只有一个积极性好得多。我们不能像苏联那样，把什么都集中到中央，把地方卡得死死的，一点机动权也没有。

从“大跃进”一直到党的十一届三中全会以前，中国经济体制有过几次改革和变动，但是变来变去没有从根本上解决问题，未能取得预期的效果。主要问题是：没有从经济体制上跳出行政管理的框框，只是在中央和地方“你管”或“我管”上兜圈子，没有改变国家对企业管得太多、统得过死的状况；企业上收和下放频繁。在上收和下放交替过程中，出现了“一统就死，一死就叫，一叫就放，一放就乱，一乱又统”的情况，压抑了企业和职工的积极性和创造性；中央几十个部的条条插到城市，严重地影响城市经济功能的发挥。条条，即中央部门采取集中管理，强调的是工业特别是重工业，忽视城市基础公用设施、服务行业和农业的发展，加剧了条块分割和城乡分割的状况。

三、计划经济体制向市场经济体制转换

1978 年，党的十一届三中全会重新确立了解放思想、实事求是的思想路线，提出应坚决按客观经济规律处理我国的经济问题，要尊重价值规律的作用，对传统的经济体制要进行针对性的改革。自此，我国的经济体制改革进入一个历史的新阶段。这一阶段的改革，在理论和实践两方面始终都贯穿着“是计划还是市场”的选择。经济体制改革理论上的突破首先就表现在对传统计划经济体制认识的深化和解放上。经济改革逐步引入了市场成分，“市场取向”的改革成为经济改革的主线，直到 1992 年的十四大报告确定我国经济体制改革的目标是社会主义经济体制为止，“市场取向”才最终确立其方向性地位。这一阶段的改革大体可分为如下三个时期。

（一）1979～1984 年，在计划经济中引入市场机制

党的十一届三中全会开创了我国改革开放的新局面，以家庭联产承包责任制为主要内容的改革在农村迅速展开，并获得巨大的成功。农产品逐步商品化和市场化给农民带来了极大的利益，空前地调动了农民的生产积极性。企业改革也开始在四川等地进行扩大自主权的试点。改革的重要方面是放松计划控制、逐步引入市场成分。

1979 年 6 月，五届全国人大二次会议通过的政府工作报告指出，我们要逐步建立起计划调节和市场调节相结合的体制，以计划调节为主，同时充分重视市场调节的作用。随后，理论界围绕“计划经济为主、市场调节为辅”展开了关于

计划与市场关系的大讨论。当时一般认为，“市场经济”是指一种社会制度，是资本主义经济的代名词；“市场调节”是一种经济调节手段，和资本主义没有必然的联系，可用来为社会主义经济服务。因此，在文件及讨论中使用了“市场调节”，而不是“市场经济”。对计划与市场关系的认识也局限在“孰为主”和“孰为辅”、“制度”和“工具”的具体结合方式上。就其结合方式当时存在着三种不同的主张：一是“板块论”，即计划经济是一块，市场调节是一块，两者范围要划清，各在自己范围内发生作用；二是“渗透论”，计划与市场是相互渗透、结合在一起的，你中有我，我中有你；三是“重合论”，即计划与市场是重合在一起的，计划必须通过市场来实现，市场必须靠计划进行调节。

1982 年党的十二大报告正式提出“计划经济为主、市场调节为辅”的方针，对传统的集中计划经济体制进行改革，允许对于部分产品的生产和流通不作计划，由市场来调节。也就是说，根据不同时期的具体情况，由国家统一计划划出一定的范围，由价值规律自发地起调节作用。这一部分是有计划生产和流通的补充，是从属的、次要的，但又是必需的、有益的。除对关系国计民生和经济全局的产品及企业实行指令性计划外，对许多产品和企业实行指导性计划，充分运用经济杠杆来调节其生产与经营。对于为数众多的小商品，允许企业根据市场供求的变化灵活地自行安排生产。

十二大报告提出的“计划经济为主、市场调节为辅”的原则，标志着在计划经济体制中逐步开始引入市场成分，开始探索市场调节在国民经济中发挥作用的方式和途径。但是应注意到，“计划经济为主、市场调节为辅”的提法，实际上仍将计划经济作为社会主义经济的本质特征，强调计划手段的作用，认为市场及市场机制仅仅是补充。

（二）1984～1988 年，有计划的商品经济时期

1984 年 10 月中共中央通过了《关于经济体制改革的决定》，明确指出我国社会主义经济是公有制基础上的有计划的商品经济，强调商品经济的充分发展是社会经济发展不可逾越的阶段，是实现我国经济现代化的必要条件。要按经济规律尤其是价值规律办事，充分运用市场机制发展社会主义经济。改革计划体制，首先要突破把计划经济同商品经济对立起来的传统观念。强调社会主义计划经济必须自觉依据和运用价值规律。只有充分发展商品经济，才能把经济真正搞活，促进各个企业提高效率，灵活经营，灵敏地适应复杂多变的社会需求，而这是单纯依靠行政手段和指令性计划所不能做到的。实行计划经济同运用价值规律、发展商品经济，不是互相排斥的，而是统一的，把它们对立起来是错误的。要有步骤地适当缩小指令性计划的范围，适当扩大指导性计划的范围，对关系国计民生的重要产品中需要由国家调拨分配的部分，对关系全局的重大经济活动，实行指令性计划；对其他大量产品和经济活动，根据不同情况，分别实行指导性计划或

完全由市场调节。

有计划商品经济理论的提出，在社会主义经济理论上实现了一次重大突破，标志着作为市场经济主要规律之一的价值规律在我国经济生活中正式得到确立，我国经济改革的市场取向已成为必然趋势。因此，邓小平同志对其作了高度评价，称其为“马克思主义基本原理和中国社会主义实践相结合的政治经济学”。

1987 年 10 月 25 日召开的党的十三大对如何建立社会主义商品经济、充分发挥市场机制的作用作了进一步阐述，提出社会主义有计划商品经济体制应该是计划与市场内在统一的体制。这种新的经济运行机制，总体上来说应当是“国家调节市场，市场引导企业”的机制。国家运用经济手段、法律手段和必要的行政手段，调节市场供求关系，创造适宜的经济环境和社会环境，以此引导企业正确地进行经营决策。当时，深化改革的任务主要是：围绕转变企业经营机制这个中心环节，分阶段地进行计划、投资、物资、财政、金融、外贸等方面体制的配套改革，逐步建立起有计划商品经济新体制的基本框架。从此，市场机制对经济运行的调节作用得到进一步发挥，市场取向改革的目标更加明确。

（三）1992 年以来，社会主义市场经济新阶段

经济体制改革的实践使我国经济运行机制和社会主义的所有制关系发生了深刻的变化。人们看到的事实是，在市场机制作用充分的地方，在所有制形式多样化的地区，经济发展最快，经济实力最强。实践的启示和理论的探索使越来越多的人认识到：计划与市场只是配置资源的两种不同的手段和方式，二者不具有社会经济制度的属性，更不是划分社会制度的标志。那么，到底社会主义经济改革的目标是要走计划经济之路，还是走市场经济之路呢？社会主义市场经济的本质又是什么呢？

1992 年初，邓小平同志“南方谈话”的权威论断，为历时已久的“计划取向”还是“市场取向”的争论画上完美的句号。邓小平同志精辟地分析道：“计划多一点还是市场多一点，不是社会主义与资本主义的本质区别。计划经济不等于社会主义，资本主义也有计划；市场经济不等于资本主义，社会主义也有市场。计划和市场都是经济手段。”邓小平同志的权威论断，是对改革开放以来我国经济体制改革理论和实践的科学总结，从根本上解除了把计划经济和市场经济看做属于社会基本经济制度范畴的思想束缚，澄清了在计划与市场的性质上多年来争论不休的所谓姓“社”姓“资”的问题，使人们的思想认识发生了质的飞跃，达到一个全新的境界。

1992 年 6 月 9 日，江泽民同志在中共中央党校发表讲话，指出：“加快经济体制改革的根本任务，就是要尽快建立社会主义的新经济体制。而建立新经济体制的一个关键问题，是要正确认识计划和市场问题及其相互关系，就是要在国家宏观调控下，更加重视和发挥市场在资源配置上的作用。”1992 年 10 月召开的

党的十四大将建立社会主义市场经济体制作为我国经济体制改革的目标模式。社会主义市场经济体制的实质和核心内容，就是要使市场在社会主义国家宏观调控下对资源配置起基础性作用，使经济活动遵循价值规律的要求，适应供求关系的变化；通过价格杠杆和竞争机制的功能，把资源配置到效益较好的环节中去，并给企业以压力和动力，实现优胜劣汰；运用市场对各种经济信号反应比较灵敏的优点，促进生产和需求的及时协调。

四、社会主义市场经济体制的基本特征和基本框架

（一）社会主义市场经济体制的基本特征

社会主义市场经济体制除了具有市场经济体制的一般特征外，还由于受社会主义基本经济制度的制约，显示出一些独有的特征。

（1）社会主义市场经济体制是以生产资料公有制为主体的市场经济体制。社会主义国家的国民经济是以生产资料公有制为基础的。由于生产力水平的限制，我国还处于社会主义初级阶段，不可能建立起单一的公有制，而是以公有制为主体、多种经济成分共同发展的所有制结构。这种公有制为主体的市场经济体制，区别于资本主义以私有制为基础的市场经济体制。

（2）社会主义市场经济体制实行按劳分配为主体的多种分配方式。在公有制经济中必须实行按劳分配，由于要素市场的存在，决定每种生产要素（包括土地、资本、劳动力等）都会获得一定的收入，所以，在收入分配方式上，要把按劳分配与按生产要素分配结合起来，坚持效率优先，兼顾公平。既要鼓励先进，提高效率，合理拉开收入差距，又要防止两极分化，逐步实现共同富裕。

（3）社会主义市场经济体制能够在宏观调控上更好地发挥计划与市场二者的长处。计划和市场作为调节经济运行的基本方式，其作用是互补的。现代社会的市场经济的正常运行，都离不开两种机制的共同作用。社会主义市场经济中，由于国家能够把人民的当前利益与长远利益、局部利益和整个利益结合起来，所以，能更好地发挥计划与市场两方面的长处，促进经济更快更好的发展。

（二）社会主义市场经济体制的基本框架

中国社会主义市场经济体制是同社会主义基本制度结合在一起的市场经济体制。建立社会主义市场经济体制，要经过体制转型的复杂而艰巨的过程。构建社会主义市场经济体制的基本框架，主要包括如下内在要素或环节。

（1）加快企业改革，使企业真正成为市场主体。企业成为市场主体，是构筑市场经济运行的微观基础，也是经济体制转型的关键环节。企业成为市场主体，就是要成为自主经营、自负盈亏、自我发展、自我约束的经济行为主体和法人实体，就是要适应市场调节要求，依靠市场而生存和发展。要使企业成为市场主

体，企业必须转变经营机制，按照市场要求组织生产和流通，按照供求变化决策资源配置；国有企业必须加快企业制度改革和创新，改革劳动、人事、分配制度，打破大锅饭，建立有效的激励机制和约束机制；必须把企业推向市场，通过市场机制优化企业的资本结构和组织结构，实现低成本扩张，在市场竞争中求得生存和发展。

(2) 加快要素市场培育，完善市场体系。完善市场体系，是构建市场经济体制的必要条件。完善市场体系，就是要打破地区封锁和部门垄断，形成统一、开放和竞争的市场；要培育和发展生产资料、金融、技术、劳务、信息和各种产权的要素市场；要逐步形成社会化的市场体系、市场服务体系和市场调节体系；要形成等价交换、公平交易和平等竞争的市场规则和法规体系。

(3) 健全宏观调控体系。宏观调控体系是调控市场经济运行的重要保证。健全宏观调控体系，就是要政企分开，强化政府统筹规划、掌握政策、信息引导、提供服务和检查监督等管理经济运行的职能；要建立和完善计划、金融、财政之间的相互配合和制约，能够综合协调宏观经济政策和正确运用经济杠杆的机制；要改直接调控为主为间接调控为主，使政府宏观调控与市场调节有机统一起来；要提高管理水平和管理手段，完善市场信息反馈和宏观经济监测预测系统，提高决策的科学性和政策的有效性，有效防范和及时化解市场经济运行中出现的经济剧烈波动和震荡。

(4) 深化分配制度和建立社会保障制度。建立公平和效率相统一的分配制度和社会保障制度，是建立市场经济体制的重要条件。实现公平和效率的统一，就是要把按劳分配和按生产要素分配结合起来，建立符合社会主义市场经济要求的分配结构和分配方式；就是要在个人利益与社会利益结合的基础上，协调个人之间以及个人与社会之间的分配关系，完善税制，限制过高收入、避免两极分化；要建立以社会保险、社会救济、社会福利、优抚安置、最低生活保障为主要内容的社会保障制度。

(5) 完善适应社会主义市场经济体制要求的法律制度。市场经济也是法制经济。市场经济运行中涉及的广泛交换必须依靠法律来保证公平和实现；市场经济运行所要求的秩序需要法律来保障。要完善法律制度，必须健全法律体系，而且要适应市场经济发展和变化来完善法律体系；要完善法律制度，必须严格执法力度，使法律的尊严得以体现，使法律的调整真正能够实现；要完善法律制度，必须培育民众的法律精神，使法律成为人们的一种生活方式。

五、完善我国社会主义市场经济体制

经过 30 多年的经济体制的改革，我国已经初步建立社会主义市场经济体制。

我国要坚持社会主义市场经济的改革方向，在21世纪前20年全面建设小康社会的过程中，建成完善的社会主义市场经济体制。

我国完善社会主义市场经济体制的基本目标是：按照统筹城乡发展、统筹区域发展、统筹经济社会发展、统筹人与自然和谐发展、统筹国内和对外开放的要求，更大程度地发挥市场在资源配置中的基础作用，增强企业活力和竞争力，健全国家宏观控制，完善政府管理和公共服务职能，为全面建设小康社会提供强有力的体制保证。

我国完善社会主义市场经济体制的主要任务是：完善公有制为主体、多种所有制经济共同发展的所有制结构；建立有利于逐步改变城乡二元经济结构的体制；形成促进区域经济协调发展的机制；建立统一开放、竞争有序的现代市场体系；完善宏观控制体系、行政管理体制和经济法律制度；健全就业、收入分配和社会保障制度；建立促进经济社会可持续发展的机制。

第二节　社会主义市场体系

一、市场及市场体系

（一）市场的基本概念

（1）市场是商品交换关系的总和或者说流通领域的各种现象的总表现。人们通常把市场直接地当做商品交换的场所。其实，市场本质上是商品生产者之间的交换关系。现代市场，可以没有具体的场所，但是一定有交换关系的存在。在市场经济中，商品生产者都要面对不依个人意志为转移的商品流通关系，这种网络关系，对于每一个市场主体而言，也就是市场环境。

（2）市场是以市场主体的交易活动为中心的。从事交换的企业、组织和个人作为交换行为的实践者，通常称之为市场主体。他们包括各行各业的生产者、经营者和消费者。各个市场主体参与市场交换的目的各不相同。在市场经济中，企业的生产者和经营者交换的目的是为了资本价值增值和获得利润，消费者的交换目的则是为了获得消费资料进行消费，满足个人的物质和文化需要。所有市场的场所和物质设施，都是为市场主体的交易或交换活动服务的，离开市场主体交易活动的场所和物质设施，都不具有市场的性质。

（3）市场的交换活动具有自发性。亚当·斯密曾把市场和价格看做一只“看不见的手”。一切商品生产和交换活动都在这只“看不见的手”的指引下自发进行。而且，只要社会生产还需要市场，政府就不应当用人为的手段抑制这种自发性，而只能用间接手段，引导市场主体尽可能减少自身行为的盲目性，否则，就会违背客观经济规律。

（4）市场是随社会生产力的发展而发展的。人类社会生产发展到一定程度才出现市场，市场与自发的社会分工相联系。社会生产力的发展，意味着社会分工的发展，并促进市场关系的发展。而市场关系的发展，又反过来促进社会分工的拓展和细化。正因为如此，市场的发展促进社会生产的发展，提高社会经济运行效率，从而提高社会生产力的水平。市场关系的现代化，反映社会分工的现代化，从而反映社会生产的现代化。

（二）市场体系的产生和发展

市场作为一种商品交换关系的总和，经历了一个范围不断扩大、结构趋于复杂的过程。这种趋势使得市场从单一的商品市场发展为由商品市场和要素市场构成的市场体系。因此，所谓的市场体系，就是指商品经济中的商品市场和其他生产要素市场构成的有机统一体。在人类社会的历史上，与商品生产和商品交换的发展相适应，市场经历了两个大的发展阶段。第一阶段，从原始社会末期到资本主义社会产生以前，在简单商品经济时期，市场的结构是极其简单的，基本上是单一的商品市场。在这一时期内，作为市场主体的小商品生产者，是以劳动者对生产资料的所有权为基础从事生产的，其劳动力和土地等基本生产条件不是商品，工具大多数是劳动者自己创造的，原材料常常是客户自备的，进入市场交换的主要是劳动产品。与这种简单商品经济相适应的运行机制，是单纯的商品市场机制。小商品生产者从事交换，只不过是互通有无，即为了满足自己的生产和生活需要，而不是以赚钱为目的，赢利动机还没有支配整个生产过程，市场机制还是不健全的。从整个社会来说，这一时期的市场只是社会调节经济方式的一种补充，它的调节作用受到自然经济中的习俗影响甚至强制而不能充分发挥。第二阶段，在资本主义社会建立以后，特别是机器大工业出现以后，不仅商品市场以空前的规模发展起来，形成全国统一的商品市场，并日益开拓着世界市场；而且逐渐形成劳动力市场和资本市场。于是商品市场、资本市场与劳动力市场成为资本主义社会的三大基本市场，人类经济史上的第一个市场体系因此诞生了。然而，市场体系发展的进程并没有就此停止。随着资本主义经济的进一步发展，生产要素的内容日益丰富，并不断演化为独立的生产要素市场。进入现代资本主义后，知识、技术、信息成为重要的生产要素，并成为生产要素市场体系不可缺少的内容，这使得市场体系的结构变得非常复杂。

（三）市场体系的构成

在商品经济不断发展过程中逐步形成的市场体系，可以从不同的角度分析其构成。

（1）从市场交易或流通的对象分析市场构成，市场体系包括商品市场和生产要素市场两大类。商品市场是以生产出的产品或服务为交易对象的市场，从商品或服务的最终用途分类，可以进一步将商品市场区分为生产资料市场和消费品市场。生产要素市场是以生产要素为交易对象的市场，根据生产要素的种类，生产要素市场可以分为土地市场、劳动力市场和金融市场以及技术、信息、房地产市场等。现代市场体系具有品类结构齐全的特征，意味着全部经济资源都通过市场流通实现其配置。

(2) 从市场交易的空间范围分析市场构成，市场体系包括地方性市场、区域性市场、全国性市场和世界市场。市场空间结构或体系高度统一和齐全，意味着资源能够按效益原则在适当的区域里实现优化配置。适合地方生产和消费的商品就在特定的地方交易和配置，而应该在更大的区域里交易和配置的商品就在比较大的区域里流通和配置，这无疑会使资源的充分开发和经济财富的最佳分配实现得更为充分。

(3) 从市场组织和机构设置分析市场构成，市场体系包括各种市场中介组织、批发市场和零售市场等，既是从生产到批发再到零售的扩散式的流通体系，又是大宗商品的集散中心和由遍布城乡的门市小店构成的高度发达的市场网络体系，对联结生产和消费、供给与需求、城市和乡村等起着非常重要的作用，保证货畅其流，为资源的优化配置提供必要的组织条件。

(4) 从市场交易的具体方式分析市场构成，市场体系可以划分为现货交易市场、远期交易市场和期货交易市场等三部分。现货交易市场是即期交割的市场，一般进行的是小额零售交易，具有分散性特点；远期交易市场是约期交割的市场，一般进行的是特定商品的大宗交易，仍然是分散的交易市场；期货交易市场是远期交易市场发展了的形式，具有集中化、统一化、间接化、标准化和连续化等优点。现货交易、远期交易和期货交易并存和结合，可以形成连续进行的交易链，从而使供求和价格的形成和变动平稳化，稳定市场进行，逐渐调整和优化资源配置。

二、社会主义市场体系的特征

(一) 市场体系的一般规定性

市场体系的一般规定性也就是市场体系具有的共性，具体可以归结为如下四点。

1. 统一性

在一个完整的市场体系中，各种各类市场在其运行中虽有各自的特点，但各种各类市场在结构上，在运行的基本要素以及功能优化的目标等方面又是统一的。市场体系的统一性具体表现在三个方面。

(1) 市场体系是一个结构完整、层次合理的统一体。市场体系是由商品市场和要素市场构成的，只注重商品市场的运行而忽视要素市场的存在及其功能，社会资源就无法实现优化配置。

（2）市场体系是市场要素共同作用的统一体。市场体系的运行，取决于各种各类市场的形成和发展，而各种各类市场的形成和发展，又取决于市场主体、市场客体、竞争、供求和价格等要素的存在及作用状况。显而易见，市场体系正是上述各市场要素共同作用的统一体。

（3）市场体系是一个要求实现整体功能优化目标的有机统一体。市场体系的要素是各种各类、多层次的市场，它们有机统一于市场体系中，形成市场体系结构，相应也就产生市场体系的整体功能。

2. 开放性

市场体系的开放性是现代市场经济运行的基本要求。社会化大生产和商品经济的发展，要求市场体系应该是一个开放性的系统。这不仅是指各地市场对内开放，即随着生产社会化和商品经济发展，各地方市场不断发展和完善，进而成为相互联系、相互渗透的整体系统，而且还指国内市场的对外开放。总之，市场体系的开放性表现为如下几个方面：它不是自我封闭的，而是内外全方位开放的；不是独家垄断的，而是充满竞争的；不是互相割裂的，而是相互补充、相互联系的有机统一体；不是完全自发的分散性开放系统，而是由宏观调控指导的。市场体系的开放性也是市场经济的内在要求与商品流通的属性决定的，它对合理配置社会经济资源、增强国民经济活力具有重要意义。

3. 竞争性

竞争是市场机制的一个要素，具有健全的市场机制的市场体系必然具有竞争性。这种特性决定于竞争对于市场运行具有的特殊意义。市场运行需要的市场价格是竞争的结果。首先，市场价格的基础市场价值是在竞争中形成的。而市场价格围绕市场价值的波动，是由供求关系的变动而引起的。但供求关系的变动还必须靠来自竞争的压力才能实现。

4. 规范性

市场体系的规范性是市场经济有序运作的必要条件。市场经济作为发达的商品经济，其市场必须形成健全的网络、合理的结构，各种各类市场都必须在国家法令和政策规范要求下有序、规范地动作。市场无序、规则紊乱是市场经济正常运行的严重障碍，它会损害整个社会经济运行的效率，容易导致社会经济发展的无政府状态。

（二）社会主义市场体系的特征

由于社会主义市场体系是社会主义市场经济中的市场体系，所以，社会主义性质就决定社会主义市场体系不仅具有市场体系的一般特征，而且还具有与资本主义市场体系不同的特征。

（1）社会主义市场体系是以公有制为主体、多种所有制共同发展为基础的市场体系。在社会主义市场经济中，公有制经济是主体，这就决定了在社会主义市场体系中公有经济单位是最重要的市场活动主体。非公有制经济是作为我国社会主义市场经济的重要组成部分而活动于社会主义市场体系中的。

(2) 社会主义市场体系体现的主要是劳动者共同体之间的买卖和信用关系。一般地讲，在不同的经济制度下，流通过程可以成为不同经济关系的载体。在资本主义制度下，一般商品流通过程可能同时成为资本的运动过程；借贷和信用更是明显的资本运动过程。在公有制为主体的条件下，市场过程所体现的所谓资本增值，不过是共同体内劳动者为社会劳动所创造的价值并入资本中使资本价值获得增加，成为满足劳动者需要的手段。

三、社会主义市场体系的内容

从交换对象在社会再生产中的作用来看，社会主义市场体系包括商品市场和要素市场。商品市场包括消费品市场和生产资料市场。要素市场包括资本市场、劳动力市场、房地产市场、技术市场、信息市场。

(一) 消费品市场

消费品市场是交换用于满足消费者的个人生活消费需要以及社会消费需要的消费品的商品市场。

消费品市场的特点是：消费品市场的主体具有广泛性，即消费品市场涉及千家万户和社会所有成员；客体具有多样性和多变性，因为消费品的社会需求在形式上是多样的，也是多变的；交易具有频繁性，是指消费品市场上的交易量不太大，但交易次数很多。

消费品市场的类型很多，根据消费品满足人们的需求不同，可以分为生活必需品市场、日用品市场、耐用消费品市场、艺术品市场、奢侈品及金银饰品市场等。

消费品市场是整个市场体系的一个极其重要的部分，它与人们生活有着密切的联系。消费品市场繁荣与否，对国民经济的发展具有重大的经济意义。

(二) 生产资料市场

生产资料市场是交换人们在生产过程中使用的劳动资料和劳动对象的商品市场。

生产资料的特点是：生产资料市场交换的商品是中间产品；商品的价值高，经营的技术性、专业性强；由产业结构决定的商品交易关系相对稳定；因经济的地区发展水平差异，市场的分布、规模、结构和发展程度等方面存在着明显的差距。

生产资料市场的类型也呈多样化，根据生产资料的实际用途，生产资料市场可分为工业用原料、材料、燃料、机器、设备、仪表、工具量具等市场，农业用原料、机器、种子等市场。

（三）劳动力市场

劳动力市场是交换劳动力的场所，是通过市场配置劳动力的经济关系的总和。根据提供劳动力主体情况的不同，劳动力市场分为普通劳动力市场和各类专业劳动力市场。

劳动力市场的特点是，劳动力不可能与劳动者相分离，因此在劳动力市场实现了交换的劳动力需要劳动者自己亲自去体现；劳动力市场交换的劳动力决定了这种交换更应该体现自愿、平等的要求；劳动力市场交换的劳动力在出现供求不平衡时表现为一部分人的失业。

（四）金融市场

金融市场是资金的供应者和需求者进行资金融通和有价证券买卖的场所。

金融市场的类型可以从不同的角度进行分类。从融资期限来分，有短期市场（货币市场）和长期市场（资本市场）；从证券交易的性质来分，有初级证券市场（发行市场）和二级证券市场（流通市场）；从市场形式来分，有有组织的金融市场（如证券交易所）和无组织的直接交易市场（如场外交易和店头市场）；从交易的专业性来分，有债券交易市场、股票交易市场、抵押市场、期货市场、期权市场、外汇市场、黄金市场等；从地理范围来分，有地方性市场、区域性市场、全国性市场和国际金融市场。

我国金融市场的特点是计划指导下的金融市场化，即金融工具的发行是有计划的，同时，金融市场又调节着金融工具的供求和价格；参加金融市场的国家金融机构是主要的金融工具持有者，是主要的金融媒介，而民间的合作性金融机构是辅助性的。

（五）房地产市场

房地产市场是土地市场与房产市场的统称。房产市场与土地市场是一对紧密联系的市场，房产建立在地产之上，是地产的附着物；房产的交换、转让又反过来带动地产的交换、转让。因此，从市场结构来看，房产和地产实际上是一个不可分割的统一的市场。

在我国，土地的商品化还只是土地使用权的商品化。因此，我国的土地市场是指土地使用权的让渡及买卖关系。这决定了我国土地市场的特点是：商品化的土地流通仅仅是土地所有权的流通，这种流通不构成对土地所有权的破坏；土地市场实行国家宏观管理调节下的多种形式的经营，国家实施统一的政策管理；土地市场上土地使用权的转让是有期限的，可以一次购买，但不可能永久使用。

房产市场的特点是：房产商品价值大、使用周期长，因此房产交易存在着出租和出售两大主要形式，这两种交换形式如何运行，取决于一个国家的生产和消费的社会化程度、居民的购买力、消费习惯及政府的有关政策；房产市场中房屋商品的流通不发生物体的空间移动，只是房屋商品的所有权或使用权的变更；房产市场的价格具有不断递增的趋势；房产市场具有多元性的经济功能。

（六）技术市场

技术市场是以科研成果、科技产品等为交换对象的市场。技术市场的种类，按经营机构的固定性可分为常设性科技市场和具有一定时限的临时性技术交易市场；按技术商品的经营范围可分为技术成果转让、技术承包、技术咨询服务等单项性交易市场和综合性交易市场。

技术市场具有的特点是：技术市场既涉及有形交易，又涉及无形交易；技术交易不仅是商品流通领域中活动，而且包括双方在生产技术领域中的合作，周期可长可短；技术交易除实物形态的技术转让所有权外，知识形态的技术一般是不发生所有权的转让的，买方只是获得使用权而已；技术商品只能是单件生产，其价格较多地根据市场供求由双方协商而定；技术商品可以多次销售；技术商品交易相对复杂，需要以签订合同等方式来保证。

（七）信息市场

信息市场是专门进行信息交换的场所。信息的交换也像其他商品一样，通过出售其使用价值而实现自身的价值。

信息市场按照信息的最终用途可分为三种：提供商情信息的市场；提供科技信息的市场；为信息产业提供物质手段服务的市场。

信息市场商品的特殊性决定了信息市场的特点，表现为如下三个方面：信息商品市场上没有明确的物质形态的商品，同一信息可以同时为多个部门、企业服务，因此，信息市场上不存在对信息商品垄断的交易行为；信息市场的交易范围是同物质商品生产紧密联系的，具有广泛的适应性；信息市场的交易活动具有多层次和间接性的特点。

第三节　社会主义市场主体——企业

一、企业及企业制度

（一）市场主体——企业

企业是重要的市场主体。从现代企业的一般特征来看，企业是产品及劳务的生产经营单位，是从事生产经营活动的最基本的经济组织。一个生产和经营组织要真正成为企业，必须满足三个基本条件：①它必须是该组织内各当事人经济权利的集合，即所有者权利、经营者权利和劳动者权利的集合；②这种经济权利的集合是在一定的制度安排下实现的并在内部分工基础上形成职权划分和协作关系；③它必须是自主经营，自负盈亏，能独立承担财产责任和民事责任的经济实体。

企业具有两重属性，既是生产要素结合的组织形式，又体现一定的社会经济关系。因此，企业是社会生产力与社会生产关系有机结合的产物。

企业从不同的角度可以划分为不同的类型。按经济类型，我国现阶段企业可划分为国有制企业、集体所有制企业、混合所有制企业、私营企业、中外合资企业、外商独资企业等。按资本组织形式，企业可分为有限责任企业、股份有限企业、合伙企业、合作企业、股份合作企业、业主制企业等。按技术装备水平，企业可分为现代化企业和非现代化企业。按规模和综合生产能力，企业可分为大型、中型和小型企业。按生产经营品种，企业可分为工业企业、农业企业、交通运输企业、商业企业、金融企业、信息企业等。按企业的生产要素构成比例，企业可分为劳动密集型企业、资本密集型企业和技术密集型企业。

（二）企业制度

1. 企业制度的演进

企业制度是企业产权制度、企业组织形式和企业经营管理制度的总和。其核心是产权制度，企业组织制度和经营管理制度是以产权为基础的，三者分别构成企业制度的不同层次。

企业制度是适应经济发展的需要而产生的，并且随着社会生产力的发展而不断演化。

1）从产权制度来看，企业制度的变革是从古典的业主制企业发展到合伙企业，再到现代的公司制企业

第一，业主制（proprietorship）。企业是最简单的企业形式，在市场经济中大量存在。业主制只有一个产权所有者，业主投入个人财产，直接经营，享有全部经营所得，同时对企业债务承担完全责任。如果企业经营失败，资不抵债，业主要用自己的全部家财抵偿。这种企业一般规模很小，结构简单，几乎没有任何内部管理机构。它的长处是建立和歇业的程序简便，产权能自由转让；经营灵活，决策迅速；经营者与产权关系紧密直接，因而精打细算，勤俭持家。它的缺陷在于业主个人财力有限，难以从事大规模的生产经营活动；业主无意经营或死亡时企业也随之消失。

第二，合伙制（partnership）。企业是由两个或两个以上的人共同投资，共同监督和管理，并按其投资比例分享剩余的企业。在经营管理方面，合伙人对企业的决策享有相互平等的权利。它的优点是，由多个合伙人共同集资，可以筹集到比单个人更大规模的资金，从事更大规模的生产经营活动；合伙人共同对企业盈亏负有完全的责任，因而有助于增强经营者的责任心，提高企业的信誉。其缺点则在于，合伙制企业的制度特点，如合伙人之间要相互熟识、信任等，决定了

合伙人的规模不可能太大，因此企业规模仍受限制；企业的组织结构不稳定，这突出表现在合伙人中的一个人或几个人若退出，将可能导致合伙关系的终止，而企业重新议定合伙关系的程序极其复杂；各合伙人对企业债务承担无限连带责任，导致风险承担不均衡，如一个合伙人在企业总资本中仅占有 1% 的份额，却可能承担企业全部债务责任，而不论造成债务的责任人是谁，因此合伙制企业也不可能做大。

第三，公司制（corporation）。企业是一个法人组织体。它以法人的名义行使民事权利，承担民事义务，有权举债、签订合同，能在法院起诉和应诉。公司财产以股份的形式分属于股东。股东有权按股分享企业赢利。股东不能退股，但可以转让股权。与合伙制企业相比，公司的优点是，股东们只对企业债务负有限责任，即只在他们缴纳的股金范围内对企业的债务负责；风险的减小也有利于大规模广泛地筹集资金；具有独立生命，除非由于歇业破产，否则它的生命是“永远连续”的；公司治理具有规范性，股东大会按一股一票的原则投票选聘董事组成董事会托管公司法人财产，董事会则聘任总经理和其他高级经理人员进行日常经营活动。公司经理人员在作为股东的代理人行使职权和承担财务责任时受到有关法律的严格限制。这样就保证了公司决策的连续性和及时性，减少差错。所有权和经营权分离也为科学管理奠定了基础。公司制的缺点在于：设立程序很复杂，另外公司形成过程中多重的产权交换关系和在此基础上的复杂的公司治理结构，使得作为投资者的股东权益受到侵害的可能性增大。

2）从组织结构来看，企业制度的变革是从手工工场开始，经历了传统的工厂制度再演进为如今多单位、多职能的现代企业组织形式

在这个过程中，我们可以看到一系列引人瞩目的变化。一是企业内部层级管理制开始形成并逐步发育成熟。钱德勒称其为“企业管理的革命”。根据他的分析，组织结构的差异构成了现代企业与古典企业相区别的基本特征。现代企业组织通常规模较大，具备多种经济功能，经营多个系列的产品，在不同的地区经营，钱德勒称为“多单位企业”；古典企业组织通常规模较小，只有一种功能，产品单一且只在一个地区经营，钱德勒称为“单一单位企业”。二是现代企业的高、中级决策者不再兼有资本所有者的身份，而称为专门的“支薪管理人员”；古典企业的两权则是高度合一的。三是现代企业作为层级组织包括两个以上决策层级，也就是说，包括了中间决策层级。中间决策层级的决策者形成了较为复杂的决策分工体系，表现为企业内部的管理组织，钱德勒称为“管理层级制”；而古典企业作为层级制通常只包括两个层级，企业管理者是最高决策层级，工人是最低决策层级，前者直接指挥后者，是一种简单的形态。

正是根据这些变化，钱德勒对现代企业给出如下定义：“它是一组由支薪的

中、高级管理人员所管理的多单位企业。”[①] 威廉姆森更进一步地将公司组织结构划分为 U 型、H 型和 M 型这样的演进结构。

U 型结构，即高度集中的、职能部式的内部管理结构，企业内部按职能划分为若干部门，如策划部、销售部等。各部门独立性较小，权力集中在高层管理人员手中。其优点是权力集中、决策迅速、减少梗阻；其缺陷是高层经理人员往往忙于日常管理活动而缺乏精力做好有关企业长期发展的重要决策工作。

H 型结构，即控股式的内部管理结构，是伴随母公司投资于子公司并掌握控股权而产生的一种结构，较多地出现在横向合并形成的企业中，这种结构使得合并后的子公司保持了较大的独立性。

M 型结构，即权力分散的事业部式或多分支式的内部管理结构。这种结构是在高层决策中心下，按产品、商标或地区来设立分支公司，其下再设职能部门来协调生产过程。高层决策中心由高层经理、高级财务人员和管理人员组成，一方面负责监督、协调各分支公司的活动并评价它们的业绩，另一方面负责考虑和实施整个公司的资源分配。

2. 现代企业制度

1）现代企业的基本特征

第一，产权清晰。产权清晰是指出资者与作为法人的企业之间具有明确的权利界定。企业法人制度是现代企业的核心。企业法人是出资者为了进入市场、参与竞争、获取利润而出资构造的一种经济组织。这种经济组织被人格化，具有独立的法律地位，能独立地享受民事权利和承担民事责任。也就是说，如果权益受到侵害，企业能以民事主体资格，通过诉讼程序请求法律保护，取得损害赔偿；如果企业因不履行民事义务而损害了他人，则要依法承担清偿或赔偿责任。企业成为法人实体需要具备的主要条件是企业具有独立支配财产的权利，否则就不可能自主经营、自负盈亏。因此，必须将出资者的所有权与企业法人财产权分离开来，后者有独立的生命。企业中的国有资产所有权属于国家，但企业则对包括国家在内的所有出资者投入企业的资本额及在企业经营过程中负债所形成的财产，拥有法人财产权，并以此奠定民事能力和市场行为能力的基础。

第二，权责明确。权责明确是指出资者和企业在权利及责任方面应该明确的划分和规定。包括政府在内的出资者按投入企业的资本额享有所有者权益，主要是三项：一是资产受益权；二是企业管理者的选择权；三是企业重大问题的决策权。除此之外，出资者不能再随意干预企业的日常生产经营活动，而且不仅不能直接支配企业财产，也不能直接支配属于自己的那一部分财产，不得随意将其从企业抽回，只能凭借出资者的身份按法定程序运用自己的权利影响企业行为。现

① 小艾尔弗雷德·钱德勒．看得见的手．北京：商务印书馆，1998：4.

代企业实行有限责任制度，有两层意思：一是只以全部法人财产为限，对债务承担责任；二是当企业破产清偿债务时，出资者只以投入企业的资本额为限，对企业承担有限责任。这种制度安排，有效地减少了出资者的风险，增大获利机会，为两权分离创造了条件。

第三，政企分开。政府有两种身份、两重职能。作为社会经济管理者，它依法向企业征税，并通过相关政策和宏观调控作用于市场，间接引导企业的经营活动。它必须分离企业办社会的职能，责无旁贷地承担满足社会公共需要的责任，努力为企业创造良好的外部环境；作为国有资产的所有者，政府通过出资人代表对国家出资兴办和拥有股份的企业行使所有者职能，享受所有者权益，即资产受益、重大决策和选择管理者等权利，不得再随意干预企业的日常经营活动。各级党政机关都要同所办的经济实体和直接管理的企业在人财物等方面彻底脱钩。企业则按照市场需求组织生产经营，以提高劳动生产率和经济效益为目的，自主经营、自负盈亏、自我约束、自我发展，在市场竞争中优胜劣汰，长期亏损、资不抵债的应依法破产。政企之间体现为法律关系，而不再是条块分割的行政隶属关系。

第四，管理科学。现代企业应建立科学的企业领导体制和组织管理制度，调节所有者、经营者和职工之间的关系，形成激励和约束相结合的经营机制。

2）现代企业制度的有效形式——公司制

规范的公司能够有效地实现出资者所有权与法人财产权的分离，有利于政企分开，有利于企业转换经营机制、摆脱对行政机关的依赖，有利于国家解除对企业承担的无限责任，也有利于筹集资金、分散风险。公司制是国有大中型企业改革的方向。

公司与传统企业制度相比较，有两个鲜明的特点：一是公司是一个法人组织体，在独立的法人财产的基础上营运，承担有限责任；二是公司是由一个法人治理结构来统治和管理的。

公司法人治理结构是公司制的核心。一个企业能不能建立现代企业制度，能不能增强企业经济活力、提高企业经济效益，在很大程度上取决于它的治理结构是否有效。所谓公司法人治理结构，是指在所有权与控制权相分离的情况下，规范企业不同权利主体之间的责、权、利关系，以达成相互制衡格局的有关制度安排。它一般由股东大会、董事会、执行机构和监事会四个部分组成。

第一，股东大会，由股份公司的全体股东组成，是公司的最高权力机构，决定公司的大政方针，但不直接介入公司的日常经营管理，对外不代表公司。股份公司的股东及其股权是分散的，股东在公司中通过股东大会行使自己的权力，维护自己的利益。股东大会作为公司最高权力机构，是通过股东的投票表决行使其权力的。“同股同利同权”的组成及运行原则，在表决中体现为“一股一票”。为了尽量保护中小股东的利益，一般都有专门的法律限制大股东的操纵行为。

第二，董事会，是公司最高决策机构，由股东大会选出，代表全体股东的利益，负责制定或审定公司的战略性决策并检查其执行情况。董事会的主要职责是：制定公司的经营目标、重大方针和管理原则；挑选、委任和监督经理人员，掌握经理人员的报酬与奖惩；提出赢利分配方案供股东大会审议；决定股东大会的召集及会议内容。

第三，执行机构，由包括总经理、副总经理、常务董事在内的高级执行官员组成。他们受聘于董事会，在董事会的授权范围内拥有对公司事务的管理权和代理权，负责公司的日常经营活动。执行机构的负责人称为首席执行官，其主要职责是：执行董事会决议；主持公司的日常业务活动；经董事会授权，对外签订合同或处理业务；定期向董事会报告业务情况，并提交年度报告。

第四，监事会，是公司的监督检查机关，享有监督董事会、董事、高级经理执行公司业务的权力，以及审计公司财务情况的权力。监事会由股东大会选举产生并向股东大会负责，保护股东的合法利益。

二、社会主义企业及企业转制

（一）社会主义企业的性质和特点

社会主义企业具有两重性：首先它作为生产组织，同时又体现着社会主义生产关系。作为生产组织，社会主义企业和资本主义企业有某些共性，但从社会生产关系来考察，社会主义企业则具有根本不同于资本主义企业的性质和特点。这主要表现在以下三个方面。

（1）社会主义企业以生产资料公有制为基础，以满足人民物质和文化生活的需要为目的。资本主义企业，不论是独立经营或合股经营，都是以生产资料资本家私有制为基础的，生产资料和产品全都是资本家的私有财产，资本家凭借生产资料的所有权来占有雇佣工人所创造的剩余价值，生产经营的目的是追求最大限度利润。社会主义企业则以生产资料公有制为基础，它的生产经营活动也要讲求赢利，争取获得更多的利润，但其根本目的是满足人民群众日益增长的物质和文化生活的需要，而不是少数人的私人利益。

（2）社会主义企业由职工当家做主，参加企业的民主管理。在资本主义企业中，劳动者不是生产资料的主人，而是资本的奴仆，处于被剥削被奴役地位。在社会主义企业里，领导人员、技术人员、管理人员和工人，虽然分工有所不同，但都是社会主义劳动者，都是生产资料的主人、企业的主人。所以，社会主义企业职工既是生产者，又是管理者，他们当家做主，有权参加企业的民主管理。

（3）社会主义企业的劳动者根据向企业提供的劳动量参加个人收入的分配。

在资本主义企业里，工人的工资是劳动力的价值或价格的转化形态，资本家凭借其占有的生产资料不劳而获。社会主义企业中，人与人之间不存在剥削与被剥削的关系，按劳动者为企业提供的劳动量进行分配，多劳多得，少劳少得，从而把劳动者的劳动与他们自身的物质利益联系起来。

（二）社会主义企业的地位和作用

企业是社会主义经济的基本单位，是国民经济的细胞，同时也是社会主义市场经济最重要的主体，它是社会主义市场经济体制建立的最为关键的因素。

在社会主义经济运行中，企业的作用非常突出且非常重要。

(1) 社会主义企业是社会经济的基本生产单位，它不断地创造着物质财富，并为人民群众的物质和文化生活水平提高贡献着最大的力量。

(2) 社会主义企业是社会经济的重要流通单位，是联结城乡、部门和地区，生产与消费的纽带，保证社会生产与经济生活的正常运行。

(3) 社会主义企业是生产力的重要组织者，它通过合理地组织生产资料和劳动力，使潜在的生产力转化为现实的生产力，通过生产实践和各种形式的培训，提高劳动者的劳动熟练程度和科学技术，增强劳动者的劳动能力，最终提高劳动生产率。

(4) 社会主义企业是收入分配的基本单位，它在经营活动中贯彻按劳分配原则，有利于调动劳动者的生产积极性，巩固社会主义生产关系。

（三）社会主义企业转换经营机制

企业的经营机制是企业适应社会主义市场经济的生存和发展的能力及运行机制。在传统体制下，企业也有一套运行机制，如企业一切经济活动完全由上级行政机构做主的决策机制；赢利全部上缴、亏损国家补贴的国家承担风险的机制；企业规模扩大，主管机关级别提高，企业领导和职工的经济待遇也相应提高，因而企业具有竭力争取投资以扩大规模的动力机制。转换企业经营机制，就是说原来的那套企业运行机制已不适应社会主义市场经济发展的要求，不适应企业作为商品生产者和经营者的需要，必须加以抛弃，而应该建立一套新的经营机制，即适应社会主义市场经济发展要求的企业真正能够成为商品生产者和经营者的经营机制，主要包括如下四种经营机制。

(1) 自主经营的决策机制。企业具有自主经营决策机制，就是企业在经营、生产、投资、劳动、人事、分配等方面有自主决策的权力。这些自主决策的权力，是企业作为生产者和经营者的基本决策权力，是企业适应市场需求变化而灵活经营的基本条件，是企业自负盈亏的基本前提。任何否定企业生产经营自主决策权力的行为，实质上就是否定企业商品生产者和经营者的性质。

(2) 自负盈亏的风险机制。企业的生产和经营存在着各种各样的风险，而这些风险既可以给企业带来赢利，也可能为企业带来亏损，对于这些赢利和亏损，企业必须自我承担。或者说，企业要以自己的经营收入抵偿经营支出，用自留利润进行积累和扩大再生产，用自己的法人财产来弥补亏损。如果企业不自负盈亏，就不可能是真正的商品生产者和经营者。

（3）自我发展的动力机制。企业追求规模扩大和利润增长，这些都是企业内在的发展动力。企业只有形成这样的内在发展动力，才能进入一种持续发展的轨道，才能不断地推动企业技术进步、不断地扩大生产规模。

（4）自我约束的约束机制。企业要实现正常的生产和经营，必须建立一种自我约束机制，其关键是实行企业自负盈亏的硬预算约束，不实行企业自负盈亏，就不可能有企业的自我约束机制，也不可能使企业成为真正的商品生产者和经营者。

以上四种机制不是简单的组合，而是相互联系的有机整体。它们相互补充就会形成一个企业自我增值、良性循环的经营机制。其中，建立自主经营的决策机制和自负盈亏的风险机制，是企业经营机制转换的核心问题，也是企业提高经济效益的根本途径。

三、社会主义企业的经济效益

（一）经济效益

经济效益是人类经济活动中劳动占用量和劳动耗费量与劳动成果之间的比较。劳动占用量是指劳动过程中占用的物化劳动量，包括厂房、机器及生产正常进行所必需的原材料储备等；劳动耗费是指产品生产过程中实际耗费的劳动量，包括活劳动消耗和物化劳动消耗。一定的劳动占用和劳动耗费所取得的劳动成果愈多，经济效益就愈大，或者说，为取得一定的劳动成果，劳动占用和劳动耗费愈少，则经济效益就愈好。

经济效益可以用多种方式来反映，如通过劳动占用量与劳动成果的比较，可以表示劳动占用的经济效益；通过劳动耗费量与劳动成果的比较，可以表示劳动耗费的经济效益。在商品经济条件下，还可以从价值形式上加以比较，如资金占用量同收入的比较、资金耗费量或者说成本同收入的比较、工资同收入的比较等。

经济效益具有自然和社会的双重属性。它的自然属性是从生产的物质内容的角度来考察经济效益的，它反映的是人与物的关系及生产技术的发展应用水平，如劳动生产率、物资消耗率、设备利用率等。它们在各个社会形态之间是可比的，并成为衡量某一社会制度优劣的最重要的标准之一。经济效益的社会属性是从生产关系的角度来考察的经济效益，它反映的是人与人之间的经济利益关系，是以不同的社会生产目的及其实现程度为评价标准的。它在不同的社会形态之间是不可比的。社会主义经济效益的核心是用尽可能少的劳动占用和劳动耗费，生产出尽可能多的符合社会需要的产品。这是社会主义生产关系和生产目的的本质要求。

（二）社会主义企业的成本

企业的成本是指企业为提供物质产品和生产性劳务而在生产经营过程中所支付的一切费用。这里主要分析企业的产品成本。企业的产品成本就是企业为生产和销售产品所支付的一切费用的总和。

成本作为产品的制造和销售过程中所发生的一切费用的总和，其具体构成包括：①原材料及辅助材料费用；②外购或自制的燃料、动力费用；③生产工人的工资及其附加，如奖金、补贴等；④废品损失；⑤车间费用，包括为管理和组织车间生产所发生的费用；⑥企业管理费用，包括为管理和组织全厂生产所发生的费用；⑦销售费用，指产品在销售过程中所发生的各种费用，如包装费、运输费、广告费等。

产品成本对于企业的生产经营活动具有十分重要的意义和作用。特别是对于提高微观和宏观经济效益的意义十分突出。

（1）降低成本意味着以较少的劳动耗费生产出同量的产品，或者用同量的劳动耗费生产出更多的产品。在其他条件不变的前提下，产品成本愈低，企业赢利就愈高，企业的积累和上缴国家的利税也就愈多。

（2）降低机器设备等产品的成本，有利于加速国民经济各部门的技术改造，从而促进现代化的进程。

（3）不断降低消费品的成本，能为市场提供更多的价廉物美的产品，起到稳定物价、提高人民生活水平的作用。

（4）降低产品成本有利于企业在国际国内市场上打开销路，扩大市场份额，使企业在竞争中居于有利地位。

降低产品成本的主要途径是：①合理选择厂址，以尽量降低投产后在运输、经营管理等方面的费用；②产品成本与企业规模大小有直接关系，因而投资决策时，应充分考虑规模经济问题，力求规模适度；③开展技术革新、改进产品设计、采用先进适用的工艺和流程，以提高原材料利用率，降低物化劳动耗费；④提高设备及工时利用率，降低单位产品的折旧费和工资含量；⑤开展对职工的文化、技术培训，提高职工素质和操作技能，降低废品率，提高产品质量；⑥改进企业管理，提高工作效率，节约各种非生产性开支。

（三）社会主义企业的赢利

企业赢利是企业产品销售收入减去产品成本后的余额。在我国，企业赢利表现为税金和利润两种形式。税金是按国家颁布的税法和标准，由企业向国家缴纳的纯收入；利润则是企业产品销售收入扣除成本和税金后的余额，它是企业所创造的一部分剩余产品价值的货币表现。

从本质上看，社会主义赢利根本不同于资本主义利润。后者是剩余价值的转化形式，它体现着资本家无偿占有工人创造的剩余价值的剥削关系，而前者则是社会主义劳动者为自己和社会创造的，并归他们共同占有的价值形式，尽管它也是工人在剩余劳动时间内创造的价值形式，但它体现的是劳动者内部平等互利关系。

企业赢利是社会主义积累的主要源泉，因此企业赢利水平的高低、赢利数量的多少，直接影响着社会主义积累的规模和速度，影响到社会主义扩大再生产的规模，制约着人民群众物质文化生活需要的满足程度。同时，企业赢利水平的高低同企业自身的物质利益有着紧密的联系。因此，无论是从宏观范围内考察，还是从微观局部出发，努力提高企业赢利水平，都具有非常重大的意义。

企业要增加赢利，不但需要及时地捕捉并利用外部有利条件，更重要的是充分挖掘和发挥企业内部的潜力。首先，努力降低产品成本，是增加赢利最基本的途径。从这个意义上说，降低成本的一切方法，同时也是增加赢利的方法；其次，积极开发并增产符合社会需要的产品数量，这样既可以扩大产品销量、增加销售收入，又可以相对地节约企业的固定性费用，降低产品单位成本，从而增加赢利；再次，提高产品质量，这既有利于增强企业竞争能力，同时在产品优质优价的情况下，同等数量的产品可以获得较多的销售收入；最后，尽量减少固定资产和流动资金占用量，以及营业外支出。

☞【双语关键词】

汉语关键词	英语关键词
市场经济	market economy
社会主义市场经济	socialistic market economy
市场体系	market system
社会主义市场体系	socialistic market system
企业	corporation
社会主义企业	socialistic corporation
生产资料市场	capital goods market
资本市场	capital market
技术市场	technical market
劳动力市场	market for labor
信息市场	information market

【阅读书目】

本书编写组. 十七大报告辅导读本. 北京：人民出版社，2007.

本书编写组.《中共中央关于完善社会主义市场经济体制若干问题的决定》辅导读本. 北京：人民出版社，2003.

【思考题】

1. 为什么计划经济体制要向市场经济体制转换？
2. 社会主义市场经济体系的特征是什么？它包括哪些内容？
3. 如何提高社会主义企业的经济效益？
4. 现代企业制度有哪些基本特征？
5. 完善社会主义市场经济体制的基本目标和主要任务是什么？
6. 我国社会主义市场经济体制有哪些基本特征？

【教学案例】

《屠场》与“三鹿奶粉事件”

“坏了的猪肉，被搓上苏打粉去除酸臭味；毒死的老鼠被一同铲进香肠搅拌机；洗过手的水被配制成调料；工人们在肉上走来走去，随地吐痰，播下成亿的肺核细菌……”这是1905年美国作家厄普顿·辛克莱（Upton Sinclair）在小说《屠场》（*The Jungle*）里描绘的情景。

《屠场》中的主角是一对来自立陶宛的新婚夫妇——朱吉斯（Jurgis）和奥娜（Ona）。他们满怀憧憬地离开家乡，不远万里来到美国寻梦，并在肉食加工厂找到了工作。不料灾难接踵而至，先是朱吉斯工伤失业，接着奥娜被工头奸污，朱吉斯怒打工头而入狱，随后妻子难产死亡，幼小的儿子被淹死，美国成为他们悲惨的梦魇。在经历了堕落和迷茫之后，朱吉斯终于觉醒，最终成为一个社会主义思想的信仰者。

辛克莱本来是抱着揭露资本主义的黑暗而写这本书的，为了亲身体验工人阶级的生活，他到芝加哥的肉联厂里和工人们一起生活了七周，亲眼目睹和听说了很多鲜为人知的故事和细节，并深深体验了肉联厂工人们非人道的劳动状况。虽然揭露屠宰厂的食品安全问题并不是他的初衷，但屠宰场的肮脏状况却让所有美国人惊愕万分。

据说，当时的美国总统西奥多·罗斯福（Theodore Roosevelt）在白宫边吃早点边读这本小说。读到这里时，罗斯福大叫一声，跳起来，把口中尚未嚼完的食物吐出来，又把盘中剩下的一截香肠用力抛出窗外。

罗斯福总统本人对有害食品深恶痛绝。1896 年，他带领部队参加美西战争时，携带的罐头食品腐败变质，导致数千名美国士兵因腹泻失去战斗力，甚至有数百人丧生。为此，他专门约谈了作者辛克莱，并责令美国农业部调查肉联厂的情况。调查的结论是"食品加工的状况令人作呕"。当时的美国，伪劣食品数不胜数，政府监管不力，民众早已强烈不满。《屠场》一书问世后，整个美国社会处于一种怒不可遏的状态，新闻媒体和民众"狂轰滥炸"，对食品安全和卫生提出了强烈抗议；美国民众从震惊到恐惧再到愤怒，畜牧业陷入一片恐慌，肉类食品的销售量急剧下降了 50%。

1906 年 5 月 26 日的《纽约时报》这样记录了辛克莱对这个国家的影响："华盛顿 5 月 25 日，参议院今天通过了《贝弗里奇肉类卫生检查法案》，从而在一系列的激进立法中成为又一个令人感到意外的法案。导致它获得通过的直接原因是厄普顿·辛克莱的小说《屠场》中的黑幕揭露。""该修正案规定政府将对美国的每一处牲畜屠宰加工场进行卫生检查。任何加工厂宰杀后的畜体都必须携带表明屠宰日期和时间的标签。所有被发现不宜食用的畜体及畜体的各部分将予以销毁，对违反或规避本法律的行为将处以 10 000 美元的罚金和两年监禁。卫生检查费由屠宰场支付。所有被发现以任何方式加以人工着色因而不适于食用的肉类食品也将予以销毁。"也就是说，《屠场》的问世，直接导致美国历史上第一部有关食品安全的法案的诞生。

整整一个世纪之后，中国发生了以三鹿奶粉为典型代表的"三鹿奶粉事件"。在这场被称为中国乳业"9·11"的事件中，中国乳业龙头企业几乎无一幸免，在这一事件中，全国共检查儿童 2200 万人，查出结石患儿近 30 万，其中住院儿童 5 万多人，并造成 6 名婴孩死亡。温家宝总理曾说过："一个三鹿奶粉，我们付出了很大的代价……我们普查了受到奶粉影响的儿童达到 3000 万，国家花了 20 亿。这个教训应该说是很深刻的，不是一个企业，也不是一个地方，是我们整个民族应该汲取的。"

"三鹿奶粉事件"成为影响国民健康和国家形象的一个典型事件。这个事件严重打击了世人的食品安全信心，最终造成的不但是肉体伤害，更是国民对食品安全的信任伤害，同时还在国际范围内出现新一轮"中国制造问题论"。多数国家发出警告，要求国民不要食用来自中国的奶粉制品，"三鹿奶粉事件"在国际上产生了严重的负面效应。

经历了"三鹿奶粉事件"以及"福寿螺"、"瘦肉精"、"红心鸭蛋"、"大头娃娃"、"毒米毒面毒油"等食品安全事件之后，中国政府和社会各界对我国的食品安全体制进行了彻底的反思和重估。之前，我国颁布的涉及食品监管的法律法规数量多达几十部，如《食品卫生法》、《产品质量法》、《食品生产加工企业质量安全监督管理办法》、《食品质量安全市场准入审查通则》、《散装食品卫生管理规范》、《农药生产管理办法》、《生猪屠宰管理条例》、《消费者权益保护法》、《刑法》，以及国务院及各部委相继出台的有关规章、最高人民法院和最高人民检察院的司法解释等。这些法律法规及规章虽然数量较多，但因分段立法，条款相对分散，调整范围较窄，如作为食品安全核心保障的《食品卫生法》就未能体现从农田到餐桌的全程管理，留下了执法空隙和隐患。此外，因执法主体不同，适用的法律不同，定性不准确、处理不得当的现象比比皆是。“三鹿奶粉事件”之后，全国人大常委会对《食品安全法（草案）》作了大量的修改，中国第一部《食品安全法》也终于诞生了。

食品是人类社会赖以生存和发展的最基本的物质条件。食品安全状况如何，直接关系着广大人民群众的身体健康和生命安全，关系着我国国民经济与社会的协调发展，关系着全面建设小康社会目标的实现。“三鹿奶粉事件”，从某种角度看，恰恰是中国走向成熟的重要标志。经历“三鹿奶粉事件”之后，重读《屠场》，可以发现，中国目前的食品安全状况，在历史上并不陌生，中国人并不特殊；当今天世人向中国食品投去怀疑眼光的时候，不妨回想当年美国在进入大工业化食品生产之初，也曾经历过的那段非常甚至更不光彩的历史。就像《屠场》以及后来的《寂静的春天》(1962)、《快餐王国》(2001) 改写了美国的食品安全历史一样，经历过“三鹿奶粉事件”的洗礼，我坚信，中国的食品安全状况一定会有更加灿烂的明天。

资料来源：《屠场》与“三鹿奶粉事件”. 中国国家认证认可监督管理委员会. http://www.cnca.gov.cn. 2010-08-16.

改革开放发展的三大历史性突破

中共中央文献研究室主任李捷的文章说，改革开放 30 多年里，中国的发展实现了三大历史性突破。

第一大突破：从 1978 年中共十一届三中全会到 1992 年中共十四大，解决了“松绑发展”的问题。松社会主义传统观念和教条主义束缚之绑。

在理论和实践相互推进的过程中，我国成功实现了从高度集中的计划经济体制到充满活力的社会主义市场经济体制、从封闭半封闭到全方位开放的伟大历史转折。

第二大突破：从中共十四大到十七大前夕，解决了“借力发展”问题。就是借从 20 世纪 90 年代蓬勃发展起来的经济全球化大潮之力。中国的这一轮发展，遇到了一个强有力的阻碍，这就是受到世界经济政治传统秩序的严重束缚。

在这一时期，我们党作出了两个重要决策。一是建立和完善社会主义市场经济体制，这为我国加入世界贸易组织、积极参与经济全球化进程，搭建了体制机制平台。二是全力推进世界贸易组织的谈判，并为适应入世后必然面对的国际竞争新形势作好充分准备。这一轮的发展，取得了举世瞩目的成绩。如今，我国已是位居世界前几位的经济体，成为经济总量的大块头。

第三大突破：从中共十七大提出转变发展方式开始，主要是解决“转轨发展”的问题，就是要从以高投入为手段、以高污染高耗能为代价、以总量倍增为目的的传统发展方式，转变到符合科学发展观要求的发展轨道上来，实现国民经济的又好又快发展。要实现这一转变，就必须从我们已经习以为常的一些旧经验、旧做法中解放出来，创新发展理念、发展方式、发展模式。突破发展理念中的拜物主义和拜金主义，树立以人为本的科学发展观。

因此说，当代中国发展又到了一个重要的历史关头。一方面，我们已经站在一个新的历史起点上；另一方面，在成就积累的同时，也积累了一些深层次问题。发展中的问题只有在发展中得到解决，只有在转变发展方式中得到解决。

资料来源：李捷．中国发展的三大历史性突破．北京日报・理论周刊，2010-05-10.

讨论下列问题：

（1）三鹿奶粉事件的发生，留给我们的政治经济学思考是什么呢？如何防止类似三鹿奶粉事件的再次发生？

（2）我国改革开放以来有哪些历史性突破？这些突破对经济社会发展起到了哪些作用？

第十一章

社会主义初级阶段的分配

社会主义国民收入及其分配是社会主义经济运行的重要问题。社会主义初级阶段的分配，既包括国民收入的分配，也包括个人收入的分配。这一章主要分析国民收入的创造及其初次分配和再分配的原因和途径；我国社会主义初级阶段的个人收入分配制度；现阶段的收入分配政策，以及我国当前改革和完善社会保障制度的必要性和途径。

第一节　社会主义国民收入的初次分配与再分配

一、社会总产品和国民收入

（一）社会总产品及其构成

社会主义社会的再生产是从社会总产品的实现开始的。只有当社会总产品实现之后，社会再生产才能开始进行。

社会主义社会的社会总产品，是社会各个生产部门的所有劳动者在一定时期内（通常为一年）所生产的全部物质资料的总和。社会总产品是由物质生产部门的全体劳动者创造的，它是用来补偿已经消耗掉的生产资料和提供人们所需要的生活资料，并进行积累。

社会总产品的构成从实物形态来看，表现为当年所生产的全部生产资料和消费资料的总和。其中，生产资料用来补偿在过去生产中已经消耗掉的生产资料，补偿以后的剩余部分，则作为积累用于扩大生产规模。消费资料用来补偿已经消费掉的消费资料，剩余部分则用来进一步提高劳动者个人和社会集体的物质文化生活水平，有一部分也用于积累。

社会总产品的构成从价值形态来看，是物化在总产品中的全部社会劳动量。其中，耗费在总产品中的社会劳动量，是由物化劳动和活劳动构成的，它所形成的社会总产品的价值，包括在生产过程中已消耗掉的生产资料价值的转移部分（c）、劳动者在为自己的劳动时间内所创造的价值（v）、劳动者在为社会的劳动时间内所创造的价值（m），三者的总和称之为社会总产值，其中后两部分（v＋m）是劳动者的活劳动所新创造的价值。

（二）国民收入

社会主义国民收入是由物质生产部门的劳动者在新生产过程中创造的，它在物质形态上是扣除了一年内在生产过程中已经消耗掉的生产资料后所剩余的那一部分社会总产品。这部分社会总产品就是劳动者在一年内新生产的全部消费资料和用于扩大再生产、增加储备的那一部分生产资料。国民收入在价值形态上是在一年内由活劳动所创造的新价值。在社会总产品的价值中，扣除掉一年内消耗掉的生产资料价值（c）之后，余下的那部分价值就是当年创造的新价值，即国民收入，也就是（v＋m）。

国民收入分为两部分。一部分是物质生产部门的劳动者在为自己的劳动时间内创造的，这部分国民收入是物质生产领域（包括物质生产过程在流通领域里继续的部分）的劳动者消费资金的来源，用来满足和提高这部分劳动者物质文化生活的需要。另一部分是物质生产部门的劳动者在为社会的劳动时间内创造的，这一部分国民收入中的消费资料用来满足和提高非物质生产领域劳动者及社会的物质文化生活的需要；有相当大的部分是生产资料，用来增加积累，进行扩大再生产，以及建立保证使扩大再生产能够顺利进行的社会储备和社会保证基金；还必须有一部分用于国家管理，以及发展教育、科技和文化体育事业。

国民收入是一个国家国民经济发展状况和经济实力的综合性指标。国民收入总量的增长速度标志着一个国家国民经济发展的快慢和经济效益的好坏。特别是一个国家按人口平均的国民收入的多少，基本上反映这个国家的生产力发展水平和人民生活的富裕程度。增加国民收入的途径有三条：①增加生产领域的劳动量。在一定时期内生产技术保持不变的条件下，增加投入生产中的劳动者人数可以增加国民收入。我国是人力资源大国，这条增加国民收入的途径有着比较现实的意义。②提高劳动生产率。通过采用新技术，提高劳动者劳动技能，改进劳动组织，改善经营管理，能在同一时间内生产出更多的产品，从而也就能创造出更多的国民收入。提高劳动生产率，是增加国民收入的主要途径，它能使每个居民平均占有的物质财富得以增加。③节约固定资金和流动资金使用。在社会总产品一定的情况下，节约使用固定资金和流动资金，就意味着社会总产品中的国民收入部分得到增加。

(三) 国民生产总值和国内生产总值

国民生产总值（GNP）和国内生产总值（GDP）是国际上通常使用的反映一国经济增长水平和经济活动总成果的重要综合性经济指标，我国从1985年起也开始采用这些指标。

GNP是指一个国家（或地区）的国民经济各部门在一定时期（一般为一年）内以货币表现的全部社会最终产品和劳务价值的总和。GDP是指一个国家（或地区）在一定时期（一般为一年）内在本国领土范围内生产的最终产品和劳务的市场价值总和。

我国计算的GNP或GDP，相当于国民收入加上国民经济各部门的固定资产折旧费，再加上各个非物质生产部门的工资、利润、利息、租金、税金等纯收入的价值。GNP与GDP的不同之处在于，GNP包括本国居民在国外凭财产和劳务所获得的收入，但不包括支付给外国居民凭财产和劳务所获得的收入。而GDP则将本国国土范围内所有的本国和外国居民所获得的收入都计算在内，但不包括本国居民在国外所获得的收入。

因此，GNP和GDP的关系是

GNP＝GDP＋暂住国外的本国公民的资本和劳动创造的价值－暂住本国的外国公民的资本和劳务创造的价值

GDP＝GNP－国外净要素收入

二、社会主义国民收入的初次分配

社会主义国民收入的分配过程，可分为初次分配与再分配两个层次。首先分析国民收入的初次分配。

国民收入的初次分配是指在物质资料生产部门内部对国民收入进行的分配。由于社会主义初级阶段存在多种所有制形式和多种经营方式，所以国民收入的初次分配在不同所有制性质和不同经营方式的企业是以不同的形式进行的。

全民所有制的生产性企业的劳动者在一年内所创造的产品价值总和，扣除生产过程中耗费的原料、燃料、辅助材料以及固定资产的折旧等生产资料的价值以后，剩余的部分就是该企业劳动者所创造出来的国民收入，一般称为企业净产值。目前我国正处于经济体制的变革和转换时期，全民所有制生产性企业的经营方式不一样，因此，其初次分配的情况也不尽相同。

实行经营承包责任制的国有企业一年内所创造的国民收入，在初次分配中分为三部分：一部分以税金和利润的形式按承包的数额，按期上缴国家财政，形成国家集中的纯收入；一部分以企业基金的形式，留归企业用于发展企业生产、举办集体福利事业和职工奖励；还有一部分以工资的形式分配给企业职工，作为职工的劳动收入。

在实行国有控股的股份制企业中，企业一年所创造的国民收入在初次分配中分为四个部分：一部分以工资的形式分配给职工，作为他们的劳动收入；一部分以税金的形式上缴国家，成为国家集中的纯收入；企业的税后利润分为两部分，一是按公司法和公司章程规定提留的主要用于生产积累的公积金；二是按持有股份比例向股东分派的股息（包括现金派息与股票派息）。

社会主义集体所有制生产性企业包括城镇集体所有制企业和农村集体所有制企业。

城镇集体所有制企业一年内创造的国民收入，通过初次分配分为四部分：一部分以税金形式上缴国家，作为国家集中的纯收入；一部分以合作事业基金形式上缴主管部门和集资单位，用于本部门的扩大再生产和集体福利事业；一部分以企业基金形式留给企业支配，用于企业发展生产、举办集体福利事业和奖励职工等；还有一部分以工资形式分配给职工个人，用于满足其生活需要。

目前，我国农村集体所有制经济，基本上是实行家庭承包经营制。农民承包集体土地所生产的农副产品，以承包户为单位进行分配。承包户按承包合同预先确定的集体提留数额将一部分产品上缴给集体，剩余的部分全部归自己所有。归农民所有的产品中，扣除当年耗费的生产资料后便是承包户的净收入。净收入的一部分用于满足农民家庭消费，另一部分作为积累，用于扩大再生产。

改革开放以来，我国城乡个体经济发展迅速。个体经济所创造的国民收入，一部分以税金形式上缴国家，剩下的归劳动者所有；一部分用来满足家庭消费需要；还有一部分作为积累用于扩大再生产。

我国现阶段还存在私营企业，以及中外合资、中外合作和外商独资企业。它们创造的国民收入在初次分配中，一部分以税金形式上缴国家；一部分以工资形式作为雇工的劳动报酬；剩下的是企业利润，归企业主和投资者所有和支配。

尽管国民收入的初次分配是在不同所有制性质的企业并以不同形式进行，但都涉及国家、企业、投资者和劳动者个人之间的物质利益，四者各自在国民收入初次分配中所占的份额，必须体现统筹兼顾、合理安排的原则，既要兼顾目前利益和长远利益，又要兼顾国家、集体、投资者和劳动者各方的利益。

三、社会主义国民收入的再分配

国民收入的再分配，是指国民收入在初次分配的基础上，在整个社会范围内的分配。国民收入必须进行再分配，主要有如下四个方面的原因。

（1）满足非物质生产的需要。在任何一个国家除了生产领域，还有非生产领域，如教育卫生部门、国家行政与国防部门、社会团体等。这些部门虽然不创造社会总产品和国民收入，但对物质资料生产的发展却是十分重要的，是社会化大生产必不可少的。这些部门所需要的物质资料和各种耗费、资金、职工的工资等，必须通过国民收入的再分配才能得到满足。

（2）促进国民经济协调发展的需要。在社会主义市场经济条件下，经济建设的投资实现了多元化，但国家投资仍占重要的部分，同时我国各地区、各产业之间发展是不平衡的。为了保证国家重点建设，加强薄弱环节、扶持贫困地区，加快经济落后地区与少数民族地区和边疆地区的经济发展，特别是加快社会主义新农村建设，必须由国家通过国民收入的再分配，把一部分国民收入有目的、有计划地分配到有关的部门和地区，以促进社会生产力既能高速度又能平衡协调的可持续发展。

（3）建立社会后备基金的需要。为了应付突发事故和各种自然灾害，需要建立社会后备基金，这也要通过国民收入的再分配来实现。

（4）建立社会保障基金的需要。为了保证劳动者的健康和全面发展、解决劳动者暂时困难、保障丧失劳动能力的劳动者和残疾者的生活需要等，国家必须举办各种社会福利事业，建立社会保障基金，这也必须借助国民收入再分配来实现。

社会主义国民收入的再分配，主要通过下列途径和形式来进行。

（1）国家财政预算。国家预算是指经过法定程序审核批准的国家年度集中性财政收支计划，也是国民收入再分配的一个重要渠道。经过国民收入的初次分配，国家财政机关把各企业上缴的税金和利润集中起来，形成国家的预算收入，然后以预算支出的形式，有计划地用于社会管理、扩大再生产和非生产部门的费用开支，以及建立社会后备基金和社会保障基金等。

（2）服务行业劳务费用。在社会经济生活中，各种非生产性劳务提供服务性劳动，满足人们生活的需要。享受这种服务的人们要以自己初次分配或再分配取得的收入支付劳务费用，从而使一部分国民收入向这些非生产性劳务部门转移，实现国民收入的再分配。

（3）价格杠杆。商品价格的高低将直接影响有关当事人的收入分配。例如，农产品价格上升或农用生产资料价格降低会相应增加农业的收入；消费品价格的上升或降低会减少或提高居民的实际收入；生产资料或消费品价格的变化会影响生产不同产品的企业的收入。

（4）银行信贷。在市场经济条件下，信贷也是一种资金和收入再分配的重要手段。银行等信贷机构通过存款吸收社会闲置资金，通过贷款把资金借给有关的单位和个人，这就在一定时期内起到了资金再分配的作用。同时，银行的存贷款所支付的利息，也使一部分国民收入在银行、企业和个人之间进行再分配。随着市场经济的发展，信贷、利息日益显示出在国民收入再分配中的重要作用。

社会主义国民收入经过初次分配和再分配以后，从收入主体来看，可以分为四部分：一是归社会主义国家支配；二是归企业支配；三是作为投资者的收益；四是作为劳动者个人收入。从最终用途来看，可以归纳为积累基金和消费基金两大部分。

四、正确处理积累基金和消费基金的比例关系

积累基金和消费基金的比例关系，是社会主义经济中重要的比例关系之一，是国民收入分配中的基本比例关系。正确处理积累和消费的比例关系，是影响国民经济全局的重要问题。

（一）积累基金和消费基金的构成

国民收入从其最终用途来看，分为积累基金和消费基金两部分。

积累基金是生产部门的劳动者在为社会劳动的时间内所创造的用来追加生产资金的那部分国民收入。在积累基金中，一部分用来增加工业、农业、商业、交通运输业和为生产服务的技术研发机构的固定资金，如厂房、机器设备、仓库，道路、技术研发单位所用的仪器设备、房屋和运输工具等所需费用；另一部分用来增加工业、农业、交通运输业和技术研发机构的流动资金，由这些物质生产部门购买更多的原料、燃料和辅助材料。在有机构成不变的条件下，还要有一部分积累基金用于增加劳动者的消费基金。剩下的积累基金用于增加储备，以防止自然灾害或其他事故给生产造成的困难和生产中可能出现的薄弱环节，使生产能够按比例地协调发展。

消费基金是生产部门的劳动者创造的另一部分国民收入，用来满足劳动者个人及社会公共的消费需要。物质生产部门的劳动者在为自己劳动的时间内所创造的价值，用来满足他们个人和家属物质文化生活的需要。物质生产部门的劳动者在为社会劳动的时间内所创造的价值中，有一部分用来满足非生产部门的劳动者，即文化教育、卫生、行政管理和国防等部门劳动者的个人需要，还要有一部分用来满足社会公共需要，即用于文化教育、卫生、福利机构、行政管理和国防等机构进行活动所需要的基金。

积累基金和消费基金既然是国民收入的组成部分，因而所有能够提高国民收入的条件也都能够提高积累基金和消费基金的数量。国民收入增加了，积累基金和消费基金就都有可能随之增加。

社会主义积累基金和消费基金的构成如图 11-1 所示。

- 国民收入
  - 积累基金
    - 扩大再生产基金
    - 非生产性基本建设基金
    - 社会后备基金
  - 消费基金
    - 社会消费基金
      - 国家管理基金
      - 文教卫生基金
      - 社会保证基金
    - 个人消费基金
      - 物质生产部门劳动者的劳动报酬基金
      - 非物质生产部门劳动者的劳动报酬基金

图 11-1 社会主义积累基金和消费基金的构成

（二）正确处理积累基金和消费基金的关系

在社会主义条件下，以生产资料公有制为基础的积累基金和消费基金，都是用来为社会全体成员谋利益的。消费基金直接用于满足劳动者个人和社会的需要，而劳动者的物质文化生活需要得到满足，他们的文化和科学技术水平得到提高，又能调动劳动者的劳动积极性，从而就能促进劳动生产率的提高，这就会增加积累基金，促进生产规模的扩大。积累基金用于扩大再生产，而扩大再生产的成果，还是为了用于满足劳动者个人和社会将来的需要。因此积累基金和消费基金，从其发展的结果来看，都起着促进扩大再生产和满足劳动者不断增长的物质文化生活需要的作用。从根本上说，积累基金和消费基金的作用是一致的。但是，二者之间也存在着矛盾。积累基金所反映的是全体劳动者长远的利益，消费基金所反映的则是劳动者目前的利益。在国民收入为一个既定量的条件下，如果用于扩大再生产的积累基金过多，用于满足劳动者物质文化生活需要的消费基金就会减少，使劳动者的物质文化生活长期得不到提高，必定会影响劳动者的生产积极性，挫伤他们的劳动热情，从而必然会降低生产发展的速度。当然，消费基金过多、积累基金过少，也不能使生产得到应有的发展，这也会影响劳动者将来的物质文化生活水平的提高。因此，积累基金和消费基金之间的分配比例必须适当。

正确处理积累和消费的比例关系，必须遵循下列主要原则。

第一，积累基金和消费基金的比例，必须与国民经济的发展水平相适应。在一定的经济发展阶段上，一国的国民经济发展水平也是一定的。积累基金和消费基金均来源于国民收入，因此，国民收入水平的高低直接制约着积累和消费的水平。只有国民收入增长了，积累和消费的水平才能相应提高。在正常情况下，首先要保证消费基金的最低限额，即现有人口的平均消费水平不低于上一年，这也就是积累的最高限。同时，也要保证积累基金的最低限额，这就是使生产能在原有基础上有所扩大，这也是消费基金的最高限。必须从各个时期的具体情况出发，在积累的最高限和最低限之间，确定一个适度的积累水平，以保证从长期累计来看的最优经济发展速度和最大可能的人民消费水平。安排积累基金和消费基金的比例，要防止超分配，即积累基金加消费基金的总额不能超过当年国民收入总量。

第二，积累基金和消费基金的比例，必须兼顾国家、集体和个人三方面的利益，把劳动人民的长远利益同当前利益结合起来。要坚持“一要吃饭，二要建设”的方针，既反对片面追求高积累而挤了消费，也要防止脱离现有物质条件和经济发展水平，提出过高的消费要求，积累和消费都要量力而行。在生产发展的基础上，首先保证人民的消费水平有所提高，把人民的生活安排好了，就没有后顾之忧。消费水平提高的速度一般应低于劳动生产率提高的速度和国民收入增长速度。在安排好生活的前提下，再确定适当的积累率。所谓积累率，就是积累基金同国民收入之比。在国民收入的分配中，对国民经济的发展和人民生活的改善有直接的影响。

第三，积累基金和消费基金的比例，必须与国民收入的物质构成相适应。按照马克思主义的社会再生产原理，国民收入分配中积累基金与消费基金的比例，最终还要受社会生产中两大部类的比例关系制约。所以，在社会主义国民收入分配中，要求价值形式的积累基金和消费基金，与实物形式的生产资料和消费资料的数量、构成相适应。具体地说，积累基金要同社会所能提供的追加的生产资料数量相适应。消费基金要同社会所能提供的消费资料的量相适应。也要注意加强宏观控制和调节，以保证经济生活的稳定和协调。此外，还要注意处理好积累基金和消费基金各自内部的比例关系。两者内部的比例关系平衡协调与否，将直接影响积累与消费的比例关系，也会影响整个社会的经济效益。

总之，在处理积累同消费的比例关系时，一定要从我国的国情出发，坚持量力而行的原则。建设规模要与国力相适应，防止脱离实际的高积累，同时也要防止忽视积累片面追求高消费的偏向。改善生活也要量力而行，否则将适得其反。

第二节　社会主义初级阶段的个人收入分配

一、社会主义公有制经济中的按劳分配

（一）按劳分配原则的实质

1875 年，马克思在《哥达纲领批判》一文中最早提出按劳分配的原则。在这篇文献中，他第一次明确区分了共产主义的高级阶段和低级阶段，并对低级阶段的分配问题进行了阐述。他指出：在共产主义的低级阶段，由于还要保留旧的分工，个人还不能得到自由全面的发展，劳动还是一种谋生的手段，所以，社会的产品在作了各项扣除之后，在个人消费品的分配上，还要实行等量劳动相交换

的原则，即“一种形式的一定量劳动可以和另一种形式的同量劳动相交换”[①]。马克思所说的共产主义低级阶段的分配原则就是后来所说的社会主义社会的按劳分配原则。

马克思曾设想，在共产主义低级阶段，对个人消费品实行按劳分配，其基本要求就是：第一，凡具备劳动能力的社会成员，都必须参与社会劳动，在全社会范围内对总产品作各项必要的扣除后，以劳动者提供的劳动作为唯一的尺度标准来分配个人消费品，等量劳动获取等量报酬；第二，按劳分配所依据的劳动排除任何客观因素，如生产资料的影响，仅仅包括劳动者自身脑力与体力的消耗支出；第三，作为分配尺度的劳动，并不是实际支出的个别的劳动，而是劳动者在社会必要劳动时间条件下所耗费的社会平均劳动量。

(二) 按劳分配的实现条件

按照马克思的设想，按劳分配原则的实现需要一些前提条件。

(1) 生产资料公有制在全社会范围内得以实现。只有当生产资料公有制在全社会范围内得以实现时，才有可能使全社会的劳动者能够平等地占有和使用生产资料，从而消除由于生产条件占有的不同而造成的分配上的不平等。

(2) 经济和社会条件要能够保证劳动者各尽所能。经济和社会条件包括投入生产中的生产资料充足，社会能提供充足的就业机会，劳动者有充分自主择业的权利。只有这样，才能实现按劳分配的目标。

(3) 按劳分配及生产资料的公有制是以消灭商品、货币及市场机制为前提的。在这一前提下，个人劳动从一开始就直接表现为社会总体劳动的一部分，从而并不需要经过市场机制和价值规律等形式来实现个人劳动向社会总劳动的转化。

(4) 社会可以统一对社会总产品作各项扣除。劳动者除了供个人消费的消费资料之外，没有任何东西可以成为个人的财产。

从以上可以看出，马克思所设想的按劳分配原则虽然有利于社会公平的实现，但是，这一原则的主要依据是由社会主义公有制的基本性质决定的。在社会主义公有制的条件下，生产资料归全社会所有，人们在生产资料的占有上处于平等地位，因而劳动成为每个人占有生产资料并获得社会产品的唯一依据，但同时，由于社会分工的存在，劳动还主要是劳动者谋生的手段，脑力与体力、简单与复杂等不同的劳动之间仍存在着质的差别，而且劳动能力往往还是一种“个人天赋”的权利，具有一定的私人性，所以对社会产品的分配既不能实行按需分配，也不能实行平均主义大锅饭式的分配方式，而必须实行按劳分配，即全社会劳动者所创造的产品在进行了各项扣除后，还必须以劳动者各自付出的社会劳动

① 马克思，恩格斯．马克思恩格斯选集．第3卷．北京：人民出版社，1972：11．

量来分配个人消费品。

按劳分配对社会主义制度具有重要意义。

(1) 它用劳动主权来代替资本主权，使劳动成为劳动者占有社会产品及获得收入的唯一根据，在生产资料公有制中，人们地位是平等的，从而为社会主义根本目的，即消灭剥削、消除两极分化、最终达到共同富裕奠定了制度基础。

(2) 它用劳动尺度替代需要尺度，承认个人劳动能力及与此相关的利益差别是个人天然的权利，承认社会主义经济中的劳动者所具有的“经济人”的身份，为社会主义经济有效运行提供了激励和约束机制。

(3) 社会主义经济中的按劳分配要求企业和个人之间要有明确的利益边界和产权边界，这就为企业实行自主经营、自负盈亏的经营方式奠定了基础。

因此，实行按劳分配是人类历史上分配制度的一场深刻的革命。

二、社会主义市场经济条件下按劳分配

(一) 社会主义初级阶段实行按劳分配的必然性

(1) 社会主义生产资料公有制是实行按劳分配的前提条件。生产资料所有制是劳动产品分配关系的基础。在社会主义公有制条件下，生产资料归劳动者共同占有，劳动者成了生产资料的主人，这就从根本上排除了依靠生产资料所有权无偿占有他人劳动成果的可能性，排除了产品分配中的剥削关系。每个社会成员为社会提供的只有劳动，劳动的产品归劳动者共同占有，依据每个人向社会提供的劳动量进行分配就成为可能。

(2) 社会主义社会劳动还存在着重大差别是实行按劳分配的直接原因。由于社会主义的生产力还没有达到相当高的发展程度，所以，还存在着旧的社会分工，存在着脑力劳动与体力劳动、熟练劳动与非熟练劳动、简单劳动和复杂劳动的差别，同时在旧的社会分工存在的条件下，人们的劳动还是谋生手段，还没有成为生活的第一需要。在这种情况下就必须承认劳动的差别，将劳动作为分配的尺度，把劳动贡献同劳动报酬紧密地联系起来，只有这样才能充分发挥劳动者的积极性，促进社会生产力的发展。

(3) 社会主义社会生产力发展水平是实行按劳分配的物质条件。分配方式归根到底还要取决于生产力发展水平，取决于可分配的劳动产品的数量。在生产资料公有制条件下可分配的产品数量不同，分配的方式也就不同。在原始社会的公有制条件下，由于生产力水平极端低下，产品极端缺乏，只能实行平均分配。而在共产主义社会，产品极大丰富，就可以实行按需分配。而社会主义社会的生产力发展水平还没有像共产主义社会那样高度发达，社会产品还没有达到极大丰富的程度，因而既不能实行平均分配也不能实行按需分配，只能实行按劳分配。

(二) 社会主义市场经济条件下按劳分配的特点

马克思阐述的虽然是非商品经济条件下的按劳分配，但是，按劳分配的基本原则仍然适用于实行市场经济条件下的社会主义。

科学社会主义理论和实践表明，社会主义条件下必然存在着商品经济，必须大力发展商品经济，经历商品经济充分发展这一不可逾越的阶段，因此，在经济体制上必须选择社会主义市场经济体制。社会主义市场经济同按劳分配绝非互相排斥的，它们都建立在公有制基础之上。社会主义市场经济条件下的按劳分配同马克思构想的非商品经济的按劳分配，在本质上是一致的，即在公有制条件下以劳动者劳动的数量和质量为尺度分配消费品，是消灭了剥削、多劳多得、少劳少得的个人消费品的分配方式。但在社会主义市场经济条件下按劳分配的实现形式，同马克思构想的非商品经济的按劳分配实现形式相比，具有不同的新特点。

(1) 按劳分配不是在全社会范围内按统一的标准来实现的，而是在公有制的集体和企业范围内按统一标准实行按劳分配，因而同一劳动在不同的集体和企业所领取的报酬是不同的。按劳分配的主体不是社会，而是集体或企业，由集体或企业向劳动者分配。因为在社会主义市场经济条件下，不仅每一个集体所有制的企业是完全独立的市场经济主体，而且每一个全民所有制的企业也是一个自主经营、自负盈亏市场经济主体，它们都同样要面对市场。在这种条件下，各企业的生产经营效益是不同的，各自的经济利益也是不一样的。因而按劳分配只能以企业为主体来实现。

(2) 按劳分配必须通过商品货币形式来实现。马克思所设想的按劳分配的实现形式是劳动者领取劳动券，直接从社会领取消费品。而在社会主义市场经济条件下，劳动者一般以货币工资形式取得劳动报酬，再用得到的货币工资去购买个人消费品。这样，劳动者的工资水平在很大程度上受市场物价的影响。

(3) 按劳分配的实现程度受到市场机制的制约。在社会主义市场经济条件下，按劳分配还不能直接以每个劳动者向社会提供的劳动时间为尺度，而要看每个劳动者为社会提供的劳动能否适应社会需要，他的劳动究竟有多大效益，并不完全取决于个人的劳动状况，在很大程度上要取决于企业联合劳动的状况。可见，劳动者按劳分配所得到的劳动报酬主要取决于企业所实现的价值量的多少。而且，在市场经济条件下，各个企业生产的商品的市场供求状况也影响到按劳分配水平的高低。当企业生产的商品供过于求时，劳动者耗费的劳动不能实现或不能全部实现，就会降低该企业按劳分配的水平；反之，则可提高该企业按劳分配的水平。此外，货币工资形式也制约着按劳分配的最终实现程度，劳动者用货币工资购买消费品后，按劳分配才最终实现，而货币购买消费品的过程直接受市场供求和价格的影响，从而影响按劳分配的最终实现程度。总之，在社会主义市场经济条件下，各种影响企业经济效益的市场要素，都会制约和影响企业劳动者的按劳分配。

(三) 按劳分配的实现形式

按劳分配需要通过一定的劳动报酬来实现。我国现阶段，在城市中主要采取的是工资形式，在农村中主要采取联产计酬形式。社会主义工资主要有计时工资和计件工资两种形式。计时工资是指在一定时间内，根据劳动者的技术水平、工作轻重程度和劳动熟练程度的差异而确定工资等级，然后按工作时间来支付劳动报酬的办法。计件工资是指在计件单价一定的前提下，按劳动者在一定时间内生产的符合质量要求的产品数量或作业量支付劳动报酬的形式。另外，还存在浮动工资，它是指企业的工资额和企业效益相挂钩的一种工资形式。每个企业的经济效益不同，就使得在不同企业之间同一等级的劳动者的工资水平不同。企业效益好的，就可以拿出一部分资金用于提高计时工资标准和计件单价，同时经济效益好的企业也可以拿出一部分资金来提高业绩好的职工的工资。

奖金和津贴是按劳分配的补充形式。奖金，一是对劳动者的超额劳动给予的额外报酬，二是对劳动者在节约物资消耗、安全生产和技术革新等方面所花费的劳动给予的额外报酬。津贴，是对那些从事劳动强度大、工作条件差和有损健康工种的劳动者提供的一种补充报酬，它是以工作岗位为依据，随着工作岗位的变化而变化的。津贴种类繁多，主要有高温、高空、井下、野外、有毒工种、职务等津贴。

第三节　按劳分配为主体、多种分配方式并存的分配制度

我国社会主义初级阶段实行的是：按劳分配为主体、多种分配方式并存的分配制度。具体来说就是实行以按劳分配为主、多种分配方式并存，按劳分配与按生产要素分配、公平与效率相结合的分配制度。

一、按劳分配为主体、多种分配方式并存的必然性

随着我国经济体制改革的不断深入，我国收入分配关系和个人收入分配方式发生深刻变化，单一的分配方式逐步为多种分配方式并存所取代。收入分配方式的这种变化是同我国客观经济条件的变化相适应的。

(1) 社会主义初级阶段所有制结构的客观要求。我国所有制结构已由单一公有制转变为多种所有制并存的所有制结构，不仅存在多种公有制形式，而且存在多种非公有制形式。多种所有制形式并存相应要求多种收入分配形式与之相适应。

(2) 市场经济发展的需要。随着市场经济的发展，各生产要素或市场化的要素都有了自己的价格，因此，与要素价格相联系的收入分配范畴和分配形式，如利息、股息、租金及作为劳动力价值的工资等必然成为个人收入分配的重要形式。

(3) 公有制实现形式的多样化也决定了分配形式的多样化。所有制实现形式的多样化，使得同一所有制形式内部不同企业的制度也具有不同的收入分配形式，促进了收入分配方式的多样化。在生产资料所有权和经营权分离的情况下，企业拥有个人收入的自主分配权。每一个国有企业都是自主经营、独立核算、自负盈亏的商品生产者和经营者，是具有独立经济利益的法人实体。它们对生产资料拥有占有、使用、经营、处置的权利，它们都以自己的经营收入弥补自己的经营支出，以便获取赢利，力求企业自身良性发展。可见，收入分配方式的多样化是我国生产条件和资源配置方式改变的必然结果。

在多种分配方式并存的收入分配制度中，按劳分配是主体，这是由社会主义公有制的主体地位，以及它在国民经济中的地位和作用决定的。如前所述，按劳分配是与社会主义公有制经济相适应的收入分配形式，是公有制经济在分配关系上的实现形式。实行以公有制为主体的所有制结构，相应地在分配上必然实行以按劳分配为主体的分配制度。只有这样，才能充分调动广大劳动者的积极性和创造性，才能保证公有制经济的社会主义性质，巩固和发展社会主义初级阶段的基本经济制度。

二、社会主义初级阶段的其他分配方式

在社会主义初级阶段，客观经济条件决定了必须实行以公有制为主体、多种所有制经济共同发展的所有制结构，与之相适应，我国的分配方式也必须是按劳分配为主体、多种分配方式并存的个人收入分配结构。除了按劳分配外，还有许多其他分配方式。

(1) 按劳分配以外的劳动收入，主要是指个体劳动者和农村专业户依靠自己的劳动获得的收入。此外还包括国有企业、事业单位的职工利用业余时间从事劳动而获得的收入。这些收入除了缴纳一部分个人所得税外都归自己所有。

(2) 按劳动力价值分配获得的收入，主要是指在私营企业和外资企业中工作的劳动者得到的工资收入。劳动者依靠出卖劳动力取得收入，这种收入实质上是劳动者出卖劳动力商品获得的价值或价格。它体现了雇主与雇工之间的剥削与被剥削的关系，国家应该采取有效措施，切实保障外资经济和私营经济企业中职工的一切合法权益。

(3) 个体劳动者经营收入。在个体经济中，劳动者利用自己的生产资料进行

劳动、生产产品，并通过出售产品取得收入。个体经济劳动者的收入是由个体劳动者的劳动效率决定的。劳动效率高、产品适销对路，劳动者就会由于个别劳动时间低于社会必要劳动时间而取得较高收入；反之，只能取得较少的收入。而劳动者劳动效率的高低一方面取决于劳动者的劳动技能和劳动熟练程度，另一方面取决于物质生产条件的好坏，个体劳动效率会因物质生产条件的不同而不同，所以他们的劳动形成的价值就不同，从而造成个体劳动者的收入的差别。由此看来，个体劳动者的收入虽然是以劳动收入的形式出现的，但它包含着资产性收益。就是说个体劳动者的收入包含两部分，一部分是劳动者的劳动性收入；另一部分则是劳动者所有的生产资料的收益。

(4) 按资分配，指凭借资本、资产的所有权获得的利息、股息、租金、红利等收入。例如，外资经济中资本家取得的利润，私营企业主取得的收入，以及劳动者购买债券、股票和在银行存款所取得的利息、股息等收入。按资本分配是以雇佣关系为基础的，而按资产分配则是根据资产的价格来分配的。这些收入属于非劳动收入，但是只要是合法收入，就受到国家法律的保护。实行按资分配，对资金、资产的有偿使用，一方面可以充分利用社会闲散资金，解决资金短缺的困难；另一方面有利于提高资金使用效率，促进资产的合理配置，有利于经济的快速发展。

(5) 按技术、信息要素的分配，包括凭借知识产权、技术转让或信息咨询等方式获得的收入。

除此之外，在现阶段还存在一些福利性的分配收入，如公费医疗、各种补贴等，国家作为宏观收入分配的主体参与国民收入再分配过程，它通过税收等形式从各经济主体那里取得收入，并在此基础上根据公平原则在全社会范围内进行再分配，社会成员从国家再分配收入中获得的转移性支付、福利性收入等，属于调节性收入。显然，调节性收入的分配既不是按劳分配，也不是按资分配，而是按公平原则进行的分配。

三、按劳分配与按生产要素分配相结合

(一) 按劳分配与按生产要素分配相结合的依据

马克思主义经济学认为，产品的分配是生产条件本身分配的结果，归根到底是由生产资料所有制的形式决定的，按生产要素分配实际上是按生产要素的所有权分配的。在我国社会主义初级阶段，按劳分配与按生产要素的分配并存是由以下两方面的原因决定的。

(1) 以公有制为主体、多种所有制经济共同发展的所有制结构，决定了以按劳分配为主、多种收入分配方式并存的个人收入分配结构。社会主义公有制

经济实行的是按劳分配，这种分配方式消灭了私人对生产资料的占有，否定了任何个人和集团凭借对所有权的垄断而占有社会产品的制度基础。因此，从本质上看，生产要素（主要指生产资料）不再成为占有社会产品的根据。但是，在非公有制经济中，由于生产资料是私人所有的，所以，产品的占有必然要体现私人所有者的利益，按生产要素的分配就是生产要素私人所有在经济上的实现。

(2) 社会主义市场经济中不同经济主体在产权关系上的独立性，决定了各种生产条件或生产要素无论其归谁所有，都要通过市场进行配置。公有制经济虽然消灭了生产资料的私人垄断，任何人都只能通过劳动获得收入，但是由于资源的稀缺性和经营权的排他性，公有的资本、土地等资源也要有偿加以使用，具有使用的“价格”，如利息、地租等。公有资源的这种有偿使用对于准确反映资源的稀缺状况、实现资源配置的合理化具有重要意义，并且会间接地影响到按劳分配的实现过程和实现形式。

(二) 按劳分配与按生产要素分配相结合的含义

与上述两个原因相适应，我国现阶段按劳分配与按生产要素分配的结合具有以下两种不同的含义。

(1) 收入分配的劳动标准与所有权标准的结合。按劳分配是社会主义公有制经济中通行的分配原则，这一原则的实质是以劳动为尺度进行收入的分配，物质生产条件不能成为个人参与收入的根据。但在非公有制存在的条件下，社会成员还可以为社会提供物质生产要素，劳动者既可以与公有制的生产资料结合，也可以与非公有制生产资料结合，在这种情况下，占有或提供物质生产要素的社会成员将依据其对生产要素的所有权参与收入分配。公有制经济中，劳动标准支配着收入分配；非公有制经济中，所有权标准支配着收入的分配；混合所有制经济的收入分配中，劳动标准和所有权标准，二者兼而有之。因此，从社会范围内的收入分配来看，按劳分配与按生产要素分配结合，其实质就是两个不同分配标准，即劳动标准与所有权标准的结合。显然，双重标准的确立，是与我国社会主义初级阶段生产条件分配的性质和特点相适应的，也是我国在收入分配理论上的重大突破。在我国社会主义初级阶段，实现这两个标准的结合，对于促使劳动者为社会提供更多的有效劳动，促使社会成员创造、积累更多的物质生产要素，从而推动生产力的发展具有积极意义。

(2) 社会主义市场经济中，按劳分配的实现形式与按生产要素分配的实现形式的结合。由于各种生产条件的分配都要通过市场来进行，要素价格的决定与收入的分配联系在一起，所以按劳分配和按生产要素分配都要借助价格机制来实现。对于非公有制经济来说，要素的市场配置过程，既是所有权的交易过程，也是所有权的实现过程，即所有者凭借所有权获取等于要素价格报酬的过程，在这里按要素分配就是按所有者提供的要素和要素的价格来分配。对于公有制经济来说，虽然公有资源不是个人获得收入的根据，但在资源配置过程中同样具有“价格”；由于劳动不具有直接的社会性，对劳动者的按劳分配只能借助于商品交换实现的价值量作为衡量劳动者提供劳动量的尺度；虽然劳动力不是商品，但工资的决定不能不受市场状况的影响。这意味着社会主义市场经济条件下，按劳分配必然借助于市场化的收入分配形式实现并受市场化收入分配形式的影响，或者说按劳分配借助于市场按要素分配的形式实现并受市场按要素分配方式的影响，因此按劳分配不可能是纯粹的，其实现过程和实现程度都或多或少地渗透着按要素分配的影响。当然，按要素分配的这种渗透影响完全不同于非公有制经济中的按要素分配，因为非公有制经济在市场化收入分配中通行着所有权标准。

在社会主义市场经济中，实行按劳分配与按生产要素分配相结合，使得我国多种所有制经济中的收入分配方式能够相互渗透、相互影响、相互补充，有助于形成适合我国经济发展的收入分配结构。

应当指出的是，实行按劳分配和按生产要素分配，并不意味着劳动和生产要素都参与了价值的创造，应当把价值的创造与价值的分配区分开来。价值的唯一源泉是劳动者的劳动，资本、土地等生产要素不创造价值，按生产要素分配属于创造出来的价值如何分配的问题。在社会主义初级阶段，实行按劳分配与按生产要素分配相结合，使得社会成员能够通过提供劳动和物质生产要素参与收入分配，不仅有助于调动劳动者和生产要素所有者的积极性，促进劳动的积累和资本积累，而且有利于生产要素的有效、合理利用和使用效率的提高。

四、一部分地区和一部分人先富与共同富裕的关系

共同富裕是社会主义的目标和根本原则，而允许和鼓励一部分地区、一部分人先富起来是最终实现共同富裕的必由之路。

党的十二届三中全会通过的《中共中央关于经济体制改革的决定》指出：只有允许和鼓励一部分地区、一部分企业和一部分人依靠勤劳先富裕起来，才能对大多数人产生强烈的吸引和鼓舞作用，并带动越来越多的人，一浪接一浪地走向富裕。这一政策的提出具有其历史必然性。

（1）一部分人先富起来是贯彻按劳分配原则的必然结果。按劳分配不承认任何阶级差别，但默认不同等的个人天赋、默认不同等的工作能力是天然特权。由于劳动者的体力、智力和勤奋程度不同，每个人得到的劳动报酬就不同，即使所得的劳动报酬相等，也会由于家庭负担不同而出现富裕程度的差别。

（2）一部分人先富起来是社会主义市场经济发展的必然结果。竞争规律是社会主义市场经济规律之一。在竞争规律的作用下，那些生产技术先进、经营管理

水平高的企业，在竞争中就会取胜，相应的企业中的职工收入就高。那些赢利水平较高的企业，它的经营者会根据企业的经济效益获得很高的效益收入。在这种情况下必然要有一部分人先富起来。

（3）一部分人先富起来是实行多种所有制经济和公有制实现形式多样化的必然结果。公有制实现形式多样化，就使得社会成员之间除了存在由于按劳分配产生的收入差别外，还存在着由其他分配方式所产生的个人收入的差别，同时各个公有制企业由于技术水平、经营管理水平不同，企业之间的经济效益也存在着差别，这也必然导致这些企业的劳动群体之间富裕程度上的差别。

（4）一部分人先富起来也是地区经济发展不平衡造成的。历史原因和政策的影响形成城乡之间、地区之间的经济发展和人们生活水平的社会差别，这种差别在很长时间内无法消除，这也是富裕程度不同的重要原因。

实现共同富裕是社会主义的根本目标。在现有的生产力水平下，要想实现共同富裕，必须让一部分地区和一部分人先富起来，然后让“先富”的这部分人或地区去帮助贫穷的人和落后的地区。因此，“先富”是“共富”的前提和动力，“共富”是“先富”的目标和归宿。

允许和鼓励一部分地区和一部分人先富起来，是允许和鼓励那些诚实劳动和合法经营的地区和人们先富起来，但绝不允许非法致富。对于那些损公肥私、损人利己、贪污受贿、侵吞国家财物、违法经营等非法致富的人，要依法严厉制裁。

五、社会主义初级阶段分配中的效率与公平

（一）效率与公平的基本含义及其关系

“效率”作为经济学的一个概念，是指资源合理配置和有效利用的简称。效率从宏观上是指社会资源的合理配置，通过社会资源合乎比例地分配到社会各部门、各地区和各企业，使有限的社会资源被有效地加以利用，从而实现效益最大化。从微观来看，效率是指经济组织在既定的投入和技术条件下，使人们的需求得到最大满足的经济资源利用状态，即生产要素的投入产出率要实现最大化。市场机制强调效率重要，必须让市场在资源配置中发挥基础性作用，由市场来决定各种生产要素的价格，促进降低成本和提高效益，从而决定居民的劳动收入和资产收益的水平。

个人收入分配中的效率，是指通过个人收入分配关系的合理调整，一方面能调动劳动者积极性，以提高劳动效率；另一方面又能调动各种生产要素所有者的积极性，以提高生产要素投入产出率的最大化。

公平是公正与平等的统称。收入分配公平既包括人们的投入与收入公平，又

包括分配结果公平和分配机会公平。投入与收入公平是指人们的各种投入（包括劳动、经营、知识、信息、科技、资本等）的变化与收入的变化相适应。结果公平是指社会各阶层成员的收入，总体上既应保持合理收入差距，不搞平均分配，又不能收入差距过大、高低悬殊。机会公平指人们在生活、自由和追求幸福的权利平等的基础上，有公平的机会选择从事不同的经济活动，在经济活动中有公平的机会按其贡献获得相应报酬，有公平的机会消费社会产品、积累个人财富和获取经济成就。一般认为，机会公平更重要。因为如果只强调结果公平就会抑制人们的积极性、创造性。

在社会主义制度下，效率与公平是矛盾的统一体。矛盾性表现在：在保证最大限度公平的基础上，有可能对实现效率最大化造成影响；要保证效率的最大化则又可能会影响公平的实现。统一性表现在：效率保证公平，公平又能促进效率，两者相互促进。

在我国社会主义初级阶段的个人收入分配中，必须兼顾效率与公平，以效率促进公平，以公平实现效率，实现效率与公平的有机统一。在建立和完善社会主义市场经济体制过程中，既要发挥市场机制的优点，通过市场优化资源配置，提高经济效率，又要防止市场经济的自发运行而引发过度的分配不公，扩大收入分配差距。既要效率又要公平的途径，主要是通过政府干预市场经济这只“看不见的手”进行宏观调控，政府所能采取的措施主要有实行累进的个人所得税、完善社会保障制度、对贫困者给予补贴等。

（二）正确处理效率与公平的关系

党的十七大对我国收入分配政策作出了新的调整，提出：初次分配和再分配都要处理好效率和公平的关系，再分配更加注重公平。要扩大转移支付，强化税收调节，打破经营垄断，创造机会公平，整顿分配秩序，逐步扭转收入分配差距扩大的趋势。

为了缩小居民收入差距，更好地体现社会公平，要更重视公平正义。

（1）完善按劳分配为主体、多种分配方式并存的分配制度，妥善处理效率与公平的关系。十七大报告指出，保护合法收入，调节过高收入，取缔非法收入，扩大转移支付，强化税收调节，打破经营垄断，创造机会公平，整顿分配秩序。

（2）通过各种经济政策来解决收入分配不公平的问题。例如，建立健全劳动力市场，扩大就业机会，实现尽可能的机会平等；尽快建立和完善社会保障体系，特别是社会保险和社会救济制度；完善收入单一货币化进程，严格执行累进的个人所得税制度；完善对低收入居民的补助制度。

（3）完善社会主义市场经济体制，发展和完善生产要素市场。我国居民收入差距不断被拉大，既是发展市场经济的结果，同时也是改革不够彻底造成的。我国目前的土地市场、就业市场、资本市场都不完善，许多领域存在着垄断问题，这造成许多不公平的收入。这些问题只能通过加快改革来解决，要保护合法收入，调节过高收入，取缔非法收入。

(4) 逐步提高居民收入在国民收入分配中的比重，提高劳动报酬在初次分配中的比重。着力提高低收入者收入，逐步提高扶贫标准和最低工资标准，建立企业职工工资正常增长机制和支付保障机制，创造条件让更多群众拥有财产性收入，为居民的生产提供稳定的安全网。

(5) 采取有效措施尽快提高农民的收入水平。继续鼓励和支持乡镇企业和农村小城镇的发展，推动农业剩余劳动力向非农产业转移，从根本上改善农民的生产条件；通过财政、金融和较大幅度提高农产品收购价格的办法向农村注入资金，解决农民收入低下、农村购买能力弱而不能为工业提供市场支持，以及城乡市场脱节、消费严重断层的问题，还要从多方面入手，切实减轻农民负担。

六、我国社会主义初级阶段收入分配制度的改革

改革开放以来，我国收入分配制度改革不断深化，有力地促进了经济的发展。但同时也出现了地区、城乡、行业、群体之间的收入差距有所拉大的趋势，分配格局失衡导致部分社会财富向少数人集中。有关数据显示，自 20 世纪 80 年代起开始的 4 次大型居民收入调查显示，收入最高的 10% 人群和收入最低的 10% 人群的收入差距，已经从 1988 年的 7.3 倍上升到了 2007 年的 23 倍。从统计数据看，近几年穷人和富人的收入分配差距正呈现危险的“穷降富升”两头拉大的趋势。[①] 所以，必须深化收入分配制度改革，调整收入分配结构，整顿和规范分配秩序，加快形成合理有序的分配格局，才能逐步缩小差距，最终实现共同富裕的目标。

在 2010 年 10 月召开的十七届五中全会发表的公报中指出，在收入分配改革方面要合理调整收入分配关系，努力提高居民收入在国民收入分配中的比重、劳动报酬在初次分配中的比重。

收入分配关系改革的方向是：调节过高收入、扩大中间收入群体、提高低收入群体收入水平，逐渐形成中等收入者占多数的“橄榄形”分配格局。具体包括以下六项举措。

(1) 加快调整国民收入分配格局。逐步提高居民收入在国民收入分配中的比重、劳动报酬在初次分配中的比重。特别要解决农民和农民工两个群体收入增长缓慢的问题。

---

① 黄艾华．收入分配成为影响社会稳定重要因素．报刊文摘，2010-05-04．

(2) 加大对高收入者的调节力度。要充分利用税收对收入分配的调节作用，完善个人所得税制度，通过建立综合与分类相结合的个人所得税制度，降低中低收入者的纳税负担。

(3) 深化垄断行业收入分配制度改革。完善对垄断行业工资总额和工资水平的双重调控政策。严格规范国有企业、金融机构经营管理人员特别是高层管理人员的收入。对于不顾国家有关规定，自行采取各种手段制定高收入标准或变相私分国家收入的，要严肃党纪国法，及时加以惩治。

(4) 进一步规范收入分配秩序。加大对“小金库”治理工作的力度。积极推进事业单位工资制度改革，清理和规范工资外的各种津贴补贴、非货币性福利等。

(5) 保障城乡低收入困难群众基本生活。城镇居民的最低生活保障金要随着物价水平的变化而变化，不断提升困难群众的基本生活水平。加快保障性住房的供给，不断改善低收入困难群众的住房条件。加快城乡医疗保障制度改革，使全体人民共享改革开放的成果。

(6) 继续抓好农村扶贫工作。[①] 虽然经过多年的努力，农村的贫困人口已大大减少。但必须看到，农村的扶贫任务仍然很重。一部分脱贫的群众由于疾病、自然灾害等原因重新返贫的情况还在发生。因此，加大中央和各级政府的扶贫力度非常必要。

第四节　建立和健全社会保障制度

一、社会保障制度的基本内容

社会保障是通过国民收入再分配所形成的一种分配关系。社会保障制度是指国家依据一定的法律和法规，通过对国民收入进行分配和再分配，对全体社会成员因年老、疾病、丧失劳动能力及其他困难时，向其提供基本生活保障或帮助而建立的一种社会安全制度。

社会保障制度是由一系列社会保障项目组成的社会保障体系，它一般包括如下保障项目：社会保险（养老保险、医疗保险、失业保险、工伤保险等）、社会救济、社会福利、优抚安置、社会互助、个人储蓄积累等。社会保障的项目、范围、水平取决于经济、政治、民族文化传统等多种因素。但最根本的因素是经济

① 温家宝．关于发展社会事业和改善民生的几个问题．求是，2010，(7)．

因素，离开了社会物质经济基础，社会保障就是一句空话，因为各项社会保障的支出，归根到底是社会国民生产总值的扣除，是属于社会物质财富的再分配。

二、建立和健全社会保障制度的必要性

社会保障制度的建立和完善，是促进经济与社会发展的必要条件。

(1) 建立和健全社会保障制度是完善社会主义市场经济体制的必备条件。市场经济体制要求各种生产要素能够自由流动，在劳动力流动过程中，会有一个接受新职业的培训和待业过程，这段时间的基本生活需要，就要依靠社会保障制度来解决。另外，在市场经济条件下，企业中的年老或丧失劳动能力的职工，其生活和医疗需要通过社会保障来解决。

(2) 建立和健全社会保障制度是社会稳定的重要保证。社会要稳定就必须保证社会成员要饥有所食、寒有所衣、学有所教、劳有所得、病有所医、住有所居、老有所养。任何一个社会，上述条件不具备，必然出现动荡。社会保障制度健全、社会保障体系完善，社会稳定就有保证。

(3) 建立和健全社会保障制度有利于缩小社会贫富差距、实现社会公平。社会保障的支出来源于国民生产总值，属于再分配的范畴。通过这种再分配，可以使社会成员得到基本生活保障，从全社会来说，就有利于缩小社会贫富差别，在一定程度上缓解了社会矛盾，有利于实现社会公平。

对于长期处于社会主义初级阶段的我国来说，社会保障制度的建立和健全意义更为重要。因为社会主义初级阶段是以公有制为基础的社会，劳动人民是社会的主人，社会的生产目的是为了满足劳动人民不断增长的物质文化生活需要，这种需要是以劳动人民得到基本生活保障和健康保障为起点的。没有劳动人民基本生活保障和健康保障，社会主义的优越性就无从体现。

三、我国社会保障制度的改革

(一) 我国社会保障制度改革的必要性

加快我国社会保障制度的改革，是建立社会主义市场经济体制的重要环节。

(1) 我国原有的社会保障制度存在严重弊端，它越来越不能适应我国经济与社会发展的需要。具体说这些弊端是：①社会保障范围过窄。绝大部分的保障项目只限于国有企事业单位和国家机关的职工。②保障项目不全。原有计划经济体制下不承认失业，所以没有失业保险项目。③保障经费来源单一。保障费用全部由国有企事业单位负担，一些经营困难企业的职工基本医疗得不到保障，离退休人员的养老金也难以按时发放。④社会保障工作不是由社会来办，而是由企事业

单位自己办的，形成了企事业单位办社会，影响企事业单位的生产经营和本职工作。⑤社会保障制度不健全，管理不完善，致使仅有的一些保障项目，如医疗保险等，浪费很大。

（2）我国原有的社会保障制度已成为我国经济体制改革深化的重要障碍。随着我国国有企业改革的深化，必然使一部分企业面临改组和调整，或者在市场竞争中被兼并或破产，从而会出现职工下岗失业现象，而失业问题不解决，又会导致社会的不稳定。由于我国原有的社会保障制度难以解决这一问题，所以，必须加快我国保障制度的改革。

（3）改革原有的社会保障制度，建立起适应社会主义市场经济需要的社会保障制度，是我国建立社会主义市场经济体制的必要条件。社会主义市场经济体制要求社会经济资源的配置在社会主义国家宏观调控下由市场起基础性作用。资源配置的一项重要内容就是劳动力的有效配置，由市场引导劳动力合理流动，离开了失业、医疗、工伤等保险，市场机制对劳动力配置的作用就难以实现。

（二）我国社会保障制度的完善

党的十七大报告提出：要加快建立覆盖城乡居民的社会保障体系，保障人民基本生活。要以社会保险、社会救助、社会福利为基础，以基本养老、基本医疗、最低生活保障制度为重点，以慈善事业、商业保险为补充，加快完善社会保障体系。促进企业、机关、事业单位基本养老保险制度改革，探索建立农村养老保险制度。全面推进城镇职工基本医疗保险、城镇居民基本医疗保险、新型农村合作医疗制度建设。完善城乡居民最低生活保障制度，逐步提高保障水平。完善失业、工伤、生育保险制度。提高统筹层次，制定全国统一的社会保险关系转续办法。采取多种方式充实社会保障基金，加强基金监管，实现保值增值。健全社会救助体系。做好优抚安置工作。发扬人道主义精神，发展残疾人事业。加强老龄工作。强化防灾减灾工作。健全廉租住房制度，加快解决城市低收入家庭住房困难。

构建符合我国国情的社会保障体系的基本框架，是我国健全社会保障体制的重要内容，这一基本框架应由三部分构成：①由国家财政支撑的社会保险项目，这类项目包括社会救济、社会福利、优抚安置、社会服务等；②由国家法律强制实行，主要项目是国家、企业、职工三方负担的社会保险，包括养老、医疗、失业、工伤、生育等保险项目，还有自愿加入的住房公积金制度，这是社会保障体系的主体部分；③遵循自愿原则，由企业和个人出资，主要由商业保险公司经办的补充保险和个人储蓄保险，以及非营利性的社会互助保险等，这是社会保险的补充。

我国社会保障制度改革的具体任务是加快以养老、医疗、失业为重点的各项社会保障制度改革。

(1) 深化城镇企业职工养老保险制度改革。主要内容是将养老保险的覆盖面从仅限于国有企业职工扩大到所有城镇企业职工。基本养老保险制度改革要实行社会统筹与个人账户相结合。逐步做实个人养老保险账户，逐步提高社会统筹层次。

(2) 建立基本医疗卫生制度，提高全民健康水平。要坚持公共医疗卫生的公益性质，坚持以预防为主，以农村为重点，中西医并重。强化政府责任和投入，完善国民健康政策，鼓励社会参与。建设覆盖城乡居民的公共卫生体系、医疗服务体系、医疗保障体系、药品供应保障体系，为群众提供安全、有效、方便、价廉的医疗服务体系。

(3) 推进企业职工失业保险制度改革，主要是扩大失业保险实施范围，逐步把覆盖面扩大到城镇全部企业职工。失业保险基金实行社会统筹，企业按职工工资总额的1%缴纳失业保险费，职工个人缴纳少量失业保险费。要拓宽失业保险基金的使用范围，包括将一部分失业保险基金用于企业安置富余人员。要建立失业保险与促进就业的联动机制，把失业保险和“再就业工程”有机地结合起来。

(4) 完善和落实工伤保险政策和标准，推进各类用人单位依法参加工伤保险。

(5) 继续完善社会救助、社会福利和优抚安置制度。在社会救济方面，逐步在全国所有城镇推进最低生活保障制度，并逐步提高最低保障标准，扩大社会救助的范围，鼓励开展各种社会扶助活动，完善农村现行的“五保”制度。

(6) 建立健全社会保障基金管理体制，规范社会保障基金的征缴和监管，将各项社会保障基金纳入社会保障财政专户管理。要制定并适时开征社会保障税，加强社会保障基金征收力度。

☞ 【双语关键词】

汉语关键词	英语关键词
社会总产品	aggregate social product
国民收入	national income
国民生产总值	gross national product /GNP
国内生产总值	gross domestic products /GDP
国民收入	national income
再分配	distribute again
积累基金	accumulation fund
消费基金	consumption fund

按劳分配	distribution according to work
按生产要素分配	distribute by production factor
公平与效率	equality and efficiency
社会保障	social security
社会保障制度	safeguard system of society

【阅读书目】

邓小平文选．第3卷．北京：人民出版社，1993.

谷书堂．社会主义经济通论．第三版．北京：高等教育出版社，2006．

马克思．哥达纲领批判//马克思，恩格斯．马克思恩格斯选集．第3卷．北京：人民出版社，1999.

宋涛，顾学荣，杨干忠．政治经济学教程．北京：中国人民大学出版社，2008.

卫兴华，张宇．社会主义经济理论．北京：高等教育出版社，2007.

吴树青．政治经济学．北京：高等教育出版社，2007.

张宇，陈享光．政治经济学．第二版．北京：中国人民大学出版社，2007.

周长林，周纳，许翼．国民经济和社会发展指标解读．北京：当代中国出版社，2010.

【思考题】

1. 什么是国民收入？决定和影响国民收入的因素有哪些？
2. 为什么要进行国民收入再分配？实现国民收入再分配的途径有哪些？
3. 试述我国社会主义初级阶段的基本分配制度。
4. 为什么说按劳分配是社会主义的分配原则？在社会主义初级阶段按劳分配有什么特点？
5. 如何理解按劳分配和按生产要素分配相结合的原则？
6. 如何正确认识并处理分配中的效率和公平问题？
7. 我国改革和完善社会保障制度的必要性表现在哪些方面？
8. 社会保障制度的基本内容是什么？
9. 我国建立健全社会保障制度的重要意义是什么？

➢【教学案例】

我国收入分配政策的发展历程及阶段性基尼系数的变化

1.1978～1985 年：打破平均主义大锅饭阶段

这一阶段处于国民经济的恢复时期，物价稳定、平均主义盛行，收入差距较小。党的十一届三中全会第一次提出了要克服平均主义的分配方式。在这一过程中，首先以农村实行家庭联产承包责任制为突破口，大大地调动了农民生产劳动的积极性，极大地解放了生产力，为我国收入分配制度改革奠定了基础，促进了国民经济的恢复和发展。

2.1985～1994 年：实行按劳分配为主体、其他分配方式为补充的分配方式阶段

在这一阶段，物价大幅增长的同时，城乡居民收入差距迅速拉大。1985 年开始，中央陆续出台了一系列关于收入和物价调控的政策，如国家事业单位实行结构工资制度、调整不合理的农产品价格等。此阶段国内基本上摆脱了平均主义的分配格局。

3.1995～1999 年：效率与公平及各种生产要素参与分配的阶段

此阶段中国上涨的物价得到有效控制，经济实现了“软着陆”，收入差距有所减小，比如 1995 年中央通过积极的货币政策控制过热的经济，与此同时，国家采取一系列政策改革和完善社会保障制度，逐步规范和完善初次分配和再分配体制，收入分配差距扩大趋势得到一定程度的控制。

4.2000 年至今：各种生产要素全面参与分配效率与公平同等重要阶段

从按生产要素实行分配以来，拥有多种生产要素的阶层财富迅速积累，而拥有单一生产要素的人，由于收入渠道单一逐渐成为低收入人群，两极分化日趋明显。

我国阶段性基尼系数的变化如表 11-1 所示。

表 11-1 阶段性基尼系数

1978～1985 年	1985～1994 年	1995～1999 年	2000 年至今
0.25 左右	0.30 左右	0.36 左右	截至 2007 年为 0.47

资料来源：张山．我国居民收入分配及其对消费影响的分析．山东大学硕士学位论文．2001.

行业间收入水平差距拉大

刘先生在北京一家贸易公司的办公室工作，自 2003 年大学毕业之后就一直住在单位分的宿舍里，“三个人一屋，挺麻烦的”。刚毕业时，刘先生的工资是 1500 元，现在刚涨到 3000 元。“在北京生活，这点工资太少了，单位也没啥福

利。一想到以后买房子、结婚等事情，就头疼啊。”

他的同学陈先生也在北京工作，境况就要好得多。陈先生供职于一家移动通信公司，做财务工作。他对自己的收入挺满意，虽不愿意细说，但承认年收入在10万元以上。公司的其他补贴看起来也非常令人羡慕。比如说，通信费基本不用花自己的钱，公司的房补也已经超过8万元了。

2005年，金融、电信、烟草、石油天然气、航空等垄断行业的职工平均工资都在3万元以上，有的超过四五万元，远远高于全国平均18 364元的水平。而当年排在最后3位的农林牧副渔业、住宿餐饮业、建筑业的职工平均工资分别为8309元、13 857元和14 338元。垄断性行业职工工资的增长速度也比较快。1992～2002年，全国行业职工平均工资的年均增长幅度为35.8%。金融保险业、交通运输仓储和邮电通信业、电力煤气及水电生产供应业的平均增幅分别达到57.6%、41.5%和38.5%，高于全国平均涨幅。而建筑业、农林牧副渔业、制造业的职工平均工资年均增长幅度仅为23.5%、25%、31.7%。目前，电力、电信、金融、保险、水电气供应、烟草、石油石化等行业职工的平均工资是其他行业职工平均工资的2～3倍，如果再加上工资外收入和职工福利待遇上的差异，实际收入差距可能在5～10倍。

资料来源：崔鹏．我国行业间工资差距超4.88倍呈继续拉大趋势．人民日报，2007-12-10（第10版）．

我国的贫困线与国际贫困标准的比较

2008年年底世界银行公布的贫困人口线是人均日花费低于1.25美元。目前我国的贫困人口标准仅仅相当于国际贫困线的1/5（表11-2），相当于其贫困标准的1/10；相当于美国贫困标准的1/50。贫困人口难以完成一般的、正常状况下的劳动力再生产。下面对比一下美国的贫困标准。

表11-2　1978年以来主要年份中国贫困标准和贫困人口情况

年份	贫困人口/万人	贫困标准/元
1978	25 000	100以下
1985	23 000	100～200
1990	8000	200～300
2000	3500	600～700
2003	3000	600～700
2005	2500	650～700
2007	2000	700～800

根据美国政府2009年公布的最新数字，划分贫困的标准是：单身年收入低于9750美元，两口之家低于12 830美元，三口之家低于16 090美元，四口之家

少于19 350美元，五口之家少于22 610美元。

美国的贫困人口最近几年基本保持在3500万人。美国贫困人口中有46%的家庭拥有自己的房屋。美国人口普查局调查的这部分人拥有的典型房屋一般有三间卧室，一个半卫生间，一个车库，一个门廊，以及一个晒台。76%的贫困人口家庭里有空调，75%的贫困家庭拥有一辆汽车，30%的贫困家庭拥有两辆汽车，97%的贫困家庭拥有彩色电视机。

此外，大部分有孩子的贫困家庭里，父母工作的时间加起来每年平均只有800个小时。如果以每天工作8小时来计算，贫困家庭的父母每人每周只上1天班。如果这些家庭的父母每周正常工作5天，那么75%的穷人家庭将立即脱离贫困。

而在亚洲的几个发展中大国（比如印度、印度尼西亚等）其国家贫困标准线几乎都接近国际最低贫困标准，也即每人每天支出1美元，有些国家还明显超过国际标准，如巴西等国。而中国的贫困人口数在国际上排名第二，仅次于印度，2009年的直接问卷调查数据显示，按当年美元购买力平价，中国仍有2亿左右人口每天的花费低于国际最新贫困线，实际贫困情况不容乐观。

资料来源：周长林，周纳，许翼．国民经济和社会发展指标解读．北京：当代中国出版社，2010.

我国社会保障体系建设成效显著

2009年，我国社会保障体系建设成效显著（表11-3），体现在以下七个方面。

表11-3 1995年以来中国主要年份城镇社会保险情况

年份	基本养老保险/亿人	基本医疗保险/亿人	失业保险/亿人	工伤保险/亿人	生育保险/亿人
1995	1.10	0.07	0.82	0.26	0.15
2000	1.36	0.38	1.04	0.44	0.30
2005	1.75	1.38	1.06	0.85	0.54
2006	1.88	1.57	1.12	1.03	0.65
2007	2.01	2.23	1.16	1.22	0.7
2008	2.19	3.18	1.24	1.38	0.93
2010	2.23	3.00	1.20	1.40	0.80

资料来源：周长林，周纳，许翼．国民经济和社会发展指标解读．北京：当代中国出版社，2010.

一是社会保障财政投入加大。全年中央财政安排社会保障资金2930.49亿元，增加438.98亿元，增长17.6%。在保证各项社会保障待遇按时足额发放和支付的基础上，国家不断探索建立待遇水平与经济发展水平相协调的调整机制。

二是新农保开始试点。2009年我国开始新型农村社会养老保险试点，推动被征地农民社会保障工作；制定出台开展新型农村社会养老保险试点的指导意见，在不少于10%的农业县开展试点。约有1500万农村人口享受到养老保险待遇，中央财政对中西部地区按中央确定的基础养老金每人每月55元给予全额补助，对东部地区基础养老金给予50%的补助；地方政府对参保人员缴费给予每人每年不低于30元的补助。

长期以来，我国农村养老保险发展缓慢，许多地区甚至处于停滞状态，这种养老保险制度已不能适应农村的发展（图11-2）。

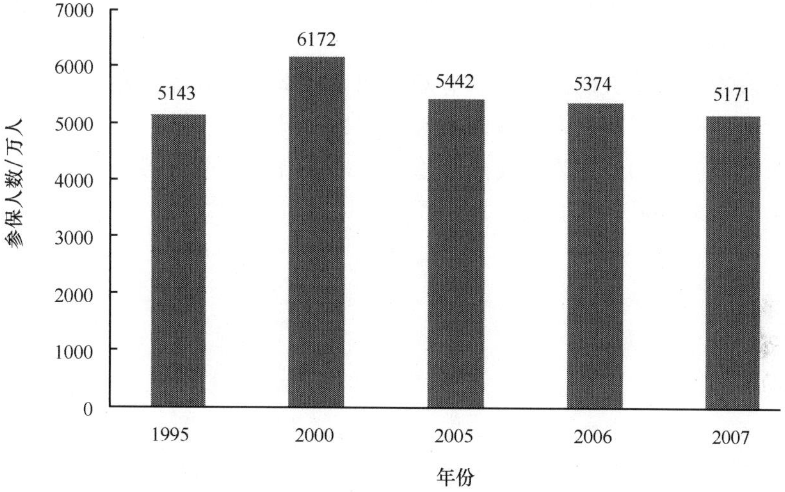

图11-2 1995年以来中国农村社会养老保险参保人数

三是医疗保险工作取得重大进展。全面实施城镇居民基本医疗保险制度，提前一年从制度实现对城镇居民的全面覆盖。推进生育保险制度建设，生育保险覆盖人数首次突破1亿人。2009年城镇职工和居民参保人数完成国务院确定的3.9亿人的目标；新农合参合人数达8.33亿人，参合率为94%。

四是进一步完善养老保险制度。全国31个省（市、区）和新疆生产建设兵团，全部出台实施养老保险省级统筹文件，如期完成在全国建立养老保险省级统筹制度的目标。对企业退休人员基本养老保险进行调整，目前月人均收入水平超过1200元。到11月底，城镇参加基本养老保险人数23 238亿人，提前完成国家“十一五”规划确定的目标。

五是扩大失业保险基金使用范围试点继续展开。失业保险支持企业减负稳岗的作用加强，进一步做好政策性关闭破产企业职工安置工作。2009年共收缴失业保险500亿元。失业保险覆盖面进一步扩大，到11月底，全国参加失业保险的人数12 612万人，比上年底增加212万人。失业保险基金拿出60亿元作为稳岗补贴，惠及1亿多个企业，对国际金融危机挑战下控制失业率发挥直接作用。

六是农民工参加工伤保险取得进展。通过实施“平安计划”二期，积极推动农民工参加工伤保险。截至2009年11月底，我国工伤保险参保人数已达1474万人，比上年增加967万人。针对农民工求偿困难的问题，各地正在积极研究援助措施。

七是社会保障基金规模迅速扩大，支撑能力显著增强，基金管理得到强化，社会保障基金收入持续增长。截至2009年12月底，全国社保基金会管理的基金资产总额为7765亿元，比上年增长38%。

资料来源：国务院发展研究中心信息中心编写组．中国经济关键词．北京：中国发展出版社，2010．

讨论下列问题：

(1) 我国基尼系数的变化历程背后说明了什么样的经济问题？

(2) 我国行业间收入水平差距拉大的原因是什么？

(3) 我国的贫困线与国际贫困标准存在着怎样的差距？其原因是什么？

(4) 如何完善我国的社会保障制度？

第十二章

社会主义初级阶段的宏观经济调控

市场经济的发展过程表明，市场是资源配置的有效手段，但市场本身却存在着一些缺陷，这些缺陷无法依靠市场本身来克服。因此，为了保证经济的顺利运行，就需要通过市场以外的手段和方法来弥补市场的不足，最常用到的就是政府的各种经济政策和宏观调控手段。本章着重分析社会主义初级阶段市场经济条件下政府的职能和宏观调控的必要性、目标、内容，以及政策和手段。

第一节　社会主义国家宏观经济调控的必要性

一、社会主义国家的经济职能

社会主义国家除了具有保卫国家、维护国内安全的政治职能外，还具有管理经济的职能。社会主义国家的经济职能，概括起来，包括互相联系的三个方面：一是作为社会管理者所具有的职能；二是作为宏观经济调控者所具有的职能；三是作为国有资产所有者所具有的职能。社会主义国家的经济职能是由政府来执行的。

政府承担对社会经济生活在内的社会公共事务的管理，是国家实行政治统治的前提。国家各级政府的经济职能表现在：确立人们从事社会经济活动所应遵循的原则和规范；维护社会经济全局的稳定；对社会经济生活进行一定的协调和管理。这种社会经济职能，是作为上层建筑的国家维护其经济基础的职能。在社会主义市场经济条件下，社会主义国家作为社会管理者，必须通过发展市场经济，大力发展社会生产力，使社会主义经济基础得到巩固和发展。因此，党的十七大报告提出："必须在经济发展的基础上，更加注重社会建设，着力保障和改善民生，推进社会体制改革，扩大公共服务，完善社会管理……推动建设和谐社会。"

政府作为国民经济宏观调控者所具有的职能，是指国家根据客观经济规律的要求，运用各种政策手段，对全国的经济活动从总体上进行监管、控制和调节，为微观经济活动创造必要的外部环境，促进国民经济持续快速发展。国家通过制定国民经济和社会发展战略、长远规划和年度计划，从宏观上对国民经济和社会发展的目标、结构、速度、效益等进行有计划的调节，统筹城乡发展、区域发展、经济社会发展、人与自然和谐发展、国内发展和对外开放，统筹中央和地方关系，统筹个人利益和集体利益、局部利益和整体利益、当前利益和长远利益，统筹国内国际两个大局，促进现代化建设各个环节、各个方面相协调，促进生产关系与生产力、上层建筑与经济基础相协调，推动国民经济又好又快发展。

国家作为国有资产所有者具有的职能，是和社会主义经济制度相联系的，是社会主义国家经济职能的一个特点。生产资料公有制是社会主义经济制度的基础，中国现阶段的所有制结构是以社会主义公有制为主体、多种所有制形式共同发展。社会主义公有制中的全民所有制采取国家所有制的形式，国家代表全体国民对属于全民所有的资产拥有所有权，这就使得社会主义国家的政府具有了作为国有资产所有者的职能。政府作为国有资产所有者的职能，并不是直接管理和经营国有企业，而是管理国有资产和监督国有资产经营，确保国有经济控制国民经济命脉，对经济发展起主导作用，增强国有经济的活力、控制力和影响力，提高国有资产的整体素质，保证国有资产的保值增值及其权益不受侵犯，协调国有资产内部所有者、经营者和生产者之间的关系。

二、社会主义宏观经济调控的必要性

宏观经济是相对于微观经济而言的。微观经济是指经济主体（企业或居民）的个量经济活动，宏观经济是指国民经济的总量活动。中国经济体制改革目标是建立社会主义市场经济体制，要使市场在社会主义国家宏观调控下对资源配置起基础性作用。市场机制在资源配置中的基础性作用和国家对国民经济运行的宏观调控都是社会主义市场经济体制的有机组成部分，二者是相辅相成的。

（一）宏观调控是生产社会化的客观要求

社会主义生产是社会化大生产，社会化大生产使国民经济各部门、各地区、各行业、各企业，以及社会再生产各个环节之间的联系日益紧密，在这种条件下，国民经济各部门必须保持一定的比例，社会再生产才能顺利进行。生产社会化程度越高就越是如此。社会主义生产是公有制基础上的社会化大生产，社会再生产的顺利进行，同样要求国民经济各部门保持一定的比例关系。价值规律的自发作用固然可以按一定比例分配社会资源，但要选择最优生产结构，实现社会主义各产业部门、各地区、社会再生产各环节按比例又好又快发展，必须有国家的宏观调控，从国民经济发展的全局制定科学的经济发展战略和规划。

随着社会化大生产的发展，社会分工逐渐超出国界而形成了国际分工，出现了商品生产和贸易的全球化趋势，使国际分工更为复杂化，各生产要素在国际间的流动更为频繁。各国政府必须加强国内外经济的协调，促进国家经济在国际分工中发挥本国优势，获取经济利益。

（二）宏观调控是生产资料社会主义公有制的要求

社会主义经济制度的基础是生产资料公有制。随着公有制主体地位的确立，一方面，整个国民经济成为一个统一的有机整体；另一方面，社会主义公有制企业又是具有自身独立经济利益的经济实体。实践表明，在改革开放和社会主义建设过程中，如果没有国家对国民经济的有效管理和调节，就可能出现国有资产流失问题，甚至企业可能蜕变为为少数人利益服务的集团所有制，从而损害公有制经济。所以，为了巩固和发展社会主义公有制，需要国家对以公有制为主体的国民经济进行宏观管理和调节。

公有制决定社会主义生产目的是满足全社会劳动者不断增长的物质文化需要。这个根本目的的实现需要通过国家的宏观调控，把人民的当前利益和长远利益、局部利益和整体利益结合起来，从宏观上调节各经济主体的利益关系，以调动各方面的积极性，促使生产资料公有制和整个国民经济的巩固和发展。

同时，公有制使各部门、各地区、各企业的根本利益相一致，这为宏观调控创造了良好的前提条件，使社会主义国家有可能对以公有制为主体的国民经济进行全面的调控和计划指导。

（三）宏观调控是引导社会主义市场经济合理有效运行的需要

实践证明，市场经济是一种高效的资源配置方式；但是市场经济并不是万能的，在其自身发挥作用的时候，市场表现出一系列的问题，主要是：经济调节的滞后性；市场调节的盲目性；市场本身无法对一些基础性设施及公共物品进行有效调节；市场由于竞争必然导致收入的两极分化等。为了克服市场缺陷，补充市场调节的不足，充分地发挥市场对资源配置的基础性作用，世界各国都在不同程度地进行宏观调控。为了克服市场机制的自发性、盲目性和滞后性等内在缺陷对社会主义经济发展的负面影响，正处于社会主义初级阶段的中国也必须对市场经济进行调节和控制，促进市场经济健康而有效地发展。

（四）宏观调控是协调微观经济活动符合宏观经济目标的需要

微观经济活动构成宏观经济的基础，宏观经济是微观经济的总和。在社会主义市场经济的条件下，企业和个人的微观经济是分散的，他们各自决策，按照自己的需要从事生产和经营活动，追求自身利益的最大化，因而它们的经济活动不可能自发地同经济的总体利益和需要协调一致。为了解决微观经济活动和宏观经济运行的矛盾，必须加强和完善国家的宏观调控，运用各种手段和政策，引导微观经济主体的经济行为，使企业的生产经营目标同社会的宏观发展目标相统一。

第二节　社会主义宏观经济调控的内容和目标

一、社会主义宏观经济调控的内容

（一）平衡经济总量

经济总量平衡，即社会总供给与总需求的基本平衡，是经济稳定发展的基本前提。在社会主义市场经济条件下，社会总供给是在一定时期内，全社会提供的可供最终使用的商品和服务的总和。它既包括国内供给，又包括国外供给。国内供给由农业、工业、建筑业等提供的最终产品和由交通、信息服务业等提供的服务组成。从生产角度看，这部分国内生产总值是国民经济各部门增加值之和；从分配角度看，是各生产要素参与分配所得之和，包括工资、税金、利润和固定资产折旧等项之和。这些收入的最终用途包括三个方面：一是消费（C），二是储蓄（S），三是纳税（T）。国外供给包括进口（M）和资本流出（K_X）。这样，社会总供给的计算公式为

$$社会总供给=C+S+T+M+K_X$$

社会总需求是指在一定时期内，各经济主体用于购买市场上的最终产品和服务的货币支付能力总和。它既包括国内居民对国内市场最终产品和服务的需求，也包括出口（X）和国际资本流入（K_M）。出口意味着国外对国内最终产品和服务的需求，国际资本流入意味着国内资本市场上可供利用的资金量的增加，这都是社会总需求的增加。从具体构成看，国内居民对国内最终产品和服务的需求包括三个方面：一是消费支出（C），二是投资支出（I），三是政府支出（G）。这样，社会总需求的计算公式为

$$社会总需求=C+I+G+X+K_M$$

从社会总供给和社会总需求公式可得出二者的平衡公式为

$$C+S+T+M+K_X=C+I+G+X+K_M$$

保持社会总供给与总需求基本平衡具有重要意义。社会总供给与总需求是否基本平衡，是国民经济运转是否正常的重要表现。供求的总量平衡，是保持国民经济大体按比例发展的最基本的平衡。供求总量的失衡，无论是总供给大于总需求，还是总需求大于总供给，都会对国民经济的发展带来严重后果。总需求不足，会使市场疲软，生产停滞甚至萎缩、衰退；总供给不足，需求过旺，经济过

热，势必使物价上涨，通货膨胀，经济秩序混乱。因此，为了防止经济的过度波动，就需要根据经济总量的变动情况，从宏观上采取各种措施，保持社会总供给与总需求的基本平衡。

（二）优化经济结构

经济结构是社会生产发展过程国民经济各部门、社会再生产各环节、社会各个地区之间的比例、构成及相互关系。经济结构既包括产业结构、消费结构、需求结构、分配结构、投资结构，也包括区域结构、部门结构，还包括产品结构、能源结构、就业结构等。经济结构优化，就是在各产业部门、各行业之间保持合理的发展比例和充分发挥关键产业对整个国家经济的带动作用，各地区的经济相互协调，并形成符合市场经济发展要求的互惠互利分工协作关系。

经济结构优化和经济总量平衡是相互联系、彼此制约的。总量平衡是结构优化的前提，经济结构的合理和优化，是保持经济总量长期平衡的基础。只有在经济结构合理的基础上，才能达到真正的供需总量平衡。在供给总量和需求总量内部有着复杂的构成，如果供需内部结构不合理，即使在供需总量上是平衡的，也会出现一些产品过剩甚至严重积压，同时另一些产品短缺甚至严重供不应求，导致供需总量的失衡。因此，只有在经济结构合理和优化基础上的总量平衡，才是积极的、经济效益好的总量平衡；同时，经济总量平衡又会制约经济结构的合理和优化。只有在供需总量基本保持平衡的条件下，才能保持正常的市场秩序、基本稳定的价格和良好的市场供销环境，从而才有可能从资金、物资、技术等方面，有力地促进供需结构的调整与合理化。因此，宏观经济调控的基本目标，不仅要保持经济总量平衡，而且要保持经济结构优化，这样才能使整个国民经济运行保持正常状态，促使国民经济持续快速发展。

结构合理就能充分发挥经济优势，有利于国民经济各部门的协调发展。经济结构状况是衡量国家和地区经济发展水平的重要尺度。一定的社会经济和技术条件，要求与它相适应的一定的经济结构。经济结构的各个组成部分之间，都是有机联系在一起的，具有客观制约性，不是随意建立任何一种经济结构都是合理的。一个国家的经济结构是否合理，主要看它是否适合本国实际情况；能否充分利用国内外一切有利因素；能否合理有效地利用人力、物力、财力和自然资源；能否保证国民经济各部门协调发展；能否有力地推动科技进步和劳动生产率提高；是否既有利于促进近期的经济增长又有利于长远的经济发展。

所谓优化经济结构，就是根据国民经济发展的需要，对国民经济中各个领域、各个部门、各个地区和各种经济成分之间的对比关系和结合状况进行调整，以改善各物质生产部门之间的有机联系和比例关系，利用技术进步的主导作用，促使国民经济结构合理化，推动整个国民经济向前发展。当前中国根据国民经济发展状况，充分考虑世界科技加快发展和国际经济结构重组的趋势，着眼于全面提高国民经济整体素质和效益，增强综合国力和国际竞争力，对经济结构进行战略性调整，这是国民经济发展的迫切要求和长期任务。

二、社会主义宏观经济调控的主要目标

宏观经济调控经常使用经济增长率、失业率、通货膨胀率及国际收支等相互联系的经济总量指标。因为经济总量是否平衡、经济结构是否合理往往在经济增长速度快慢、物价是否稳定、失业率的高低及国际收支是否平衡等方面反映出来。

（一）充分就业

在市场经济条件下，失业是最主要的经济问题之一。世界各国政府为了防止由于失业率过高而带来的收入分配状况恶化和社会不稳定现象，都将失业率控制在适当界限内。凯恩斯提出了充分就业的理论，并把它作为宏观经济调控的首要目标。西方经济理论认为失业分为两类：自然性失业与经济性失业。自然性失业，即由技术进步、经济结构变动，或工资低、劳动力不断流动等原因所引起的失业。经济性失业又称非自愿失业，即劳动者愿意接受目前的工资，但仍然找不到工作的状态。所谓充分就业并不是人人都就业，而是包含自然失业的就业状况。

就业是民生之本和安国之策。千方百计地扩大就业总量，实现充分就业既是经济发展的需要，也是保持和维护社会稳定的需要。人口众多是中国的一个显著特点和重要国情。一方面，中国有着丰富的人力资源；另一方面，中国也面临着巨大的就业压力。由于人口基数大，所以每年新增劳动力达 1000 万，相当于一个中等国家的人口，此外，还有下岗和失业人口，农村剩余劳动力也需向非农产业转移。无论城市或农村，就业矛盾都十分突出。因此，中国必须把扩大就业摆在社会主义经济发展更加突出的位置，将实现充分就业作为宏观经济调控的重要内容和优先政策目标。

（二）经济增长

经济增长是指保持合理的增长速度。经济增长的快慢，是社会主义国家一个极其重要的问题，它直接关系到人民的实际生活水平，关系到一个国家的稳定和其他目标的实现。保持适度经济增长，可以避免经济发展过程中的大起大落所造成的资源浪费、低效率及社会不安定的现象。全面考察经济增长，不仅要考察它的总量指标，还应该考察人均占有量。人均国民生产总值或国内生产总值，是衡量一个国家经济实力和生产力发展水平的重要尺度，因此，必须考虑人口和经济增长的相互制约的关系。作为宏观调控的具体目标，经济增长的速度固然重要，但并不是可以盲目地追求速度，应根据社会经济的实际状况调节和控制经济增长

的速度。

中国政府针对传统体制下粗放型经济增长方式，提出了适度经济增长。它是既能够满足社会发展的需要，又是目前技术进步和资源状况所能达到的，并同经济结构和经济绩效相适应的经济增长。它不仅包括数量方面的要求，还包括质量方面的要求。胡锦涛同志在党的十七大报告中指出，保持较快增长速度，实现经济又好又快发展，“对于全面建设小康社会、加快推进社会主义现代化建设具有决定性意义”。必须在经济稳定的基础上保持较高的经济增长速度，但又要量力而行，以经济效益提高和经济结构优化为前提，讲求经济增长的质量。

（三）物价稳定

物价稳定是指物价总水平在合理的范围内小幅度的变化，物价变动保持在经济顺利运行所允许的、居民又能承受的范围内。它是相对于物价较快上涨和下降而言的。物价的不稳定通常表现为通货膨胀和通货紧缩。通货膨胀是指一个国家或地区在一定时期内社会物价总水平的普遍上涨现象。通货紧缩是指一个国家或地区物价在一定时期内的普遍下降现象。无论是物价的上涨还是下降，都会带来人们对价格预期的紊乱，影响微观经济主体的判断和信心，扰乱价格机制在资源配置中的正常功能，使良好的经济运行秩序遭到破坏。保持物价总水平的基本稳定，有利于企业和个人在比较稳定的价格预期下安排生产和消费，促进经济健康、平稳增长，避免经济增长的大幅波动。

物价总水平的变动，一般是用价格指数的变动来反映的。西方国家经常使用三种物价指数：一是国民生产总值折算指数，即本期名义国民生产总值与本期实际国民生产总值的比率；二是消费者物价指数，通常是用不同时期城镇居民购买固定不变的一组代表性商品与劳务（包括部分进口消费品）的价格来编制的；三是生产者物价指数，是根据固定不变的一种原料或半成品价格计算的。中国在很长一段时期内一直用商品的零售物价指数变化情况来衡量物价是否稳定。

（四）国际收支平衡

国际收支是指一个国家在一定时期内（通常为一年）与其他国家经济往来的全部货币收支的状况。一国国际收支的主要项目有两部分：一是经常项目，包括商品、服务、收入和经常转移等；二是资本和金融项目，包括长期资本往来和短期资本往来等。国际收支有三种状况：收入大于支出，即顺差；支出大于收入，即逆差；收入和支出相等，即国际收支平衡。在现实中，国际收支平衡不是绝对的相等，而是保持大致的平衡状态。

在开放的市场经济中，一国的国际收支状况不仅反映这个国家对外经济交往情况，而且会影响该国国内经济的稳定程度。如果国际收支处于失衡状态，即使国家经济实现了总供给与总需求均衡，也会影响国内就业水平、价格水平及经济增长，形成对国内经济的冲击。实践证明，过大的逆差和顺差都不利于经济发展，当国际收支出现逆差时会导致外汇短缺、本国货币的汇率下降等现象，严重的国际收支逆差会大量消耗国家外汇储备，影响金融实力，使国家信用受损。当国际收支出现大量的持续顺差时，会导致汇率上涨，影响出口，并诱发国内通货膨胀，也容易造成与逆差国经济关系的紧张。因此，保持国际收支平衡也成为各国政府宏观调控的一个非常重要的目标。

中国是一个发展中的大国，必须把国际收支平衡作为保持宏观经济稳定的重要任务。促进国际收支基本平衡，是统筹国内发展和对外开放、推动经济社会切实转入科学发展轨道的要求，是改善国民经济总量平衡、实现又好又快发展的需要。

宏观经济调控的四项目标是相互联系、相互制约的。在不同时期和不同条件下，国家宏观调控的侧重点可以有所不同。要实现宏观经济调控目标，需要采取正确的宏观调控方式和手段，制定切实可行的宏观经济调控政策。

第三节　社会主义宏观经济调控的手段和政策

一、宏观经济调控的手段

社会主义经济宏观调控是借助于各种宏观调控手段来进行的。与社会主义市场经济体制相适应，宏观调控主要运行经济手段和法律手段，既要发挥经济杠杆的调节作用，也要重视计划手段并运用必要的行政手段。

（一）经济手段和经济杠杆

1. 经济手段的特点

社会主义宏观经济调控以间接调控为主，主要运用经济手段进行宏观调控。经济手段是指依据价值规律的要求，通过运用与价值形式相关的各种经济杠杆调节经济主体的经济利益，以引导经济主体的经济活动，协调微观经济与宏观经济的运行，达到宏观调控目标。而所谓经济杠杆，则是指在社会主义条件下，国家利用价值形式和价值工具影响、调节和控制社会生产、交换、分配、消费等方面的经济活动，以实现国民经济和社会发展规划的经济手段。

经济手段具有间接性和灵活性的特点。经济手段是借助于经济杠杆影响各经济主体的经济利益来调节它们的生产经营方向、规模和投资决策的，因而对经济主体的经济活动的调节是间接的，它是以经济主体的自主选择、自动适应为基础的。运用经济手段进行宏观调控可以根据不同的经济形势和外部环境，运用不同的经济杠杆，并随时调整经济杠杆的作用方向和作用力度，因而又是灵活的。

2. 经济杠杆体系

社会主义宏观经济调控中所运用的经济杠杆很多，主要有价格、税收、信贷、利率、汇率、工资、奖金等，它们共同形成经济杠杆体系。

价格杠杆是国家自觉依据价值规律调整或安排价格，使其既反映价值又反映市场供求关系，从而合理配置资源的一种手段。在社会主义经济杠杆体系中，价格占有重要的地位。价格杠杆的作用是通过价格的涨落，来调节生产和投资的方向，调节商品流通和消费结构，调节国民收入的再分配，以及促使企业加强经济核算，改进生产技术和经营管理，增强企业的市场竞争力。价格作为经济杠杆，要求价格与价值相符和反映市场供求关系，并保持价格在市场运动中处于相对稳定状态，以价值为中心适度上下波动。

税收杠杆是指国家通过税种的设置、税收制度的制定、税率、税目增减和征收税金，以及运用税收减免、纳税环节、纳税期限等方式，来调节国民经济运行的调节手段。税收的基本职能是对国民收入进行分配和再分配，调节国家与企业、企业与企业、国家与个人，以及个人之间的分配关系。此外，国家还可以利用税收的分配职能调节生产、流通和消费，即通过调整税种和提高或减免税金，来调节商品生产和流通的增减，以及引导消费。

信贷和利率杠杆，是指以中央银行为中心的银行体系，通过调整利率、信贷结构来调节国民经济运行。信贷杠杆的调节作用主要表现在：一是根据国家的经济发展战略和产业政策，通过贷款的方向、规模和期限，来影响资金的投放领域，调节生产的流通结构，使之符合宏观经济发展的要求；二是通过吸收存款和发放贷款，加速资金周转，使社会资金得到合理有效利用；三是通过银行信贷的松紧调节货币供应量，实现社会总供给和社会总需求的基本平衡。利率杠杆的调节作用主要通过利率的高低来影响投资方向和领域，使其符合宏观经济发展的要求。

工资和奖金都是按劳分配的具体形式，它们对国民经济发展的调节作用主要表现在三个方面：一是根据社会经济发展水平和社会劳动生产率的高低，确定合理的工资总水平，有效地调节国家、企业和个人的分配关系；二是切实体现按劳分配的工资、奖金制度，有利于调节企业与劳动者之间的分配关系；三是工资和奖金的高低可以调节劳动力的分配，从而起到调节生产结构和地区经济结构的作用。

汇率杠杆是国家根据国内经济发展的需要和国际市场状况，调节汇率，以汇率的升降来影响国家的进出口贸易、资本流入和流出，以及国际收支的变化。

3. 综合运用经济杠杆

有效地用经济杠杆进行宏观经济调控，必须综合地运用各种经济杠杆，使它们有机结合、相互协调，使国民经济运行发挥最佳效果。因为，各种经济杠杆都具有各自适用的领域和特点，也各有自己的局限性。这就要求运用经济杠杆时既要考虑每种经济杠杆的特点，分别加以选择利用，又要使它们相互配合、取长补短。

（二）法律手段

法律手段是指依靠国家的法权力量，通过经济立法和经济执法机构，运用经济法规来对市场经济进行调控、规范的手段，它包括准则、法令、条例、章程等。法律手段与其他宏观调控手段相比，具有四个基本特征：一是全局性，法律手段是从全局上调节整个经济活动，是以国民经济的整体利益为出发点的；二是平等性，一旦法律形成与实施，对所有使用者一律平等；三是政策性，法律体现了国家一定时期的方针政策；四是强制性，法律手段调节的对象无论其个别利益与法律规定是否一致，都必须服从。

法律手段的内容包括保护和制裁两个方面。法律保护手段是通过经济立法，制定和实施各种具有强制性和普遍约束力的经济法规，借以保护各种经济规划、经济政策、经济合同的执行，保护市场主体之间的公平竞争及市场主体正当的权利和利益，保护社会主义建设的顺利发展。法律制裁手段是通过经济司法，审理各种经济纠纷案件，维护市场秩序，制止非法竞争和犯罪活动，对违法单位和犯罪分子给以制裁和惩罚。

运用法律手段调控经济运行，一是对微观经济主体的活动进行调控和规范，如公司法、合同法、专利法、商标法等。二是为市场的健康和正常运行提供法律保证，如反垄断法、社会保障法等。三是通过法律手段来规范、监督其他调控手段的实施，如计划法、财政法、银行法、投资法等。

发挥法律手段的调节作用，需要加快建立和完善社会主义市场经济的法律体系，制定和完善有关社会主义市场经济的基本法律，包括规范市场主体的法律、保障市场经济秩序的法律、规范政府培育和调控市场行为的法律及涉外经济法律等。

社会主义市场经济是法制经济，法制是市场经济走向成熟的标志。法律手段与经济手段具有相辅相成关系，各种经济法规的制定要依据经济运行的规律，反映经济手段调控的要求，法律手段也必须与经济手段密切结合才能有效地发挥作用。

（三）计划手段

计划手段是通过国家所制订的长期、中期和短期国民经济和社会发展计划，对国民经济的运行和发展进行调节。在计划管理中，采取指令性计划和指导性计划两种方式。指令性计划具有强制性，是有关部门、单位和企业必须执行的计划管理形式。指导性计划不带强制性，是国家通过经济杠杆和经济合同等方式，引导企业能动地实现国家计划任务的计划管理形式。

计划手段的主要功能是能够从宏观上保持社会总供给与总需求的平衡，实现国民经济的协调发展；可以在全社会范围内对资源配置进行调控，动员和集中必要的财力、物力和人力，从整体利益和长期利益出发，进行重点投资，建设重点项目，有计划地调整和优化产业结构；能够通过收入分配的宏观调节，保持社会分配公平和提高经济效率。

中国传统经济体制中所实行的高度集中统一的计划体制存在诸多弊端。正确发挥计划作为宏观调控重要手段的作用，必须加快计划体制改革，进一步转变计划管理职能。改革计划体制的基本原则，是要使国家计划以市场为基础，使计划与市场机制成为资源配置的基础性手段，通过对市场信号和市场参数的影响，来间接调节作为市场主体的企业行为，达到既定的计划目标。以市场为基础的计划就是指导性计划。因此计划体制改革，就是要从指导性计划管理为主，转变为以指导性的间接计划管理为主，即国家计划总体上应当是指导性计划。计划工作的任务，是合理确定国民经济和经济发展的战略，宏观调控目标和产业政策，搞好经济预测，规划重大经济结构、生产力布局、国土整治和重点建设。计划工作要突出宏观性、战略性、政策性，把重点放在中长期计划上，综合运用宏观经济政策和经济杠杆。

运用计划手段进行宏观经济调控，必须搞好综合平衡。综合平衡是指国民经济宏观管理和计划工作中，使国民经济的各种基本比例关系保持相对平衡，以促使国民经济协调、快速发展的基本方法。综合平衡的基本任务是保持最优比例关系，以实现最佳经济效益和快速增长。综合平衡的基本内容集中表现为财政平衡、信贷平衡、物资平衡和外汇平衡。实现了这四个方面的平衡，就为保持经济总量平衡和经济结构优化奠定了基础，从而为实现国民经济持续快速发展创造了前提。

（四）行政手段

行政手段是指政府凭借国家政权的力量，依靠行政机构，采取带有强制性的命令、指示、规定等行政方式，来直接调节国民经济活动的手段。它主要包括信用管制、进口管制、外汇管制、工资管制和投资许可证制度等。行政手段具有权威性、强制性、速效性等特点。必要的行政手段可以保障计划手段、经济手段、法律手段的正确实施，在一定时期内有它存在的必要性。当其他手段调节难以奏效时，行政手段的运用就显得非常必要。

行政手段忽视微观主体的利益，从而会影响效率，因此，在运用行政手段时应注意：一是按照经济规律的要求建立科学化和民主化决策程序和严格的责任制，尽量减少行政层次，提高行政调节效率；二是注意原则性与灵活性相统一。在不违背国家宏观调控目标的前提下保持一定的灵活性，避免一管就死的现象发生；三是由于行政手段调节的出发点是社会整体利益，采取的手段也往往是一刀切，有时会与被调控者的局部利益发生冲突，或影响被调控者的积极性。因此，不能经常使用，要把它限制在必要的范围内。

从上述经济调控手段的分析中可以看出，经济、法律、计划、行政等调控手段各具特点，各有所长，它们相互联系、相互补充，共同组成一个完整的社会主义宏观经济调控手段体系。发展社会主义市场经济，应以经济和法律手段为主，综合运用各种调节手段，发挥宏观调控手段的总体功能，从而有效地调节社会主义市场经济的运行。

二、宏观经济调控政策

社会主义宏观调控的经济目标，需要通过各项经济政策来实现。宏观经济调控政策主要包括财政政策、货币政策、产业政策和收入政策等。

（一）财政政策

财政政策是指国家根据一定时期经济和社会发展的目标，运用相应的财政手段，以市场规律为基础而采取的调控宏观经济运行的具体经济措施。财政政策是由财政收入、财政支出、国家预算和国家债务等方面的政策所构成的政策体系，其中最重要的是财政收入政策和财政支出政策。

财政政策的主要任务是调节社会总供给和社会总需求。根据财政政策在经济运行中调解总供给和总需求的不同功能和作用方向的不同，可将其划分为扩张性财政政策、紧缩性财政政策和平衡性财政政策。紧缩性财政政策是指通过增加税收或压缩政府支出等办法来抑制社会总需求，使社会总供给和总需求平衡；扩张性财政政策是指通过减少税收或扩大财政支出等来扩大社会总需求，从而使社会总供给和总需求平衡；平衡性财政政策是根据财政收入的多少来安排财政支出，既没有大量的结余，也没有大量的赤字，使财政收支基本平衡，从而对社会总需求既不产生扩张也不产生紧缩性影响。

在宏观调控中，应根据社会总供给与社会总需求的不同对比状态来选择适宜的财政政策。当社会总需求明显不足、资源和生产能力未能充分利用，致使经济增长缓慢、失业增加时，一般应采用扩张性财政政策，以增加社会总需求；在社会总需求明显超过总供给并由此导致通货膨胀的情况下，应实行紧缩性财政政策，以抑制过量的社会总需求，降低通货膨胀率；而当社会总供求大体平衡时，则应实行平衡性财政政策。

财政政策要实现调节社会总供给的目标，也必须借助各种财政政策手段才能实现。这些财政手段主要有以下四种。

（1）国家预算。国家预算是经法定程序审查批准的国家对集中性资金进行统筹分配的年度财政收支计划。它是以收支一览表形式表现的具有法律地位的文件。国家预算的调节功能主要表现在两个方面：一是通过国家预算收支的规模来调节社会总需求规模及其与总供给的关系；二是通过预算收支结构的变动来调节供需结构的平衡和国民经济发展中的一些比例关系。由于国家预算是财政调节手段中具有计划特征的一种基本手段，不是一种按照年度制定与调整的事前的调控手段，所以它的灵活性、针对性较差。

(2) 国家税收。国家税收是指国家为了实现其职能，凭借政治权力按照法律规定的标准，对社会产品所进行的强制、无偿的分配，其特点是强制性、固定性和无偿性。税收分配涉及社会的方方面面，它的变动直接影响着各个经济组织的利益。

(3) 国家信用。国家信用是指国家按照有借有还的信用原则筹集和供应财政资金的一种分配形式，主要形式是国家公债。国家公债一般具有有偿性、强制性。国家发行国债，通过发行和偿还的数量、发行对象和国债利率的调整，达到对社会供给和需求的总量和结构进行调节的目的。在总需求不足时，国家发行国债主要以中央银行和商业银行为对象，在偿还方面首先偿还企业和个人的国债，这将导致流通中货币的增加，刺激需求的扩张。在总需求过度时，国家发行国债，但不用其安排财政支出，形成预算盈余，就可压缩需求。如果国家向个人发行国债，作为筹资用于重点建设，就会导致消费需求减少和投资需求增加；如果国债由企业购置，筹资用于社会公共消费支出，则会引起投资需求减少和消费需求增加。

(4) 财政补贴。财政补贴是国家为某种特定需要而将一部分财政收入直接转移给特定的经济主体的一种分配方式。它包括价格、投资、利息、职工生活补贴等形式。其中价格补贴是最主要的形式。其作用是：可以使那些微利行业得以存在和发展，而这些行业往往是社会需要的行业；可以扶植重点发展的行业和产品，实行产业结构和产品结构的调整；可以在一定程度上调整分配不公的现象等。财政补贴也有其局限性，例如，价格补贴会使商品价值与价格脱离，造成价格扭曲，使价值规律的作用受到限制。另外，过多的财政补贴会形成财政的沉重负担，还会起到奖惰惩勤的效果，形成新的不公平。

(二) 货币政策

货币政策是指中央银行代表政府为实现宏观经济调控目标而制定的各种管理和调控货币供应总量和货币流通的措施的总称。货币政策的核心是通过变动货币供应量来调节社会总供给与总需求。根据货币政策在调节社会总供给中的不同功能，可以把货币政策分为均衡性货币政策、扩张性货币政策和紧缩性货币政策三种类型。均衡性货币政策是保持货币供给量与货币需求量的大体平衡，以实现社会总供给和总需求的基本平衡。扩张性货币政策是指货币供应量超过流通中对货币的客观需要量，其主要功能是刺激社会总需求的增长。这一政策除在总需求不足时，会刺激有效需求增加、促使供给总量趋于平衡外，在其他情况下实行扩张性货币政策会进一步加剧通货膨胀。紧缩性货币政策是指货币供应量小于流通中对货币的客观需要量，其主要功能是抑制社会总需求。

用这三种类型的货币政策来调节社会总供给与总需求时具有不同的功能，对经济发展产生不同的影响。必须根据社会总供给与总需求对比的不同状况，慎重地选择不同政策。由于扩张性货币政策的结果往往会造成通货膨胀，或者进一步加剧通货膨胀；而紧缩性货币政策又往往会造成经济停滞的后果，二者都应该在特定情况下实行。

货币政策主要是借助于法定存款准备金率、再贴现率和公开市场业务等手段来实现的。

(1) 法定存款准备金率。法定存款准备金是指中央银行规定商业银行和金融机构按一定比例将所吸收存款的一部分交存中央银行。所交存的准备金与存款额的比例就是法定存款准备金率。中央银行在法定的授权范围内可以提高和降低准备金率。降低准备金率，可以提高商业银行的贷款能力，扩大货币供应量；提高准备金率，可以降低商业银行的贷款能力，紧缩货币供给量。按照货币流通规律，银行创造货币的多少与存款准备金率成反比，即准备金率高，银行派生的货币存款减少。准备金率的微小变动，都会带来派生存款数量和货币供应量的明显变化。因此，存款准备金率手段是一个较强的调节手段，不宜频繁使用。

(2) 再贴现率。再贴现率是商业银行持有未到期票据向中央银行再贴现时所支付的利息率。实际上，就是中央银行向商业银行的再贷款利息率。再贴现率的功能调节主要有两方面：一方面，通过提高和降低再贴现率调节商业银行向中央银行贷款的数量，从而起到调节货币供应量的作用；另一方面，再贴现率的变动是中央银行货币政策松紧程度和运动方向信号，能起到指导各商业银行的存款行为作用。当社会总需求大于总供给时，中央银行提高再贴现率，进而影响各商业银行的贷款成本，使商业银行相应提高贷款的利率，增加贷款成本，从而使整个社会的货币供给减少，抑制社会总需求的增长，当社会总供给大于社会总需求时，中央银行降低再贴现率，降低商业银行的贷款成本。同理，商业银行的贷款利息进一步降低，投资者的投资意愿上升，投资规模扩大，增强社会总需求。

(3) 公开市场业务。公开市场业务是中央银行在金融市场上购买或出售政府债券，以调节货币供给量，调节社会总需求与总供给的活动。当社会总需求大于社会总供给时，中央银行卖出政府债券、回收货币，则引起利息率上升从而减少贷款需求，减少市场货币流通量，压缩社会总需求。反之，当社会总需求小于社会总供给时，中央银行购买债券，则引起利率降低贷款增加，从而增加货币流通量，扩大社会总需求。公开市场业务对货币供给量的调节是及时的、公开的和直接的，已成为中央银行进行宏观调节的重要手段。

此外，中国中央银行当前使用的调节手段还包括：信贷计划，中央银行对各商业银行规定贷款限额；利率管理，对商业银行的存贷款利率进行限制；金融检查，对金融机构的业务活动进行监督与检查等。

财政政策和货币政策作为政府进行宏观经济调控的两大基本政策手段，二者对社会总供给和社会总需求的调节作用是相互联系、相互制约的。根据不同时期社会总供给和社会总需求的不同态势，在选择不同的财政政策和货币政策时，应注意二者的互相配合、协调使用，使二者作用方向一致，以降低宏观调控成本，实现宏观调控目标。

（三）产业政策

产业政策是一种调节供给的政策，是国家通过制定产业结构、产业组织、产业技术等政策，引导和促进企业进行相应的投资和组织结构的调整，以促进资源的定向配置，促进产业结构调整和经济的发展。产业政策的核心包括两方面内容：一是产业组织政策，二是产业结构政策。它们是产业政策的两个轮子。产业结构政策是指将已有的产业结构推向具有更好经济效益的产业结构，在此基础上使各产业部门之间在一定时期内实现均衡协调发展的国家经济政策。产业结构的关键在于选择产业战略和确立合理的产业结构目标，从而规划和指导产业发展的基本方向。产业组织政策是指在市场经济条件下，国家通过维护或改变现存的市场秩序，来选择高效益的产业组织形式，促进资源合理流动和有效利用，它的核心是效益问题。产业组织政策包括市场竞争、反垄断及产业联合政策等。

制定和实施合理的产业政策，对保持社会总供给与总需求的平衡，合理配置和利用资源，提高经济效益和推动国民经济持续健康发展具有重要作用。

（四）收入政策

收入政策，又称为收入分配政策，是政府为了控制社会总需求、调节经济运行，对个人收入的总量和结构进行调节的政策体系。一般来说，收入分配政策的任务主要是通过收入总量的变化调节总需求，通过收入结构的调整避免社会成员收入差距过大，实现公平与效率的统一。收入分配政策的实施需要综合运用各种经济和非经济调节手段，具体措施包括：一是以法律方式规定最低工资标准；二是以征税方式来调节个人的收入，如征收累进的个人收入所得税、高额财产税和遗产税，防止人们在收入差距上过分悬殊；三是实行工资和物价的管制，即政府采取冻结工资和控制物价的非常措施；四是政府增加对低收入者和失业者的社会福利补助等。社会主义市场经济条件下收入分配要解决好三个问题：一是个人收入分配要打破平均主义，同时抑制贫富差距不合理拉大；二是缩小东中西部地区发展差距；三是逐步缩小城乡收入分配差距。

除上述宏观经济调控政策外，还有投资政策、消费政策和对外经济政策等，它们共同构成宏观经济政策体系。宏观经济政策各有特点，各自调控的主要对象和对同一调控对象的调控力度也各不相同，每项政策的具体操作又有不同的选择方案，进行宏观经济调控必须从国民经济运行的具体实际出发，将各项宏观经济调控政策结合起来，才能使它们取长补短、相互配合，达到最佳调控效果。

【双语关键词】

汉语关键词	英语关键词
宏观经济调控	macro-economic regulation
社会总供给	gross social supply
社会总需求	gross social demand
经济手段	economic means
经济杠杆	economic lever
法律手段	legal means
计划手段	scheming means
行政手段	administrative means
财政政策	fiscal policy
货币政策	monetary policy
产业政策	industrial policy
收入政策	income distribution policy

【阅读书目】

潘石．政治经济学教科书（社会主义部分）．长春：吉林大学出版社，2000.

宋涛．政治经济学教程．北京：中国人民大学出版社，2004.

宋涛．政治经济学教程．第八版．北京：中国人民大学出版社，2008.

吴树青．政治经济学（社会主义部分）．北京：中国经济出版社，1993.

杨瑞龙．社会主义经济理论．第二版．北京：中国人民大学出版社，2008.

【思考题】

1. 社会主义国家的经济职能有哪些？
2. 简述社会主义市场经济条件下国家进行宏观经济调控的必要性。
3. 试述社会主义宏观经济调控的内容和目标。
4. 社会主义宏观经济调控的主要手段有哪些？

5. 社会主义宏观经济调控的主要政策有哪些?

➢【教学案例】

三大约束掣肘宏观调控

当前宏观调控面临的诸多"两难"问题多是经济增长方式调整滞后和收入结构分配失衡等深层次矛盾。中国实体经济规模已经非常庞大,要想保持一定的增速更加困难。2009年中国GDP达33.5万亿元,2010年有望超过日本仅次于美国,"船大不好调头",调控起来面对的困难更多,而且还会遇到更多的约束条件,从而影响调控的效果。

一是资源约束。目前,中国多种战略资源,如铁矿石等,对外依存度已高达40%以上。特别是能源方面,从1992年起中国能源消费总量超过生产总量后,产需缺口不断扩大。其中,石油约束越来越明显。1993年中国首次成为原油净进口国,净进口量由1109.2万吨快速增至2009年的2.0379亿吨,增长了17.4倍,原油对外依存度也由1993年的7.53%上升到2009年的51.3%,突破国际警戒线。

二是资金约束。由于此轮宏观调控所需资金巨大,虽然中央财政收入近些年大幅度增长,有能力投资。但对于地方来说,财力下降、政府收入源减少,而社会投资没有跟进,财政赤字逐年增加,2009年地方财政赤字达到28 013亿元,投资配套压力很大,难以完全承担起通过财政投资拉动经济增长的任务要求。根据中央检查组的检查,截至2009年4月28日,第二批新增1300亿元投资中,地方配套资金到位率仅30.7%,个别省份的地方配套资金甚至不足10%。

三是地方利益约束。在刺激经济增长方面,地方政府与中央政府的目标一致。但在政策实施过程中却会受不同利益、多重目标等多方面约束。例如,中国区域经济发展不均衡、不协调,政策效应不一致。目前中国东部、中部与西部地区经济发展不均衡,发达地区与不发达地区受世界金融危机影响,而且所出台的刺激性政策效果不同步。出于自身条件及利益的考虑,地方政府在执行政策力度及所出台的政策方面将会出现同质竞争现象,从而制约整个宏观调控政策效应的实现,这在房地产调控上反应明显。

资料来源:刘满平.三大约束掣肘宏观调控.中国证券报.中证网.http://www.cs.com.cn/pl/02/201007/t20100714-2509190.htm [2010-07-14].

央行货币政策委员会:下半年货币政策继续适度宽松

中国人民银行货币政策委员会2010年第二季度例会日前召开。会议强调,下半年要继续实施适度宽松的货币政策,保持政策的连续性和稳定性,增强调控的针对性和灵活性,把握好政策实施的力度、节奏和重点。要密切关注经济金融形势的发展，灵活运用多种货币政策工具，保持货币信贷适度增长。

会议提出，下半年要继续落实“有保有控”的信贷政策，调整优化信贷结构；进一步完善人民币汇率形成机制，坚持以市场供求为基础，参考一篮子货币进行调节；加强系统性风险防范，保持金融体系健康稳定发展。会议认为，上半年中国货币信贷合理增长，银行体系流动性基本适度，人民币汇率形成机制改革稳步推进，金融运行总体平稳。

会议认为，世界经济正在逐步复苏，但仍存在较大不确定性。中国经济保持回升向好的态势，消费、投资、出口拉动经济增长的协调性增强，经济正朝着宏观调控预期方向发展，但管理通胀预期、保持经济平稳较快发展、调整经济结构和转变经济发展方式的任务依然艰巨。

资料来源：田俊荣．央行货币政策委员会：下半年货币政策继续适度宽松．人民网 http：//finance．people．com．cn/GB/12094832．html．2010-07-09．

新兴产业政策成4万亿投资后的经济刺激点

2010年初，温家宝总理在政府工作报告中指出：“要大力发展新能源、新材料、节能环保、生物医药、信息网络和高端制造业，加大战略性新兴产业的投入和政策支持。”一语激起千层浪，战略性新兴产业受到政策上的大力扶持，相关股票更是得到资金的密切追捧。

近日，生物产业、软件业、多硅晶这三个领域分别传出将出新政策扶持发展的消息，其涉及的生物产业、信息产业、新能源三个战略新兴产业又重复了年初的景象，被行家一致看好。

专家指出，在国家转方式调结构的节点，利好战略性新兴产业政策接连出台，不但从扶持的角度加速产业发展，而且通过对行业准入和标准的规范，形成有利于行业长远健康发展的长效机制。

大力发展战略性新兴产业是今年为加快经济发展方式的转变、调整产业结构而提出的一项重大产业政策，被称做“4万亿后的下一个经济刺激点”。国家发展和改革委员会副主任张晓强此前在接受媒体采访时表示，由国家发展和改革委员会及工业和信息化部、财政部等多部门起草的《国务院关于加快培育战略性新兴产业的决定》代拟稿的调研目前已接近尾声，将争取在今年上半年提交到国务院。在此背景下，三个领域近日再频频传出政策出台的消息，专家分析，这是国家重视战略新兴产业的发展，并将加大投入和扶持力度的积极信号。

政策扶持对新兴产业的正面效应有前车可鉴。中国软件服务业2009年业务收入为9970亿元，是2000年的16倍；2009年软件出口额196亿美元，是2000年的49倍。中国软件业近年来的大发展得益于2000年发布实施的《鼓励软件产业和集成电路产业发展的若干政策》（业内称“18号文件”），“18号文件”中的相关政策给予了软件企业较大幅度的优惠，推动了中国软件产业保持每年38%

的迅猛增长速度。

但“18号文件”中对软件产业的优惠政策，根据原定的计划将在2010年年底到期，市场和业界对下一个“黄金十年”的企盼便落到了后续政策的出台上。

三项政策虽然都透露优惠扶持政策意向，如配套税收、建立基金、金融配套等，但也有约束性的表述。专家们认为，这是政策着眼长远的必要之举。

例如工业和信息化部在研究编制的软件业“十二五”发展规划中，明确建立包括软件应用和信息服务技术在内的软件服务业的标准体系，努力争取更大的国际标准的话语权，积极引导和规范产业创新发展。《多晶硅行业准入条件》则是针对该行业耗能较多（是国外的三四倍）、污染较大（副产品四氯化硅难以回收处理），加上快速扩张、重复建设导致产能过剩而提出的。

资料来源：谢庆裕．新兴产业政策成4万亿后经济刺激点 或再现黄金十年．南方日报，2010-06-04（第8版）．

撼动教育医疗住房新“三座大山”

上学难、看病贵、房价高，多年来被喻为压在百姓头上的新“三座大山”。2009年这三大领域无一寂寞，各自演绎了不同寻常的篇章：以撼动高考指挥棒为出发点的教育改革在争议声中谨慎前行；酝酿多年的新医改方案在千呼万唤中破茧而出；而缔造了历史纪录的房价则在人们困惑的眼神中“一路高歌”。

教育、医疗、住房，民生三大难题。经历风云变幻的2009，人们怀揣期待开始畅想明天。

1．上学难：改革触及本质难点仍需破解

2009年的教育改革开始破冰：《国家中长期教育改革与发展规划纲要》已箭在弦上；尝试对一些特殊人才破格录取的理念在一些地方开始实施，唯分数论的坚冰开始打破，如中学校长推荐制、高分退档、扩大自主招生比例、11个省份推行新高考等。这一年争议最大的教育改革是北大首推的中学校长实名推荐制，一项网上调查显示，竟有80%的人对此举表示反对。2009年全国有11个省份进行新课改后的新高考，特点就是把综合素质评价引入了视野。理念虽好，但众多考生和家长仍对其可行性、客观性表示担忧，这使得综合素质评价在大多数省份还处于“空转”状态。而山东作为我国率先进行高中新课改的试点省份之一，今年第一次尝试把综合素质评价与高考录取实现硬挂钩，临沂师范学院将12名综合素质评价低的高分考生退档，尽管受到争议和质疑，但这种崭新的评价方式终究迈出了艰难一步。专家认为，部分省份和高校的探索都为打破“一考定终身”的传统考试制度作了有益尝试，但离搭建高考“立交桥”还有很长的路要走，改革只能前行，没有退路。

2．看病贵：医改方向明确效果尚待检验

酝酿多年的新医改方案在2009年上半年隆重登场，使得这个年份在中国医药改革的历史上具有特殊意义。根据新医改方案，城乡居民可以免费享受基本公共卫生服务，三年内基本医疗保险参保率要达到90%以上；公立医院突出公益性；公布国家基本药物的零售指导价格，减轻群众用药负担；各级政府三年需要投入8500亿元……随着一系列配套政策、重点项目的逐步实施，药价高、看病难、个人负担重、公立医院“逐利化”等痼疾有望逐步得到解决，亿万百姓看到了搬掉“看病贵”这座大山的希望。人们为政府解决看病贵的努力和决心叫好，但也有人对实际效果持谨慎态度。在济南一家国企工作的张宝国说，我国大大小小的药品降价已经许多次了，可是大家普遍感觉药价还是贵。最担心的是药价没降下来，诊疗费倒提高不少。山东济宁医学院附属医院院长武广华认为，医改要达到预期目标，必须与基本药物制度、药品监督管理、公立医院改革等措施协调推进，必须改革公立医院的投入机制，使公立医院真正回归公益性本位。新医改方案只是一个良好的开始，要解决“看病贵”难题，还要看制度能否进一步完善。

3. 房价高：调控密集出台能否抑制投机

如果说教育和医疗领域2009年因为改革轰轰烈烈而令人期待甚至引发争议，那么住房领域的“轰轰烈烈”则多少让人有些无奈。一路飙升的房价除了继续让普通百姓望房兴叹，还让人平添了这样的困惑：为什么房价在金融危机中不仅没有充分调整，反而升至历史最高纪录？房地产市场泡沫积聚的迹象引起了决策层高度关注。12月14日，温家宝总理召开国务院常务会议，就如何促进房地产市场健康发展提出增加供应、抑制投机、加强监管、力推保障房等四大举措。这些举措的背后凸显一个关键主题——遏制房价过快上涨。此前，9日召开的国务院常务会议决定，个人住房转让营业税征免时限由两年恢复到五年。同一天，国家发展和改革委员会负责人明确表示，要抑制投机性购房。17日，财政部等五部委再次出台调控举措，宣布将开发商拿地首付款比例提高到五成。有关专家表示，抑制投机成为本轮楼市调控的重点。政府有决心、有目标、有重点，这多少让越来越无奈的消费者有了新的希望。人们相信，住房难并非无解，只要措施得力、监管到位，实现“居者有其屋”不是梦。

资料来源：佚名．撼动教育医疗住房新“三座大山”．青岛新闻网．http//caijing.qingdao news.com/html/2009-12/21/content_22805139.htm.2009-12-21.

讨论下列问题：

(1) 我国宏观经济运行中，存在着哪些约束条件？

(2) 中国人民银行货币政策委员会为什么要采取适度宽松的货币政策？

(3) 对于新兴产业为什么要采取刺激政策？发展新兴产业还需要哪些条件？

(4) 我国如何对教育、医疗问题和高房价问题进行宏观调控？

第十三章

社会主义初级阶段的经济发展

经济发展直接关系到中国社会主义现代化建设目标的实现。坚持科学发展观，才能实现经济社会的全面协调可持续发展。本章主要阐述中国现阶段经济发展的战略目标及战略步骤；分析中国现存的二元经济结构、产业结构和区域结构与经济协调发展的关系，明确中国经济社会全面协调可持续发展是实现科学发展的前提条件。

第一节　社会主义初级阶段的经济发展战略

一、经济增长和经济发展

（一）经济增长

经济增长是指一个国家或地区在一定时期内由于生产要素投入的增加或效率的提高等因素导致的社会财富（产品和劳务总量）的增加，它意味着国民经济规模的扩大和数量的增长。经济增长通常用国民生产总值或国内生产总值，以及它们的人均值在某个时期内的增长率来表示。

影响经济增长的因素很多，其中自然资源、人口数量、科学技术和教育、劳动生产率、资本投入量等五大因素对一国经济增长具有重要影响。

第一，自然资源。它是人类生活和生产资料的来源，是经济增长的物质基础，也是构成人类生存环境的基本要素。能够被人们发现和利用的自然资源按其物质属性可分为四大类：一是生态资源；二是土地资源；三是生物资源；四是矿产资源。按照自然资源的物质属性，又分为可再生资源（太阳能、风力等）和不可再生资源（石油、煤炭等）两大类。一个国家的自然资源状况对经济增长具有重要的促进和制约作用。自然资源丰富有利于促进经济的增长，自然资源贫乏会延缓或阻碍经济增长。

第二，人口数量。人是生产者和消费者的统一。一方面，人作为生产者，是社会生产力的主体，一定的人口数量是经济发展不可缺少的重要因素，适度的人口增长也是推动经济增长的重要动因。另一方面，人作为生产者是有条件的，不仅要同生产资料相结合，还要受年龄、体质和技能的限制。而人作为消费者又是无条件的，从生到死整个生命周期都要消费。这两个方面决定了人口数量及其增长速度必须限制在物资资料生产发展所必需和所允许的范围内，否则就会延缓甚至阻碍经济增长。人口数量多，劳动力就会相应增加，投入到生产领域的劳动力增加，经济的增长就是必然的。同时，劳动力的合理流动也有助于经济增长。劳动者只能在一定空间与生产资料相结合，生产资料的空间位移和分布变化，必然要求劳动力的空间分布发生相应变化。

第三，科学技术和教育。科学技术是第一生产力，科学技术的巨大进步会促进经济的快速增长。21 世纪科学技术的迅猛发展，不仅是经济增长的决定性因素，而且对经济发展的其他方面也起着巨大的推动作用，它是人类认识自然、利用自然和保护自然的强大武器，是促进产业结构不断优化的有利手段，是提高劳动者文化素质和劳动技能，从而改变劳动者就业结构，增加劳动者收入的保证条件，是促进生产关系变革和制度创新的有力杠杆。

科学技术的发展，离不开教育这个基础。教育对经济发展的促进作用主要表现在：一是教育能够提高劳动者的知识和技术素质，接受教育的劳动者的知识和技术的存量越大，对经济增长的作用也就越大；二是教育是培养人才的唯一途径。为增强综合国力，世界各国在高新技术领域展开了激烈的竞争。发展高新技术的竞争其实质是知识和人才的竞争，是人掌握和运用最新技术能力的竞争。

第四，劳动生产率。它是指各种资源（包括人力、物力、财力）利用的效率，在数值上等于国民生产总值与各种生产要素投入之比，在一般情况下，劳动生产率与经济增长成正比，劳动生产率的提高将促进经济的快速增长。提高劳动生产率主要依靠技术进步、提高管理水平、结构优化、实现规模经营和变革经济体制等。当前，在经济比较发达的国家或阶段，由于广泛应用科学技术，劳动生产率的提高对经济增长的贡献越来越大。而在经济比较落后的国家或阶段，大部分经济增长是靠投资量和劳动量单纯增加来实现的。目前，中国全要素生产率对经济增长的贡献为 25%，低于韩国的 38.4%、日本的 55.2%、美国的 47.8%。因此，大力提高劳动生产率是我们重要的任务。

第五，资本投入量。在一定情况下资本投入量与经济增长成正比。因为，一方面，资本的流动性最强，在各种生产要素的结合中，资本的流动和集中会引起其他要素的流动和集中，形成经济增长的动力；另一方面，投资形成新的劳动手段和劳动对象，扩大了生产能力，在乘数效应的作用下将引起产品和劳务的成倍增加。投资还将拉动对生产资料和消费资料的需求，保证相关部门的企业能够充分发挥生产能力，增加产出。

（二）经济发展

经济发展是指随着经济增长而出现的经济社会和政治结构的变化，以及人民生活质量的提高。经济发展的内涵包括以下五个方面：一是经济数量的增长，即一个国家或地区产品和劳务因增加投入或提高效率获得更多的产出，构成经济发展的物质基础；二是经济结构的优化，即一个国家或地区投入结构、产出结构、分配结构、消费结构及人口结构等各种结构的协调和优化，这是经济发展的必要条件；三是经济质量的提高，即一个国家和地区经济效益和水平、社会和个人福利水平、居民实际生活质量、经济稳定程度的提高；四是分配状况的改善，即一个国家或地区人民收入和财产的不公平程度趋于缓和，贫困人口不断减少；五是环境的治理和改善，即一个国家或地区自然生态环境质量的不断提高，经济发展实现可持续化。

衡量经济发展的指标很多，如收入分配程度、识字率、就业状况、婴儿死亡率、预期寿命、人均居住面积、能源消费量、蛋白质消费量、中小学入学率、职工受教育程度、人均收入、公用事业的收入所占的百分比、城市人口所占的百分比等。这些反映了社会发展程度的指标，可归结为经济素质的提高、生活质量的提高和经济增长速度的提高三个逐渐发展的阶段。

（三）经济增长与经济发展的关系

经济增长与经济发展既有联系又有区别。

第一，二者涵盖的范围不同。经济增长仅指一个国家或地区经济量上的增加，而经济发展除了包含经济增长的内容之外，还包括由经济增长带来的经济、社会和政治等方面的进展。经济增长是数量概念，而经济发展既是数量概念，又是质量概念。经济增长仅构成了经济发展的物质基础，而经济发展的最高境界是体现人的思想、观念、心理和行为的现代化，即人的全面发展及社会进步。

第二，二者是相互统一的。首先，经济增长是经济发展中最重要的组成部分和动力。其次，经济增长是经济发展的基础，经济发展是经济增长创造的结果。经济发展是一切社会活动的基本目的，在一定意义上经济增长只是实现这一目的的手段。在通常情况下，没有经济增长不可能实现经济发展，但仅有经济增长却不一定必然出现经济发展，经济增长是个量变过程，当这个量变过程发展到一定程度，产生了质变，才能实现经济发展。

二、中国经济发展的战略目标

"战略"一词最初是军事术语。1958年，美国经济学家赫希曼在《经济发展战略》一书中将"战略"一词引入经济领域。20世纪70年代末，"经济发展战略"一词才引入中国。经济发展战略主要是指一个国家或地区根据制约本国或本地区经济社会发展的主客观因素，从全局出发制定的一个较长时间内所要达到的目标，以及实现这一目标的根本途径和方法。经济发展战略主要包括国民经济和社会发展的战略目标、战略步骤、战略重点和战略方针。

经济发展战略目标主要是指在较长时间内经济发展所要达到的总体目标，它体现着经济发展所要达到的水平和人民生活提高的程度。确定合理的战略目标是制定经济发展战略的核心问题，它决定着社会经济发展的基本路线和方向。

中国社会主义初级阶段的经济和社会发展的战略目标是：到21世纪中叶，把中国建设成为富强、民主、文明、和谐的社会主义现代化国家，摆脱贫穷落后，基本实现现代化。这是一个符合中国实际的目标，体现了中国现代化建设的长期性和中国人民的雄心壮志。

在此基础上，党的十六大又结合中国实际，提出了全面建设小康社会的奋斗目标，即在21世纪头20年，集中力量，全面建设惠及十几亿人口的更高水平的小康社会，使经济更加发展、民主更加健全、科技更加进步、文化更加繁荣、社会更加和谐、人民生活更加殷实。

党的十七大在十六大确立的全面建设小康社会目标的基础上对我国发展提出了新的更高要求。

第一，增强发展协调性，努力实现经济又好又快发展。转变发展方式取得重大进展，在优化结构、提高效益、降低消耗、保护环境的基础上，实现人均国内生产总值到2020年比2000年翻两番。社会主义市场经济体制更加完善。自主创新能力显著提高，科技进步对经济增长的贡献率大幅上升，进入创新型国家行列。居民消费率稳步提高，形成消费、投资、出口协调拉动的增长格局。城乡、区域协调互动发展机制和主体功能区布局基本形成。社会主义新农村建设取得重大进展。城镇人口比重明显增加。

第二，扩大社会主义民主，更好地保障人民权益和社会公平正义。公民政治参与有序扩大。依法治国基本方略深入落实，全社会法制观念进一步增强，法治政府建设取得新成效。基层民主制度更加完善。政府提供基本公共服务能力显著增强。

第三，加强文化建设，明显提高全民族文明素质。社会主义核心价值体系深入人心，良好思想道德风尚进一步弘扬。覆盖全社会的公共文化服务体系基本建立，文化产业占国民经济比重明显提高、国际竞争力显著增强，适应人民需要的文化产品更加丰富。

第四，加快发展社会事业，全面改善人民生活。现代国民教育体系更加完善，终身教育体系基本形成，全民受教育程度和创新人才培养水平明显提高。社会就业更加充分。覆盖城乡居民的社会保障体系基本建立，人人享有基本生活保障。合理有序的收入分配格局基本形成，中等收入者占多数，绝对贫困现象基本消除。人人享有基本医疗卫生服务。社会管理体系更加健全。

第五，建立生态文明，基本形成节约能源资源和保护生态环境的产业结构、增长方式、消费模式。循环经济形成较大规模，可再生能源比重显著上升。主要污染物排放得到有效控制，生态环境质量明显改善。生态文明观念在全社会牢固树立。

党的十七大提出的这五个方面的目标要求，既与党的十六大提出的全面建设小康社会宏伟目标的要求相一致，又根据经济社会发展新的阶段性特征，作了进一步补充、完善和深化，从而构成了实现全面建设小康社会经济、政治、文化、社会、生态五个方面的目标体系，它将引领我们在未来夺取全面建设小康社会的伟大胜利，并为到 21 世纪中叶基本实现现代化的远景目标奠定坚实的基础。

2010 年 10 月召开的中共十七届五中全会审议通过的《中共中央关于制定国民经济和社会发展第十二个五年规划的建议》明确指出，今后五年，经济社会发展的主要目标是：经济平稳较快发展，经济结构战略性调整取得重大进展，城乡居民收入普遍较快增加，社会建设明显加强，改革开放不断深化，使我国转变经济发展方式取得实质进展，综合国力、国际竞争力、抵御风险能力显著提高，人民物质文化生活明显改善，全面建设小康社会的基础更加牢固。

三、中国经济发展的战略步骤

战略步骤是为了实现战略目标而作出的分阶段的进度安排。1987 年 4 月，邓小平正式提出了“分三步走”的战略步骤，同年 10 月正式写入党的十三大报告。第一步，实现国民生产总值比 1980 年翻一番，解决人民的温饱问题；第二步，到 20 世纪末国民生产总值再翻一番，人民生活达到小康水平；第三步，到 21 世纪中叶国民生产总值再翻两番，达到中等发达国家水平，人民生活比较富裕，基本实现现代化。

20 世纪 90 年代后，中国经济发展的阶段目标主要是针对“三步走”的战略步骤来确定的，在第二步目标已经提前实现的情况下，又把第三步战略部署具体化。党的十五大报告明确了 21 世纪战略部署：第一个十年实现国民生产总值比 2000 年翻一番，使人民的小康生活更加富裕，形成比较完善的社会主义市场经济体制；再经过十年的努力，到建党 100 周年时，使国民经济更加发展，各项制度更加完善；到新中国成立100周年时，基本实现现代化，建成富强民主文明的社会主义国家。

党的十六大报告重申："根据十五大提出的到2010年、建党100年和新中国成立100年时的发展目标，我们要在本世纪头20年，集中力量，全面建设惠及十几亿人口的更高水平的小康社会，使经济更加发展、民主更加健全、科教更加进步、文化更加繁荣、社会更加和谐、人民生活更加殷实。"这实际上提出了一个新的"三步走"（"新三步"）战略部署。按照这个部署，我们从20世纪进入小康社会后，将分2010年、2020年、2050年三个阶段，逐步达到现代化的目标。2010年前是第一步。2010年国民经济和社会发展的主要目标是：实现国民生产总值比2000年翻一番，人民的小康生活更加富裕，形成比较完善的社会主义市场经济体制；从2010年到2020年，是第二步，实现国内生产总值比2000年翻两番的目标；从2020年到2050年，是第三步，通过30年的努力奋斗，基本实现现代化。

"新三步"战略部署是在新的历史起点上对邓小平提出的"三步走"战略的进一步发展，是全面落实"三个代表"要求、凝聚全国人民力量、向富强民主文明的社会主义现代化国家的目标迈进、实现中华民族伟大复兴的动员令。"新三步"战略部署在中华民族发展史上具有更为重要的意义。

四、以科学发展观指导经济发展

党的十七大报告指出："科学发展观，第一要义是发展，核心是以人为本，基本要求是全面协调可持续，根本方法是统筹兼顾。"这一精辟概括，揭示了科学发展观的内涵和精神实质。

科学发展观是与时俱进的马克思主义发展观，是用来指导发展并紧紧围绕发展这个主题的，是中国共产党对社会主义现代化建设规律认识的进一步深化，是中国经济社会发展的重大指导方针，是发展中国特色社会主义必须坚持和贯彻的重大战略思想。

改革开放30多年来，中国的经济社会发展取得了举世瞩目的成就，但中国处于社会主义初级阶段的基本国情并没有变，人民日益增长的物质文化需要同落后的社会生产之间的这一主要矛盾没有变。中国生产力还需持续稳定加速发展，经济结构要进一步优化，市场经济体制要不断发展完善，人民生活水平有待提高，收入分配差距要合理调整，统筹发展的任务还很艰巨，政治体制改革和民主法制建设要不断加强，文化教育科学卫生事业需要发展，对外开放要进一步扩大。所有这些都是中国发展所面临的重要任务，需要在科学发展观指导下，沿着又好又快的方向发展前进，更加自觉地走科学发展的道路。

以科学发展观指导经济发展，就是说，建设中国特色社会主义，首先要发展。发展对于全面建设小康社会、加快推进社会主义现代化建设，具有决定性意义。抓住发展，就抓住了社会主义现代化建设的根本任务和主要内容，抓住了中国特色社会主义的关键。改革开放以来取得的一切成果，都是建立在发展的基础之上的，不发展就没有中国特色社会主义，不发展就不能解决面临的各种任务和问题。我们要牢牢抓住经济建设这个中心，以经济建设为中心是兴国之要，是国家兴旺发达长治久安的根本要求。

五、社会主义经济发展方式

（一）经济增长方式及其转变

实现经济增长的具体方式有很多，可分为粗放型经济增长方式与集约型经济增长方式两大类。粗放型经济增长方式指在生产要素的质量、结构、使用效率不变的情况下，单纯依靠生产要素投入的扩张来实现经济增长。集约型经济增长方式是指依靠生产要素质量和使用效率的提高，以及生产要素的优化组合等方式实现经济增长。粗放型经济增长方式的实质是单纯以经济增长速度为中心，是一种数量扩张型的经济增长方式，其表现是高投入、高消耗、高速度，低产出、低质量、低效益。集约型经济增长方式的实质是以提高经济增长质量和经济效益为中心，是一种质量效益型的经济增长方式，其表现是低投入、低消耗，高产出、高质量、高效益、高速度。从各国近现代经济发展史来看，在实现工业化、市场化、现代化的过程中，基本上都经历了一个从粗放型为主向集约型为主的经济增长方式的转变过程。

20 世纪 90 年代中期，中国在经济生活中提出要实现两个具有全局意义的根本性转变：一是从传统的计划经济体制向社会主义市场经济体制转变；二是经济增长方式从粗放型向集约型转变。转变经济增长方式，与 20 世纪 80 年代以来一直强调的经济建设要以提高经济效益为中心的精神实质是一致的。中国社会主义建设中长期存在的一个突出问题就是经济增长方式粗放和经济效益低下，只重视数量增加和速度增长，忽视质量、技术和劳动者素质的提高，忽视经济效益。特别是 20 世纪 90 年代以来，中国工业化日益面临规模扩张与资源、环境、技术、人才和体制等方面的约束，面临二元经济结构和区域经济不平衡发展等难题，迫切需要转变传统的粗放型增长方式。

经过多年的经济发展，中国在转变经济增长方式方面已取得明显成效，经济效益不断提高，科技水平逐步提高，产业结构加快调整，但是由于中国生产力水平总体上还不高，科技自主创新能力还不强，所以转变经济增长方式尚未取得根本性突破，从总体上看，高投入、高消耗、高排放、难循环、低效率的粗放型经济增长方式没有根本改变。为了突破中国经济发展中的深层次矛盾、有效解决中国经济发展所面临的实际问题，党中央进一步有针对性地提出了转变经济发展方式的战略方针。

（二）转变经济发展方式

党的十七大报告以科学发展观为指导，分析了经济发展中的矛盾和问题，提出了转变经济发展方式的要求。把转变经济增长方式改为转变经济发展方式，虽只是两个字的改动，但针对性和指导性更强，反映了对经济发展规律的认识更为全面和深刻，更好地体现了深入贯彻落实科学发展观的要求。

转变经济发展方式，不仅包括经济增长方式的转变，即从粗放型经济增长方式转变为集约型增长方式，而且包括产业结构、经济质量、经济效益、生态平衡、环境保护、资源利用等方面的转变。加快转变经济发展方式，要坚持集约式经济发展，着重实现以下三个方面的转变。

第一，在需求结构上，经济增长由主要依靠投资、出口拉动向依靠消费、投资、出口协调拉动转变。这是整体需求结构的调整，是针对近年来中国经济增长过于依赖投资和出口带动的问题提出的。

第二，在产业结构上，促进经济增长由主要依靠第二产业带动向依靠第一、第二、第三产业协同带动转变。这是三大产业结构调整的基本方向，是针对农业基础薄弱、工业大而不强、服务业发展滞后及三大产业间比例不合理的问题提出的。

第三，在要素投入上，经济增长由主要依靠增加物质资源投入向主要依靠科技进步、劳动者素质提高、管理创新等转变。这是经济增长中要素结构调整的基本方向，是针对经济增长中过于依赖物质资源投入的增加和简单劳动的投入，而科技进步、劳动者素质提高、管理创新等对经济增长的贡献不大的问题提出的。

加快经济发展方式转变是“十二五”时期的一条主线。加快转变经济发展方式是促进经济长期平稳较快发展的根本途径，是提高经济增长质量和效益的关键所在，是突破资源环境瓶颈制约的重大举措，是更好地改善民生和促进社会和谐的内在要求。“十二五”期间要把加快经济发展方式转变贯穿于经济社会发展的全过程和各个领域，着力提高发展的全面性、协调性、可持续性，坚持在发展中促转变，在转变中谋发展，实现经济社会又好又快发展。为此，必须坚持把经济结构调整作为加快转变经济发展方式的主攻方向，坚持把科技进步和创新作为加快转变经济发展方式的重要支撑，坚持把保障和改善民生作为加快转变经济发展方式的出发点和落脚点，坚持把建设资源节约型、环境友好型社会作为加快转变经济发展方式的重要着力点，坚持把改革开放作为加快转变经济发展方式的强大动力。转变经济发展方式体现了要正确处理快与好的关系，既保持国民经济持续快速发展，更注重推进经济结构的战略性调整，大力提高经济发展的质量和效益。与转变经济增长方式相比，转变经济发展方式不仅要保持量的增长，更要注重质的提高，坚持好字当头，好中求快，努力实现速度、质量、结构、效益相协调，人口、资源、环境相协调。

第二节 经济发展与二元经济结构

一、二元经济结构的含义

所谓二元经济结构，是指以城市工业为主的现代部门和以农村农业为主的传统部门并存，传统部门比重过大、现代部门发展不足，以及城乡差距十分明显的经济结构。二元经济结构理论最早是由美国经济学家、1979 年诺贝尔经济学奖获得者阿瑟·刘易斯提出的，他的二元经济结构理论有三个假设前提。第一，二元经济分为两个部门，一个是现代的城市工业部门，其特点是现代工业和商品经济比较发达，技术水平、劳动生产率和收入较高，另一个是传统的农业部门，其特点是以传统农业和手工业为主，以简单工具和手工劳动为基础，处于自给半自给经济状态，劳动生产率和收入比较低。第二，劳动无限供给。由于二元经济中的劳动同其他生产要素相比，劳动的边际生产率为零，甚至是负数，这说明劳动力相对过剩。第三，工资水平不变。由于传统的农业部门存在着大量的剩余劳动力，农业人均收入很低，这一水平决定工资下限。只要农村剩余劳动力没有被城市吸收完，工业部分的工资就会保持不变，不会随着劳动生产率的提高而提高。

刘易斯将经济发展过程分为两个阶段。在第一个阶段中，由于工业资本不多，无力吸收全部剩余劳动力，所以无论对劳动力的需求怎样扩大，总能在不变的低工资水平上源源不断地得到劳动供给。这样工业总产值中利润部分的增长速度将大大超过工资部分增长的速度，于是进入第二阶段。在第二个阶段中，劳动等生产要素的供给弹性很低，工资也不再固定不变，技术进步的利益也不全部归于利润，两个部门的收入将随着劳动生产率的提高而上升，最终二元经济便转换为一元经济。

二元经济结构体现了一国特别是发展中国家城乡经济或者农业和非农产业两部门的差异程度，二元经济结构是发展中国家由传统经济向现代经济演变过程中普遍存在的现象，是由这些国家经济增长所面临的落后的经济技术基础和巨大的外部压力决定的，具有必然性。二元经济结构是中国的基本国情，也是中国实现全面现代化过程中必须解决的突出问题。

二、中国二元经济结构的产生及特征

(一) 二元经济结构的产生

中国现存的二元经济结构是由传统的经济发展战略和长期实行的城乡隔绝的二元体制造成的，即使是在改革开放 30 年后的今天，特别是 1993 年中国经济开始进入全面的转型期以来，二元经济结构甚至出现了进一步强化的趋势。

第一，赶超型经济发展战略所引起的生产率水平差异。新中国建立之初，中国的生产力发展水平极低，经济结构非常落后，人们的温饱问题很难解决。在这种情况下，中国基本上照搬了苏联模式，实施了以城市为基地、牺牲农业来实现积累的经济发展战略。为此，工业在城市中得到了迅速发展，引进了先进的技术和设备、培养了一批技术骨干，成为中国经济发展中劳动生产率水平比较高的部门。而农业由于长期无偿“援助”工业的发展而失去了改善劳动条件、引进先进技术的条件，成了以手工劳动为主、劳动生产力水平较低的部门。正是这种由传统经济发展战略引起的生产率水平的差异及对农村的忽视，导致了中国二元经济结构的产生。

第二，传统经济体制造成的城乡分割。中国长期的计划经济体制形成了城乡隔绝的二元经济体制和城乡隔绝的二元户籍制度，阻碍了农村人口向城市的转移，不仅进城打工的农民受歧视，而且不允许农民在城市落户，只准在小城镇落户。从收入分配角度看，长期的城乡二元劳动力市场的分割，形成了当前城乡间的较大收入差异。城乡有别的社会保障制度未把农村养老保险纳入国家政策主体，城乡有别的基础教育制度使得农民不能享有平等的接受基础教育的权利，这些又进一步加剧了中国经济的二元性。

第三，非农产业发展政策扩大了二元差距。改革开放以来，政府在经济发展方面表现出强烈的赶超愿望，希望通过加快经济发展步伐来缩小同发达国家的差距。这一目标在政策上表现为对进口替代型工业和出口导向型产业的大规模投资，通过税收、关税、外汇及价格政策的支持对工业实施全面的保护和控制，并从生产要素和产品市场上对农业实行歧视政策，以便实现农业剩余向非农产业的转移，为工业发展提供资金积累。大量的国家投资集中于资本密集型、技术密集型和知识密集型产业。相比之下，对促进农业发展的科研开发、新的生物化学和机械的技术开发投入却严重不足。

(二) 二元经济结构的基本特征

第一，农业严重落后于工业和其他产业，农业劳动生产率低下。二元经济结构下的传统农业部门和现代工业部门的技术水平差异甚大，现代工业部门拥有现代先进的技术水平；而传统农业部门的技术水平比较落后。处于工业化中期的中国，工农业发展不仅严重失衡，农业仍继续承担向工业提供资金积累的“输血”任务，主要表现在：金融政策向工业和城市倾斜，农村资金大量流失；工业化和城镇化的发展，大量挤占农业资源，尤其是土地资源；政府财政对农业投入支持严重不足，农业发展缓慢。由此可见，国家对农业的多取少予使中国农业长期处于“贫血”状态，致使农业劳动生产率极其低下。

第二，城乡发展差距扩大。一方面，城市现代工业与农村传统农业的劳动生产率差距不断扩大，工农业产品比价因需求收入弹性不同而出现有利于工业、不利于农业的变动趋向，大规模的工业企业容易形成垄断，而分散的小农在交换中处于劣势，极不利于农村的发展、农民的增收和农业结构的调整。另一方面，城市发展越来越现代化，正在从工业社会向信息社会转换，而农村则处于从农业社会向工业社会的转化过程中，由此产生的结果是城乡经济发展差距越来越明显。

第三，城乡收入差距拉大。在传统农业部门就业的劳动者与在现代工业部门就业的劳动者收入差异过大，传统农业部门的劳动者工作条件差，收入较低；现代工业部门的劳动者收入较高。如果考虑到城镇居民在住房、医疗、教育、交通及公共服务等方面所享有的各种补贴和劳保福利，再考虑到农民尚需从纯收入中拿出相当大的部分用于生产性支出，城乡居民的实际收入差距会更大。

（三）二元经济结构对中国经济发展的影响

二元经济结构的存在，在中国经济成长的一定阶段和一定限度内是有助于经济发展的。首先，现代部门作为一种新技术、新的组织形式及高效率的典范，随着它的建立和发展，将有助于人们思想观念的转变，从而推动传统部门的现代化；其次，现代部门将以自己创造的新技术、新设备提供给传统部门，有利于推动传统部门的发展和向现代部门的演进；最后，现代部门的劳动者有较高的劳动收入，这将对传统部门的劳动者产生很大的吸引力，从而促使传统部门的劳动者及资金向现代部门转移和流动，这将有利于加速现代部门的发展。总之，这有利于逐渐弥合二元经济结构，最终实现国民经济的现代化。

二元经济的长期存在对中国经济的发展也产生了一定的消极影响。第一，中国的经济建设一直遵循按比例协调发展的规律，要求各产业之间要保持一定的比例和发展速度。而传统的农业部门严重落后于现代工业部门，成了制约中国国民经济发展的瓶颈。第二，加剧了部门、地区之间发展的不平衡，也扩大了劳动者的收入差距。在发达地区，现代工业的发展带动了当地传统农业的现代化，促进了发达地区的经济发展，使人民收入急剧增加。而经济欠发达地区大部分是传统部门，这些部门不仅劳动生产率水平低，技术落后，人们工资水平低，而且从传统部门转移出来的劳动者，由于缺乏先进的技术水平，很难实现过剩劳动力向现代工业部门的转移，导致发达地区和经济欠发达地区劳动者收入差距的扩大。

三、中国二元经济结构转换的路径

全面建设小康社会实际上就是要建立一个统筹城乡经济社会发展、部门经济结构合理的和谐社会，其根本就是要解决城乡二元经济结构问题，实现社会的全面协调可持续发展。党的十六大明确指出：要从城乡统筹的角度改变二元经济结构。落实十六大的精神，要抓好以下五方面的工作。

(一) 切实加大政府对传统农业投资力度

由于中国农村基础设施比较薄弱，政府应加大对农田水利基础设施建设、生态环境建设和农村公共设施建设的投入；逐步完善科技推广服务体系、信息服务体系；增加对农民的直接补贴（包括生产环节补贴、运输环节补贴等），降低农民的生产流通成本。

另外，农村基础教育条件差，办学资金紧张，农村中小学教师待遇低，这些都不利于农村人力资本的形成，制约了农村人口素质的提高，进而制约了农村经济发展。为此，政府应多方筹措资金，加大对农村教育投资的力度，改善农村办学条件，拓宽办学领域，加强应用技术教育，大力提高农民的科学文化素质。

(二) 积极推进农业产业化和现代化

农业产业化经营是一种重要的经营体制，是解决新阶段农业遇到的深层次矛盾的现实选择。中国农户数量众多，高度分散，生产规模狭小，农产品销售手段十分落后，而且很多是半自给自足。实行农业产业化经营，把市场和农户连接起来，带动和引导农业经营主体进入市场，可以带动农业结构调整和农业科技进步，提高农业的规模化水平；可以建立利益共享、风险共担的机制，增加农民的收入水平和投入水平；可以提高农民的组织化程度，增强农业经营主体的竞争能力。为此，应大力推进农业产业化经营，加强龙头企业建设，培育一批外向型的农业领头企业，发展特色农业、特色农产品加工业，开发名优特新产品。农业产业化的过程是走区域化布局、专业化生产、企业化管理、社会化服务、产供销、贸工农一体化经营的社会化大生产的组织形式和生产经营方式，其最根本的特征是创出各具特色的农业产业化、现代化和农村城镇化的路子，农业产业化对于整体提升农业发展水平具有重要的意义。

中国的传统农业部门大部分是手工操作和少数的半机械化操作，技术水平很低。农业发展的根本动力是农业科技创新。我们必须不失时机地推进农业科技革命。技术研究开发是农业技术进步的基础，因此国家首先应加强可持续农业技术的研究开发，集中优势力量，力求取得重大突破；其次要改革农业科研体制。长期以来，科研、推广、应用三者的结合问题没有得到有效解决，严重影响了技术系统整体功能的发挥。因此，一方面，建立科研、开发、推广协调发展、充满活力的科研体制是技术创新的内在要求；另一方面，要促进科研与经济的结合，加强农业技术推广，制定鼓励农户采用新技术的法规。

（三）着力提升农村工业化水平

农村工业化能够为农业现代化的发展就近解决必要的生产资料。随着城市工业化的发展，必然有一部分城市工程向农业扩散和转移，从而促进农村工业化的发展；而城市工业化的发展还要求农村工业为它提供配套性服务，满足城市工业发展的需要。农村工业化的发展，将改变农村经济落后的面貌，使农民的居住条件、社会环境、文化生活、卫生保健等方面得到改善和提高。

（四）继续实施农村剩余劳动力的合理有序转移

要富裕农民就必须：减少农民数量，加快农村劳动力向非农产业和城镇转移，增加农民的就业机会。这种转移有三条基本途径：一是根据城市发展的需要，向城市工业、建筑业、运输业及社会服务业转移。这种“离土离乡”的转移方式会给转入地带来就业压力增加、城市设施和交通运输紧张等问题，因而需要在政府有关部门的指导下进行，防止盲目性。二是鼓励农民“不离土也不离乡”的兼业经营。在经营农业的同时，兼营家庭手工业、家庭服务业和家庭养殖业。三是大力发展乡镇企业以吸收农村剩余劳动力。这种“离土不离乡”的转移是解决农村剩余劳动力的最主要的途径。政府要有组织地搞好农村剩余劳动力的培训，努力提高他们的素质；有计划地引导农民工的流动，形成合理的区域分流机制。

（五）加强小城镇建设，提高城镇化水平

农村小城镇的发展与周边地区的农业发展是相辅相成的，加快小城镇建设，可以促进农村产业结构的调整和优化；可以搞活城乡流通，使市场与农户直接组合；可以启动农村的消费市场，进而加快农业产业结构调整和提高农产品质量。有重点地加快农村的城镇化建设，实现工业与农业、城市与乡村发展的良性互动，走中国特色的城镇化道路，是消除二元经济结构的正确选择，是实现中国经济现代化的必由之路。

积极推进小城镇建设，特别要注意解决好以下四个问题。一是要消除不利于城镇化发展的体制和制度障碍，推进户籍制度改革，加快城镇住房、就业、医疗、教育和社会保障制度的改革，为进城农民提供公平的就业和生活环境。二是发展小城镇要以现有的县城和有条件的建制镇为基础，科学规划、合理布局。三是发展小城镇的关键在于繁荣小城镇经济，规划小城镇要以农产品加工业和农村服务业为重点，使小城镇形成符合当地特点的支柱产业。要把引导乡镇企业合理聚集、完善农村市场体系和社会化服务等与小城镇建设结合起来。四是要形成促进小城镇健康发展的机制。加大对小城镇建设的投入，在政府引导下主要通过市场机制作用，引导社会资金投入小城镇开发。在保护耕地和保障农民合法权益的前提下，妥善解决城镇建设用地。改革小城镇管理体制，尽快形成与小城镇经济社会发展相适应的行政管理体制。

第三节 经济发展与产业结构

一、产业结构及其划分

产业，有广义和狭义之分。广义的产业是指国民经济的各行各业，从生产到流通、服务以至于文化、教育；从狭义上看，由于工业在国民经济发展中的特殊位置，产业有时指工业部门。在本书中指的是广义的产业，泛指国民经济的各行各业。

所谓产业结构，是指国民经济内部各个产业部门之间和同一产业部门内部各个组成部分之间在生产过程中形成的经济联系和比例关系。经济联系反映了产业之间质的关系，比例则反映了产业之间量的关系。产业和产业之间存在着极其复杂的直接和间接的经济联系，使全部产业成为一个有机的系统，构成国民经济结构的一个基本方面。

依据一般分工或特殊分工的形式，可将国民经济分为顺序发展的三次产业，第一产业包括农、林、牧、副、渔在内的大农业；第二产业包括各类工业和建筑业，如采掘业、制造业、水利电力、蒸汽、石油等；其余的均为第三产业，如商业、服务业、金融业、保险业、电信业、运输业、咨询服务业和技术服务业等。按照现代化的标准来看，三大产业的比例应分别为 10%、20%、70%。按照产业中投入资源的密集程度，可将产业分成劳动密集型产业、资本密集型产业、技术密集型产业和知识密集型产业。同时，每一类产业内部又可以细分为若干个部门。

产业结构是一个动态的范畴。随着社会生产力的发展和科学技术的进步，新的产业不断涌现，各产业部门之间的对比关系和结构状况也在不断地发生着变化，从而必然造成产业结构的变革和调整。

二、影响产业结构调整的因素

影响一国产业结构调整的因素主要包括社会需求、技术进步和资源供给等。

（一）社会需求

社会需求，是指一定的支付能力条件下全社会对生产出来、供最终消费和使用的物质产品和劳务的需求总和。社会需求是产业结构调整的出发点和立足点。社会需求包括消费需求、投资需求和出口需求。

消费需求包括公共消费需求和个人消费需求两部分，其中，个人消费需求是影响产业结构调整的主要因素。个人消费需求是指为满足当前的消费需要而购买商品和劳务的个人开支，主要包括三部分，即生存资料、发展资料和享受资料的消费需求。随着收入水平的提高，个人消费需求结构趋向多层次和多样化，而多层次的消费结构将会带动多层次的产业结构调整。

投资需求既包括固定资产的投资需求，又包括流动资产的投资需求，其中固定资产投资需求的变动是产业结构调整的直接原因。创造新需求的投资将形成新产业而改变原来的产业结构；对部分产业的投资，将推动这些产业以更快的速度扩大，从而影响原有产业结构；对全部产业的投资，则会引起产业发展程度的差异，导致产业结构的相应变化。

出口需求是指国外对本国商品和劳务的需求。由于各国资源禀赋不同，不同国家生产的相对优势也不同，这就形成了各国在国际贸易中的比较优势。这种比较优势影响各国的进出口结构，从而影响产业结构的变动。

（二）技术进步

技术进步是产业结构调整的动力。技术进步是指人们在生产中使用效益更高的劳动手段和工艺方法推动社会生产力发展的运动过程。技术进步不仅能够调整产业结构，使之趋向合理，更重要的是它是推动产业结构调整的杠杆。

第一，技术进步不断开拓新的生产技术和形成新产业。随着技术进步，以及社会分工和专业化的发展，在原有产业中分解出新的产业。同时，将科技成果用于更新改造生产技术和工艺设备，使生产手段更加现代化，生产过程更加合理化，进而形成相应的新产业。

第二，技术进步推动传统产业的技术改造。用新技术、新设备、新工艺、新产品取代老技术、老设备、老工艺、老产品，使各种传统产业逐步转移到新的技术基础上。

第三，技术进步推动产业结构的更新换代。各个产业之间的技术进步是不平衡的，因科学技术突破而产生的新兴产业，往往有较高的生产效率，迅速发展壮大，而那些技术没有重大突破的传统产业会出现衰落，甚至被其他产业所取代。于是，产业结构发生结构性的变化，实现产业结构的更新换代。

（三）资源供给

资源供给是指自然资源、人力资源和资金资源的供给。一国资源供给的状况直接决定和影响着该国产业结构的调整。

首先，从自然资源的供给看，自然资源状况和产业结构的形成有着密切联系。那些自然资源丰富的国家往往形成资源开发型的产业结构；相反，资源匮乏的国家则不可能形成资源开发型的产业，只能形成资源加工型的产业结构。由于自然资源禀赋是经济发展的基础因素，且具有先天性，所以对产业结构的形成和调整起着很大的制约作用。

其次，从人力资源的供给看，人力资源，即劳动力资源，包括劳动力的数量和质量两个方面。一般来说，在一定的经济发展条件和水平下，对于劳动力数量庞大而素质较低的国家而言，较为适合发展劳动密集型产业，或确立以劳动密集型产业为主的产业结构。相反，对于劳动力素质较高而数量短缺的国家而言，则较为适合发展资本密集型、技术密集型或知识密集型的产业，或者确立以这些高端产业为主的产业结构。

最后，从资金资源的供给看，资金资源是指货币资金资源。货币资金既是企业经营的第一推动力和持续推动力，也是产业形成与发展的第一推动力和持续推动力。

三、中国调整和优化产业结构的重要性

中国目前产业结构存在的问题是：第一产业落后、比重过大，第二产业素质不高，第三产业滞后，第一、第二、第三产业之间的比例失调。因此，必须调整和优化产业结构。而产业结构的优化是指形成以高新技术产业为先导、基础产业和制造业为支撑、服务业全面发展的产业格局。

第一，调整和优化经济结构是实现社会总供给和总需求平衡的客观要求。在经济发展过程中，社会总供求发生了重大变化，大量商品相对过剩，供给质量不高。而优化产业结构可以打破低层次的供求平衡，解决相对过剩问题，达到新的更高层次上的平衡。

第二，加快经济结构调整是增强国际竞争力的需要。经济的全球化把中国的国内市场和国外市场融为一体，中国的产品不仅在国内市场而且在国外市场都面临着激烈的竞争。优化产业结构，可以改变过去低水平重复的问题，以质取胜，培育竞争力强的产品，这样在国际竞争中才能获胜。

第三，调整和优化经济结构是解决中国产业结构不合理、地区发展不平衡、城镇化水平低的关键。目前，中国突出的低水平条件下的过剩问题、就业问题、“三农”问题等几乎都与产业结构不合理有关。如果仍然按照原有的经济结构发展经济，不仅没有市场，而且资源和环境也会受到破坏。调整和优化经济结构，能使再生产的各个环节相适应，有效地利用资源和生产要素，促进国民经济的快速发展。

第四，只有调整和优化产业结构，才能在物质上保证人民生活水平的提高和社会生产繁荣发展，从而加快现代化建设的步伐，缩小同经济发达国家的差距。

四、中国调整和优化产业结构的方向

产业结构的优化是指形成以高新技术产业为先导、基础产业和制造业为支撑、服务业全面发展的产业格局。

第一，进一步加强农业的基础地位，促进农业经济的全面发展。首先要加大对粮食主产区的支持力度，实行工业反哺农业、城市支持农村的方针，稳定粮食的生产能力。稳定粮食播种面积，加强粮食生产基地建设，严格保护基本农田。全面提高农产品质量，满足市场优质化、多样化需求。大力发展适销对路的优质农产品生产，提高农产品的分级、包装、储藏、保鲜和加工水平，控制农业生产的外源污染和农业自身污染，提高农产品质量安全水平。其次，调整农村经济结构，大力发展农产品加工业，加快专业化生产和产业化经营。在大力发展特色农业的同时，积极发展林业、畜牧业、水产业和乡镇企业，优化农业区域布局。最后，深化农村体制改革和农业科技体制的改革，加快农业科技创新和技术推广，大幅度增加农业科技投入，加强农业科技创新能力和农业技术推广体系的建设，支持和鼓励科技人员到农村开展技术咨询和服务。

第二，加快发展基础工业和基础设施建设，优化工业结构。交通运输、通信、能源等基础产业必须用高新技术去改造、提升。首先，要加快高科技产业的发展。要加快科技研究与开发，必须建设一批高技术工程，鼓励发展高技术产品，实现高技术的产业化和传统基础产业的更新换代。其次，加快传统产业的更新改造。传统产业拥有雄厚的物质技术基础，特别是制造业，仍有广阔的市场需求和发展前景，所以，既要加快发展高新技术产业，又绝对不能忽视发展传统产业。传统产业的改造一定要充分运用高新技术，提高发展的起点，发挥后发优势。大力发展装备制造业，积极发展建筑业等，形成新的优势产业。再次，要改革传统企业的内部机制。通过上市、兼并、联合、重组等形式，形成激励和约束相结合的有效机制，促进中小企业向“专、精、特、新”的方向发展，提高大企业的配套能力。最后，大力发展信息产业，以信息化带动工业化。信息技术在国民经济各个领域的普遍应用，能够提高劳动生产率水平。信息化为中国加速推进工业化提供了可能，大力推进信息化，以信息化带动工业化，是中国完成工业化任务、发挥后发优势、实现生产力跨越式发展的新机遇。我们必须高度重视信息化在工业化发展中产生的倍增作用和催化作用，积极推进信息化。为此，必须广泛应用信息技术，建设信息基础设施，发展电子信息产品制造业。

第三，加快发展第三产业特别是现代服务业。第三产业的兴旺发达是现代化经济的一个显著特征。大力发展第三产业对于促进国民经济协调发展、提高经济效益和效率、扩大劳动就业、改善人民生活水平，都有着重大的作用。改革开放以来，中国第三产业得到了较快发展，但与经济发展阶段和人民收入应达到的水平相比，还有相当大的差距。因此，必须高度重视发展第三产业，明显提高第三产业在国民经济中的比重。首先，要通过科技进步带动第三产业的发展。用发展高科技产业促进第三产业的发展，是中国 21 世纪第三产业发展的主流趋势，既符合国际服务产业发展主旋律，也是考虑中国现有资源、环境特征、社会经济发展水平、未来服务市场需求状况所必须采取的模式。其次，促进城市化，带动第三产业的发展。第三产业的发展，一定要以城市为载体。以生产促市场、以市场促服务，形成第三产业发展的好势头。最后，大力发展各类市场，促进第三产业的发展。大力开拓各类市场，特别要加快发展金融、物流、旅游、代理、咨询、社区服务、职业培训等现代服务业。同时，也要形成有利于服务业发展的体制环境，要转变观念，突破体制障碍，打破垄断，放宽市场准入，加快机关、学校、医院和企事业单位后勤服务的社会化进程，完善服务业标准，拓宽服务业融资渠道，提高服务水平等。

第四节　经济发展与区域经济

一、区域经济协调发展的意义

中国地域辽阔，各地区经济条件差异很大，经济发展和资源分布很不平衡。因此，加快地区经济发展、缩小地区差距，是中国经济社会发展的一个重要问题。

第一，区域经济协调发展是整个国民经济协调发展的保证。国民经济总体目标的实现是由相互联系、相互制约的各个区域经济所实现的分目标构成的。因此各个区域经济发展的模式和方向，经济增长的速度和效益投资方向，以及它们之间的合作程度直接影响中国国民经济的总体目标的实现。区域经济的协调发展不仅是产业经济的协调发展，也包括更为复杂的经济关系的协调发展。

第二，区域经济的协调发展有利于各个地区的优势互补，实现生产要素的合理流动。通过发展区域经济联系，可以把被行政区域和部门分割的经济关系连接起来，通过区域经济联系，就可以使不发达地区更多地得到发达地区的资金和技术等方面的支持，也可以使发达地区获得更多的丰富资源支持，从而提高我国的综合经济实力，增强国际竞争力。

第三，区域经济协调发展有利于促进技术进步。区域经济的发展能够促进技术联合和技术协作，有利于先进技术在不同区域之间的传播和扩散，这就可以降低产品成本，提高产品质量，增加产品竞争力。区域之间的科研单位和生产企业组成科研生产或技术协作联合体，有利于加快科研成果转化为生产力，加快新产品的开发，以及先进技术的引用和吸收。

第四，区域经济的协调发展有利于经济体制改革的深入。区域经济的协调发展不仅要求各行业、各企业之间要按照市场原则进行往来，而且还要求财政、税收、金融等体制不断完善，这必将加快经济体制改革的步伐。

第五，区域经济协调发展是缩小地区之间差距、维护社会稳定、加强民族团结的根本保证。没有经济落后地区的小康，就没有全国人民的小康。只有各地区经济协调发展，才能确保各民族的团结和边疆的稳定，为全国的现代化建设提供一个稳定的政治和社会环境。

二、中国的区域经济差异

区域发展不平衡是发展中大国的普遍规律，这一规律在我国表现得尤为突出。随着改革开放的深入，中国东部、中部、西部三大地带区域的经济都得到了巨大的发展。同时在区域经济发展过程中的一些问题和矛盾也不断地暴露出来。

第一，地区经济发展不平衡加剧。改革开放以来，我国东部地区的经济增长速度一直比较快，尤其是进入 20 世纪 90 年代以后，GDP 的增长速度达到了 12%～18%。发达地区与不发达地区在经济增长速度、经济实力、经济发展水平、农村经济发展状况、人民收入等方面的差距仍在拉大。贫困人口的 80% 分布在落后的中西部地区。

第二，由于交通条件、地理位置、劳动者素质、人们的效率意识及长期政策的影响，中西部地区吸引投资的能力较弱，而且区域间分工协作的意识比较淡薄，使地区间经济发展差距进一步拉大，严重影响整个国民经济的协调发展。

三、中国区域经济差异的成因

区域经济差异的成因很复杂，归纳起来有以下五种原因。

（一）自然基础

区域经济发展的自然基础包括区域所处的自然环境，以及包含于自然环境中的各种自然要素、自然条件和自然资源。虽然在现代区域经济发展中自然基础的影响并不是决定性的，但也是一个不可忽视的方面。这是因为，自然基础能够通过对区域产业的形成与发展、自然资源的开发与利用、生存环境的优劣等产生直接或间接的影响，从而影响到区域的经济发展状况。那么，就各区域而言，自然基础的差异势必造成其经济发展的差异。

（二）区位条件

区位反映了一个区域在全国经济发展总体格局中的地位，以及与市场、其他区域的空间关系，这种关系直接或间接地影响区域的经济发展机会。改革开放以来，我国实行的是以沿海地区为优先发展对象的宏观区域发展战略，在这个战略中，沿海地区因为具有对外开放的良好地理位置而获得前所未有的发展机遇，而内地在这个战略中则处于次要的地位。而且，沿海各区域在经济体制改革、对外开放、吸引外资等诸多方面都得到了中央的支持和优惠政策，其经济发展也就自然是内地所不能相比的。再者，沿海地区中的多数区域本身就是全国的经济重心所在，所孕育的发展机遇也比内地多得多，具有“近水楼台先得月”之利。加之在环西太平洋经济带中，沿海地区比之内地更有条件接受日本、韩国、新加坡、中国香港和中国台湾等东南亚国家和地区的经济辐射，相互开展经济交流与合作。而内地的经济发展则在一定程度上受到了区位条件的限制。

（三）经济基础

区域的经济基础也是影响区域经济差异的基本因素之一。因为，无论从发展速度还是从总量规模看，任何一个区域的经济发展都受制于原有的经济基础，所以，区域之间的经济发展水平的变化是与其经济基础密切相关的。特别是欠发达区域要赶上发达区域的经济发展水平，在总量规模相差很大的情况下，就必须以高于发达地区的经济发展速度才能在一定的时段内缩小区域差距，实现区域之间的平衡。

（四）政策因素

国家的经济政策虽然是从全局的整体利益出发来调控经济发展的，但是，在具体的实施过程中总是要落实到各个区域，给各个区域所带来的发展机遇和实际经济利益是不可能相同的，进而影响到它们之间的经济差异变化。具体表现在以下两个方面。

第一，改革开放的时滞性。在我国的对外开放战略实施中，沿海地区是对外开放的重点。从创办深圳、珠海、汕头、厦门经济特区，到设立沿海 14 个开放城市、开辟长江三角洲和环渤海湾等沿海经济开发区，沿海地区对外开放的时间最早、地域最广、程度最大、层次最多。通过大规模地吸引外资和先进技术、开展对外贸易，沿海地区的经济发展得列了前所未有的发展。

第二，财政和金融政策的区域倾斜。投资上的倾斜使得沿海地区在信息和通信基础设施方面具有明显优势。政府还从 1980 年开始在沿海的五个经济特区实行关税、流转税和企业所得税的减免政策，在外资、外贸方面给予特区政府较大的审批权限。优惠的政策加上有利的地理位置，使得沿海地区获得了快速发展的良机。

（五）人口文化素质

世界各国经济发展经验表明：如果一个国家和地区的人口素质普遍提高，那么该国或地区的人力资源的质量也会相对较高，而较高素质的劳动力的劳动效率和对经济增长的贡献一般也较高，从而该国或地区的人均产出水平也较高；反之，人口素质低、劳动力素质低，人均产出水平和收入水平也较低。我国西部比东部地区商品经济发展迟缓，差距扩大，这与西部地区在文化观念上轻视商品经济、缺乏驾驭商品经济的能力有关。

影响区域经济差异的因素是多方面的，有些原因在某一特定时期可能是主要原因，但随着社会经济发展客观条件的变化，有可能转化为次要的原因。因此，在分析和理解区域经济差异时，要全面地、联系地、发展地看待各种因素的作用，只有这样，才能客观地寻求区域经济协调发展的途径。

四、引导区域经济协调发展的途径

为了引导区域经济协调发展，中央制定了地区经济布局和协调发展的原则，即统筹规划、因地制宜、发挥优势、分工合作、协调发展。根据这一原则，正确处理全国经济发展与地区经济发展的关系，正确处理地区之间的关系，党中央作出了重大的战略部署。

（一）西部大开发

西部 12 个省（自治区、直辖市），国土总面积 6.85 亿公顷，占全国土地面积的 71.05%；耕地面积 4846 万公顷，占全国耕地总面积的 37.8%。全国矿产资源保有储量潜在总值的 65.8% 和 45 种主要矿产资源保有储量潜在总值的 66.3% 分布在西部，煤炭、天然气、铜矿、铝矿、锌矿、硫铁矿、盐矿、磷矿蕴藏丰富。全国规划的十大水电基地，有七个在西部，水资源占全国总量的 50%。青海、新疆、西藏、内蒙古是中国的四大牧区。西南林区蓄积量占全国的 45% 以上。西部仅陕西就有古遗址 1.037 8 万处、古墓葬 4011 处。西部地区是 21 世纪中国经济社会持续、快速、健康发展的资源依托。

首先，进一步加强基础设施和生态环境建设，为加快西部地区开发奠定基础。加强公路、铁路、机场、内河航运系统建设，形成交通骨干网络；加强水利和能源建设，加快建设一大批火电站；发展电信基础传输网、信息业务网，促进城市基础设施建设。加快退耕还林步伐，加强水土保持、沙漠化治理、中心城市大气污染治理。把基础建设与基本农田建设、农村能源建设、生态移民、农业结构调整结合起来，组织制订有关规划，落实生态环境建设的各项配套措施。

其次，进一步加强农业基础建设，不断提高人民生活水平。重点加强农村水利、交通、能源、通信建设，切实改善农民生活和生产条件；大力调整农村经济结构，推进农业产业化，扶持龙头企业，搞好小城镇建设，建立健全社会保障体系；加强基层文化建设，逐步使西部地区各族群众都能享受到基本的社会公共服务。

再次，调整经济结构，积极发展特色产业。提高水能、天然气、铜、铅、锌等优势产业和矿产品的开发与利用水平。发挥西部地区军工企业、大专院校和科研院所较为集中的优势，因地制宜地发展生物工程、中药现代化、电子信息、新材料、新能源等高新技术产业；充分利用西部地区丰富的自然、社会和人文资源，建设沿边、草原、草地、雪山等特色旅游路线。

最后，推进科技创新，加快科技发展和人才开发。支持基础教育发展，力争普及九年义务教育，改善职业教育的办学条件，抓紧培养发展市场经济、开放经济和特色经济所需要的各种专门人才。

（二）中部地区崛起

中部地区主要包括山西、河南、安徽、江西、湖南和湖北六省，资源丰富，人口众多，交通便利、区位重要。作为连接东西部的桥梁和纽带，中部地区崛起是东西互动、南北合作，是中国经济布局均衡和协调发展的坚实支撑点。促进中部地区的崛起，是全面落实科学发展观、实现区域经济协调发展的重要内容，是中国现代化建设中的重大战略部署。

加快中部地区的发展，关键是要发挥中部地区的优势，用高新技术改造传统产业，提高产品档次和竞争力，发展有竞争力的制造业和高新技术产业；同时，要加强基础设施建设，完善路网体系，打通中、西、东部地区的通道，与东部和西部地区形成互动。加快能源基地建设，充分发挥资源优势；进一步加快小城镇步伐，发挥城市经济的辐射和带动功能；搞好生态环境建设，增强可持续发展能力。

（三）东部沿海地区大发展

党的十六大明确指出：东部地区要加快产业结构升级，进一步发展外向型经济。这就为东部地区的发展指明了方向。首先，要加快产业结构升级，要在有条件的地方继续发展高新技术，充分利用信息技术，提高传统产业的智能化、知识化水平。其次，要依靠科技创新和体制创新，进一步发展外向型经济。发展外向型经济，必须根据国际分工和国际市场的需要，调整地区的产业结构，使出口额的比重不断提高，主导产业和支柱产业的产品及其在市场的占有率进一步上升，使企业的国际化程度大幅度提升。

（四）东北老工业基地振兴

东北地区（辽宁、吉林、黑龙江）战略地位重要，北上可达俄罗斯西伯利亚、远东地区和蒙古，东进可经丹东进入朝鲜、进而抵达韩国和日本，既沿海沿边又沿江，因此是环渤海经济区的重要力量，是东北亚经济区的重要组成部分，是沟通欧亚两大洲的“大陆桥”。东北地区的经济地位也很重要，曾被誉为“新中国工业的摇篮”。“一五”时期，全国 156 个重点项目有 58 个建在东北（辽宁 24 个、黑龙江 22 个、吉林 12 个），占 37.18%。目前，我国重型装备制造业、军用飞机、舰艇、导弹等国防建设的“杀手锏”有相当部分在东北。振兴东北老工业基地是中国国有企业改革的重要突破点。全面落实中共中央关于振兴东北老工业基地的各项政策，加快产业结构调整升级和重点企业的改革、改组和改造，促进经济转型，要依靠体制、机制、技术创新，走出一条实现振兴的新路。

（五）支持革命老区、民族地区和边疆地区的发展

这些地区大都是山区和偏僻的农村，交通不发达，经济比较落后，一般群众的生产水平还相当低，必须采取有力措施，使这些地区的经济尽快发展起来。为了支持这些地区加快发展，要加大财政转移支付力度和财政性投资力度。这些地区要保护自然生态，改善基础设施条件。要大力发展各类教育事业，发展少数民族民间传统文化，加强少数民族人才队伍建设，稳定现有人才队伍。支持这些地区发展其特色产业、特需商品、民族医药业和其他有优势的产业，优先解决特困少数民族的贫困问题，扶持人口较少民族的经济社会发展，推进兴边富民行动。

总之，实施西部大开发，振兴东北老工业基地，促进中部地区崛起，鼓励东部地区加快发展，是从全面建设小康社会和加快现代化建设全局出发的整体战略部署。实行符合各地特点、发挥比较优势、各有侧重又紧密联系的区域发展战略，体现了统筹协调发展的要求，既有利于充分调动各地区的积极性，又有利于中东西互动、优势互补、相互促进、共同发展。

第五节　经济社会的可持续发展战略

一、可持续发展的内涵

当今世界，资源短缺、环境污染等问题严重影响世界经济的发展。在这种形势下，可持续发展成为社会经济发展的必然选择。1972 年，联合国“人类环境会议”通过了《人类环境宣言》，提出“只有一个地球”的口号，呼吁各国政府和人民为维护和改善人类环境、造福于人民、造福后代而努力。1980 年，世界自然保护同盟制定的《世界自然保护大纲》，首次使用了“可持续发展”概念。1987 年，联合国环境与发展委员会提出了一份题为《我们共同的未来》的报告，该报告对“可持续发展”的内涵作了明确的界定，即“既满足当代人的需求，又不对后代人满足其需求的能力构成危害的发展”，标志着可持续发展思想的成熟。1992 年联合国环境与发展大会会议通过了《二十一世纪议程》等一系列文件，第一次把可持续发展由理论和概念推向行动。

可持续发展是人类发展观的重大进步，它强调经济、社会、资源和环境保护的协调发展。总体来说，可持续发展观的理论内涵主要具有以下三个基本原则。第一，公平性原则。可持续发展观念，强调社会发展是一个连续的不间断的过

程，对于每一代人和子孙后代的发展权利应当给予同样的尊重和保障。第二，持续性原则。人类经济和社会的发展不能超越资源和环境的承载能力，也就是要有限制措施。可持续发展观念不仅要求坚持社会发展以人的发展为中心，而且要求在发展经济的同时，把社会发展纳入整个物质世界的能量循环与转化运动的统一性中，坚持人的发展与自然生态运动的和谐发展，并最终服务于人的原则。第三，共同性原则。可持续发展观念体现了在国际发展事务中发展中国家和发达国家具有共同的责任和义务，世界各国应力求平等合作、共同协调发展的思想。

二、中国的可持续发展

（一）中国“可持续发展”理念的提出

中国是一个人口众多、自然资源短缺、经济基础和技术能力还非常薄弱的国家，实行可持续发展对中国具有更为重要的意义。

邓小平十分重视可持续发展问题，他提出经济建设与人口、资源、环境要协调发展。他认为人口问题是个战略问题，要很好地加以控制，而劳动者素质又是决定中国发展后劲的关键；他反复强调中国能源和资源紧缺，要求合理利用，节约使用；他非常重视生态环境问题，是中国全民义务植树造林的倡导者和参与者。以江泽民同志为核心的党的第三代中央领导集体进一步提出了可持续发展的目标。江泽民在党的十四届五中全会上指出：在现代化建设中，必须把实现可持续发展作为一个重大战略。要把控制人口、节约资源、保护环境放在重要位置，使人口增长与社会生产力的发展相适应，使经济建设与资源、环境相协调，实现良性循环。1992 年 6 月，中国政府在联合国召开的环境与发展会议上作出履行《二十一世纪议程》的承诺。1994 年 3 月，中国政府发表了《中国二十一世纪议程——中国二十一世纪人口、环境与发展白皮书》。1995 年 9 月党的十四届五中全会上第一次把“可持续发展”载入党的正式文件中。党的十五大报告再次重申：“中国是人口众多、资源相对不足的国家，在现代化建设中必须实施可持续发展战略。”在党的十六大报告中，进一步将可持续发展上升为全面建设小康社会的重要组成部分，指出全面小康的目标之一就是“可持续发展的能力不断增强，生态环境得到改善，资源利用效率显著提高，促进人与自然的和谐，推动整个社会走上生产发展、生活富裕、生态良好的文明发展道路”。在党的十七大报告中，把“建设生态文明，基本形成节约能源资源和保护生态环境的产业结构、增长方式、消费模式”，作为对实现全面小康社会奋斗目标的新要求之一，第一次提出生态文明的概念，并在报告第五部分“促进国民经济又好又快发展”中，对加强能源资源节约和生态保护，增强可持续发展能力提出明确要求，作出具体部署，指出：“坚持节约资源和保护环境的基本国策，关系人民群众切身利益和中华民族生存发展。必须把建设资源节约型、环境友好型社会放在工业化、现代化发展战略的突出位置”，体现了党和政府对生态文明建设的高度重视。

（二）中国实施可持续发展战略的必要性

第一，这是由中国社会主义初级阶段的长期性决定的。中国正处于并将长期处在社会主义初级阶段，在这个阶段上，社会的主要矛盾是人民群众日益增长的物质文化需要与落后的社会生产之间的矛盾。要解决这一矛盾，就必须使社会生产力不断发展。这里既包括经济的发展，又包括政治、文化和其他领域的协调发展和社会的全面进步。从这一点说，走可持续发展道路是建设有中国特色社会主义的必然选择。

第二，这是由中国的现实国情决定的。首先，综合实力不强，经济结构不尽合理，尚未摆脱粗放型经济增长方式，经济增长质量和效益不高。其次，人口总量多，而且每年人口自然净增量也较多，城市人口中的老龄化现象越来越严重，人口素质不高，城乡间人民生活水平差距较大。再次，资源短缺，人均资源明显不足。虽然很多资源的总量都居世界第一，但人均占有量却远远低于世界平均水平。人均耕地相当于世界水平的42%，人均水资源为世界平均水资源的27%，人均森林面积为世界平均水平的4%，许多矿产资源总的储量虽多，但品位较低，开采难度较大，资源的利用率极低。最后，生态环境恶化现象仍很严重。废水、废气、废渣等到处排放的现象并未得到遏制，城市污染现象极其严重。由于地表植被遭到破坏，所以近年来的扬沙及沙尘暴天气较多，水土流失现象仍很严重。

总之，走可持续发展的道路，既是中国从社会主义本质出发对符合人类社会发展要求和趋势的模式的主动选择，又是基于当代中国发展的资源环境条件而作出的正确选择。

三、实施可持续发展战略的对策

第一，控制人口数量，提高人口质量。继续实行计划生育政策，改善公共医疗卫生条件和儿童营养状况，建立和完善养老保险制度；努力增加人们的就业机会，增加人力资本的投资，调整教育结构，提高教育经费占国民生产总值的比重，大力发展职业教育，提高劳动者的素质。

第二，合理利用资源，坚持节约与开发并举。十七大报告要求，“开发和推广节约、替代、循环利用和治理污染的先进适用技术，发展清洁能源和可再生能源，保护土地和水资源，建设科学合理的能源资源利用体系，提高能源资源利用效率”；把科学技术广泛应用于资源利用、环境保护和生态建设上，实现经济增长的低消耗、低污染和高效益，提高资源的利用效率和单位资源的人口承载力，保护资源，实现资源的永续性利用和经济的可持续发展。

第三，加强治理环境污染，保护生态环境。十七大报告要求，“重点加强水、大气、土壤等污染防治，改善城乡人居环境。加强水利、林业、草原建设，加强荒漠化石漠化治理，促进生态修复。加强应对气候变化能力建设，为保护全球气候作出新贡献”；把环境保护纳入经济发展体系中，把改善环境质量作为发展的重要内容，建立资源价格体系；实行有利于环境保护的投资、信贷政策，大力推广清洁生产，优化发展环保产业，加强全民环境教育，提高环境意识和环保需求。

第四，构建适度的消费模式，推进绿色消费。节约资源和保护环境是一项关系人民群众福祉和根本利益，关系民族振兴和国家长远发展的庞大系统工程，需要全社会共同行动，因此，必须把建设资源节约型、环境友好型社会的要求落实到每个单位、每个家庭。由于中国人口规模在继续扩大，自然资源储备在继续减少，在全国范围内尚未彻底解决温饱问题，所以必须节制浪费，鼓励节约，坚决制止愚昧消费。要引导人们树立勤俭节约、合理适度消费的文明观念，树立节约为荣、浪费为耻、奢靡为罪的新型消费观念，以便节约使用一切有限资源，建立节约型社会。大力倡导绿色消费新时尚，广泛开展绿色营销活动，积极推广环保标志产品和绿色食品，减少一次性消费品的数量，提倡绿色包装，控制白色污染，通过提高居民食物结构的质量，引导生态农业体系和生态工业体系的建立。与此同时，开展丰富多彩、有益于社会成员身心健康的文体活动，建立和完善现代文明，倡导健康向上的生活方式。

第五，建立可持续发展的强有力的法律法规体系。要完善有利于节约能源资源和保护生态环境的法律和政策，加快形成可持续发展体制机制。建立和完善可持续发展的法律体系是实现可持续发展战略的基本保障。切实把可持续发展纳入法制轨道，不断增强社会公众的可持续发展法制观念；迫切需要依法保证人口、环境、资源、社会保障、科学教育等与可持续发展密切相关的领域，能按照可持续发展战略的总体规划要求实现预期的发展目标；迫切需要建立科学的可持续发展影响评价制度，加强对可持续发展法律法规实施情况的监督和检查。

四、实现可持续发展战略要处理好的三个关系

1. 必须正确处理经济建设与人口、资源和环境之间的关系

经济建设与人口、资源、环境的关系是对立统一的。其对立性表现在：人口的过快增长及其带来的消费的过快增长，会造成对经济建设和资源、环境的巨大压力；而粗放型经济增长方式和对资源的过度开发，则会造成资源的浪费和环境的恶化，从而也就破坏经济建设和人类生存的基本条件，危及人类经济的可持续

发展。统一性则表现在：进行经济建设与控制人口、合理利用资源、保护环境的目的，最终都是为了使人类生活得更幸福、更舒适；经济建设离不开人及资源、环境的支持，而人的生活水平和素质的提高、科学技术的进步、资源的合理利用，以及生态环境的保护，又都依赖于经济建设。经济发展是物质基础和前提。可持续发展的核心是发展；控制人口数量、提高人口素质是中国可持续发展的前提；节约资源是实施可持续发展的重要保证；保护环境是实施可持续发展的关键。

2. 必须处理好可持续发展与自然规律、经济规律之间的关系

自然规律和经济规律都具有客观实在性，人们不能制造它，不能改造它，也不能废除它，但人们可以认识和利用它。在实施可持续发展的过程中，必须遵循自然规律和经济规律的客观要求，利用自然规律和经济规律去改造现实的生活环境。

3. 实现可持续发展必须同“科教兴国”结合起来

经济发展过程中的效益低下、资源浪费和环境的破坏、人口的过度增长都与人们的素质低下有关，要解决这些问题必须靠科学技术的发展。科学技术的发展对开发和合理利用那些不可再生的资源及能源具有重要的作用；废水、废气、废渣带来的环境污染最终也要靠科学技术的发展来解决。

要实现可持续发展，就必须树立和落实科学的发展观。科学发展观的核心就是要坚持以人为本，坚持全面、协调、可持续的科学发展。全面发展，就是要以经济建设为中心，全面推进经济、政治、文化建设，实现经济发展和社会全面进步。协调发展，就是要统筹城乡发展、统筹区域发展、统筹经济社会发展、统筹人与自然和谐发展、统筹国内发展和对外开放，推进生产力和生产关系、经济基础和上层建筑相协调，实现经济、政治、文化建设的各个环节、各个方面相协调。可持续发展，就是要促进人与自然的和谐，实现经济发展和人口、资源、环境相协调，坚持走生产发展、生活富裕、生态良好的文明发展道路，保证世世代代的永续发展。

☞【双语关键词】

汉语关键词	英语关键词
经济增长	economic growth
经济发展	economic development
经济发展方式	mode of economic development
经济发展战略	strategy of economic development
二元经济结构	duel economic structure

产业结构	industrial structure
区域经济	regional economy
可持续发展	sustainable development

【阅读书目】

邓小平．邓小平文选．第3卷．北京：人民出版社，1993.

江泽民．全面建设小康社会　开创中国特色社会主义事业新局面．北京：人民出版社，2002.

毛泽东．毛泽东选集．第1，3卷．北京：人民出版社，1991.

宋涛．政治经济学教程．第八版．北京：中国人民大学出版社，2008.

杨瑞龙．社会主义经济理论．第二版．北京：中国人民大学出版社，2008.

【思考题】

1. 中国全面建设小康社会的目标是什么？
2. 二元经济结构对中国经济发展有哪些影响？
3. 中国调整和优化产业结构的意义是什么？
4. 区域经济协调发展的必要性表现在哪些方面？
5. 中国为什么要实施可持续发展战略？如何实现经济社会的可持续发展？

【教学案例】

聚焦低碳经济发展

“后危机时代趋势中有一个特点是低碳经济成为新的增长点，特别在发达国家更是如此。”中国经济体制改革研究基金会秘书长樊纲昨天表示，发达国家很早就看到了这一点，目前已开始依靠卖新经济的技术挣钱就业了。

但他同时指出，对中国来说，不能光关注新技术，同时也要发展传统产业，“如果房子不用钢材水泥靠IT就无法建起来，就不要谈跳跃式发展。新经济对我们来说可能只是一部分经济增长的来源，只代表了一部分的增长，我们不要忽视别的增长来源”。

中国工程院院士金涌则在演讲中指出，社会要解决能源问题、资源问题、环境问题，能不能循环是关键，而低碳经济是决定循环成功与否的要素。

据他介绍，低碳经济这个词的首次出现要追溯到2003年，英国政府在白皮书中首先提出了低碳的概念。2007年，美国通过了《低碳经济法案》。

此后，低碳伴随着全球气候变化越来越受关注，美国人甚至已把低碳这一技术问题变成了道德问题。

他认为，美国奥巴马政府在这轮金融危机前后经过反思，认为光靠虚拟经济创新是不行的，一定会带来灾难，为此要重新振兴实体经济，重新争夺领导权，并通过了《清洁能源安全法》，给每个企业设置碳排放上限，征收碳排放税等。

但樊纲预计，美国在低碳经济方面暂时不会走太远。“最新得到的消息是，美国行政当局已被当前讨论的医疗体制改革弄得焦头烂额，同时，新的增长点又没有真正增长起来，已没有任何政治资本再去推行低碳经济的方案。”

尽管如此，他认为，低碳经济“对世界经济、对中国来说仍有着重大影响，我们确实也有一个能不能抓住机遇的问题”。

而在中国社会科学院经济研究所副所长张平看来，这个机遇的存在与否甚至决定了中国经济增长是否可持续。

资料来源：陈其钰．寻找后危机时代经济增长新引擎．上海证券报，2009-10-16（第11版）．

我国近四成国土遭受水土流失

据《人民日报海外版》8月7日报道，在2010年的洪灾中，中西部、东北地区损失惨重，再次敲响了水土流失的警钟。

近几年，东北地区只要一遇到暴雨，就有洪灾发生。这固然与当地的水利设施落后、蓄洪抗洪能力不足有关，但黑土地上愈演愈烈的水土流失，也是一个重要因素。

据水利部统计，我国现有水土流失总面积达356万平方公里（含风蚀），已占到国土面积的37.1%，且不仅广泛发生在农村地区，还发生在城镇和工矿区，几乎每个流域、每个省份都有。

谈到水土流失带来的危害，林学家沈国舫院士认为，首当其冲，是加剧了我国人地矛盾，直接威胁着我国的粮食生产安全和人的生存。我国因水土流失损失的耕地平均每年高达100万亩。按现在的流失速度推算，50年后东北黑土区1400万亩耕地的黑土层将流失掉，粮食产量将降低40%左右；35年后西南岩溶区石漠化面积将增加一倍，届时有近1亿人失去赖以生存和发展的土地。同时，水土流失会导致江河湖库淤积，加剧洪涝灾害，对我国防洪安全构成巨大威胁。辽河干流下游部分河床已高于地面1～2米，成为地上悬河。全国8万多座水库年均淤积16.24亿$米^3$，造成调蓄能力的下降。

除此之外，水土流失还成为我国最大的环境公害之一。一方面，导致土壤涵养水源能力降低；另一方面，在流失大量泥沙的过程中，输送了大量化肥、农药和生活垃圾等面源污染物，成为加剧水源污染的重要原因，对我国生态安全和饮水安全构成严重威胁。

资料来源：林晶晶，柳思思．我国近四成国土面临水土流失　已成洪灾频发之凶．报刊文摘．2010-08-13（第2版）．

一个贫困县“数字造假”揭秘

《半月谈》2010年第15期刊登记者专稿说，太行山腹地的河北省保定市阜平县是国家重点扶贫县，去年一般预算收入不足亿元，政府运转、工资发放等2/3要靠上级转移支付。近两年来，在保定市“工业西进”战略的促动下，这里掀起了招商引资热潮，一个个“重点项目”蜂拥而至，一笔笔“巨额投资”纷至沓来。然而，在听起来令人振奋的“政绩”背后，却隐藏着一个鲜为人知的秘密：“数字造假。”

在城南庄镇石猴村，记者看到了一个市重点项目——年产6000吨“唐人知粉”系列食疗保健产品项目的“庐山真面目”：一片约40余亩的荒地上杂草丛生，两排简易房内空空荡荡。

据记者调查了解，该项目计划总投资5亿元，由于资金短缺，仅完成了征地、场地平整等事项，投资不过几百万元，县里却上报完成投资近2亿元。

春利奶牛养殖项目是阜平县引进的省重要项目，上上下下都很重视。然而，就是这个看上去货真价实的项目，阜平县在上报时依然不忘注入水分。记者在春利农牧业公司看到，奶牛养殖场厂房已基本建成，但没有一头奶牛。据公司工作人员介绍，前期基建投资1000多万元，奶牛要到今年9～10月份才能从澳大利亚空运过来，先订购了350头，每头约3万元。记者粗略估算了一下，这个项目前期投资不足3000万元，但县政府上报时却将完成投资额增加了2倍，达近1亿元。

这类在统计上做手脚的项目还有不少。县政府一名干部透露，红金贡酿酒有限公司技改及扩建项目，到目前连购买旧酒厂款加到一起也不过1000余万元，上报时却说完成了5000万元。据了解，在阜平县所有的重大项目（房地产除外）中，80%上报的完成投资额有水分。

资料来源：张洪河，王永前．投资几百万吹成数亿，贫困县数字造假揭秘．报刊文摘，2010-08-16（第2版）．

区域经济发展出现积极变化

中西部经济增速普遍超过东部。在国际金融危机的冲击下，各地区经济都不可避免地受到影响。但随着中央出台一揽子计划以来，中国区域发展协调性有所增强，中西部和东北地区经济增长均快于东部地区。

根据国家统计局公布的数据，前三季度，全国各省市GDP增速高于13%的六个省（自治区、直辖市）中，西部的内蒙古、广西、四川、重庆占了四席，内蒙古更是以16.7%的增速位列第一。在高于全国各地合计平均增速的15个省区中，西部占 7 个，中部占 5 个。

中西部地区经济增长之所以逆势上扬，原因首先是国家对中西部地区扶持政策的效果；其次，中西部地区处在工业化的初期和中期，重化工业、装备制造业等基础工业和基础设施建设的推进，为中西部地区的工业发展带来了强大动力；再次，中央在农业政策上的倾斜，也推动了中西部地区的农业较快发展；最后，中西部地区绝大多数省份属于内向型经济，在国际金融危机中所受冲击相对较小。

东部地区结构调整、产业升级步子不断加快。虽然东部地区经济发展速度较慢，不过，在政府和企业的共同努力下，一场转型升级的"运动"正在如火如荼地开展。危机以来，东部地区一些劳动密集型和高耗能产业被逐步转移或者淘汰，企业更加注重技术和管理上的创新。同时，企业也更加注重对国内市场的挖掘，逐步降低对外部经济的依赖。比如浙江省在加快改造提升传统产业的同时，抓住机遇大规模发展新产业，光伏等新能源产业正成为具有竞争力的新兴产业和新的经济增长点，传统产业领域的自主创新能力也在显著提升。上半年，浙江省发明专利申请量、授权量分别增长 41.6% 和 65.4%；第三产业对 GDP 增长的贡献率达 83.5%；第三产业增加值占 GDP 的比重同比提高了 3.2 个百分点。上海已确立了先进制造业的突破方向，出台了《关于加快推进上海市高新技术产业化的实施意见》，希望通过推进高新技术产业化，带动传统制造业淘汰落后、抢占高端，带动先进制造业走工业化和信息化"两化融合"之路，并带动现代服务业成长。另外，自主创新渐入佳境。一些企业、园区以自主创新为抓手，瞄准"后危机"时期打造新的增长点。

资料来源：胡少维．2010 年区域合作将继续推进　区域特色更加明显．上海证券报，2010-01-05（第 2 版）．

讨论下列问题：

（1）为什么要大力发展低碳经济？

（2）什么原因造成了我国自然资源的严重破坏？

（3）为什么会出现数字造假的现象？

（4）如何才能实现区域经济协调发展？

第十四章

社会主义初级阶段的对外经济关系

对外经济关系是社会主义市场经济运行总过程中不可缺少的一个方面。特别是在经济全球化的条件下，社会主义经济已经成为开放型经济。对外经济关系的内容主要包括对外贸易和对外经济技术合作。改革开放 30 年以来，我国已基本形成了一个由沿海到内地、由南向北的全方位、多层次、宽领域的对外开放格局。本章主要阐述我国发展对外经济关系的必要性、我国发展对外经济采取的主要形式及我国对外开放格局的形成。

第一节　社会主义国家的对外经济关系

一、社会主义国家发展对外经济关系的必要性

对外经济关系是指一个国家同其他国家和地区间各种经济联系的总称，包括国际商品交换、资金和技术交流、劳务的输出与输入等。国家之间经济关系的产生与发展，是社会生产力的发展，特别是生产社会化与国际化，以及商品经济和市场经济发展的结果。对外开放，是指一种积极开展国际交流的对外政策，开展国际交流（包括经济、文化、体育、卫生许多方面）最主要的是对外经济技术交流。

扩大对外经济交往是商品经济发展的客观要求。自从商品经济跨越了国界，便以不可遏制的势头推动着国际分工体系和世界市场的建立和扩大。在当今世界上，任何国家都不可能、也不应该使自己孤立于世界经济体系之外。

社会主义国家发展对外经济关系的必要性在于以下三点。

（1）发展对外经济关系、实行对外开放是社会主义市场经济发展的需要。一方面，发展对外经济关系可促进社会主义国民经济的协调发展。社会主义市场经济在运行中出现某些商品短缺或一些商品过剩的市场失灵现象时，不仅可以依靠国内调节，还可以利用国际分工和世界市场来调节市场余缺，减少失衡，从而保证国民经济协调发展。另一方面，发展对外经济关系，可以节约社会劳动，提高经济效益。世界各国由于各种主客观原因，生产不同商品的成本和劳动消耗有很大的差异。要充分利用自己的优势，参与国际分工，出口自己有绝对和相对优势的产品、技术或劳务，换回本国需要、在本国生产效率低的短缺产品、技术或劳务，这样就能在国际经济交往中获得各种有利资源，弥补自身的不足。

（2）发展对外经济关系是社会化大生产本身发展的要求。社会主义国家经济的发展，必须遵循社会化大生产内在规律的要求，积极参与国际分工和国际交换，不断开展和扩大对外经济关系。社会生产力的发展，不仅推动着一个国家内部社会分工的发展，而且也日益扩大着国际分工。社会生产力的提高、市场经济的发展，客观上打破了地区和国别的界限。国际分工、国际交换和世界市场不断扩大，使一切国家的生产和消费都具有世界性。当今世界上任何一个国家都不可能只依靠自己的资源和技术，孤立地发展自身经济，而必须依靠国际交往，发展对外经济关系。

（3）发展对外经济关系是加速社会主义现代化建设的必由之路。首先，通过发展对外经济关系，可以积极合理地利用外资，弥补本国发展经济中资金的不足。这对于我国这样一个生产力水平较低、科技水平不高、资金不足的社会主义发展中国家来说尤其重要。其次，通过发展对外经济关系，可以引进先进技术成果，促进本国科学技术的进步和产业结构的优化、升级。在科学技术迅猛发展的当代，一个国家要不甘落后，就要善于利用对外经济技术交流，取人之长补己之短，以加快经济的发展和现代化的进程。最后，通过发展对外经济关系，可以吸收借鉴国外先进的经营方式和管理经验，提高本国政府和企业的管理水平。

二、我国发展对外经济关系的基本原则

（一）独立自主和自力更生的原则

独立自主、自力更生，就是指在坚持政治独立和经济自主的基础上，从本国具体情况出发，主要依靠本国人民的力量，充分利用自己的资源和资金来发展民族经济。

发展对外经济关系，必须坚持独立自主、自力更生的原则。原因是：第一，我们是社会主义国家，社会主义的本质决定了我们不能通过对外掠夺来发展经济，必须把立足点放在自力更生上。第二，对外经济技术交流的效果如何，最终取决于我们的利用、吸收和消化能力。第三，依赖外国发展国民经济，经济命脉

难以自己控制，政治独立也难以获得保证。所以，建设社会主义必须坚持独立自主、自力更生的原则。

自力更生和对外开放并不矛盾。自力更生是基础，建设社会主义的道路和方法必须由自己选择，对外开放可以更好地增强自力更生发展本国经济的能力，两者相辅相成、相互补充。正确处理好自力更生和对外开放的关系，实际上就是正确处理好从国外进口商品、引进技术设备与保护民族工业的关系。也就是说，在对外开放中，我们要充分利用国内国外两种资源，开拓国内国外两个市场，学会组织国内建设和发展对外经济关系两套本领，促进本国的经济发展，提高本国的经济实力。

（二）平等互利和恪守信用的原则

平等互利和恪守信用的原则，是国际交往中公认的准则，既符合我国的利益，也符合贸易各国的利益。我们要坚持国家不分大小、不论强弱，均处于平等地位，互相尊重对方的主权；同时根据需要与可能，互通有无，等价交换，彼此有利；各种贸易协定一经签署，彼此就要认真执行，恪守信用。因此，在国际交往过程中，为了破除旧的、不合理、不公正秩序，建立国际经济新秩序就一定要坚持这一原则。

（三）集中统一和联合对外的原则

集中统一、联合对外的原则，即在国际经济交流过程中，确保我国外贸制度的统一性，统一对外贸易立法和法律实施，统一管理对外贸易，对外统一承担国际义务。凡涉及对外贸易的法规、制度，除须由全国人大或国务院发布的以外，国务院授权商务部统一对外公布，并组织实施。第一，世界市场受价值规律、竞争规律和剩余价值规律的支配，充满着激烈的竞争，而资本市场和技术市场又基本上被发达资本主义国家的垄断资本家所掌握和控制。为了打破这种垄断、增强我国在国际市场上的应变能力、维护国家的经济利益，我们在对外开放中必须坚持集中统一、联合对外的原则，否则，国家会蒙受巨大的损失。第二，以社会主义公有制为基础的国民经济是一个统一的有机的整体。只有集中统一、联合对外，才能有计划地引进国内急需的设备、原料、技术、资金等，才能保证国内生产按比例地发展。否则，各地区、各部门各行其是，必然产生盲目性和无政府状态，影响整个国家的经济生活和社会生活。当然，这并不意味着由政府来包揽一切对外经济活动。国家应充分发挥各地区、各部门、各外贸企业的积极性，搞好对外经贸。

（四）既要大胆开放又要抵制外来腐朽思想侵蚀的原则

改革开放30多年来，对外开放作为我们的基本国策，作为加速社会主义现代化建设的战略措施已取得了显著成效。事实证明，对外开放政策是正确的，但也带来了一些资本主义的腐朽东西。对此，一方面，要加强法制建设，严厉打击各种违法犯罪活动，排除各种丑恶势力。另一方面，要加强社会主义精神文明建设，加强思想政治教育和公民道德教育，坚定人们的社会主义信念，增强人们识别和抵制资产阶级腐朽思想的能力。

第二节　社会主义国家的对外贸易

一、社会主义国家对外贸易的作用

对外贸易是社会主义国家发展对外经济关系的最重要的形式。所谓对外贸易是指一个国家同其他国家或地区之间的商品交换关系，它包括商品的出口和进口，也包括技术的出口和进口。当一个国家每年的出口额等于进口额时，称为外贸均衡；当一个国家每年的出口额大于进口额时，称为外贸顺差或出超；当一个国家每年的出口额小于进口额时，称为外贸逆差或入超。由于对外贸易的发展会引起一系列货币、劳务等各种经济关系的发展，所以，对外贸易是一个国家对外经济关系的基础。

社会主义国家发展对外贸易的作用主要表现在以下四个方面。

第一，发展对外贸易，可以通过组织商品和劳务的出口，增加外汇收入，补充经济建设资金的来源。发展对外贸易，出口商品和劳务是取得外汇的主要来源，关系到国家现代化建设的全局。大量的外汇意味着可以从国际市场上获得更多的生产要素的供给，促进本国经济的发展。我国是一个发展中国家，实行对外开放，需要更多地利用外国的资金和技术，大量的外汇可以促进我国的经济建设。

第二，发展对外贸易，可以推动社会主义国家科学技术的进步，促进国民经济的技术改造。通过对外贸易，可以促进生产技术的发展和经营管理的改善，提高产品质量，还可以促进科学技术和经营管理经验的交流，加速本国的科技进步，提高国家经济的整体素质，增强本国的经济实力。

第三，发展对外贸易，可以优化资源的配置，丰富国内市场。地理位置和自然条件的不同，使资源占有极不均衡，任何国家在经济发展过程中都会遇到某些资源短缺的问题。当国内某些资源短缺或是限制了经济发展时，就会产生对国外资源的需求，而发展对外贸易则是满足这种需要的有效途径。

第四，发展对外贸易，能够利用国际分工，节约社会劳动，提高经济效益。在国际市场上，衡量商品经济的标准或尺度不是国别价值而是国际价值。由于各国的自然和经济条件不同，在国际市场上，会出现一国的国别价值高于或低于国际价值的情况，所以某一国家在生产较之其他国家处在有利地位的同类商品时，它就可以通过国际交换用较少的劳动换回较多的劳动。

二、社会主义国家对外贸易的性质和特点

一个国家的社会经济制度决定了一个国家对外贸易的性质。社会主义国家的对外贸易，是建立在社会主义公有制为主体的基础上的，它的目的是通过国际间的商品交换，促进本国和其他国家经济的共同发展。因此，社会主义制度的性质决定了社会主义国家的对外贸易在本质上是一种新型的平等互利的国际交换关系。

社会主义国家对外贸易的性质决定了它具有以下四个特点。

第一，社会主义国家对外贸易是在国家计划指导下进行的。对外贸易是国民经济的组成部分，是社会主义流通过程的进一步延伸，因此必须纳入国民经济计划。外贸平衡是国民经济综合平衡不可缺少的一个方面。外贸计划的中心环节是协调进口和出口的比例关系。对外贸易的计划性，能促进外贸和国民经济稳定健康的发展，减少和避免来自世界市场和国际经济关系中不利因素的冲击和影响。

第二，社会主义国家对外贸易活动是在国家的集中领导和统一管理之下进行的，因此，社会主义国家对外贸易活动要坚持统一政策、统一计划、统一对外。对外贸易与国内贸易不同，对外贸易中存在着维护国家主权、坚持经济上的独立、反对他国侵略和控制、保护本国经济发展的任务。国家统一集中管理、规划对外贸易活动，能更好地发挥本国优势，集中力量，以维护对外贸易的社会主义性质，更好地完成对外贸易的任务。当然，集中统一管理并不意味着国家机构直接经营一切对外贸易业务。国家的任务是集中力量搞好政策和计划，各部门、各地区和有条件的企业，在国家统一管理、规划下，通过代理的方式自主经营对外贸易业务，这样可以调动各方面的积极性，使产销协调，提高效率，促进对外贸易的发展。

第三，社会主义国家对外贸易是建立在平等互利基础之上的。对外贸易方面的平等互利，包括进出口商品的品种、质量、规格等合乎双方的要求，进出口商品价格要公平合理，交换各方的关系是平等的，对外贸易应有进有出，反对独占市场和倾销政策等。此外，不能在进出口商品时附带任何不平等条件和损害本国或其他国家的主权，要保证国家在政治和经济上的独立自主。

第四，社会主义国家对外贸易的目的是促进国内经济发展和满足人民日益提高的物质和文化生活需要。通过国际商品交换，开展国际之间的经济交流，互通有无，增强各国人民之间的友好往来，努力改善国际环境，以实现共同发展。

三、我国对外贸易的发展战略

改革开放30多年来，我国的对外贸易有了相当大的发展。2008年我国对外贸易进出口总值达25 616.3亿美元，比上年增长17.8%。其中出口14 285.5亿美元，增长17.2%；进口11 330.8亿美元，增长18.5%。受到2008年金融危机的影响，2009年我国对外贸易进出口总值为22 072.7亿美元，比上年下降13.9%。其中出口12 016.7亿美元，下降16%；进口10 055.6亿美元，下降11.2%。然而，我国的进出口贸易总额排名仍然跃居世界第三位。当前，为适应国际经济形势，结合我国的实际，选择正确的对外贸易发展战略非常必要。

第一，制定综合进出口战略。进口和出口是相互依存和制约的。一般来说，通过出口换取外汇，才能进口所需的商品。扩大出口是发展和扩大对外贸易的基础，要进一步加快对外贸易的发展，必须以出口贸易为核心，以进出口大体平衡为基础，努力使货物、技术和服务贸易互相渗透、协调发展，不断拓宽对外贸易的深度和广度，形成对内对外全方位、多层次、多渠道的开放格局。

第二，转变对外贸易的增长方式。我国虽然是一个对外贸易大国，但还不是对外贸易强国。出口贸易主要依靠数量和低成本扩张，自主品牌出口商品短缺，出口商品价格没有充分体现劳动、土地等要素成本和资源环境的代价。因此，必须转变对外贸易增长方式，建立质量效益型的外贸增长模式：一是要优化出口结构，大力提高产品质量、档次和附加值，支持高新技术产品、高附加值产品、大型机电产品、成套设备及服务产品的出口，努力增加具有自主知识产权和自主品牌的产品出口；二是要逐渐改变我国处于国际分工链条低端的现状，推动加工贸易转型升级与合理布局，提高加工产品的技术含量和配套能力；三是要提高出口的社会效益，完善土地、资源等要素价格的形成机制，规范出口企业在安全生产、劳动工资、资源节约、环境保护等方面的投入，使出口企业重视社会效益；四是要重视发挥进口对缓解国内资源短缺、促进国内产业升级、引进先进技术设备、调节宏观经济运行、改善对外经济关系的作用。

第三，深化对外贸易的体制改革。重点做好以下几方面的改革：①深化外贸企业的改革，加速转换企业对外经营机制，使外贸企业由国家计划的单纯执行者，转变为进出口贸易的自主经营者。改变单纯创汇为主的经营指导思想，转为创汇与效益并重的企业经营思想和运行机制。从发展方向来看，外贸企业应向工贸、技贸、农贸相结合的方向发展，由单一经营转向多种商品、多种方式灵活经营，建立起一批国际化、实业化、集团化的综合贸易公司和跨国公司。②建立和完善对外贸易的宏观管理体系。社会主义市场经济条件下的对外贸易，应在国家总体宏观管理和调控下进行。国家要依靠经济手段调节对外经济活动，并辅以必要的法律、行政手段来加强宏观管理。政府各级管理部门，主要的工作是制定对外经贸的发展战略，监督和指导企业贯彻执行政府的方针政策。要建立起适应社会主义市场经济体制的各项具体管理制度，为企业的发展创造平等的外部条件。③改革进出口管理制度。经过30多年的改革开放，我国的进出口管理体制，与市场经济国家的一般做法和国际惯例已日益接近。在加入世界贸易组织后，我国还需要进一步改革进出口管理制度，以促进我国对外贸易事业的发展。④推进外贸主体多元化。我国要为各类经营主体和各种所有制企业开展对外贸易创造条件，让有条件的企业特别是国有大中型企业发展对外经营，拓展国际发展空间，行成各种所有制企业平等竞争、内外资企业共同发展的对外贸易新格局。

第三节　社会主义国家的对外经济技术合作

一、对外资本交流

（一）引进外资

长期以来，我国在对外资本交流中，主要方式是输入外国资本，即利用外资进行现代化建设。在20世纪50年代，我国利用苏联政府提供的74亿卢布的长期贷款，建设了156项重点工程，奠定了我国的工业基础。后来由于受“左”的思潮的干扰，在很长一段时间没有利用外资，固守“既无内债，又无外债”的局面。党的十一届三中全会以来，我国在利用外资方面取得了明显的进展。2009年，全国新批设立外商投资企业23 435家，合同外资金额1935.1亿美元，实际使用外资900.3亿美元。中国外国直接投资（FDI）流入量达到约950亿美元，世界排名第二，仅次于美国。

合理吸引和利用外资，必须坚持以下五项原则。第一，坚持外汇收支大体平衡。吸引和利用外资，要根据我国经济发展的偿还能力，以及国内资金、物资配套能力量力而行，合理确定利用外资的规模、结构和流向。第二，必须维护国家主权和民族利益，拒绝一切不平等和奴役性条件，坚持平等互利原则。在借款时决不允许附带任何政治上和经济上的不平等条件。第三，坚持国内积累为主、利用外资为辅的原则。对我们这样一个社会主义发展中大国，主要的建设资金只能依靠自身积累，不可能完全利用外资来搞现代化建设。第四，必须有利于提高综合经济效益。对利用外资要从各方面全面分析，对综合经济效益作出全面评价，然后作出正确决策。第五，改进投资环境，确保双方的经济权益。为引进外资，必须努力改善投资环境，依法保障外商投资企业的权益，实行国民待遇。

我国利用外资的形式主要有两种。一是外国贷款，包括外国政府、国际金融机构和外国商业银行的贷款、出口信贷、民间商业贷款和发行国际债券等。外国贷款构成我国的对外债务，要用外汇或出口商品偿还本金和利息。二是外商直接投资，包括中外合资经营企业、中外合作经营企业、中外合作开发资源企业、外商独资企业等，我国对外来投资一般不承担偿还义务，而是由参加合资的双方共负盈亏、共担风险。这种外资不构成对外债务。此外，我国还采用补偿贸易、来料加工、来件装配、国际租赁等形式利用外资。在外国贷款和外商直接投资这两种形式中，一般更看重直接投资。因为吸收外商直接投资，尤其是兴办合资企业，除了可以解决资金不足的矛盾外，还可以在不花外汇的情况下引进一些用其他办法难以引进的先进技术、设备和管理经验，同时还能利用外商的销售渠道将产品打入国际市场，赚取外汇。

在开放经济条件下，外资的流入和流出、外汇市场的波动对一国的经济特别是金融市场的影响是非常大的。2008 年自美国开始的金融危机对整个世界经济的冲击就是一个很好的印证，因此，必须加强对外资和外汇的管理。第一，坚持有管理的浮动汇率与保持人民币币值的相对稳定相结合。作为发展中国家，我国要在面临变动的国际经济秩序和不稳定的国际汇率制度的同时，保持人民币币值的相对稳定。第二，保持充足的外汇储备。足够的外汇储备，可以证明政府平衡外汇市场的干预能力。因此，我们要注重外汇储备的不断积累，并形成科学的外汇积累与管理机制。第三，要合理利用外资，加强对外汇的管理，注意外资结构的优化。我们应侧重于利用直接外资和中长期外债，将金融风险降到尽可能低的程度。

（二）资本输出

近年来，我国在对外资本输出方面发展很快。我国在海外的间接投资，采取各种贷款形式；在海外的直接投资，主要是在国外开设独资、合资和合作企业，进行跨国经营。改革开放 30 多年来，我国的海外中资、合资或合作公司不断发展，进入 20 世纪 90 年代后，海外投资增长势头更猛。到 2009 年年底，我国对外直接投资累计净额已经达到 2457.5 亿美元，加上各种金融债券投资，我国在海外的总投资大约已经达到 2 万亿美元。2010 年 1～8 月，我国境内投资者共对全球 114 个国家和地区的 2261 家境外企业进行了直接投资，累计实现非金融类对外直接投资 319.8 亿美元。目前，我国海外投资仍在稳定增长，并在这些资金的运营中，学习了国外的先进技术和管理经验，了解世界经济的动态和信息。对外投资已成为我国对外开放事业的重要组成部分。今后要特别努力发展那些我国有比较优势的海外投资项目。

我国的对外投资和跨国经营主要有三种形式：第一，向发达国家和地区投资，以便更有效地获得国外的先进技术和管理经验，并可利用我国的某些经济优势和技术特长，参与国际竞争，扩大市场影响，提高经济效益；第二，向一些资源丰富的国家和地区投资，开发当地矿产品或其他资源，以保证我国这些矿产品或资源稳定的来源；第三，向发展中国家投资，帮助他们发展独立的民族经济。

二、对外科学技术交流

（一）引进先进的科学技术

国际科学技术交流已经成为当今国际经济中日益重要的内容。先进技术是决定竞争成败的制高点，积极争夺这一制高点是社会主义国家立于不败之地的途径。社会主义经济制度从根本上消除了利用先进技术的社会障碍，能够最广泛地吸收国外科学技术的先进成果，对国民经济的发展有重要的促进作用。第一，可以加快本国科学技术的发展，促进国民经济的技术改造。引进国外先进技术，是迎头赶上发达国家、加快科学技术发展的重要途径。第二，有助于自力更生发展科学技术。引进技术不仅可以提高国内的生产水平，而且可以提高本国的科技水平。第三，可以节约现代化建设资金。引进技术要付出相应的代价，这要比一切自己从头研制所费的资金少得多。第四，有利于提高劳动生产率。现代生产发展主要依靠劳动生产率提高，而提高劳动生产率又主要依靠采用先进的科学技术。

在积极引进国外先进技术的同时，也要谨慎地按照合理、经济、有利的要求，解决好以下四个方面的问题。第一，要从本国实际出发，根据本国的经济条件、技术结构的特点，有计划、有选择、有重点地引进。我国目前应着重引进先进技术和关键设备。第二，引进项目要进行技术和经济可行性分析。既要注意引进技术的先进性和可靠性，又要考虑国内适应性和经济效益。第三，采取灵活多样的引进方式，提高引进技术的综合效益。引进技术有多种形式，如购买机器设备、专利和专有技术、技术资料等，还可以通过咨询服务、合作生产、合作研究等引进技术，聘请外国专家、科技人员等。要权衡各种引进方式的利弊，根据具体情况，选择有利的方式。第四，要避免盲目引进和重复引进，并且把引进技术同国内消化、吸收、运用、创新相结合。

（二）技术输出

国际技术的交流是双向的，在积极引进技术的同时，也要努力扩大技术输出。我国是发展中国家，同世界发达国家相比，科技的差距较大，总体上比较落后，这种状况直接制约了我国的技术输出。但是，我们也要看到：一方面，我国的技术在某些方面、某些项目已达到或接近国际先进水平，具有技术出口的实力；另一方面，尽管我国的技术和设备不如发达国家先进，但价格低廉，适合发展中国家的需要，有一定的竞争能力。

在技术输出方面，近年来我国有较大进展。我国有不少处于世界领先地位的科研成果，从基础理论到工农业实用技术，从航天、超导、计算机等尖端科研领域到民用消费品的使用发明和专利，各个层次的科研成果不断涌现。随着我国科学技术的发展和经济发展水平的提高，今后应积极地输出技术和技术设备，以求在科技市场上占有更大的份额。

三、对外承包工程和国际劳务合作

作为世界上人口最多的国家，我国必须发挥劳动力资源丰富的优势，不断扩大劳务输出。这样不但可以解决国内的就业压力，增加外汇收入，从而促进国民经济的发展，而且有利于进一步改革开放，并通过对外劳务输出学习国外先进技术和管理经验，加快培养高素质人才。在国际劳务市场上对外输出劳务，主要包括对外承包工程和国际劳务合作两种主要形式。

对外承包工程，又称国际承包，是指本国的对外承包公司承揽外国政府、国际组织和私人企业主的建设项目、物资采购和其他承包项目的一种国际经济合作形式。对外承包工程一般通过投标、议标或其他协商途径签订承包合同，然后按合同规定开展业务活动。我国对外承包工程有的是独立承包一个项目，有的只承包某个项目的一部分，还有的只承包工程项目的劳务部分。对外承包工程项目主要集中在农牧渔业、林业、水利电力、地质勘探、交通运输及其他一些建设项目上，大多属于劳动密集型项目，主要分布在亚洲、中东和北非一些发展中国家，今后将进一步向其他领域和地区发展。2010 年 1～8 月，我国对外承包工程业务完成营业额 529.1 亿美元，新签合同额 749.2 亿美元。

国际劳务合作是通过向国外提供劳务来获取赢利的经济活动，如派遣技术人员、管理人员、工人、医疗人员、海员、厨师等为外国客商服务。国际劳务合作实际上是一项包括人力、物力和设备等多方面内容的综合性出口业务，越来越受到各国的重视。我国自 1987 年以来，国际劳务合作不断发展，项目和人员逐年增多，主要是根据国外业主和承包商的要求，按所需专业和工种，提供工程技术人员和熟练工人。我国派出的劳务人员，技术熟练精湛，专业知识丰富，有严格的组织性和纪律性，不仅遵守所在国政府的各项法令，而且尊重当地人们的风俗习惯，严格执行合同的各项要求，履约后按期归国，深受国外合作者的欢迎和好评。2010 年 1～8 月，我国对外劳务合作完成营业额 55.6 亿美元，与上年同期持平；新签合同额 56.6 亿美元，同比增长 23.9%。期间累计派出各类劳务人员 25.2 万人，与上年同期持平，8 月末在外各类劳务人员 81.3 万人，较上年同期增加 4.7 万人。

四、发展国际旅游业

国际旅游业是各国对国外旅游者的活动提供服务设施和系列服务的行业。它主要包括旅游业、饮食业、交通运输业、商业、娱乐业等。近几十年来，被称为“无烟工业”的国际旅游业发展迅速，成为许多国家对外经济关系中的重要行业，发展国际旅游业也成为对外开放的重要形式。

发展国际旅游业，对于一国的经济发展具有多方面的积极作用。第一，可以增加外汇收入。发展国际旅游业，可以以较少的投资在短期内获取大量的外汇收入。对于像我国这样的发展中国家来说，外汇需求量大，而创汇能力又相对不强，发展国际旅游业是获取外汇的一种极为重要的手段。第二，可以带动商品出口。在旅游过程中，外国游客除了支付服务费外，还会购买各种商品，特别是特色产品，这就等于增加了商品出口。第三，可以增加就业。旅游人数的增加，必然需要大量的服务人员和管理人员，这就增加了就业机会。第四，可以扩大本国在国际上的影响，从而有利于推动与各国在经济、科技和文化等方面的交流，对促进本国经济、科技和文化的发展及各国人民的友谊起着积极的作用。第五，可以推动和促进与旅游业相关的许多经济部门和行业的发展。国际旅游业不是一个孤立的行业，涉及国民经济的许多部门和行业，如餐饮、交通、通信、特色产品等，国际旅游业的发展可以带动这些行业和部门的发展。

我国是一个具有5000年悠久历史的文明古国，旅游资源十分丰富。据国家旅游局最新公布的统计数据显示，2010年上半年，我国出入境人数保持高速增长，其中，入境外国人人数1255.09万人次，同比增长22.97%，入境外国人在华花费128.52亿美元，同比增24.86%；中国公民出境总人数2685.88万人次，同比增长19.11%。目前，中国已有多处景点被列为世界文化遗产，如故宫、颐和园、天坛、长城、周口店“北京人”遗址、承德避暑山庄及周围寺庙、平遥古城、曲阜孔庙孔林孔府、敦煌莫高窟、大足石刻、秦始皇陵、苏州古典园林。在2010年美国最新出炉的“世界十大最受欢迎的旅游国家”中，中国名列第八位。因此，我们应充分发挥自己的优势，大力加强旅游设施的建设，不断提高旅游服务的质量，提高我国在国际旅游业的知名度。

第四节 社会主义初级阶段的对外开放格局

改革开放30多年以来，我国已基本形成了“经济特区—沿海开放城市—沿海经济开放区—沿边、沿江和内陆中心城市”的全方位、多层次、宽领域的具有中国特色的对外开放格局。建立了经济特区、沿海开放城市、沿海开发区和各种类型的经济技术区和保税区等，近年来沿边、沿江开放不断发展，内陆中心城市的开发开放、中西部的开发开放、沿主要交通干线的开发开放都已全面展开，我国全方位对外开放的格局必将进一步扩大和发展。

一、经济特区

经济特区是指一个国家或地区为了吸引外资、引进先进技术和扩大对外贸易而设置的在经济上实行特殊政策和特殊管理体制的区域。经济特区是世界经济迅速发展、国际经济交流日益扩展的产物，已经有了数百年的历史，目前正向经济技术高级化方向发展。

改革开放以来我国先后设立了深圳、珠海、汕头、厦门、海南 5 个经济特区，目前，国务院正在陆续批准扩大各个经济特区的面积。2010 年，国务院批准深圳经济特区范围扩大到深圳全市，特区面积从 327.5 平方公里扩大至 1952.8 平方公里；从 2010 年 10 月 1 日起，珠海特区面积包括 1687.8 平方公里的陆地、5965.2 平方公里的海域，扩容增至上千平方公里，扩大 32.6 倍；2010 年 7 月，厦门经济特区扩大到全市范围，特区面积由 131 平方公里扩大到 1573 平方公里，特区面积增长了 11 倍。经济特区的扩容，对结束经济发展失衡、破除二元结构、突破“一市两法”困局都是一次历史性良机。

我国的经济特区具有以下特征：第一，资金来源外向化，即经济发展主要依靠吸引和利用外资；第二，经济活动主要面向国际市场，以外销为主；第三，实行一系列优惠政策，如降低或免征某些税、简化客商出入境手续等；第四，特区政府有较大的自主权，表现在审批建设项目、财政、外汇方面；第五，经济特区，不是政治特区，更不是像我国香港、澳门那样的“一国两制”下的特别行政区，它是在社会主义国家领导下，实行特殊经济政策和特殊管理体制的地区。

经济特区的建立，不仅有利于吸引外资、引进先进技术和管理经验，而且起着重要的作用。经济特区的作用正如邓小平指出的：特区是窗口，是个技术的窗口，管理的窗口，知识的窗口，也是对外政策的窗口。第一，“技术的窗口”作用是指由于政策优惠引进国外的先进技术更容易些。这对发展特区经济，并由此推动内地的技术改造，为先进技术在我国由东向西移植创造了有利条件。第二，“管理的窗口”作用是指特区引进的先进的科学管理手段和方法，特区的经济管理体制的改革和企业经营管理制度的完善，对全面提高管理水平、对全国的现代化建设具有现实的指导意义。第三，“知识的窗口”作用是指特区为吸收外国的科学技术知识、管理知识、经济知识、社会知识、生产知识等提供了有利的社会场所。第四，“对外政策的窗口”作用是让人们从外向内看我们，通过特区了解我们的对外政策，特别是让中国港、澳、台同胞更好地了解中国共产党及其方针政策，以有利于祖国早日实现统一。

胡锦涛总书记在深圳经济特区成立 30 周年的庆祝大会上，高度概括了经济特区的重要作用，他指出：①深圳经济特区坚持锐意改革，敢闯敢试，敢为天下先，勇于突破传统经济体制束缚，率先进行市场取向的经济体制改革，在我国实现从高度集中的计划经济体制到充满活力的社会主义市场经济体制的历史进程中发挥了重要作用；②坚持发展第一要务，大力解放和发展社会生产力，积极推进自主创新，提高经济发展质量和效益，改善人民生活水平，创造了“深圳速度”，探索和积累了实现快速发展、走向富裕的成功经验；③坚持对外开放，有效实行“引进来”和“走出去”，积极利用国际国内两个市场、两种资源，成功运用国外境外资金、技术、人才和管理经验，为我国实现从封闭半封闭到全方位开放进行开拓性探索；④坚持服务国家发展大局，全国支持经济特区发展，经济特区回馈全国，促进东中西部协调发展，对全国发展起到重要的辐射和带动作用；⑤坚持“一国两制”方针，加强同香港、澳门、台湾地区的多领域交流合作，为推动香港、澳门回归祖国并保持繁荣稳定和促进祖国和平统一大业发挥了桥梁和纽带作用。

总之，我国建设经济特区的实践已充分地显示出它对社会主义经济建设的重大积极作用。今后要进一步发挥经济特区在对外开放中的辐射和带动作用，保持和扩大特区这个经济开放的窗口。

二、沿海开放城市和沿海经济开放区

为了进一步扩大对外开放，我国在建立经济特区的基础上，又相继开放了若干沿海开放城市。所谓沿海开放城市，是指实行特殊开放政策的沿海港口城市。1984 年，我国决定开放大连、秦皇岛、天津、烟台、青岛、连云港、南通、上海、宁波、温州、福州、广州、湛江、北海等 14 个沿海城市，与 5 个经济特区由北到南连成一线，成为我国对外开放的前沿地带。这是我国对外开放的第二个层次。这些城市扩大开放的内容包括两个方面：一方面，扩大它们对外经济合作的管理权限，如放宽利用外资建设项目的审批权，增加外汇使用额度和外汇贷款，对引进的先进技术和设备免税或减税，开办经济技术开发区，扩大劳动人事方面的自主权等；另一方面，对前来投资的外商给予优惠待遇，从而吸引外商来开放城市投资，如对技术投资和基础建设投资可减免所得税，对土地使用费和土地税的收取标准具有一定灵活性，对三资企业进口设备和原料、出口产品免征关税，对提供了先进技术和设备的三资企业可以让出部分国内市场等。

1985 年我国又决定把长江三角洲、珠江三角洲和闽南三角地带（即由厦门、泉州、漳州组成的三角地带）辟为对外经济开放地带。随后又陆续扩大沿海经济开放区的范围，包括辽东半岛和山东半岛，以及河北、天津、江苏、浙江、福建、广西的许多沿海市县。这样，在我国东部由北到南连接成为近万里的大片狭长的对外开放前沿地带。这些经济最发达的城市和地区，较易吸收和掌握国外先进的东西，对外商投资有较大吸引力。对这些地区实行经济特区的某些政策，发挥其自身的优势，大力发展外向型经济，使它们成为对外贸易的基地、内外经济联系的桥梁、引进国外先进手段的筛选场地。这不仅可以加快沿海经济区的发展，而且可以带动内地，使内地和沿海的优势互补，从而提高整个国民经济的发展水平。

三、经济技术开发区和保税区

经济技术开发区，就是在城市市区划出一块明显的地界，集中举办利用外资、引进技术、出口贸易等对外开放事业的区域。为了扩大对外开放，1988～2002年，全国共设立了49个国家级经济技术开发区（其中东部沿海地区27个，中部地区10个，西部地区12个）。开发区与经济特区的区别是，前者只是行政区中的一个区域，后者则是一级行政区划；前者只有高新技术产业才能享受优惠政策，后者则是各种产业享受同样的优惠政策。创办经济技术开发区是为了促进高新技术产业的快速发展，以利于我国经济结构的调整、产品的升级换代、科技事业的发展和国际竞争力的增强。

保税区是借鉴国外自由贸易区的经验，结合我国国情设立的处于国境内、海关境外的特殊区域。它有明显的界限和完善的隔离设施，是一种封闭性、综合性的对外开放区域。从1990年5月国务院批准建立第一个保税区到现在，中国已建有上海外高桥、天津港、深圳福田、深圳沙头角、深圳盐田港、大连、广州、张家港、海口、厦门象屿、福州、宁波、青岛、汕头、珠海等15个保税区，主管部门是海关总署。20年来，保税区的保税仓储、转口贸易、商品展示功能有了不同程度的发展，具备了一定规模的国际物流基础。在保税区内，为了鼓励出口、发展外向型经济，对区内的自用设备、未加工而进口的原材料、供转口的货物、加工后出口的产品，免征关税、免领进口许可证、免征工商统一税或予以保税，以利于区内企业搞出口加工、转口贸易和进行两头在外（即原材料来自海外、产品销往海外）的生产经营活动。保税区鼓励从事转口贸易，并为之提供相应服务。保税区还从事仓储业、金融业、房地产业等。我国的保税区建设还刚刚起步，但已初具规模，随着对外开放的进一步发展，保税区的作用将会越来越大，成为对外开放的窗口、通向内地的桥梁。

四、沿边、沿江和内陆中心城市的开放

从1992年起，我国加快了对外开放的步伐，开辟了黑河、绥芬河、珲春、满洲里、二连浩特、伊宁、博乐、塔城、普兰、樟木、瑞丽、畹町、河口、凭

祥、东兴等13个沿边开放城市，实行鼓励外商投资、促进边境贸易发展的各项优惠政策，加强同周边国家的经济技术交流与合作，推动了这些原来较封闭地区经济的发展，使原来对外开放的大后方变成了对外开放的前沿。我国沿边境的省区共9个，总面积达569万平方公里，占全国面积的59%，人口约2亿，占全国人口的17%，这些沿边地区有明显的地缘优势，自然资源丰富，是传统的商品粮基地和重工业基地，还有边贸传统，拥有对外开放的巨大潜力。

1992年7月，我国又开放了沿长江的重庆、岳阳、武汉、九江、芜湖5个城市，沿江开放对于带动整个长江流域地区经济的迅速发展、对于中国全方位对外开放的新格局的形成起着巨大的推动作用。不久，党中央、国务院又批准了合肥、南昌、长沙、成都、郑州、太原、西安、兰州、银川、西宁、乌鲁木齐、贵阳、昆明、南宁、哈尔滨、长春、呼和浩特共17个省会城市为内陆开放城市。这是对外开放的新的重大步骤，进一步发展了全方位对外开放的格局，有助于缩小我国沿海与内地之间、东西部之间的差距，使我国国民经济的总体水平、布局和结构再上一个新的台阶。

五、沿主要交通线和中、西部地区的开发开放

我国的对外开放，是由沿海到内地，由南向北、由东向西逐步展开的。沿主要交通线地带有其交通便利的优势，中、西部地区有资源和历史、地理、人文、旅游等方面的优势。因此，在先开放地区的辐射和带动下，加快这些地区的开发开放，发挥其自身优势，不仅是振兴经济的需要，而且有着广泛的开发开放前景。

改革开放30多年以来，我国的对外开放事业蓬勃发展，形成了全方位、多层次、宽领域的对外开放格局，取得了举世瞩目的成就。这一对外开放战略格局的形成，意味着我国已经向世界敞开了大门，世界也正向我国走来。在此基础之上，我们还须进一步拓宽对外开放的领域，积极参与国际分工和国际竞争，改进和加强对外经济活动的宏观管理与调控，认真总结经验，不断提高对外开放程度，引导对外开放向纵深化方向发展，这些举措对基本实现社会主义现代化具有极为重要的现实意义。

第五节　全面提高对外开放水平、切实维护国家经济安全

在经济全球化和我国加入世界贸易组织的新形势下，全面提高对外开放水平就是在更大范围、更广领域和更高层次上参与国际经济技术合作和竞争，充分利

用国际和国内两个市场、两种资源，优化资源配置，拓宽发展空间，取得经济的更大发展。

一、实施“市场多元化”战略

市场多元化战略是指在巩固传统市场的同时开拓新兴市场，努力扩大出口。这里传统市场主要是指美国、日本、欧洲等的市场，而新兴市场主要是指那些新兴工业化国家和地区及很有潜力和前景的国家的市场。

实施市场多元化战略，进一步扩大商品和服务贸易，主要做好以下两个方面工作。

第一，坚持以质取胜和科技兴贸的方针。这是扩大对外贸易、提高出口商品和服务竞争力的重要手段。以质取胜和科技兴贸是相互联系的，出口商品的质量是靠科技来推动的，没有高科技，就没有高新技术产品出口；反过来，只有通过出口，才能带动我国更多经济部门的发展，才能促进我国企业的技术改造，加快高新技术产品出口基地建设。坚持以质取胜和科技兴贸，就能提高出口商品和服务的技术含量和附加值。

第二，优化进出口结构。这是进一步扩大商品和服务贸易的重要内容。就出口结构而言，应抓好重要资源性商品、劳动密集型产品和农产品的深度开发，提高传统出口产品的技术含量和附加值，推进我国出口商品从以低技术含量、低附加值产品为主向以高科技产品、高附加值产品为主转变。就进口结构而言，应在扩大出口贸易的同时，适当增加进口，重点进口我国经济发展急需的先进技术、关键设备和短缺原材料，使进口能够更好地为国内技术进步和结构调整服务，为国民经济发展服务。

实施市场多元化战略，可以进一步发挥我国的比较优势，提高我国出口产品的创汇能力，大规模地开辟国际市场，发展出口贸易，推进我国对外开放的深度和广度，使我国能够由贸易大国成长为贸易强国。

二、实施“引进来”和“走出去”战略

“引进来”与“走出去”作为对外开放的重要组成部分，缺一不可。可以说，没有改革开放 30 多年来把外国的资金、技术、管理经验、人才等“引进来”，我们的产品、技术、管理水平就难以提高，即便想“走出去”也是纸上谈兵。

经济全球化的发展和加入世界贸易组织的新形势，对我国进一步扩大利用外资的规模，优化利用外资结构，提高利用外资的质量和水平，提出了更高的要求。第一，要以开放金融、电信、贸易和旅游等服务领域为重点，提高利用外资

的质量和水平。根据世界贸易组织的规则和我国的对外承诺，结合不同行业的特点和经济发展水平，引进国外先进的管理理念、管理经验、技术手段和现代化市场经济的运作方式。第二，要以收购、兼并等多种方式利用中长期国外投资，把利用外资与国内经济结构调整、国有企业改组改造结合起来。一方面推进国有企业的制度建设，另一方面促进国有企业的技术创新。第三，鼓励跨国公司投资农业、制造业和高新技术产业。跨国公司投资农业，可以通过合作、合资的方式改造传统农业，发展现代化农业。跨国公司投资石化、化工等制造业，可以提升我国制造业的生产技术水平。跨国公司投资电子信息、生物工程等高新技术产业，可以加快我国高新技术产业的发展。第四，改善投资环境，对外资实行国民待遇，提高法规和政策透明度，为外商投资提供法律保障和法律环境。还必须给外资企业与国内企业同等待遇，如取消对外资企业出口比例、外汇平衡、采购国产设备的限制条件，统一税率，消除各种歧视性政策和差别待遇，为外资企业创造一个稳定、透明的政策环境。

随着我国经济发展水平的提高、现代化建设的推进和加入世界贸易组织，实施“走出去”战略的条件更加成熟。实施“走出去”战略的主要内容是：第一，鼓励和支持有比较优势的各种所有制企业对外投资，带动商品和劳务出口，形成一批有实力的跨国企业和著名品牌。我国的各种所有制企业包括国有企业、集体企业、私营企业等，都可以通过合资、合作、控股等形式走出去，投资办厂，利用国外各种资源优势增加生产效益，逐步形成我国的跨国公司。只有这种大型的、跨国的企业，才能适应经济全球化的要求，才能有力地开展国际竞争。第二，鼓励和支持有比较优势的各种所有制企业，积极参与区域经济交流和合作。“走出去”不仅包括对外投资，而且还包括开展各种形式的经济技术合作，如对外设计咨询、工程承包与劳务合作等，进一步拓展了我国利用外资的方式和对境外资源的充分利用。

“引进来”与“走出去”需要统筹发展，不能只顾一面而忽视另一面。

(1) 统一谋划制定“引进来”与“走出去”的相关法律和政策措施，加强二者间的融通互补。“引进来”表面看来是为了“师夷长技”，但其最终目的是为了以强健有力的体魄大步“走出去”，到国际市场上与列强角逐。因此，决不能孤立地制定“引进来”与“走出去”的法律和政策措施，要紧密结合“走出去”，有目的有选择地“引进来”，为将来作好铺垫和准备。实际上这包括三层含义：一是“取长补短”，即通过吸收外资给我们的弱势产业注入营养，使其快速地成长壮大，逐步缩短与国际水平的距离；二是“精挑细选”，即不是盲目地引进外资，而是甄别筛选，将有助于提升国际竞争力、能够迅速形成产业优势的项目吸纳进来；三是“虚位以待”，即将具有比较优势但在国内已经失去市场发展空间的产业转移出去，预留出空间吸引外资，以达到产业升级改造的目的。

（2）积极探索“引进来”与“走出去”的互动模式，形成内外联动、先出后进、先进后出的交互发展局面。让“引进来”与“走出去”互动起来，变隔离式发展为交互式发展。企业可以通过先“引进来”提升自身实力后再“走出去”，也可以先“走出去”通过增资扩股再将外资“引进来”，尽量消除“引进来”与“走出去”泾渭分明的思维定势，形成国内与国外整合式经营、资本国际化运作的新局面。特别要强调的是，不要只认为“引进来”之后才能“走出去”，实际上“走出去”之后也完全可以“引进来”，要注重境外企业的生存状态，努力塑造境外企业的良好形象和产品信誉，通过境外企业这个窗口向外国公司间接展示国内母公司的吸引力，最终将外国资本“引进来”，形成资本的内外循环往复流动。

（3）在继续加大“引进来”力度的同时，不断更新、完善“走出去”的投资产业和区域指导目录，并给予相应的资金和政策支持。只有这样，国家才能在国际分工中赢得相对有利的地位，在更大市场范围内获取生产资源和经营收益。

（4）整合外商投资促进和对外投资促进，双管齐下，在统一的投资促进制度框架下开展“引进来”与“走出去”工作。我国各级地方政府的投资促进工作以往主要是招商引资，即“引进来”，投资项目洽谈会基本上是引资项目的对接，而很少有“走出去”项目的参与。这种差别待遇，极不利于“引进来”与“走出去”的统筹发展。投资促进本身就包含两方面含义：一是促进资本流入，二是促进资本流出。两者的有机结合才是完整意义上的投资促进。因此，必须改变只重视外商投资促进而忽视对外投资促进的状况。各级政府都应逐渐形成一个整体的国际资本流动概念和全局意识，行之有效地开展既符合国际市场发展趋势又有助于国内经济增长的双向投资促进活动，从而真正将“引进来”与“走出去”统筹发展落到实处。

三、实施“互利共赢”开放战略

胡锦涛总书记在党的十七大报告中指出：中国将始终不渝奉行互利共赢的开放战略。我们将继续以自己的发展促进地区和世界共同发展，扩大同各方利益的汇合点，在实现本国发展的同时兼顾对方特别是发展中国家的正当关切。我们将继续按照通行的国际经贸规则，扩大市场准入，依法保护合作者权益。我们支持国际社会帮助发展中国家增强自主发展能力、改善民生，缩小南北差距。我们支持完善国际贸易和金融体制，推进贸易和投资自由化便利化，通过磋商协作妥善处理经贸摩擦。中国绝不做损人利己、以邻为壑的事情。

实施互利共赢的开放战略，对我国社会主义现代化建设有重要的现实意义。

第一，互利共赢是科学发展观关于“统筹国内发展和对外开放”目标的具体体现。互利共赢以经济全球化为背景，以深化国内经济体制改革为基础，以开展与世界各国的经济合作为实践途径。互利共赢是中国政府坚持走和平发展道路的理性选择。作为中国对外经济交往的指导思想，互利共赢既是一种思维方式，也是一项能够付诸行动的主张。它包含着对利益的追求，但主要的着眼点是通过国家之间经济合作的路径，更好地促进国内发展和改革，实现中国的现代化。

第二，互利共赢是中国和平发展的唯一选择。针对中国正在崛起为一个经济和贸易大国的新形势，在对外经济关系方面正面临与以往不同的新环境、新问题。和平发展需要一个长期稳定的良好外部环境，这就要求我们按照互利共赢原则处理各种对外关系。

第三，互利共赢是经济全球化时代的理性选择。中国自改革开放以来从对外贸易中受益匪浅。同时，我们的贸易对手也从中获利，据美国摩根斯坦利统计，由于使用中国制造的商品，在过去 10 年间美国人节约了超过 6000 亿美元。在全球化时代，只有当自由贸易通过互利共赢的途径，给各国带来各自最大的国家利益时，才能激发各国开放国际贸易的积极性，推进经济全球化的良性发展。

第四，互利共赢是深化国内经济体制改革的战略选择。市场经济时代，政府制定的发展战略和宏观经济政策，仍然对本国的经济发展有着不可替代的影响。在当前时期，选择合理的经济增长方式，保持可持续发展就尤为重要。按照科学发展观要求，加快推进经济增长方式的根本性转变，是我们面临的一项重要和紧迫的任务。

第五，互利共赢是国际经济合作的明智选择。我国目前已经成为世界贸易大国和外汇储备大国，这使我国具备了实施对外投资战略的前提。在企业“走出去”进行全方位、多层次、宽领域的对外经济活动中，坚持“互利共赢”的战略意识，将使中国对外开放之路越走越宽，企业收益越来越大。

中国的经济发展需要充分利用国际国内两个市场、两种资源。中国目前的两大挑战是国内需要和谐社会、国外需要和平发展。互利共赢是中国在维护世界和平中发展自己、又以自身发展促进世界和平的战略选择，是中国和中国企业积极参与国际经济竞争和坚持国际经济合作的行为准则。

四、切实维护国家经济安全

经济安全是国家安全的一个重要内容。在经济全球化的背景下，不少因素的微妙变化都能给经济体带来巨大影响。因此，全面提高对外开放水平，切实维护国家经济安全，构建有效的国家经济安全体制和机制，增强国家的经济安全监测和预警能力、危机反应和应对能力，保护我国海内外资产安全显得尤为重要。

第一，要注重防范国际经济风险。2009 年以来，“美国凯雷并购徐工”、“法国赛博并购苏泊尔”等外资并购案，引起国内许多人士对国家产业经济安全的担心。当前，必须抓紧健全相关法规制度，鼓励公平竞争，引导和规范外资并购健康发展，确保国家经济安全。今后，我国将加强对外资并购涉及国家安全的敏感行业重点企业的审查和监管，确保对关系国家安全和国计民生的战略行业、重点企业的控制力和发展主导权。

第二，要注重防范金融风险。作为现代经济核心的金融是否安全直接关系到整个经济体系的稳定。过去的日本金融危机、亚洲金融危机等，都是前车之鉴；2008年在美国发生的次贷危机，已重创全球金融市场，并给世界经济增长留下阴影。因此，防范金融风险对确保经济安全至关重要。

可见，深化和扩大改革开放与保障国家经济安全同样重要，切实保障国家经济安全，正是为了更好地扩大对外投资，利用好外国资源，服务于中国国家利益。

【双语关键词】

汉语关键词	英语关键词
对外经济关系	foreign economic relation
对外开放	open door to the outside world
对外贸易	foreign trade
对外经济技术合作	foreign economic-technology cooperation
对外资本交流	foreign capital intercourse
对外技术交流	foreign technical intercourse
经济特区	zone of particular economy
经济技术开发区	zone of economic-technology development
保税区	zone of revenue protecting

【阅读书目】

潘石．政治经济学教科书（社会主义部分）．长春：吉林大学出版社，2000.

宋涛．政治经济学教程．北京：中国人民大学出版社，2008.

吴树青．政治经济学（社会主义部分）．北京：中国经济出版社，1993.

张雷声．马克思主义政治经济学原理．北京：中国人民大学出版社，2009.

【思考题】

1. 简述社会主义国家发展对外经济关系的必要性。
2. 我国发展对外经济关系的基本原则是什么？
3. 实行对外开放同坚持自力更生是什么关系？
4. 我国发展对外贸易有什么作用？如何加快对外贸易的发展？
5. 我国为什么要利用外资？怎样更好地利用外资？
6. 我国为什么要利用先进技术？引进先进技术应遵循哪些原则？
7. 简述我国经济特区的基本特征和重要作用。
8. 试述我国全方位对外开放的格局。
9. 怎样实行“引进来”与“走出去”的统筹发展？

【教学案例】

中国与世界贸易组织：回顾和展望

2010 年 7 月 22 日，应上海世博局邀请，世界贸易组织在上海世博会中心隆重举行“世界贸易组织荣誉日”庆典活动。这是世界贸易组织首次在中国举办荣誉日活动，旨在配合上海世博会“城市，让生活更美好”的主题，通过世博会平台，向全中国、全世界人民宣传多边贸易体制对世界经济和各国贸易发展的贡献，推动贸易为城市发展服务，共创美好生活。

1. 世界贸易组织的成就和作用

世界贸易组织作为当今世界唯一规范全球贸易的国际组织，通过多边贸易谈判、贸易政策审议和争端解决机制，为广大成员参与并受益于国际贸易提供了多边制度保障，在推动全球经济可持续发展、遏制贸易保护主义等方面，发挥了中流砥柱的重要作用，显示了多边贸易体制强大的生命力和制度优势。

世界贸易组织成立于 1995 年，是第二次世界大战后建立的关税与贸易总协定（GATT）的继承者。多边贸易体制历经 60 多年的风雨历程，经受住了种种考验，取得了举世瞩目的成就：一是建立起统一的多边贸易体制，遏制了单边主义的倾向；二是世界贸易组织成为世界经济的“发动机”，半个多世纪来，全球贸易总量增长了 30 倍，全球关税平均水平从最初的 40% 下降到目前的 4%；三是在金融危机中，世界贸易组织充分发挥监督和约束作用，及时启动“贸易措施监督机制”，定期发布报告，跟踪各国经济刺激措施，在抵制贸易保护主义方面发挥了中流砥柱的作用；四是不断加强世界贸易组织多边贸易规则的广度和力度，越来越多地涉及贸易地活动得到规范；迄今世界贸易组织已发动了九轮多边贸易谈判，目前正在进行的多哈回合谈判首次以发展为主题，将进一步扩大贸易自由化；五是不断提高多边贸易体制的代表性，成员从最初的23个发展到今天的153个，增加了6倍；六是有效化解贸易争端，为贸易自由化保驾护航。

在后金融危机时代，世界贸易组织有望不断完善规则，强化自身职能，增强对其他国际协调机制的影响力，在全球经济治理中，承担更高的责任，发挥更大的作用。

2. 中国认真履行加入世界贸易组织的各项承诺

历经15年艰苦谈判，中国终于在2001年成为世界贸易组织的正式成员，这是中国改革开放进程中具有历史意义的一件大事。加入世界贸易组织九年来，中国坚定不移地坚持改革开放，主动地抓住经济全球化的历史机遇，积极利用世界贸易组织多边贸易体制，与世界各国发展经贸关系，经济社会发展取得了巨大成就，经济指标年年都有新突破。1978～2008年，中国经济年均增长9.8%。国际金融危机发生以来，中国全面实施并不断丰富完善应对国际金融危机冲击的一揽子计划和政策措施，2009年中国经济增长8.7%，为地区和世界经济复苏作出了自己的贡献。

加入世界贸易组织九年来，多边贸易体制所倡导的理念在中国已逐渐为人们所了解，“透明度”和“非歧视”等世界贸易组织原则已成为中国立法的原则依据，全球视野、创新眼光、竞争意识、发展意识、法治观念、知识产权观念正在深入人心，逐步建立了现代企业制度和会计制度，企业素质与国民素质得到了更深层次和更具普遍意义的提升。

加入世界贸易组织九年来，中国切实履行承诺，认真行使权利，积极参与世界贸易组织各项活动，发挥了建设性作用。截至2010年，中国加入世界贸易组织的所有承诺已全部履行完毕，建立起了符合规则要求的经济贸易体制，成为全球最开放的市场之一。

在货物贸易领域，按照承诺逐步削减关税水平，关税平均水平从加入前的15.3%降低到2009年的9.8%，其中，农产品平均关税为15.2%，工业品平均关税为8.9%。中国还按所承诺的时间表全部取消了进口配额和进口许可证等非关税措施，彻底放开对外贸易经营权。

在服务贸易领域，在按世界贸易组织规则分类的160多个服务贸易部门中，中国已经开放了100个，涉及银行、保险、电信、分销、会计、教育等重要服务部门，为外国服务提供者提供了广阔的市场准入机会。

在知识产权领域，中国高度重视知识产权保护工作。完成了相关法律法规的修改，使其与世界贸易组织《与贸易有关的知识产权协定》及其他保护知识产权的国际规则相一致，不断加大知识产权保护力度，提高全社会的知识产权保护意识。

中国已建立符合世界贸易组织要求的法律体系，清理了3000多部法律、法规和规章，对贸易体制和政策进行了全面的调整，使中国的对外经贸体系与世界贸易组织的规则和我们的承诺相一致，中国的贸易体制和环境更加稳定，更具可预见性。

在此次金融危机中，中国作为贸易大国，一方面，采取了以扩大内需为重点的举措，积极应对危机；另一方面，继续保持市场开放，以实际行动反对各种形式的保护主义，没有采取任何保护主义措施。2009年，中国进口增长2.8%，是主要经济体中唯一进口呈现正增长的国家，支撑了不少受危机困扰的国家的出口，创造了就业，为全球经济复苏作出了重要贡献。

3. 中国积极推动多哈回合谈判，全面参与世界贸易组织各项活动

多哈回合谈判是世界贸易组织发起的第九轮多边贸易谈判，是迄今涉及范围最广、参加成员最多的一轮谈判，其成功将有助于创造更加开放、公平的国际贸易环境，推动世界经济的复苏和可持续增长。

中国始终积极推动多哈谈判，与世界贸易组织所有成员一道，密切合作，推动谈判取得公平、平衡的结果，实现发展目标。中国积极参与了世界贸易组织部长级和高官级的谈判和磋商，举办了2005年大连世界贸易组织小型部长会，在同年12月中国香港举行的世界贸易组织第六届部长会上发挥了桥梁作用。在2008年7月小型部长会上，中国受邀参与“七方”(G7)部长小范围磋商，首次进入多边贸易谈判核心决策圈。中国从大局出发，努力弥合各方分歧，始终不放弃推动谈判达成共识的努力。虽然谈判最终破裂，但中国所发挥的作用有目共睹。2009年，为打破僵局，推动谈判。中国及时提出“尊重授权，锁定成果，多边谈判为基础”的三项谈判原则，得到了大多数成员的认可和支持，并体现在二十国集团峰会宣言中。2009年底的世界贸易组织第七届部长级会议上，中国呼吁改善和加强以世界贸易组织为代表的多边贸易体制，推动成员共同向世界发出“开放、前行、改革”的积极信号。

中国全面参与各个领域的谈判，提交了100多份提案，在技术层面为推动谈判作出了实质性贡献，并作出了实质性的关税削减承诺，按照目前谈判达成的结果，中国的农业和工业品的关税将削减30%左右；中国的服务业部门也作出了一些新的开放承诺。

在贸易政策审议方面，中国加入世界贸易组织九年来，分别于2006年、2008年和2010年接受了世界贸易组织的三次贸易政策审议，回答了60余个成员提出的近3700个问题。通过审议，展示了中国坚定实行开放的经贸政策、参与多边贸易体制的负责大国形象。

在发展方面，中国积极响应世界贸易组织“促贸援助”倡议，多次向“促贸援助”框架下的多哈发展议程全球信托基金进行捐助，帮助其他发展中成员，特

别是最不发达成员，从多边贸易体制中全面获益，并更好地融入世界经济。

中国一贯遵守世界贸易组织规则和加入世界贸易组织承诺，并积极通过世界贸易组织争端解决机制化解与成员间的贸易争端。按照事项统计，中国加入世界贸易组织以来，起诉案件有7起，被诉案件有8起。中方愿意与其他世界贸易组织成员一道，维护多边贸易体制的严肃性和权威性。

中国还积极支持世界贸易组织机制建设，先后向世界贸易组织推荐了上诉机构成员人选及相关委员会主席人选，支持世界贸易组织能力建设活动，多次为“促贸援助”捐款，支持最不发达国家提高参与多边贸易体制的能力，还为越南、老挝、白俄罗斯等正在申请加入世界贸易组织的国家提供了官员培训等。

加入世界贸易组织九年的历程再次证明加入世界贸易组织决策是符合中国国情的，是高瞻远瞩的历史性决策。中国有效利用世界贸易组织这个多边舞台，抓住经济全球化的历史机遇，成为发展中国家积极融入全球化进程的一个典范。中国负责守信地履行承诺，积极为加强多边贸易体制作贡献，不仅为自身的经济社会发展注入了强大的活力，也赢得了世界贸易组织成员和国际社会的广泛肯定和赞赏。

中国始终是多边贸易体制的坚定支持者，始终是自由贸易原则的重视维护者，始终是多哈回合谈判的积极推动者。中国将继续坚持“互利共赢”的基本原则，与其他成员一道，共同努力，反对各种形式的保护主义，不断推动多边贸易体制向更加民主、更加高效和更加公正、平衡的方向发展。

资料来源：商务部．中国与世贸组织：回顾和展望．商务部网站．2010-07-22.

隆国强认为后危机时代更需要加大开放力度

“后危机时代是战略机遇期里的黄金期。”在日前举行的全国政策咨询工作会议上，国务院发展研究中心对外经济研究部部长隆国强在他的专题报告里强调，我国应该像当年加入世界贸易组织那样在对外开放方面有大思想、大举措。

隆国强分析了在后危机时代，我国对外开放有五大机遇：第一，引进高附加值活动，促进产业升级的机遇；第二，引进金融人才、科技人才的机遇；第三，提高市场份额、开拓新兴市场的机遇；第四，走出去获取资源、技术、市场、人才、品牌的机遇；第五，提高中国国际地位的机遇：国际金融体系、贸易体系、区域经济合作等。

对于如何抓住这些机遇，隆国强建议，要树立抓机遇的理念与紧迫感。后危机时期国际产业的大调整、大重组，蕴涵着极大的战略机遇，是我国21世纪战略机遇期中的黄金期，但机遇之窗持续时间也是有限的。

“还要进一步加大开放力度。”他说，当前我国开放的基本格局是约10年前加入世界贸易组织谈判时大体确定的，与我国目前在国际分工中的地位、综合国力、国际竞争力和转变经济发展方式等要求相比，对外开放已经明显滞后。我国应该像当年加入世界贸易组织那样在对外开放方面有大思路、大举措，将我国的对外开放推向一个新的高度。

资料来源：王彧．抓住我国对外开放的五大机遇．中国经济时报．http：//www．cet．com．cn．2010-03-01.

国内房企融资搁浅，外资却“兴奋”起来

——外资大举涌入欲钻调控空子

“国十条”等调控房地产的新政出台后，国内多数房地产企业融资就此搁浅。与此同时，外资却变得“兴奋”起来。上海海善投资公司的一位经理表示，近期外资在房地产领域相当活跃。摩根斯坦利、高盛等顶级跨国投资公司已经通过不同形式进入国内房地产业。热钱的涌入正是瞄准国内开发商的资金缺口，想钻国内调控的空子，以图获得更高的利益。

中国监管层从 2010 年 2 月开始开展应对和打击“热钱”的专项行动，目前已查实 190 起涉嫌违规案件，涉案金额 73.5 多亿美元，其中已办结 6 起，涉案金额 2700 多万美元。据分析，这 73.5 亿美元有较大部分已涌入国内房地产市场。

外资涌入中国房地产是福是祸，实际上已十分明了。让我们担忧的是，“国十条”等调控政策只针对内资，而不涉及外资。更值得注意的是，2010 年 4 月，《国务院关于进一步做好利用外资工作的若干意见》中规定，《外商投资产业指导目录》中总投资（包括增资）3 亿美元以下的鼓励类、允许类项目，除《政府核准的投资项目目录》规定需由国务院有关部门核准以外，均由地方政府有关部门核准。

决策层将这一审批权下放至地方政府，在一定程度上便利了外资涌入房地产。当前，中国房地产市场的症结在于，不少地方政府把推高房价作为谋求 GDP 增长的工具。在这样的情况下，如果还让境外的“热钱”大规模地参与其中，只会令这种利益分配机制更为复杂，让绝大多数民众与国家受到伤害的可能性更大。

资料来源：见《新华每日电讯》．2010-06-09（第 6 版）．

谷歌“联姻”美情报机构令人担忧

《华盛顿邮报》近日报道称，谷歌公司与美国国家安全局敲定一项协议，后者将帮助谷歌公司调查可能源自外国的网络间谍攻击。这一“联姻”意味着，美国的情报机构可能独享由谷歌公司搜集的来自全球的海量信息，这会对其他国家的国家安全和商业安全造成严重威胁，有关人士因此深表担心。

谷歌公司成立于 1998 年，目前是世界上最大的网络搜索引擎公司，在全球 30 多个国家和地区设有办事处。其数据中心目前遍布全球，拥有上百万台服务器，每天处理 10 多亿次用户搜索请求。

中国科学技术信息研究所专家说，谷歌公司拥有海量用户数据，美国国家安全局拥有强大的情报分析能力，如果双方全面合作，对国家的潜在危机巨大。

谷歌公司与美国国家安全局的合作同样可能会影响全球市场的公平竞争，为美国企业带来不公正的优势。因为美国情报机构不仅服务政府，而且也服务美国公司。

资料来源：张小军，李学梅，钱铮，等．谷歌“联姻”美情报机构令人担忧．每日经济新闻．http：//www-nbd．com．cn．2010-02-26.

讨论下列问题：

（1）“上海世博会，中国与世界对表。”改革开放30年以来，我国应如何进一步加大对外开放的力度以全面参与世界贸易组织各项活动？

（2）我国在对外经济过程中引入外资时需要注意哪些问题？

（3）试讨论，如何看待坚持对外开放与维护国家经济安全二者的关系？

参考文献

本书编写组．2002. 全面建设小康社会问答．北京：中共中央党校出版社．

本书编写组．2002. 十六大报告辅导读本．北京：人民出版社．

本书编写组．2003. 中共中央关于完善社会主义市场经济体制若干问题的决定．北京：人民出版社．

本书编写组．2007. 十七大报告辅导读本．北京：人民出版社．

本书编写组．2008. 毛泽东思想和中国特色社会主义理论体系概论．北京：高等教育出版社．

本书编写组．2010. 中共中央关于制定国民经济和社会发展第十二个五年规划的建议．北京：人民出版社．

本书编写组．2010.《中共中央关于制定国民经济和社会发展第十二个五年规划的建议》辅导读本．北京：人民出版社．

陈征．2003. 政治经济学．北京：高等教育出版社．

程恩富．2000. 现代政治经济学．上海；上海财经大学出版社．

崔建华．2000. 社会主义市场经济．北京：经济科学出版社．

戴达远，陶永立．2002. 马克思主义政治经济学原理．北京：经济管理出版社．

葛素洁．2002. 政治经济学．北京：北京经济管理出版社．

谷书堂．2006. 社会主义经济通论．第三版．北京：高等教育出版社．

郝寿义．2004. 区域经济学．北京：经济科学出版社．

洪功翔．2003. 政治经济学新编．合肥：中国科学技术大学出版社．

胡锦涛．2007. 高举中国特色社会主义伟大旗帜为夺取全面建设小康社会新胜利而奋斗．北京：人民出版社．

江泽民．2002. 全面建设小康社会开创中国特色社会主义事业新局面．北京：人民出版社．

李树直，郭滨．2003. 十六大与未来中国．北京：中国社会科学出版社．

列宁．1972. 列宁选集．第 2 卷．北京：人民出版社．

刘诗白．2003. 马克思主义政治经济学原理．成都：西南财经大学出版社．

马克思，恩格斯．1975. 马克思恩格斯全集．第 26 卷．北京：人民出版社．

马克思，恩格斯．1975. 马克思恩格斯选集．第 1～3 卷．北京：人民出版社．

马克思．1975. 资本论．第 1～3 卷．北京：人民出版社．

潘石．2000. 政治经济学教科书（社会主义部分）．长春：吉林大学出版社．

宋涛．2008. 政治经济学教程．北京：中国人民大学出版社．

王元璋．2002. 政治经济学概论．（资本主义）．武汉：武汉大学出版社．

卫兴华，林岗．2003. 马克思主义政治经济学原理．北京：中国人民大学出版社．

卫兴华，张宇．2007. 社会主义经济理论．北京：高等教育出版社．

吴树青．2007. 政治经济学．北京：高等教育出版社．

杨瑞龙．2008. 社会主义经济理论．第 2 版．北京：中国人民大学出版社．

于革飞．2001. 新编政治经济学．北京：经济管理出版社．

张雷声．2009. 马克思主义政治经济学原理．北京：中国人民大学出版社．

张宇．2007. 政治经济学．第 2 版．北京：中国人民大学出版社．

周长林，周纳，许翼．2010. 国民经济和社会发展指标解读．北京：当代中国出版社．